形意心意通背拳术

赵飞 著

陕西科学技术出版社

图书在版编目（CIP）数据

形意心意通背拳术 / 赵飞著 . — 西安 : 陕西科学技术出版社，2024.1
ISBN 978-7-5369-8864-4

Ⅰ. ①形… Ⅱ. ①赵… Ⅲ. ①形意拳－基本知识 Ⅳ. ①G852.14

中国国家版本馆CIP数据核字(2023)第226063号

形意心意通背拳术
XINGYI XINYI TONGBEI QUANSHU
赵 飞 著

责 任 编 辑	侯志艳
封 面 设 计	树上微出版

出 版 者	陕西科学技术出版社 西安市曲江新区登高路1388号陕西新华出版传媒产业大厦B座 电话（029）81205187　传真（029）81205155　邮编710061 http://www.snstp.com
发 行 者	陕西科学技术出版社 电话（029）81205180　81206809
印　　　刷	湖北金港彩印有限公司
规　　　格	787mm×1092mm　16开本
印　　　张	25.75
字　　　数	420千字
版　　　次	2024年1月第1版 2024年1月第1次印刷
书　　　号	ISBN 978-7-5369-8864-4
定　　　价	128.00元

版权所有　翻印必究

拳术传承

姜容樵（前排中间）与八大弟子

山西省形意拳研究会全体理事合影 前排左三：王锦泉先生

作者与高宝东老师、安启邦老师

作者与宋光华老师

与王师合影

作者与布秉全老师

作者与漯河李师

作者与王建筑老师

李太和祖师携榆次弟子以及徒孙、徒侄至太谷县

李振邦师祖弟子 薛颠

张万福先生

作者与咏春拳梁师

作者与八极拳李师

王师　横拳

赵飞　通背拳

顾师　劈拳

师弟　潘雄心

武术礼仪

武术礼仪

序

一

　　本人自幼受父亲影响，从小习武，先后研习少林拳、八极拳、硬气功等。1975 年至 1992 年，恩师跟随河北派形意八卦大宗师姜容樵八大弟子之一的杨邦泰先生（沙国政师弟）精修形意八卦、通背拳等内家拳术。并先后奔赴全国各地寻访各派明师，精益求精。

　　对于武学之传承，我秉承的是有教无类，不求弟子闻达于海内，只愿弟子学得技艺，能够始终如一，一生平安，保护好自己和身边的人。在别人需要帮助的时候，可以力所能及地，以自己的一生所学扶危救困。同时希望历代祖师的绝学能够在后继弟子身上得到传承。

　　形意拳是我国优秀传统武术之一，深受广大群众的喜爱。在国内外流传甚广。形意拳历史悠久，内容丰富，技术全面，被国家评为：国家级非物质文化遗产项目。

　　形意拳是以单操、散手技击为主，套路为辅，内外兼修的内家拳种，是一项老少皆宜的武术运动。坚持锻炼不仅能防身自卫，还能强身健体。

上海是形意拳流传较广的城市，从师爷姜容樵把形意拳传于我师杨邦泰，再传于我。记得当时是我哥认识一个杨邦泰的徒弟小于学练形意拳，于是我哥带我去他那里学拳（形意拳）。2年后我们一起去了人民大道，师父杨邦泰的教拳场地。后来我们就每个星期天去人民大道练拳了。

赵飞是我所传武学传承大弟子，作为掌门弟子，继承了我一生所学，这本书的出版，是对我的部分通背拳术武学的整理，对于武术的传承具有重要的意义。希望通过本书的出版，本门的传人获得拳术、拳理上的参考依据，并使自身武学修为得到提高。

赵飞习武20余年，精研各派内家拳术与外家拳术，颇有建树，2016年创立赵门国术会，以传承往圣绝学。在通背拳，形意拳（心意六合拳）、太极拳、八卦掌、少林咏春八极拳等古武学与古兵道的教学与传承中颇有建树。《形意心意通背拳术》由我徒弟赵飞编写，该书中较全面系统地保留了形意拳原始体貌特征，客观地记载历史并深入浅出地将形意拳的练功方法和技术要领介绍给读者。多年来形意拳谱被视为本门至贵珍宝，秘密收藏不外传，非本门弟子，不可纵览和信口交谈。现在公开出版发行，是一个大胆之举！特表示祝贺！

衷心希望形意拳的传承和发展能走进千家万户，为传承形意传统武术和发展作出贡献！

师：顾鹤云

2021年9月3日

二

　　心意拳术经历近千年的发展与完善，发展到形意拳术，形成了统一的拳理、拳法，他是经典的搏击术，以其丰富的内在涵养之道称雄武林200余年，名列中国四大名拳之一。

　　本门之功法，自岳武穆立拳经真意，李洛能祖师独具一格开宗，创立河北一派形意拳术，使拳与道合，学者道武兼蓄，性命交修，遂从学者如云，后世广传海内外不可计数，其中堪称国手宗师者甚众。

　　祖师李洛能门下，除传车毅斋、宋世荣、郭云深、刘奇兰等八大嫡传弟子，其子李太和、其孙李振邦家学渊源。后辈弟子薛颠、孙增瑞、李云龙、王锦泉、吕凤山、梁启政等，亦尽得始祖之技。

　　薛颠、李云龙、王锦泉、吕凤山师兄弟生前交往频繁，李振邦在李云龙家一住4年，专门传授李云龙、王锦泉形意拳及器械。薛颠在五台山修行学习期间，经常到太原李云龙家探望师父李振邦，一方面向师父进一步学习，另一方面汇报自己对形意拳的体悟，同时指导李云龙、王锦泉形意拳及器械。李云龙与王锦泉是形意拳李振邦、八卦掌何雨波、八翻手太极拳王新午的三门师兄弟，自从北京重逢后，岁岁聚首研习本门武学，年年于太原与包头两地相会，时常又于石家庄携家眷团聚，可鉴兄弟情深，书信往来更是不计其数。

　　王锦泉、吕凤山晚年往来密切。王锦泉师父多次至深州看望吕凤山师叔，吕凤山师叔于王锦泉师父85岁生日时前往太原贺寿；太原、榆次、介休、临汾、包头、石家庄、深州、赵县等地，李云龙、王锦泉、吕凤山、梁启政所传形意门维字辈传人甚多，有传承谱为证，留以纪念。我于王锦泉师父门下学艺至今已逾55年之久，曾得李云龙师伯多年指导传授，借此说明李振邦师爷一生扎根于山西太原，传授拳术，代代相传，桃李不言，下自成蹊。代表性人物有包头陈家乐，包头市武术协会主席；包头市武术协会副主席贺小平；杨式太极拳省级非遗代表性传承人，包头市太极拳协会主席张振国；石家庄市形意拳协会主席李国禄；石家庄形意拳协会副主席马军、曹永胜、刘文辉、李玉栓；国家级非遗形意拳深州李老能形意拳研究总会副会长，岳氏八翻手非遗代表性传承人太原王连恒；还有马德祥、薛文江、梁保才、温锦铭、杨军、程建华等。

　　我门下弟子赵飞，得形意之技有所成就，为不负形意门之传承恩德，倾力整理生平所学而成《形意心意通背拳术》，虽不足彰显形意门浩瀚道武之全貌，仍具独到之处，可为后学之辈之参考。我心甚喜，谨以此序为贺！

师：王连恒

2021 年 12 月

三

  赵飞先生是个有志向的中青年武术家，他自幼酷喜武术，学习过北方少林、南方咏春等，并练得不错，以后又拜多位名家习练了褚氏内家拳功夫、通背、形意、八卦、太极以及心意六合拳，在自己的刻苦学习和努力下深得武学心得。

  如今赵飞老师全身心地投入了武术培训教育工作，自己编写了教材，开始以内家功夫为主在社会上推广。对于武术的培训教育工作，他的确花费了很大的心血，也得到了很多学员和徒弟的推崇。众多青年才俊投拜其门下，因他们追随赵飞老师后，在习武上有了很大的收获并深有体会，也体现出赵飞先生独特的个人品格和魅力。我真心地希望赵飞老师在武术教育事业上取得更大的成就，培养教育更多的武术人才，让中国的武术发扬光大。

蔡海康

2016 年 8 月 10 日晨

前言

往圣继学

通背拳术，乃道家武学体用合一之经典，为春秋战国时代鬼谷子圣人所创，北宋中兴之祖陈传老祖于华山所传，后佛道合流，此艺部分传入了佛家少林武学一脉，至此通背门道佛两支并立传承于后世，并逐渐流传天下。

人体共由200多块骨骼，600多块肌肉，约60亿条纤维组成，每一块肌肉甚至每一条纤维理论上都具有独立运转的能力，通过通背拳术秘传修行，能够正确认识自身，唤醒自身能力，同时对内牵引十二正经与八大奇经以及五脏六腑，使练习者的运动大幅度地提高。

通背拳术拳理法则，核心在于修体与心神并重，用意亦无意，不重强记，通过循环反复的规则训练，使人体各部形成有效的记忆肌肉，同时外延筋骨，内壮五脏，降低肌肉壮实对内腑带来的危害。

所谓高术莫用，大音希声。此术肩背通灵，高态快下，闪展穿插，巧拙相合，近距短打，放长击远，长短互用，冷弹脆快，坚韧交错，远近腾挪，极尽神妙，尤擅以少胜多以及面对持械对手的争斗。七拳之内无所不用，四维上下无可不打，实属体用合一的实用法门。

  本篇所述散手具备强大的随机性以及不可重复性，招式严谨，在外变幻莫测，在内醒惰有度，身步有章，其理之妙，不可言尽。

赵飞

2021 年 12 月 1 日

目录
contents

第一章　通背散手 ············001

第一节　道武国术起源 ············003
第二节　内家拳术总纲 ············005
第三节　太元之始 ············006
第四节　太极玄机 ············008
第五节　天经地纬人三才 ············010
第六节　四梢论与望氘术 ············011
第七节　两仪阴阳策 ············014
第八节　四象之序列·指玄集 ············017
第九节　先天之五行 ············031
第十节　六合之纵横 ············038
第十一节　七星拳术 ············042
第十二节　语术玄机 ············046
第十三节　丹道内功 ············050
第十四节　神机空灵感应篇　点穴破阙卷 ············060
第十五节　悟真述 ············067
第十六节　通背拳术一百零八散手真解 ············069

第二章　形意拳术（心意六合拳） ············133

第一节　岳祖鹏举列传（创始之祖） ············136

第二节　姬祖龙峰列传（中兴始祖）·················137

第三节　戴祖龙邦列传（山西派）·················138

第四节　李祖洛能列传（河北派）·················139

第五节　马祖学礼列传（河南派）·················143

第六节　道武总纲·················144

第七节　不破神形解·················145

第八节　道武之筑基·················148

第九节　道武劲法则·················156

第十节　太元生太极·················158

第十一节　太极生两仪·················160

第十二节　两仪生三才·················162

第十三节　三才生四象·················163

第十四节　四象生五行·················164

第十五节　四梢合六艺·················167

第十六节　六合化七星·················173

第十七节　八卦转九宫·················181

第十八节　形意内功经（易骨）·················184

第十九节　形意内功经（易筋）·················186

第二十节　形意内功经（洗髓）·················190

第二十一节　内五行导引心法·················190

第二十二节　六合排打气功·················204

第二十三节　先天之五行　五行补天述·················207

第二十四节　天干意形篇　十大真形·················230

第二十五节　地支意形篇　十二真形·················237

第二十六节　阴阳五行生克制化篇·················255

第二十七节　形意神打上篇·周天化生卷·················258

第二十八节　神打中篇　奇门正朔八字功卷·················274

第二十九节　形意拳神打下篇·心意六合总法 ... 280
　　第三十节　太玄归一法 ... 295
　　第三十一节　内五行真炁运行法诀 ... 296

第三章　八卦拳经（简谱） ... 299

　　第一节　有无之间 ... 301
　　第二节　董祖海川列传 ... 303
　　第三节　太元两仪生四象 ... 304
　　第四节　四象六合生八卦 ... 308
　　第五节　用劲法则 ... 317
　　第六节　道武劲法则 ... 321
　　第七节　八易内功经 ... 323
　　第八节　六十四掌法 ... 323
　　第九节　八卦门传承谱系 ... 374

附录一　形意门（心意六合拳）传承谱系 ... 375

附录二　赵门武学传承弟子与传承规范 ... 379

附录三　先天八卦六十四游龙掌势图 ... 381

附录四　李洛能、李太和、李振邦祖师一脉传李氏一门十六字诀精义 ... 386

附录五　历史剪影 ... 389

吾师小传 ... 395

后记 ... 396

第一章

通背散手

第一节　道武国术起源

中华文明的发展与传承，伴随的是一次次的变革，自远古走来，在血与火中磨炼，在自强不息中代代传承。这些传承，承载于文字与血脉之中，从不曾断绝。在传承的过程中，与野兽搏杀，与灾祸对抗，与外族入侵者厮杀，是为自己活，亦为种族活。

生命不息，战斗不止。文明的优秀性、连续性、坚韧性，在于历代先贤对于天人大道的体悟及其衍生的知识积累与教化之功。

天下之道有二，一为德，一为威；天下之学有二，一为文，一为武。文以载道，武以入道。为天地立心，为生民立命，为往圣续绝学，为万世开太平，这是文宗武道传承者应有的大志。穷则独善其身，达则兼济天下，是传承者应当具备的基本素养。

武道的发展，自人类学会思考以来便不断在血脉中发展壮大，无他，皆为求生之能耳。自三皇治世，五帝定伦，至春秋战国时期已达到鼎盛的程度，即使文宗之圣孔丘亦主张修习骑射武技，名列君子六艺之属。道祖老子、庄子，墨家之祖，法家诸贤等各家学派的先贤以及传承者，皆主张文武兼修，马上能打天下，马下能治国理政，剑履及殿，问道于天地。

自华夏文明诞生以来，出现过无数的武道英杰，王不过项，力不过霸，将不过李，拳不过金，只是武道长河恒沙一现。武道先贤们推动家国兴亡，在历史中留下了不朽篇章，天志明鬼的墨子、挟王救过的曹沫、破空刺僚的专诸、信义无双的荆轲、拔山盖世的项羽、受胯下之辱亦不易其志的兵圣韩信、忠义无双的关云长、撼山易撼岳家军难的岳飞、白马银枪的赵云、神枪无敌的杨妙真、醉里挑灯看剑的辛弃疾、辅佐李靖的风尘侠女红拂……武者英魂不灭，只是走在前路。即便在现代社会，随着火器技术的发展，人类的战争形态发生着重大转折，然而对于身体修炼的要求，人类的军队从来不曾懈怠，武道始终左右着人类文明的进化，影响着人类的政治、军事、生活等各方面的进步。为变法而

随同七君子就义的王子斌（即大刀王五）、京津八俊杰之一的霍元甲等大量的民族精英他们作为中华传统武术的践行者，在历史长河中留下了各自奋斗的轨迹。什么叫"国术"呢？这是从中国历史上历代先辈抵抗外敌的过程中总结出来的武术精华，用于强身健体叫"武术"，用于保家卫国叫"国术"。

自鸦片战争以来，国势式微，民困积弱，列强蚕食华夏，爱国志士无不痛心疾首，在黑暗中探索救亡图存之道。太平天国、义和拳运动（即义和团）作为先行者相继失败，至北洋政府时期，冯玉祥将军、武当剑仙李景林将军、形意门李存义先生等人为强国强种强军而筹划，分别于南京成立中央国术馆，于天津成立中华武士会（即后来的天津国使馆），并编撰教材"国术教范"为军队训练作战之用。

"国术"一词的起源，源自李存义先生论述，以区别武术与国术的含义。武术者，强身健体；国术者，保家卫国，只杀敌不表演，是为国术。历经历史动荡，各派武学发展陷入低谷，大量珍贵的资料或毁或篡，部分武学技艺在动乱中失传成为绝响。经过近代的发掘整理，加入了大量的体操与戏剧艺术动作元素，产生了武术套路化的氛围，此举虽对竞技武技大幅度削弱，但是亦有其进步的一面，至少在全民健身领域使的武术文化得到了某种程度的普及，以"太极拳"为代表，上有所好下必附焉，使得太极拳术这一门传统武学在经历简易化改编后得到了大范围推广，在世界范围内也具有广泛受众。

中国数百个武术流派，划分为内家拳和外家拳2大武学体系。内家拳，即以通背拳、形意拳、太极拳、八卦掌为代表的拳种，同时名列国家非物质文化遗产名录。外家拳，即以少林、八极、咏春为代表的拳种。

国术、武术之名，皆为人来命名，实则为武道技艺之统称，之所以有名号差异，在于授业传道者的心志高远之异同，或流形于上，或淡泊为下。然而，一切修行武道的人，都应当坚守初心，保护自己，保护自己所珍惜的东西，方不负修行的初心。认识自己、超越自己、保护自己，也保护别人，这是学习中国武术的意义，而国术亦实为"中国武术"之统称。

上古之时，圣人创"易"，即已阐明武艺与道艺的关联性与重要性。《易经·系辞》有云："明之道，贞明者也。"易学之道认为人体同样是个小宇宙，主张人体与自然存在"同气相求"的机理。《易经》云："天地盈虚，与时消息，而况人乎"，这是对丹道之理的经典论述。《易经》云："君子以除戎器，戒不虞。"阐述了君子应整治兵器，以防不测，这是上古先贤对武道修行重要性的明确论述，其中"力武人贞"是武术家在易经这一"万经之祖"中的直接展现。

第二节　内家拳术总纲

对于内家拳与外家拳的差异区别、异同问题，有如是概论：善于养内者，为内家；不善于养内者，为外家。内家拳的修炼，注重内外兼修。通过系统的功法体系，由浅及深、由表及里，日积月累之下，皮肓、肌肉、骨骼、髓质、筋膜、筋经、气血，都可以得到有效锤炼，由肌体健壮而至五脏六腑皆壮的内外和谐状态。而内家修行之法是外家拳术体系所欠缺的。

在技击格斗技术领域，内家拳术与外家拳术各有千秋，各擅所长又殊途同归，皆因一切格斗术都以最快击倒对手为根本目标，违背这一宗旨的不合拳术之理，皆不应当冠以武术之名，所以应当将表演性武术与格斗术做严格区分。

外家拳的修炼，以外三合为纲领，吐气发力，运用相应招式技巧来达到克敌制胜的效果，如少林长拳、太祖拳、八极拳等皆如是。

内家拳修炼，以三层道理、三步功夫、三种练法为纲领；以一元（即混沌、混元）、两仪（即阴阳）、三才、四象、五行、六合、七星、八卦、九宫为法度。内外兼修、天人合一是内家拳术修行者所追求的至高境界，此境界可称之为"至诚之道"。真所谓"金风未动蝉先觉，暗送无常死不知"。

武道即人道，人道即天道。习武者师法自然，师法天地；以天地自然为师，以自然万类为师，"人法地，地法天，天法道，道法自然"即是这一层道理。取天地自然之奥妙，进而感动自身，可以得到强健自身克敌制胜之法。以人为师，可以学习胜负得失之法；以自然为师，可以习得固养灵根之妙诣，降服自我猿马，逍遥自我心意。养灵根而静心，固灵根而心动。养灵根，修道也，对应的是内家拳术的道艺；固灵根，敌将也，对应的是内家拳术的武艺。道艺与武艺，两者合而有异，一而二，二而一，两者一也。

道生一，一生二，二生三，三生万物。以一为原始，生两仪、生三才、生四象、生五行、生六合、生七星、生八卦、生九宫，乃至无穷无尽。万有万物，天生天杀，无穷招式心法，皆不离道之本质，由简入繁可得道之渊，再由繁入简可悟道之真，至简者，大道也。

第三节 太元之始

太者，大也；元者，始也；太元者，混沌无极也。

太元者，又称之为混元，浑元。混元，天地初开，鸿蒙不纪年，没有四维上下，亦没有古往今来。混沌开，而宇宙生，人体为小宇宙，学习内家拳术者可内视自身，外练筋骨，是人体契合宇宙自然的通途。武道即人道，人道即天道，观自然道化为拳术，则为内家拳术修行功法体系中的混元桩功以及无极桩功。养生之学每次行功20分钟起，武术筑基2小时左右为上限，以不超过个人体能为宜。

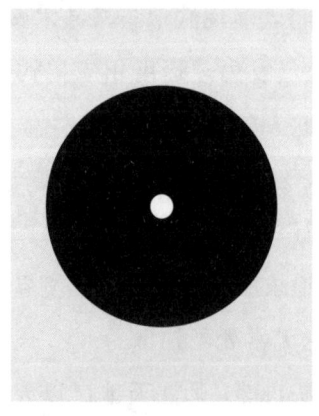 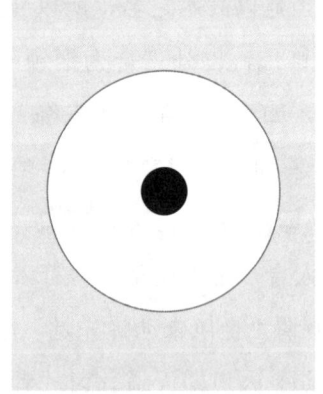

图 1-3-1 先天混极图　　图 1-3-2 先天元极图

混元桩功，手印分阴阳，合三才，共三十六番变化，合天罡之数，实为内家拳术体悟虎豹雷音的诀窍门径，为洗髓内壮的法门之一。无极桩功，意形合一，阴阳相调，无形无象，为内外参合的内家拳术根基之学。

桩功基本要领：虚灵顶劲，涵胸拔背，沉肩坠肘，下颚微收，舌顶上腭，敛臀提肛，四梢俱备，劲沉涌泉穴而入地三分。

无极桩一修炼要领：两腿并拢自然站立，不挺不屈，脚跟靠拢，两脚尖左后分开约 90 度角，两臂自然下垂于身体两侧，两掌舒展自然放松下垂，十指微有气动感，呼吸自然律动，牙齿轻合，口唇自然闭合，以鼻息行吐纳之功，顶门百会穴与会阴穴、两脚的两个涌泉穴连线的中点，三点成一垂线，重心落于垂线中间沉入地下，脚趾轻微抓地，有杨柳随风而动之势（图 1-3-1）。双目垂帘内视，视线略照前下，意守下丹田。功行渐深者转入真人呼吸法（见后文呼吸心法篇与丹道大小周天篇）。每次站桩身体放松后，观想自身与茫茫宇宙合为一体，天地元气自头顶百会穴进入身体，缓缓流入丹田，进入忘我境界（图 1-3-2）。

无极桩二修炼要领：在完成无极桩一（图 1-3-3）的基础上，脚尖不动，移动脚跟至双脚平行，与肩同宽而立，转换意念守涌泉穴（图 1-3-4）。

混元桩修炼要领：学者若会混元气，哪怕他人有全功。完成无极桩二，双手阴上阳下，于下丹田结手印一：番天印（图 1-3-5），双肩松脱，内卷里合，锁骨下沉相合，心气与横膈膜向小腹中极穴沉降，以助内部气息团聚，束肋合腹，小腹的关元、中极二穴共同内敛纳气向命门穴冲震，使两臂内侧（阴经）微微内缠，向身体外侧撑住劲，构成内托外撑、内圆外方、负阴抱阳的太极状态。两手指松直向内，十指尖左右相对相照，指甲缝的气机含互相渗透和相吸相合之意，同时注意鼻准头的吐纳气与印堂穴（上丹田）、膻中穴（中丹田）、中极穴（下丹田）及三心（头心百会穴、手心劳宫穴、足心涌泉穴）的吐纳气一致，并将气纳入中脉（上通百合穴，下达会阴穴，一线串之）之轨道，以助中气潜转。同时下闭谷道，气方不向下泄，构成呼气时使气由内达外，劲贯梢节，气贯指（趾）肚；吸气时退藏隐秘，气结中宫，循环无端。久而久之，体内会出现一种轻灵景象，气机运聚之意象，皆由心发，中气之潜转，上下不停。如能将此意象融会于拳架之中，与动作、劲路结合起来，身体内外就会化生出一种浑厚灵敏、韧性极佳，有弹性的混元气，布满周身。

完成番天印法修炼，可变化诸番手印心法。

手印二：双手阳在上，于下丹田结覆地印。手印三：双手阳在上十字交叠，于下丹田结定海印（伏波印）。手印四：双手左阴上、右中和，于下丹田结智慧印。手印五：双手右上左下皆阴上，于下丹田结阴阳印。手印六：上手左阴上，右智拳，于下丹田结金刚印。手印七：双手阴上，十指交叉，大指相对，于下丹田结平心印法。手印八：双手于中丹田结番天印。手印九：双手于中丹田结覆地印。手印十：双手于中丹田结伏波印。手印十一：双手右上左下，阴极相对，于中丹田结青萍印。手印十二：双手阴在上，于十二重楼两侧结平天印。

完成中定十二印后。双脚可变化为左右三才桩体式（参见第五节：天经地纬人三才），左脚在前则重心在右，右脚在前则重心在左。太元无极，动静之中，阴阳之母也。

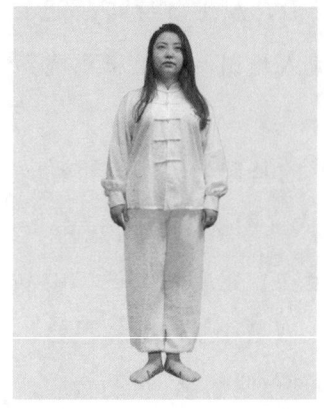 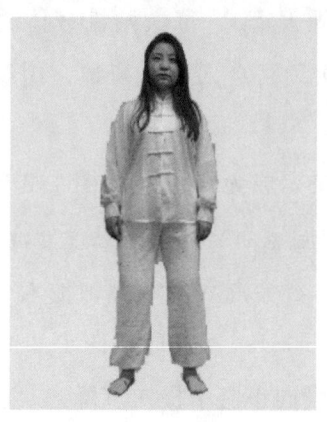 

图 1-3-3 无极混元桩功 1　　图 1-3-4 无极混元桩功 2　　图 1-3-5 无极混元桩功 3

第四节　太极玄机

易有太极，是生两仪。宇宙从无极而太极，以至万物化，太极者，宇宙初生之态，无极而生，动静之机，阴阳之母也。

太极是大道运行不息的彰显，动之则生阳，运动到一定程度则达到相对静止的状态；静之则产生阴，静极则思动，如此动静参合，阴阳之气互为表里，互为根基，乃至运转产生无穷妙有、无限武学体用之道。是故，人体内宇宙与外部大宇宙虽异体，却同存共振。

第一章 通背散手

图 1-4-1 太极图

图 1-4-2 太极桩 1

图 1-4-3 太极桩 2

太极之道非太极拳术，而是国术万法之理。化而为拳，即为内家拳术太极桩功。太极桩功一修炼要领：在无极桩（图 1-4-1）的基础上，将身体重心转移至单侧。以右脚承受重心为例，在体内形成虚实阴阳，左脚尖转动至向前，与右脚成 45 度角，或完全靠拢至右脚，保持重心的同时，身体蹲坐至极限，成"龙蹲虎坐"之态。头部保持不动的同时，身体跟随左脚转动 45 度角，成"龙折身"之态，目光平视前方，其余要领与无极桩一致。外形与内意达成初步统一，两掌心向上重叠合抱于下丹田部，自然呼吸，功力渐深时则转为逆呼吸，垂臀提肛，小腹起至周身松而不懈（图 1-4-2）。完成太极桩功一的修炼之后，保持重心不动，左脚前出，足尖点地虚立，双掌心向外，于中宫前外撑，成太极桩二式（图 1-4-3）。

右侧修炼完成后，可切换重心至左脚，练习方法与右侧相同。桩功，内家拳术内功与外功之根基，有定式桩与行桩两种形式。定式桩，外静而内动；行桩，外动而内定。练习之时，以静入定，以定入动，静中有动，动中有静，两者互为平衡。灵台空灵，所谓空生静，静生定，定生慧，慧生从容，从容生活，有何不可至、不可求？混元为一，一生二乃至万法。天得一以清，地得一以宁，天地德配，是谓两仪。阴静则阳动，阳动则阴出。静者不动如山，动者其徐如林，化桩入拳则侵略如火，身法其疾如风。此为动静之机，明了桩体与拳之体用的关联。

桩为拳之骨，拳为桩之肉。无极、太极两仪，以及衍生的三才、四象、五行、八卦要素，构成了内家功法体系的血肉，由后天化先天的根本筑基之法，划分人体宇宙，调理胸中五气，实为道家内功至正纲领。

第五节 天经地纬人三才

易云:"有天道焉,有人道焉,有地道焉。兼三才而两之,故六。六者非它也,三才之道也。三光者,日月星;三才者,天地人。寰宇周天,道法总理阴阳,统御天经地纬、人者,合称三才。"阐述了人与天地自然的密切关联。天干就是代表天机道,地支代表地脉道,藏干代表人间道,命数就是由天地人三才之道组成的,天命虽有大势,而地脉道地理环境,配合个人的努力,人道地道即改,三分之二改变了,就大了天命三分之一,撇除听天由命这一消极的思想,树立我命由我不由天的正确修行方向。

天者,乾也。易云:"天行健,君子以自强不息。"地者,坤也、易云:"地势坤,君子以厚德而载物。"人者,赢也,仁义之灵也。周天之内有五虫,赢鳞毛羽昆,皆生而平等,人秉承天地之神赋而以通神明之德,以类万物之情。

内家拳术三才之学有二,一为三才桩,一为散手大用之法——"天地三才"(图1-5-1)。

图1-5-1 三才图

图1-5-2 三才桩

图1-5-3 三才桩

  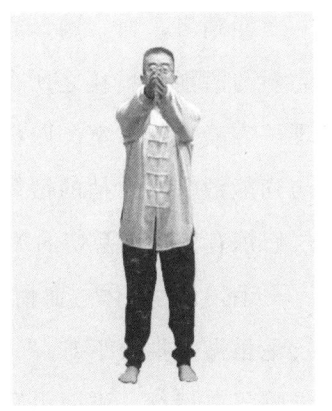

图 1-5-4 天地三才 1　　　图 1-5-5 天地三才 2　　　图 1-5-6 天地三才 3

三才桩修炼要领：在太极桩一的基础上（以重心在右腿为例），保持重心不动，左脚前出踩下，脚趾抓地，重心分配变为前三后七、左右五五分。左掌前抻，食指尖对照鼻尖方位。右手放置于下丹田，虎口合谷穴对照下丹田方位（图1-5-2）（图1-5-3）。虎口有劲，十指根微开，双手呈虚扣抓拿之势，如扣一球在手心，含而不发，虚空而蓄其势。身法要领以及呼吸心法与无极桩一致，由自然呼吸法渐至逆式呼吸，由静功而渐至内功，由内动而渐至形神合一，内外中和，最终化桩入拳，落地生根，桩中有拳，拳中有桩。道生一，一生二，二生三，三生万物；无极生两仪，两仪化三才，三才生万法。是故，万法皆出于三才，招招皆不离三才，练习三才桩时，务必左右式同时练习，不可使左右偏颇。

天地三才修炼要领：以混元桩站立，周身舒展，双臂自然垂于身体两侧。以手腕阳面为力点，提腕展臂上挥击出（图1-5-4）；坐胯蹲身，双掌同时化拳，顺蹲势以拳面贴身侧下击（图1-5-5）；提胯纵身上跃，双拳同时化掌，掌心相对自两侧合击至中宫位前（图1-5-6）。

第六节　四梢论与望氤术

气存丹田自培元；运达四梢始称奇；多出败元堪折寿；多入龙虎两分离。发欲冲冠舌摧山，齿断柔筋指钩齐，炼至虚含无领意，不出不入真消息。

四梢者，血、肉、筋、骨也。四梢之学，是内家拳术内养外炼，启发人体力量与潜能的奥秘之所在。习练内家拳术，需要明悟参透四梢论与四梢劲的道理，方能登堂入室。四梢的锻炼直接关系到血、肉、筋等人体内部组织的健康与功能锻炼，四梢的锻炼，实际上也与易筋洗髓（骨中精）的武功及内功的高层修炼有着极为密切的关系。

毛发，为人体之血梢。歌曰："怒气填胸，竖发冲冠，血轮速转；敌胆自寒，发毛虽微，摧敌下难。"古有"怒发冲冠""须发俱张"之说，以形容人的情绪影响气血运行，进而引发人体毛发产生变化，人皆知晓的吴三桂冲冠一怒为红颜、伍子胥一夜白头过韶关等历史典故。心意变动，毛发与肌体最先有感，喜怒忧思悲恐惊七情中，最容易刺激血梢者当为"惊"，临敌之际，当保持惊、警，以此意识锤炼之法则可随时调动血梢之潜能。常以手指梳头，可有效刺激血液循环，增强血梢灵敏度。

舌，为人体之肉梢。歌曰："舌卷气降，虽山亦撼，肉坚似铁；精神勇敢，一言之威，落魄丧胆。"习练内功与桩功筑基之法时，舌顶上腭是重要的要领，可以最大限度地使督脉之阳向下流动，以激发增强任督二脉的气机。修炼拳术的过程中，舌顶上腭可以使肉梢潜能最大限度地发挥到武道体用中，同时舌顶上腭可有效避免发生舌头接触牙齿受伤的情形。

甲，为人体之筋梢。歌曰："虎威鹰猛，以爪为锋，手攫足踏；气势兼雄，爪之所到，皆可奏功。"用劲发力之时，十指如钩，成拳则如卷千层饼化而为锤，成掌则如刀剑；消息一发，十趾抓地，如龙卷起于大地。这都是筋梢之能作用于拳术体用的意义。日常多多指掌互摩，行走时习惯脚趾抓地，可以有效锻炼筋梢。

齿，为人体之骨梢。歌曰："有勇在骨，切齿则发，敌肉可食；眦裂目突，惟齿之动，令人恍惚。"常人发怒之时常有"咬牙切齿"之说，这是内心无意识之中用劲发狠的正常表现。国术体用中，口唇闭合，不使气机散乱，牙齿轻微咬合，配合血梢、肉梢、筋梢，才能使劲力运用达到和谐的状态。常练叩齿煮牙之法，可以有效防止牙齿损坏、松脱，增强口齿灵活度

修行内家拳术，需神气贯通周身，灵机一动，则如天雷地火迸发，如狸猫有毛发皆竖之感。形象一点，可参考猫科动物狩猎对敌时毛发皆炸的情景，这就是劲达血梢的迹象。舌顶上腭，使劲达肉梢；气贯十指，脚趾抓地，用劲主

宰于腰腿，使劲达筋梢；牙齿轻微咬合，使劲力达到骨梢。至此，四梢俱全，则精、气、神无不彰显，静则凝如山岳，动则雷霆一击，可谓内家拳术用劲之纲领，体用之先锋。

所谓秋风未动蝉先觉，以此四梢之理，可以临敌之际体察对手的动静变化，做到料敌先机而后发先至，身一举动，四梢就一齐用劲，一齐如法为之，无先后迟速之分。同时明辨四梢之理，可以辩查人体的气血运行变化、走向，可以体察人体的健康状态，这一层道理精微奥妙，不可不查，谨而习之，慎而用之，并将其道理于内家拳术的修行之路一以贯之。"望气"必倚重气功为根基，练功时瞄准目标的远处，半阖双目入静，似看而非看，目注而达心，久而久之，自然可以看到一种冉冉升腾、薄轻缥缈的岚雾，这就是大自然的环境之气和人体磁场共振之气以及阴阳宅内气相沟通的气，也称之为晕。初修习"望气术"，最好选择水泽之地，因这种地方水汽充足，岚气变化比较明显易望。四梢之理，为内家拳术与传统中医学的辨证法高度统合的无上武艺妙诣，后学之辈如能得其精髓，则国术必有所成。

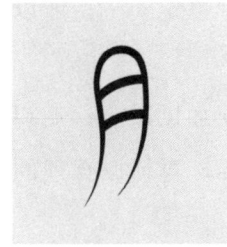
图1-6-1 太阴图

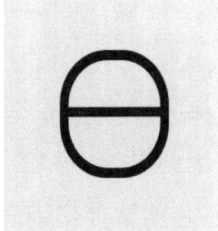
图1-6-2 太阳图

图1-6-3 中极动静图

图1-6-4 少极变化图

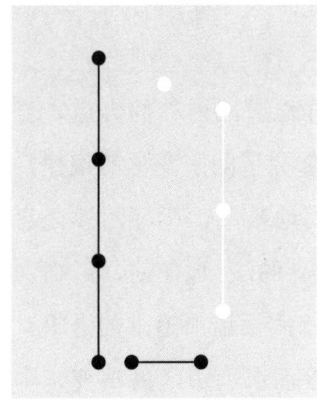
图1-6-5 太极生两仪图

图1-6-6 两仪桩

图1-6-7 乾坤桩一

第七节　两仪阴阳策

易云：易有太极，始生两仪，两仪生四象，四象生八卦。两仪者，阴阳也。

阳之属：运动、外向、上升、温热、明亮、无形、兴奋、外延、主动、刚性、方形、山南水北。**阴之属**：静止、内向、下降、寒冷、晦暗、有形、抑制、内敛、被动、柔性、圆形、山北水南。阴阳之术，互为矛盾对立，无阴不阳，无阳不阴，互为依存。阴消阳长，阳消阴长，互为消长。阴中有阳，阳中有阴，互为包涵。阴极生阳，阳极生阴，互为相先。化阴为阳，化阳为阴，互为生克制化。

上古之时，修身之人的年龄多逾百寿而以筋骨为能，当今之人，年过半百，身体动作已有衰弱无力之相，这不是时代不同造成的，而是不明内家道武的阴阳休养生息之道所造成的。彼时穷文富武，文武两道兼立并行以定天下，所以人人皆有如龙之心，成龙之相。

懂得内家休养生息之道，能够效法天地阴阳的变化之理而加以适应。调和阴阳，使人体阴阳与天地大道阴阳相合，达到内外中和的境界。再辅以合理的饮食，规律的作息，不劳心费神过度，最终才能够神形皆旺，和合统一。

真精不竭，真气凝实，真神不移，善加统御，不存妄念，动念而不分神，精气神三宝安守周身，这样疾病就不会轻易发生，修行的人才能随心所欲去满足愿望。

不以物喜，不以己悲，心志坚实无有多虑，这才符合道武内养的大道，当人体逐渐衰老时，不被外邪所侵扰，身形动作矫健如初。掌握了阴阳变化的规律，驭使内家呼吸真法，实现呼吸调节身心，呼吸精纯的天地精气，驱逐污浊之息超然于物外，令形神守一，肉体宁和。再辅以道武锻体修身的法门，使筋、骨、血、髓、肉的活力与整体达到高度的一致，这就是明悟阴阳，修武悟道所追求的道果。

顺应天时，得地利之便，中取人和，顺从天地风雷、水火山泽的演变，与天道呼应，与人道相合，少有怨怼，顺从内心，不媚俗，不劳形，不炫耀。因为少求，所以能够不败；没有得到的痴念，所以不会有失去的烦恼，这是求索阴阳至理所必须具有的心境。

查察天地的变化，明运行四时之变迁，顺应阴阳的消长，求真、求实、务虚、使生活与修行都契合于道法阴阳。

春天是万物生发的季节，是生命萌发的时令，犹如一日之晨曦拂晓。修行道武应保持形体的舒缓，不使拙劲又不失锐气，动静之间皆进取向上，一趋一动皆如闲庭漫步，不可有过多的杀伐之气，以保持内心的生发之气。如有悖逆的举动，会损伤肝气，供给夏天的生长之机的条件有缺，到了换季的时候会有寒性的病痛。

夏天是万物发生到一定瓶颈，百植秀丽的时节，犹如一日之午时。这时太清之气逐渐沉降，地脉之气上升，阴阳交感，有利于气势凝养。道武修行应平心静气，少有怨怒，使精气神之英华适应此节气，成就秀美之内质，使气机顺畅，运转自如，精神由内敛转向外向，交感外界，这时顺应时节，适当地进行明劲练习，以尽快达到懂劲运用的境界。如果悖逆时势，会损伤心气，供给秋天的收发之机不复足矣，到秋季会发生肠胃方面的病痛。

秋天是万物收获成熟平定之时令。此时天高气急，万物肃清。这时候道武修行应当保持心境平和，使精神安宁，以缓释秋之肃杀伟力，不虞有夭亡之气。神光内敛，含而不发。此时令，犹如一日之黄昏，日常所习之术细细琢磨锤炼，一招一式中体悟刚柔相济之相，以期顿悟暗劲修为。内里中平，以养肺经，这是顺应秋之伟力，收敛精气的方法，如有悖逆，会使肺气受损，供给冬藏之气的条件有失，到了冬天，会有滑肠的病痛。

冬天是生机潜伏、万物蛰藏、等待生发时机的时节。此时令，犹如一日之黑夜，道武修行者不可在这时有太多的挥霍，宜多行揉筋养劲的内练之术，务必使精气神蕴藏于内，敛而不发，守而不泄。这是顺应时势，养就闭藏之机的方法，不可违逆，否则肾精必有损伤，致使春季到来时的生发气机不足，春天换季时会有痿疲之象。

阴阳悖乱，四时不顺，万物的生长发生就会夭亡，道武修行者不能做到逆天之举，只能顺应四时变化，知晓阴阳，符合自然的发展规律，生机自然绵延不绝。顺应阴阳消长者长存，悖逆者消亡，所以圣明的人不会使自身陷于逆乱之中，故而无忧。如果等发生乱象再去纠正，会徒增烦恼。行站坐卧，莫不是修行之举。行走中，脚掌舒展贴地，体坤阴之脉动，感大地之厚德；虚灵顶劲，头顶青天，体乾阳之德，天地盖载日月照临之恩；思父母养育、师尊授艺之恩，因思而知我在，因知我在焉能不感动自身？阴阳在道中，人在阴阳中，能够感动自身，是道艺的功夫。

阴阳者，阴不离阳，阳不离阴，相生相克。阴阳之中，还各有阴阳。白昼属阳，黑夜属阴；男属阳，女属阴。午时阳气最足，为阳中之阳；至黄昏，则为阳中之阴；子时阴气最重，为阴中之阴；至拂晓，则为阴中之阳。人体外属阳，内属阴；背属阳，胸腹属阴；五脏属阴，六腑属阳。以背为阳，心为阳中之阳，肺为阳中之阴。以腹为阴，肾为阴中之阴，肝为阴中之阳，脾为阴中之阴。通晓人的阴阳表里，顺逆变化，与道法阴阳相合相应，是国术修行所需要掌握的基本道理。

阴阳是运行天地的一般规律，是一切事物的纲纪，万物变化的起源，生发毁灭的根本。一切道理都不外乎阴阳二字。清阳在上为天，浊阴在下为地；阴静主生长之机，阳动主生成之机。阳主肃杀，阴主纳藏；阳化力量，阴生形体；阴极生阳，阳极生阴，阴阳具有正常与反常两种变化特性。

在武、医之理中，有三阴与三阳离合之理。三阳离合，太阳主表为开，阴明主里为合；少阳介于表里之间为枢，三者合称一阳。三阴离合，太阴主表为开，厥阴主里为合，少阴位于表里之间为枢，三者合称一阴。阴阳相互协调依存，紧密联系，不可各自为政。阴阳之气，运行周身，久远不息。气运于里，形立于表，构成了阴阳离合、相生相成之象。

桩体与行拳的体用过程中，一动一静莫不出阴阳之列，颇具代表性的有"阴阳开阖桩""两仪桩""乾坤桩"。

阴阳开阖桩修炼要领：双脚间距半步平行站立，重心左右虚实分立；双掌阴向相对，竖掌合于中宫前位。运转呼吸心法，敛息时，双掌为开，开至内肩宽，同时双脚阴阳互相转换一次；悬吸中调整精气神的稳定；吐息时，双掌为合，合至同脸宽，同时双脚阴阳互相转换一次。如此循环往复练习，此法为动态桩功修法。

两仪桩修炼要领：在完成无极桩的基础上，双腿高马站立，目视右前方，右手以掌或拳成拳心朝天式挑肘，左手以掌或拳成拳心向下式撑于左肋下。

乾坤桩修炼要领：在完成三才桩的基础上（以重心在右腿为例），保持重心不动，右脚尖转向朝前，左脚尖右转35度～45度左右内扣。左手拧腕同步转动，转35度～45度左右食指尖照向上丹田，右手虎口照向下丹田，呼吸心法不变，左脚踩阴，右脚踩阳，双脚虚实分明，虚领顶劲，含胸拔背，谷道上提，垂臀定神，意守涌泉两掌虚按，虎口要圆，蓄势待发，气贯筋梢，松肩沉肘。初始练习以自然呼吸为主，下盘松沉则转为逆式呼吸心法，与大小周天搬运法相契合。完成后，右掌阴向朝外，五指向前附于耳侧，此为乾坤桩二式（图1-7-4）。

图1-7-1 两仪生四象图

图1-7-2 四象生八卦图

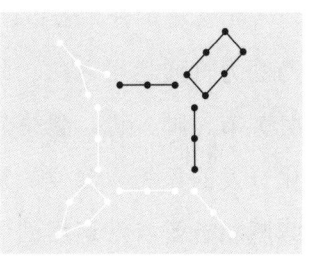
图1-7-3 四象生八卦图

图1-7-4 乾坤桩二式

第八节　四象之序列·指玄集

象者，现象、状态，拟象也。在乾之理为天象，在坤之理为地象。春夏秋冬四时、人体四肢、天地四极都是四象的表现方式。

太极生两仪，两仪生四象。少阳，太阳，少阴，太阴为易理之四象。青龙（东）、白虎（西）、朱雀（南）、玄武（北）为天象之四象。乾、坤、坎、离为易术之四象，呼应天人，水火相济，可成四象拳掌之法。

阴阳两仪对立统一，此消彼长，化之为拳，根据阴阳之分与虚实之度，两仪遂产生四象，即"少阴、少阳、太阴、太阳"。少，是逐渐增加，而至平衡；太，是极致，事物发展的终极状态。不稳则失衡，失衡则生变，在拳术修行中顺应其理，使之体用一贯。四象掌、通背指玄集，是四象之学比较有代表性的体例。

指玄集，分为云指、云臂、云背、云腰、云腿五大导引功法。云者，运也，乃劲力贯通运用之意。此五门修行法门，可开发手指、手掌、手腕、肩关节、肘关节、脚、腿、髋关节、膝关节以及躯干腰背部位的潜能与灵敏度，以及强化开发四象相应部位的筋经、皮部、脉络、窍穴。躯干为四象之根基，躯干与腰腿相合是身法运用的关键。手法与身法之关窍，无外乎"束、展、弹、抖"四字。

云指开脉导引篇

云指分为上、中、下，对应上中下三大丹田及乾坤、阴阳、无极混元之理、功能。

一、下云指

1. 下云指，左右，一乾。修炼要领：以无极桩站立，松肩沉肘，双手阴掌向下提腕至下丹田前，以腕关节两侧为力点左右抖动至松活。

2. 下云指，上下，一阳。修炼要领：以无极桩站立，松肩沉肘，双手阴掌向下提腕至下丹田前，以腕关节上下端为力点上下抖动至松活。

3. 下云指，上下，一阴。修炼要领：以无极桩站立，松肩沉肘，双手阳掌向下提腕至下丹田前，以腕关节上下端为力点上下抖动至松活。

4. 下云指，左右，一坤。修炼要领：以无极桩站立，松肩沉肘，双手阳掌向下提腕至下丹田前，以腕关节两侧为力点左右抖动至松活。

5. 下云指，混元，同步，交错循环，内外。修炼要领：以无极桩站立，松肩沉肘，双手阴掌向下提腕至下丹田前，以腕关节整体为力点左右内外交错抖动至松活。

6. 下云指，上下，顿挫。修炼要领：以无极桩站立，松肩沉肘，双掌阴掌垂指向下附于小腹，以腕下为力点，上下顿挫抖动至松活。

二、中云指

1. 中云指，左右，一乾。修炼要领：以无极桩站立，松肩沉肘，双手阴掌向下提腕至中丹田前，以腕关节两侧为力点左右抖动至松活（图1-8-1）。

2. 中云指，上下，一阳。修炼要领：以无极桩站立，松肩沉肘，双手阴掌向下提腕至中丹田前，以腕关节上下端为力点上下抖动至松活。

3. 中云指，上下，一阴。修炼要领：以无极桩站立，松肩沉肘，双手阳掌向下提腕至中丹田前，以腕关节上下端为力点上下抖动至松活（图1-8-2）。

4. 中云指，左右，一坤。修炼要领：以无极桩站立，松肩沉肘，双手阳掌向下提腕至中丹田前，以腕关节两侧为力点左右抖动至松活。

5. 中云指，混元。修炼要领：以无极桩站立，松肩沉肘，双手阴掌向下提腕至中丹田前，以腕关节整体为力点左右内外交错抖动至松活。

三、上云指

1. 上云指，左右，一乾。修炼要领：以无极桩站立，松肩沉肘，双手阴掌向下提腕至鹊桥关前，以腕关节两侧为力点左右抖动至松活。

2. 上云指，上下，一阳。修炼要领：以无极桩站立，松肩沉肘，双手阴掌向下提腕至鹊桥关前，以腕关节上下端为力点上下抖动至松活。

3. 上云指，上下，一阴。修炼要领：以无极桩站立，松肩沉肘，双手阳掌向下提腕至鹊桥关前，以腕关节上下端为力点上下抖动至松活。

4. 上云指，左右，一坤。修炼要领：以无极桩站立，松肩沉肘，双手阳掌向下提腕至鹊桥关前，以腕关节两侧为力点左右抖动至松活。

5. 上云指，混元。修炼要领：以无极桩站立，松肩沉肘，双手阴掌向下提腕至鹊桥关前，以腕关节整体为力点左右内外交错抖动至松活。

图 1-8-1 中云指 1

图 1-8-2 中云指 2

图 1-8-3 弹抖 1

图 1-8-4 弹抖 2

图 1-8-5 弹抖 3

图 1-8-6 弹抖 4

四、弹抖

1. 云指，前后，弹抖，阳转阴。修炼要领：以无极桩站立，松肩沉肘，单手阳掌向下提腕于身前；小臂内转以绑手势前出后，经阴阳转换后还原为阳掌向下后缩回原位（图 1-8-3）。如此左右手交错练习。

2. 云指，上下，弹抖，阴转阳，纯阳。修炼要领：以无极桩站立，松肩沉肘，双手阴掌向内提腕至中丹田前，以手腕上下为力点，前送后回弹抖练习至松活（图 1-8-4）。

3. 云指，左右，弹抖。修炼要领：以无极桩站立，松肩沉肘，以单手手腕阳面向里前方抖出（图 1-8-5）；至劲力将断时，顺势抖腕向外前方击出。如此左右手交错练习（图 1-8-6）。

五、左右云指

1. 云指，左分，右分。修炼要领：以无极桩站立，松肩沉肘，十指舒张阴掌向下，小臂平举曲肘附于两肋；大臂不动，以肘为轴，右小臂向左挥出，至末端时左小臂同时向左挥出（图1-8-7）。

2. 云指，左右，分水式。修炼要领：以无极桩站立，松肩沉肘，十指舒张阴掌向下，小臂平举曲肘附于两肋；大臂不动，以肘为轴，左小臂向左挥出，右小臂向右挥出；至末端时同时弹回至小臂交叉，如此循环练习，练习时需留意双臂上下交替交错。

3. 云指，左横摔，右横摔。修炼要领：以无极桩站立，松肩沉肘，十指舒张阴掌向下；右脚横向右移动一步，左臂水平方向右挥而出，劲即至末端时右臂顺左臂下向右挥出，左脚同时提膝而起。如此左右手交错练习（图1-8-8）。

六、上下云指

提领：以无极桩或猴形独立桩站立，松肩沉肘，十指舒张阴掌向下，大臂不动，小臂提腕上抬至肩前部。如此左右手交错练习（图1-8-9）。

图1-8-7 左右云指1　　　图1-8-8 左右云指2　　　图1-8-9 上下云指

云臂开脉导引篇

云臂，以摇臂抡臂摇身法则为基础。功能：开发指、掌、腕、小臂、肘、大臂、肩背潜能，并沟通相应筋经脉络穴位。所使手法身法：摇、抄、罩、抡、摔。

一、带脉

1. 左右单抢臂：单手守丹田，左右。修炼要领：以无极桩站立，松肩沉肘，右手护于下丹田或自然下垂；左掌阳下右起，自身右立圆轨迹向身左运动，至头顶时阴掌下拍，此为逆时针练法，收于下摔式。演练纯熟后切换至左掌阳下左起向身右运动，收于下摔式。如此，左右手交错练习（图1-8-11）。

2. 左右反臂：双手同步，左右。修炼要领：以乾坤桩站立，松肩沉肘，保持目视前方；上体向左平转，双掌阴下抢臂劈于肩后；上体向右平转，双掌阴下抢臂劈于肩后；如此，左右平转交错练习（图1-8-12）。

3. 前后反臂：双手同步，前后。修炼要领：以无极桩站立，松肩沉肘，双掌阴上，向后抢臂劈于肩后（图1-8-13）；双掌接触身体后循原轨迹返回，贴身体两侧向身后抢臂至阳掌劈于背脊（图1-8-14）。如此，上下交错练习。

4. 捆打：双手同步，前后。修炼要领：以乾坤桩站立，松肩沉肘；重心向前移动，双臂同时左右环抱捆打，以阴掌交错击打外肩部（图1-8-15）；重心向后移动，双臂同时左右向身后捆打以阳掌交错击打后背。

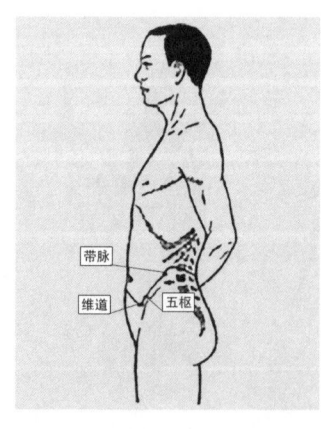

图1-8-10 带脉循行图

图1-8-11 左右单抢臂

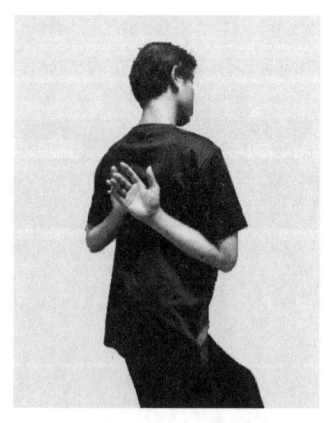

图1-8-12 左右反臂

 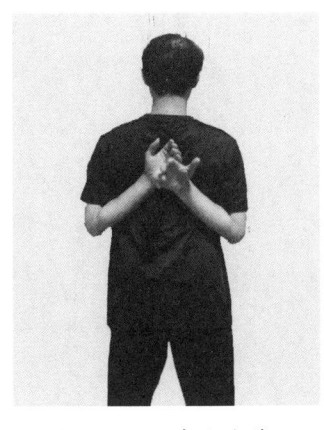 

图 1-8-13 前后反臂 1　　　图 1-8-14 前后反臂 2　　　图 1-8-15 捆打

带脉循行：①起于季胁部的下面，斜向下行到带脉、五枢，维道穴，②横行绕身一周。适用病候：腹满，腰部觉冷如坐水中。

二、冲脉

1．前后单抡臂：前后，阴阳互换。修炼要领：以乾坤桩站立，松肩沉肘，右阴掌覆于左中府，左臂阴掌贴腰腿前出上撩，以立圆轨迹向后抡臂下劈。练习至纯熟，逆向以立圆轨迹自后上撩，向身前抡臂下劈（图 1-8-17）。如此，左右手互换练习。

2．披身：双手同步，左右。修炼要领：以无极桩站立，松肩沉肘，肩胯斜圆发劲，右臂阴掌经身前左抡劈于左肩后，右臂同步阳掌向左运动劈于右肩后（图 1-8-18）。如此，左右交错练习。

3．倒挂：双手同步，上下。修炼要领：以无极桩站立，松肩沉肘，肩胯斜圆发劲，右臂阴掌上抡，经头顶掠过劈至左后肩，右臂阳掌顺势贴腰腿后抡而上劈于后背，以双手在背后接触为佳（图 1-8-20）。如此，双臂交错练习。

冲脉循行：①起于小腹内，下出于会阴部；②向上行于脊柱内；③其外行者经气冲与足少阴经交会，沿着腹部两侧；④上达咽喉；⑤环绕口唇。适用病候：腹部气逆而拘急。

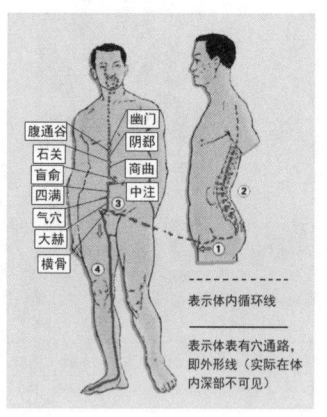  

图1-8-16 冲脉循行图　　图1-8-17 前后单抡臂　　图1-8-18 披身

三、阳维脉

1. 前后顺势风轮：双手同步，前后立圆。修炼要领：以无极桩站立，松肩沉肘，双臂阴掌向后，自身后立圆轨迹运动至身前阴掌下落（图1-8-21）。练之纯熟，逆转方向，双臂阴掌向上前起后落。

2. 鬼拉钻（吊袋一式）：双手同步，上下阴阳互换。修炼要领：以乾坤桩站立，松肩沉肘，双掌左上右下阴掌相对附于下丹田位；左摇胯，左掌弧形轨迹自下而前押出，右掌顺势抽回右肋下（图1-8-23）；如此，左出右回，右出左回，交错练习。

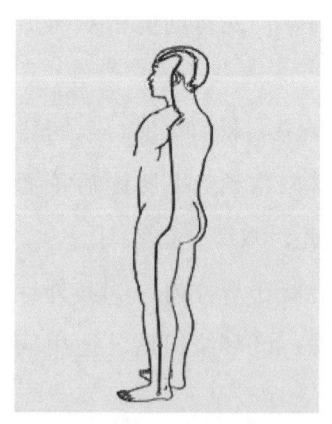 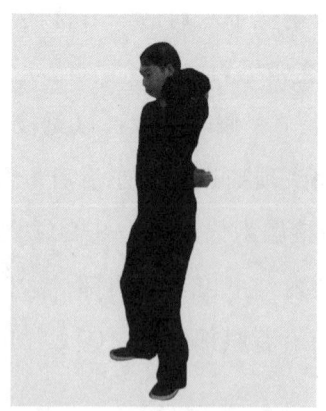 

图1-8-19 阳维脉循行图　　图1-8-20 倒挂　　图1-8-21 前后顺势风轮

阳维脉循行：①起于足跟外侧，②向上经过外踝，③沿足少阳经上行髋关节部，④经胁肋后侧，⑤从腋后上肩，⑥至前额，⑦再到项后，合于督脉。适用病候：恶寒发热，腰疼。

四、阴维脉

1. 游袋：双手同步，前后。修炼要领：以乾坤桩站立，松肩沉肘，双掌阴掌皆向里；左摇胯，左臂前上抡起至鹊桥关前高度，右臂顺势后上抡起至夹脊高度（图1-8-24）。右摇胯，右臂前上抡起至鹊桥关前高度，左臂顺势后上抡起至夹脊高度。如此，左右交错练习。

2. 抻肩：双手同步，上下阴阳互换。修炼要领：以乾坤桩站立，松肩沉肘，双掌左上右下阴掌相对附于中丹田位；左摇胯，左掌弧形轨迹自下而前抻出至鹊桥关前，右掌顺势抽回至中府（图1-8-26）；如此，左出右回，右出左回，交错练习。

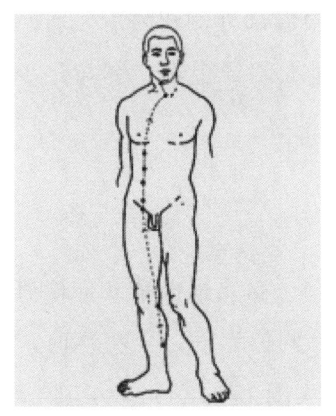  

图1-8-22 阴维脉循行图　　图1-8-23 鬼拉钻　　图1-8-24 游袋

循行：①起于小腿内侧；②沿大腿内侧上行到腹部；③与足太阴经相合；④过胸部；⑤与任脉会于颈部。适用病候：心痛，忧郁。

五、阳跷脉

1. 左右顺势风轮：双手左右单向双摇臂，双手同步，左右立圆。修炼要领：以无极桩站立，松肩沉肘，双臂阴掌向上，自身右立圆轨迹运动至身左阴掌下落（图1-8-27）。练之纯熟，逆转方向练习。

2. 吊袋二式：双手同步，左右挂摔。修炼要领：以乾坤桩站立，松肩沉肘，左臂上抡劈至右肩，右臂顺势提腕阳掌自口摔掌前出；势尽则右臂上抡劈至左肩，左臂顺势同步提腕阳掌自口摔掌前出（图1-8-29）。

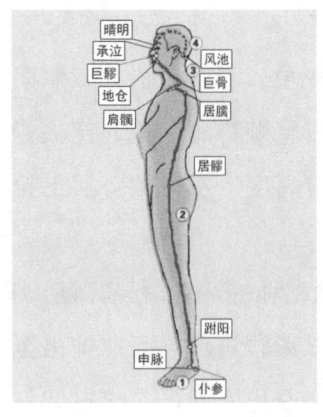  

图 1-8-25 阳跷脉循行图　　图 1-8-26 抻肩　　图 1-8-27 左右顺势风轮

循行：①起于足跟外侧；②经外踝上行腓骨后缘，没股部外侧和胁后上肩，过颈部上挟口角，进入目内眦，与阴跷脉会合，再沿足太阳经上额；③与足少阳经合于风池。适应病候：目痛从内眦始，不眠，足外翻等。

六、阴跷脉

1. 乌云遮月：单手守丹田，左右，内式。修炼要领：以无极桩站立，松肩沉肘，十指舒张阴掌向前；左臂弧形轨迹于身前向左上侧位运动，至将落时，右臂弧形轨迹向右上侧位运动。如此上下左右交替练习（图 1-8-30）。

2. 灵猫洗脸：单手守丹田，左右，外式。修炼要领：以无极桩站立，松肩沉肘，十指舒张阴掌向前；左臂弧形轨迹于身前向右上侧位运动，至将落时，右臂弧形轨迹向左上侧位运动。如此上下左右交替练习。由定式入门，纯熟后左右行桩练习。

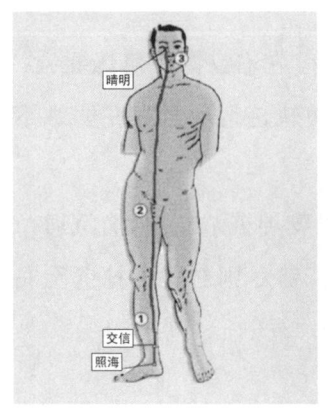  

图 1-8-28 阴跷脉循行图　　图 1-8-29 吊袋二式　　图 1-8-30 乌云遮月

循行：①起于足舟骨的后方；②上行内踝的上面；③直上沿大腿内侧；④经过阴部；⑤向上沿胸部内侧；⑥进入锁骨上窝；⑦上经人迎的前面；⑧过颧部；⑨到目内眦，与足太阳经和阳跷脉相会合。适应病候：多眠、癃闭，足内翻等证。

七、任督二脉

1．小风轮式一：顺逆同在，双向。修炼要领：以乾坤桩或无极桩站立，松肩沉肘，目视前方；左臂据中线前撩后劈，右臂据中线后撩前劈，两者同步；练之纯熟后再双臂逆转方向练习（图1-8-33）。

2．小风轮式二：交错向前，单向。修炼要领：以乾坤桩站立，松肩沉肘，目视前方；左臂阴掌前撩后劈，后劈时右臂同步阴掌前撩后劈（图1-8-34）。

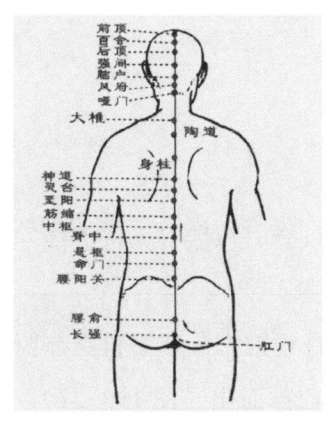
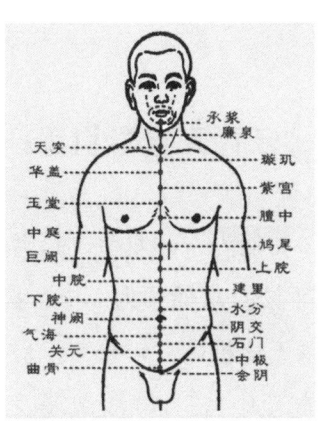

图1-8-31 督脉循行图　　图1-8-32 任脉循行图　　图1-8-33 小风轮式一

3．小风轮式三：交错向后，单向。修炼要领：以乾坤桩站立，松肩沉肘，目视前方；左臂阴掌后撩前劈，前劈时右臂同步阴掌后撩前劈。

4．大风轮式：前后交错，顺逆同在。修炼要领：以乾坤桩站立，松肩沉肘，保持目视前方；身体左平转，左臂后撩上起，右臂前撩上起，双臂同时发动汇聚于头顶（图1-8-35）；身体右平转，左臂顺势向前下劈，右臂顺势向后下劈（图1-8-36）。练之纯熟后，逆转方向练习。

任脉循行：①起于小腹内，下出会阴部；②向上行于阴毛部；③沿着腹内，向上经过关元等穴；④到达咽喉部；⑤再上行环绕口唇；⑥经过面部；⑦进入目眶下（承泣穴属足阳明胃经）。适用病候：疝气，带下，腹中结块等证。

督脉循行：①起于小腹内，下出于会阴部；②向后行于脊柱的内部；③上达项后风府，进入脑内；④上行巅顶；⑤沿前额下行至鼻柱。适应病候：脊柱强痛，角弓反张等症。

图 1-8-34 小风轮式二　　图 1-8-35 大风轮式1　　图 1-8-36 大风轮式2

云背开脊导引篇

云背以滑背法则为基础。功能为：开发手、肘、臂、肩、脊、背、腰等部位潜能，并沟通相应的内五行。修炼手法身法要领为：提、搓、撑。

1．撑捶。修炼要领：以无极桩站立，松肩沉肘，目视前方；双掌自身前阴掌下塌后抒至胯，双掌化拳起至中宫，以臂之阳拳之面前撑而出（图1-8-37），此时垂臀下坐。如此反复循环演练。

2．拽捶。霸王举鼎（恨地无环）。修炼要领：以无极桩站立，松肩沉肘，目视前方；双掌自然下垂于体侧，双掌化拳，随身形下蹲时曲臂上提（图1-8-38）。如此反复循环演练。

图 1-8-37 撑捶　　　　图 1-8-38 拽捶　　　　图 1-8-39 盘腰滑背

云腰开脉导引篇

云腰，以带脉导引为基础。功能为：开发腰、背、脊、大腿等部位的潜能，并沟通相应经脉。手法、身法：拧、转、磨、拨、扒。

1．盘腰滑背。修炼要领：以无极桩站立，松肩沉肘，目视前方；双掌十字交叠守于下丹田部位；以胯稳定下盘，以尾椎为轴心作圆锥轨迹左右拧转运动；向前下腰折叠上身，以手掌撑地向身左蠕动，至尽头时向身右侧蠕动到极致（图1-8-39）。

2．摸鱼儿。修炼要领：自然站立，双脚左右分开与肩同宽；前下腰曲身至近乎90度直角，手臂自然下垂近地；动胯发劲以刺激环跳穴，运转腰身带动肩臂，双手顺势循环交错外拨或内圈，有如水底摸鱼之势。（图1-8-40）

云腿七道神意导引篇

此节重在以云腿为核心，开发腿、脚、腰、背、脊、中节、步法的体用潜能，并沟通相应经脉，其中蕴藏七道神意。七道者，乃以鹰精猿神之意境统领马牛蛇鹤蟹五形之精义。云腿身法七要：甩、蹬、提、摆、挂、顶、跳。

鹰之精，在于瞳，神光所驻，临敌之际身形未到而神先至，一招一式，无不以神为君臣，此为动中守静之功，其理反"神不外驰、气不外泄、神归杰穴、坎离已交、致虚之极、守静之笃"而行之却能达到异曲同工之效，同时修内功丹法以养神灵，则心不妄纵、神不妄游、情不妄动、气不妄耗。

猿之神，在于四象之能，猿有纵山之灵，通背拳术修炼，一招一式之间皆需具备猿猴伸展束蹲之灵巧，此术象形仅取其真意，学者不可不明，切不可误入象形之旁门。

1. 白猿神意。修炼要领：双腿并拢站立，双手持扶，单腿提胯前踢后甩至极限，依此法循环演练（图1-8-41，1-8-42），上身尽量保持中正。练习纯熟，单腿前上后向侧位弧形轨迹摆踢，先由内而外，再由外而内。

2. 牛马神意。修炼要领：双腿并拢站立，单腿提膝盖，脚尖上勾，以脚跟作前踏与后撅（图1-8-43）练习。

3. 鹤形神意（鹤行步）。修炼要领：单腿提膝向前起跳（图1-8-44），双臂向前拗步穿掌，起跳时脚尖向下，膝钉中线。如此左右交错反复练习。

4. 蟹形神意（蟹行步）。修炼要领：单腿提膝，左右平行横向行进，双臂同步同向顺势蛇摆尾式云指。

5. 蛇形神意（蛇行步和莲花步）。修炼要领：左足进步，右足跟步；左足垫步，右足上步，如此交错行进，此为蛇行步一式。左足绕步前进，右足上步；右足绕步前进，左足上步，如此交错行进，此为蛇行步二式。左足右斜前进步，右足同向上步；左足左斜前进步，右足同向上步，左足再同向上步，如此交错行进，此为蛇形步三式。左足右斜前进步，右足同向上步，左足顺势以内侧催动右足再进一步；右足左斜前进步，左足同向上步，右足顺势以内侧催动左足再进一步，此为蛇形步四式，又称为"莲花步"。

图 1-8-40 摸鱼儿

图 1-8-41 云腿 1

图 1-8-42 云腿 2

图 1-8-43 云腿 3

图 1-8-44 云腿 4

图 1-8-45 内五行功 搓把

第九节　先天之五行

周天因阴阳而分四时之序列，又化生金、木、水、火、土，此先天五行元素之变化，所以大自然产生了寒、暑、燥、湿、风这 5 种气候的变化。大千世界宇宙万物都受五行的生克变化影响，形成了"生""长""收""藏"的规律。此 5 元素，作为构成宇宙万物及各种自然现象变化的基础。宇宙中各种事物和现象的发展、变化都是这 5 种不同属性的物质不断运动和相互作用的结果。

人体小宇宙由心、肝、脾、肺、肾这五脏构成五行，形成胸中五气，是为人体先天小五行元素。五脏运行,受精气神变动影响,产生喜、怒、忧、思、悲、恐、惊这7种情绪变化。寒暑使人伤形,七情使人伤气,扰乱人体阴阳和谐,是故,道武修行旨在降服本心、平复七情、和谐寒暑、梳理阴阳。

《尚书·洪范》有云:"五行,一曰水,二曰火,三曰木,四曰金,五曰土。水曰润下,火曰炎上,木曰曲直,金曰从革,土爱稼穑。"木具有生发、条达的特性。火具有炎热、向上的特性。土具有长养、化育的特性。金具有清静、收杀的特性。水,具有寒冷、向下的特性。先天五行顺序为:金、水、木、火、土,概取自河图。后天五行顺序为:金、木、水、火、土,概取自洛书。

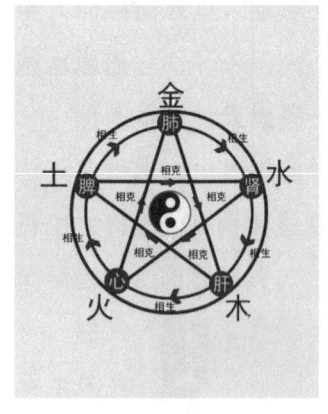  

图1-9-1 先天五行生克制化图　　图1-9-2 劈山式　　图1-9-3 白猿炮拳

道武修行中,需要理解先天五行与人体五行的呼应与变化之道。所谓五行,太极阴阳所出,四象所生,为宇宙万物存在的物质基础。五行之精和合而生人与周天生灵,阴阳化合而生万物。在国术与武医领域,五行对应的是人体五脏以及五脏所生的胸中五气,是丹道内功修为通达五气朝元的本源。

肺属金、肝属木、肾属水、心属火、脾属土。在通背拳术中,为合一五行拳以及五行掌。

五行拳即劈拳、崩拳、钻拳、炮拳、横拳;五行拳的性就是金、木、水、火、土。五行相克如下:①金生水所以劈拳变钻拳;大拇指属火为心。②水生木所以钻拳变崩拳;食指属木为肝。③木生火所以崩拳变炮拳;中指属土为脾。④火生土所以炮拳变横拳;无名指属金为肺。⑤土生金所以横拳变劈拳;小指属水为肾。

五行拳生克制化:劈拳破之于崩拳而受制于炮拳,变化钻拳又破之于炮拳,变化横拳又破之于钻拳,变化崩拳又破之于横拳,变化劈拳又破之于崩拳,变化炮拳又破之于劈拳，变化斩拳又破之于炮拳，变化横拳又破之于斩拳。

五行掌，即摔掌、拍掌、穿掌、劈掌、钻掌五法。五行掌相生相克，其中的变化奥妙无穷。五行掌可以单练，也可以互相组合起来成连环动作，连发连击。所以五行掌也是通背拳的主要技击手法。摔掌属金为肺，拍掌属木为肝，穿掌属水为肾，劈掌属火为心，钻掌属土为脾。

五行掌生克制化：摔掌属金，金能生水，所以摔掌可变化为穿掌。拍掌属木，木能生火，所以拍掌可变化为劈掌。穿掌属水，水能生木，所以穿掌可变化为拍掌。劈掌属火，火能生土，所以劈掌可变化为钻掌。钻掌属土，土能生金，所以钻掌可变化为摔掌。摔掌属金，金克木，所以摔掌能克拍掌。拍掌属木，木克土，所以拍掌能克钻掌。穿掌属水，水克火，所以穿掌能克劈掌。劈掌属火，火克金，所以劈掌能克摔掌。钻掌属土，土克水，所以钻掌能克穿掌。

依五行法修炼，即是修炼五气，功夫上身即得五劲而筑基。五行之气力平衡，则人体渐至中和之境，气脉茁壮绵密悠长，此为武道入门的正法。

五行拳修炼要领

1. 劈拳：以三才桩左式而起，左足进步，左臂挥指前掸，右掌守于下丹田；右足上步，左掌化拳顺势同步右斜劈至右胯，右掌同时合力撩至左肩内侧。右足进步，右臂挥指前掸，左掌守于下丹田；左足上步，右掌化拳顺势同步左斜劈至左胯，左掌同时合力撩至右肩内侧。如此左右交错行进练习。

2. 崩拳：以三才桩左式而起，左足进步，左掌同时回捋；右足上步，右掌同步化拳，以弧形轨迹中线前出成拳心向上式。右足进步，右掌同时回捋；左足上步，左掌同步化拳，以弧形轨迹中线前出成拳心向上式。如此左右交错行进练习。

3. 斩拳：以三才桩左式而起，左足向左前方进步，双掌同步化拳起至左眉角，拳心向外；右足向右上角上步，左拳化立拳式向正前方斩下，右拳顺势带回腰际成拳心向上式（图1-9-4）。右足向右前方进步，双掌同步化拳起至右眉角，拳心向外；左足向左上角上步，右拳化立拳式向正前方斩下，左拳顺势带回腰际成拳心向上式。如此左右交错行进练习。

4. 炮拳：以三才桩左式而起，左足向右上角进步，左掌同步回捋；右足同向上步，右掌化拳横击而出成拳心向左式（图1-9-5）；右足向左上角进步，右掌同步回捋；左足同向上步，左掌化拳横击而出成拳心向右式。如此左右交错行进练习。

5. 横拳：以三才桩左式而起，左足向左前方进步，双掌化拳，右拳左裹至左拳外成十字臂；右足向右上角上步，双拳同时里翻向外，左拳贴右小臂下向左向横出，右拳顺势带至右眉角成拳心向外式（图1-9-6）。右足向右前方进步，双掌化拳，左拳右裹至右拳外成十字臂；左足向左上角上步，双拳同时里翻向外，右拳贴左小臂下向左向横出，左拳顺势带至左眉角成拳心向外式。如此左右交错行进练习。

图1-9-4 五行拳1　　　　图1-9-5 五行拳2　　　　图1-9-6 五行拳3

五行拳生克制化修炼要领

当甲用右手向乙劈去时，乙用炮拳冲击甲面部，破甲劈拳，但甲急忙变绕步斩破乙炮拳，乙变步打穿横破甲斩拳，甲急忙拧身变鸡步，崩破乙横拳，乙快速加步变劈拳，向甲面门打去破甲崩拳。学时有定法，用时无定法，法中有法，法外有法，无法之法，方为妙法，此乃古武学不传之秘。

五行掌修炼要领

1. 摔掌：以乾坤桩左式站立，双臂自然松柔下垂；右掌向内回掳，左掌提腕自身体中线上提至鹊桥前端，自口前方位以阳掌击出至面门前，右手收束于中宫之位；左掌向内回掳，右掌提腕自身体中线，上提至鹊桥前端，自口前方位以阳掌击出至面门前（图1-9-7），左手收束于中宫之位。如此左右交错，由定桩功法修炼，纯熟后演变至行桩功法，配合蛇形步行进练习。

摔掌用炸劲，以送腰探背为要，以手腕为发力点，回掌有勾搂之功用。摔掌以攻击敌面门要害为用，如眼、鼻等要害部位。摔掌练习要符合拳从口出的道理，掌势是鞭劲直用的典范，所谓"枪怕圆，鞭怕直"即是此理。摔掌五行属金，生具锐金破革之气象。

2. 拍掌：以乾坤桩左式站立，双臂自然松柔下垂；左臂前探至阴掌向上，右手收束于中宫之位以肘贴肋；右掌立起顺身体中线向前方击出中宫前位（图1-9-8），左掌顺势外翻回旋自右掌下方，收回至中宫之位。右阴掌向上，左手收束于中宫之位以肘贴肋；左掌立起顺身体中线向前方击出中宫前位，右掌顺势外翻回旋，自右掌下方收回至中宫之位。如此左右交错，由定桩功法修炼，纯熟后演变至行桩功法，配合蛇形步行进练习。

拍掌用摧劲，发动时以肩为发劲核心，用掌之势如摧山破石。掌要柔，腰要松，动腰送肩。拍掌在通背拳术中以攻击敌方面门以及中宫等上盘为主，掌根以及掌心是重点力点。拍掌，五行属木，具生生不息之象。

3. 穿掌：以乾坤桩左式站立，双臂自然松柔下垂，双掌虎口微合；左臂前出过顶之高度成掌心向右式，右掌收束于中宫之位，肘不离肋；右掌顺身体中线上钻后前穿而出，运动至掌心向右或向下皆可，左掌顺势收束至中宫之位（图1-9-9）。右臂前出过顶之高度，成掌心向右式，左掌收束于中宫之位，肘不离肋；左掌顺身体中线上钻后前穿而出，运动至掌心向左或向下皆可，右掌顺势收束至中宫之位。如此左右交错，由定桩功法修炼，纯熟后演变至行桩功法，配合蛇形步行进练习。

穿掌用涌劲，以指尖为用劲力点，气贯筋梢，探背送肩穿掌，自前位小臂下而出，更具突然性与隐蔽性。穿掌一般常用于攻击敌手眼、咽喉等要害部位。穿掌，五行属水，生具至柔内韧之气象。

4. 劈掌（劈山掌）：以乾坤桩左式站立，双臂自然松柔下垂，左臂抡直贴身过右胯上起，过右脸颊向前下劈；左臂发动之机，右臂顺相同轨迹顺势抡劈而下至右腿内侧，左掌到达中宫位前时顺势转折上撩与右臂交错，左掌顺势收束于右肩内侧。右臂抡直贴身过左胯上起，过左脸颊向前下劈；右臂发动之机，左臂顺相同轨迹顺势抡劈而下至左腿内侧，右掌到达中宫位前时顺势转折上撩与左臂交错，右掌顺势收束于左肩内侧（图1-9-10）。如此左右交错，由定桩功法修炼，纯熟后演变至行桩功法，配合蛇形步行进练习。

劈掌用斩击劲，又称为劈山母掌、劈闪炮，是通背拳术六大名山"劈山"之母式。修炼时，抡臂要圆、过胯、过腮，以取出手最佳距离轨迹，前出要取中线，以劈头盖脸一往无前之势而下覆盖敌手上三路，达到攻防一体的效果。气贯筋梢，有如挥鞭断流之势不可敌也。劈山掌，五行属火，生具生灭无定之气象。

5. 钻掌和钻拳：此式修行拳掌皆宜。以乾坤桩左式站立，双臂自然松柔下垂；左臂居中前押掌心向右，右掌收束于肋下；右掌化拳，由身体中线向前方击出至中宫位前，左掌顺势收束至腰际（图1-9-11）；左掌化拳，由身体中线向前方击出至中宫位前，右拳化掌顺势收束至腰际。如此左右交错，由定桩功法修炼，纯熟后演变至行桩功法，配合蛇形步行进练习。

钻掌用弹劲，如鞭直击，如枪中突，又如彗星袭月之势。钻拳的发动以腰围重点用劲中枢，化掌而回时，有捋如钩，又具抹带之用。钻拳在通背拳术中常用于攻击敌胸腹要害部位为主，同样也是鞭劲直用的典范。钻拳，五行属土，生具厚德中和之气象。

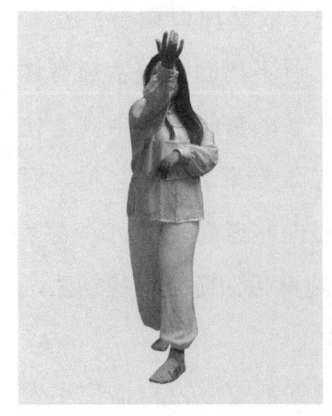
图1-9-7 五行掌1

图1-9-8 五行掌2

图1-9-9 五行掌3

图 1-9-10 五行掌 4　　　图 1-9-11 五行掌 5

五行连环掌修炼要领

以乾坤桩左式站立，双臂自然松柔下垂；右掌摔掌向前击出，势将尽时，左掌化拍掌中宫前位击出；势将尽时，右掌化穿掌向前上击出；势将尽时，左掌后抢前拍化劈击出；至势将尽时，右掌化钻拳向前击出。如此左右交错，由定桩功法修炼，纯熟后演变至行桩功法，配合蛇形步等步法行进练习。

五行掌体用歌诀

摔拍穿劈钻，连合一气贯。出手如迅雷，敌人难相见。穿劈似雷击，摔拍似闪电。

钻拳以弓箭，相搏不怯敌。击敌法无乱，一时风雷震。

综上所述，五行拳掌是通背拳术用劲筑基的根本拳法，体用之道的根基。修炼时，松腰活背，送肩探背，手不离心，肘不离肋，合肘、顺臂、舒腕、三尖对正（手尖、鼻尖、脚尖）。练习时应用意不拙，放长击远。五行集聚，生生不息，乃有无穷妙有之变化。

《尚书·洪范》与《尚书·甘誓》是上古时代最早提出五行论的经典。

《尚书·甘誓》率先提出了五行的概念："有扈氏威侮五行，怠弃三正，天用剿绝其命"。

《尚书·洪范》中则明确了五行的含义，指出："鲧堙洪水，汨陈其五行，帝乃震怒……五行：一曰水，二曰火，三曰木，四曰金，五曰土……"。

依河图可知，一六属水、二七属火、三八属木、四九属金，五十属土。因此，河图五行的顺序为水一、火二，木三、金四、土五。

五行体用的归类推演法则是：天人合一，以五行为中心，以空间结构为五方，以时间结构为五季，以人体结构的五脏为框架，将自然界的各种事物与现象以及修武者的生理、病理皆按照其属性各归其类，各局统属。

图1-9-12 赵门武学——六合大枪
（腰手眼外三合，精气神内三合）

图1-9-13 手与足合

第十节 六合之纵横

六合者，乃为上下四方之统合，是道武修行中掌握空间、心灵以及力量的核心奥义。

六合至理是认知肉体功能的重要理论与实践基础，是体用之道的核心中枢之一。在内家拳术修行体系中，是外形与内意高度统一的修炼纲领。

六合，分为外三合与内三合。

外三合，是指"肩与胯合，肘与膝合，手与足合"。

内三合，是指"心与意合，意与气合，气与力合"。

内外参合，互为体用，六合之术体现的是内家拳术内外兼修的高深奥妙，所谓："有外无内难为术，有内无外不成拳"，内外合一是内家拳术修行的一大独有特性，是大道形而上与形而下矛盾又统一的高度体现。

在枪术体系中，应六合至理是为"六合枪术"，枪术之六合，指的是内三合"精、气、神"与外三合"腰、手、眼"。

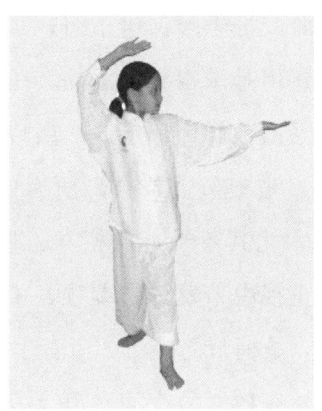

图 1-10-1 肘与膝合　　图 1-10-2 赵门武学六合掌

古传所述的"心"之一字，是指人的脑域，产生思维意识的主宰所在。意，即是意念，智慧之本质，唯心而生的意识，虽无形却长存，乃无形有质之存在。形之于外就体现为人的精神气质，内意动，则神动，目有神光以为目打，倚神气震慑敌方，如灵猫扑鼠，苍鹰搏兔，斯之谓心与意合。

以意识主宰统御气机，一切吐纳之气与内里精微真气皆由意念如臂所指，这是意与气合的玄奥所在。内中意念一起，刺激了神经元，五脏六腑一齐积极活动起来，推动了内循环系统进一步改善，一部分平时不易开放的毛细血管乃至肌体毛孔都得到了有力的运行，气机便自动发生，自觉脐下生温，腹如沸鼎，斯之谓意与气合。

吐纳心法的运用与国术道武体用中的用劲心法互为呼应配合，即为内家拳术至纯至正的得劲与用劲之关窍。竞技格斗修行，拳掌旦出，动作所向，气便随之而动，力亦倏然而至。意帅气，气催力，斯之谓气与力合。

所谓心之力，是心智与神慧力量的总称，与现代人所阐述的心理健康、心灵力量可以互为验证。心生意，气生力，四者互为和合，改变身体与精神两大层次状态。所以道武修行者思维之敏捷，神经反射之敏锐，脑域得到更大程度的开发，行为能力之迅捷，都是这种改变的高度体现。修心御意，降服本心，破除虚妄、忧虑、恐惧、郁结等一切不利于身心健康的障碍，是心与意合的体用功能。

内三合，是精气神高度统一契合的真性体用法门。外三合，是肉体力量贯彻周身达到高度契合一致的本命体用法门。阴、阳、起、落、动、静六者相合；心、意、气、力、胆、智六者相合；手、足、肘、膝、肩、胯六者相合。发于足、撑于腿、冲于胯、拧于腰、送于肩，顶于肘膝，开合于手而成六合整劲。

外三合的运用是求得整劲之法，在体用的过程中，可以做到全力发于一点，攻击性与肢体平衡性都仰赖于此，所以三节要明，三劲要分。

肩与胯合，是根节之整合，所有的肩打招式心法与胯打招式心法最重根节发劲。根节技术尤其善于近身格斗。肘与膝合，是中节之整合，所有肘打技术与膝打技术最重视中节发劲之要领，中节技术往往最具杀伤性与破坏性。

手与足合，是梢节之整合，所有手打与脚打的招式最重视梢节发劲的要领，梢节技术在掌控有效制敌空间距离上具备先天的攻防优势。所谓"手眼身法步，齐到方为真"，肩胯齐到，方显根节；肘膝齐到，方显中节；手足齐到，方显梢节。若不能齐，所用的即为拙力，而不为整劲，不懂劲之门径。

内外一致，手足齐至，不先不后，来时无欠去无余。后脚蹬，前脚踩，手掌吐劲。肘之垂劲与膝之纵力相合，肩之沉劲与胯之抱力相合，关锁之开劲与内裆之圆劲一致，浑身内外上下协调一致，互相补充而毫不散乱，斯谓六合具备。

"合"是指在运动时全身上下四肢百骸能互相配合，协调一致，使全身各部运转之幅度、速度之快慢、发力之大小、着力之方向、肢体之位置，都能恰到好处，无过与不及，如此方能平衡、稳定、灵变、松活，敏捷。开发养成"合"这一人体先天与生俱来的本能，达到巅峰状态。在竞技格斗与内养自身的过程中，能够根据本能，使自身自然而然地处于最平稳和谐的健康状态，作出最适合当时运动状态的应对方式。

"合"乃自然之合，全面之合，其覆盖了内外相合，上下相合，左右相合，前后相合。初学拳术者，必然由生疏而至纯熟，由纯熟而至懂劲，心灵放空之下身心合一，也就得"合"字之妙矣。下文以散手六合掌（紧发六手）作为六合妙诣体例。

六合掌（紧发六手）修炼要领

以乾坤桩左式站立，双臂自然松柔下垂；右掌摔掌向前击出（图1-10-3），势将尽时，左掌化拍掌中宫前位击出（图1-10-4）；势将尽时，右掌化穿掌向前上击出（图1-10-5）；势将尽时，左掌后抢前拍化劈击出（图1-10-6）；至势将尽时，右掌化钻拳向前击出（图1-10-7）；至势将尽时，左掌化立掌向前击出（图1-10-8）。如此左右交错，由定桩功法修炼，纯熟后演变至行桩功法，配合蛇形步等步法行进练习。（注：六合掌主体为五行连环掌与立掌组合而成。）

图1-10-3 六合掌1

图1-10-4 六合掌2

图1-10-5 六合掌3

图1-10-6 六合掌4

图1-10-7 六合掌5

图1-10-8 六合掌6

第十一节　七星拳术

《礼记·月令》："季春之月，日在胃，昏七星中。"《史记·天官书》："七星颈，为员官，主急事。"

七星在星象中为北斗之数，呼应天地四象；在道武修行体系理论与实践中，头为六阳之首，呼应人体四象，统御人体六合，专指人体的头、手、肩、肘、胯、膝、足7个部位，为七星。是故，七星至理，又被称为"七拳"之理。

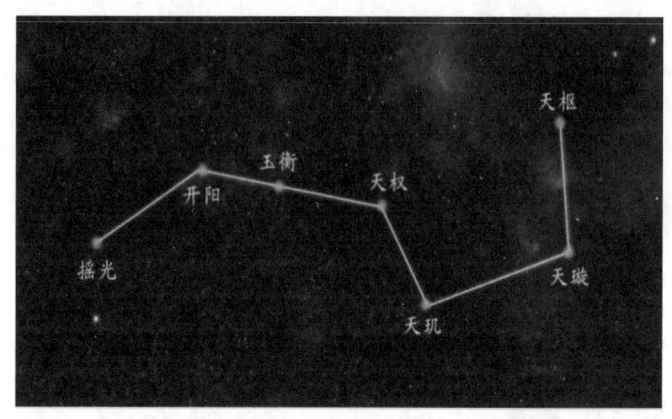

图 1-11-1　七星图

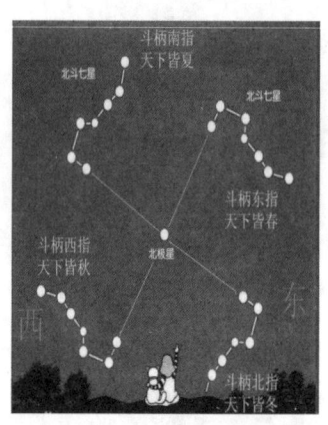

图 1-11-2　四象斗极图

下丹田位于下腹为血海，用气用劲的内部枢纽，又兼具抗击打之能力，在体用中常伴随吐纳呼吸而鼓动激发，所以又被称为人体的第八拳，犹如与斗数呼应之"北极星"。斗极当空，为众星之主，主宰群星，八拳如斗极遥相呼应。

内家拳术能够在历史的长河中经历大浪淘沙脱颖而出，为历代兵家所重视，除了自身皆以枪棒等诸般杀伐之术为能，且具备道家修身养性之功，其徒手杀伐之术同样冠绝天下，艳压群技。头打、手打、肘打、肩打、胯打、膝打、足打，面面俱到；其常规技术、地面技术，样样皆全；冲撞扑杀，皆有不俗体现，单体格斗与行军群战皆有所出。古往今来，备军作战，兵卒战阵，拼刺搏杀训练，骑兵作战等，都离不开道武之统御范围。

本章以行桩套路"七星合一"，以及散手"金发七手"（七星掌）为学习体会范例，供学者参悟七星真意。七星之道，每式皆可独立成拳单独演练并化体为用，亦可连贯组合为连环散手之用。金发七手为通背一百单八大用散手之一。

七星合一修炼要领

1. 天枢位，老猿巡山：猿猴有纵山之灵，修炼时应注重体悟灵变，感悟手打、足打、膝打、头打之奥秘。

以乾坤桩左式站立，双臂自然松柔下垂；目含鹰搜之意，双臂舒展，双掌阴掌向上；意守左掌，左脚向前箭步而出（主攻咽喉、眼），双掌左前右后并列同时前出至与肩同高；右脚跟步提膝而起，双掌同时收回至下丹田位前，置于膝盖上方（主攻抱敌首脑后，以膝打面门、胸腹、下阴，此处暗藏头槌打法）。如此左右交错，由定桩功法修炼，纯熟后演变至行桩功法，配合蛇形步等步法行进练习。

2. 天璇位，龙战于野：龙有搜骨之功，龙战于野，其血玄黄，其势穷也。这一式乃群攻算败之招，败势中求取胜之道。龙之性，为马、为蛇，在肉体中为大椎之骨，所谓云从龙也，一动一静之间，应内视体察由脊椎运动而产生的力量，体察腰背之能，感悟手打、膝打。

以乾坤桩左式站立，双臂自然松柔下垂；左足向左上角以鹤行步行进，左掌化穿掌前出（主攻咽喉、眼）；势将尽时，右足向右上角以鹤行步行进，右掌化穿掌前出；至势将尽时，左足向正前方以鹤行步行进，左掌化钻拳前出（主攻胸腹）。如此左右交错，行进练习。

3. 天玑位，猛虎爬山：所谓风从虎也，虎有剪尾扑杀之能，修炼时应注重刚劲运用，感悟手打、肘打之奥秘。

以乾坤桩左式站立，双臂自然松柔下垂；左脚进步，右掌化拳以掼掌劲向前击出（主攻面门）；至势将尽时，右足上步，左掌抡起前劈而下（主攻顶门要害）；至势将尽时，左足化箭步或马步进步，右小臂屈起，右肘贴肋向前挑顶击出（主攻胸腹、下巴）。如此左右交错，行进练习。

4. 天权位，灵蛇入洞：蛇有拨草之灵，修炼时应注重灵动用巧，感悟足打、膝打之奥秘。

以乾坤桩左式站立，双臂自然松柔下垂；左足以膝为轴向左运动，以外缘击敌右小腿内侧关节；至势将尽时，左足以膝为轴向右运动，以内缘击敌左小腿内侧关节；至势将尽时，身体向右拧转，左足以膝为轴向上运动，顺势以脚跟击敌内裆下阴要害；至势将尽时，右腿起膝前纵（主攻下阴胸腹）；右脚未落地时，左腿顺势连环起膝前纵（主攻下阴胸腹）。如此左右交错，行进练习。

5. 玉衡位，勒马听风：马有踩践之能，修炼时应注重踩劲之厚重与冲撞之凶猛，感悟脚打、手打、头打之奥秘。

以乾坤桩左式站立，双臂自然松柔下垂；左足进步，右足紧催上步，双掌阴掌向上，同时自身前侧起向前合拢（主攻脖颈与破防）；右足落地时，双掌塌腕沉肘随身形下蹲；至势将尽时，左足上步展身而起，双掌翻转同时化拍掌向前击出（主攻面门与胸腹）。如此左右交错，行进练习。

6. 开阳位，乌牛犁地：牛有起陆之功，修炼时应注重拙中之巧，感悟足打、肩打、胯打、肘打之奥妙。

以乾坤桩左式站立，双臂自然松柔下垂；上体向左拧转，右足上步向前纵跃，左足顺势交步自右足后蹬而出，右臂以掌掩面曲肘下栽击出（助攻面门胸腹）；至势将尽时，右脚向前上箭步，右掌回旋贴身前撩（助攻下阴），至势将尽时曲肘上挑（助攻胸腹面门）；右足回撤展身而起，左臂抢劈向前劈下（助攻顶门要害）；右足箭步前出，左掌化拳撑摇向前击出（主攻胸腹）。

7. 摇光位，白鹤纵天：鹤有掠翼之灵，修炼时应注重裹束展决之势，感悟肘打、手打之奥秘。

以乾坤桩左式站立，双臂自然松柔下垂；左足进步，双掌化拳，双臂曲肘，左小臂右掩，至势将尽时，右小臂左掩；右足向右上角箭步而出，右小臂外翻，左拳平拳式向前击出。如此左右交错，行进练习。

"金发七手"（七星掌）修炼要领

以乾坤桩左式站立，双臂自然松柔下垂；右掌摔掌向前击出（图1-11-3），势将尽时，左掌化拍掌中宫前位击出（图1-11-4）；势将尽时，右掌化穿掌向前上击出（图1-11-5）；势将尽时，左掌后抢前拍化劈击出（图1-11-6）；至势将尽时，右掌化钻拳向前击出（图1-11-7）；至势将尽时，右钻拳向后回旋化摔掌向前击出（图1-11-8）；势将尽时，左掌化拍掌向前击出（图1-11-9）；至势将尽时，左掌化钻拳向前击出（图1-11-10）。如此左右交错，由定桩功法修炼，纯熟后演变至行桩功法，配合蛇形步等步法行进练习。（注：金发七手主体为五行连环掌与叶底藏花合而为一。）

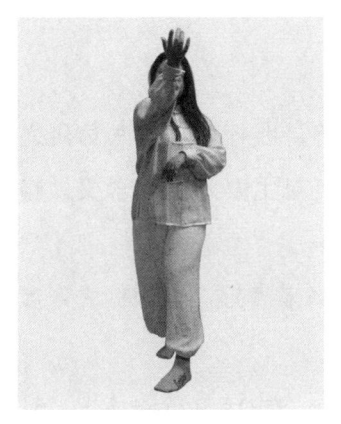

图1-11-3 七星掌1

图1-11-4 七星掌2

图1-11-5 七星掌3

图1-11-6 七星掌4

图1-11-7 七星掌5

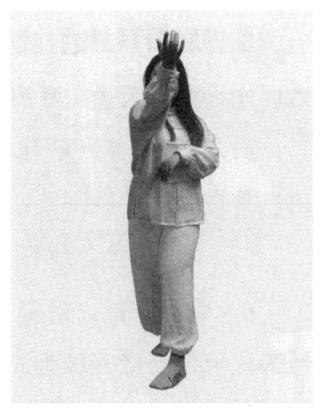

图1-11-8 七星掌6

图1-11-9 七星掌7

图1-11-10 七星掌8

图1-11-11 云腿·摆莲式

第十二节　语术玄机

语术玄机者，乃术语真解。国术道武的参悟与修行，践行的理论与体用之道，必须正确理解国术专用术语的真正含义。本节重点对主要术语的含义做精义注解。

1．打，不打，打打，不打打。解释：低进高退，高来高打，低来低去，虚虚实实，真真假假。

2．手是两扇门，全靠脚打人。解释：脚打人，实际为步法身法的体现，打人的依旧是靠七拳俱用。

3．快打慢，慢打快。解释：先发制人与后发制人以静制动，即被动与主动之区别，两者皆为快手打慢手。

4．性命双修。解释：内在根性，心性、思想、精神；外在肉体、命运、物质。内在外在统合的神形身心兼修。

5．十二正经。解释：手足三阴三阳十二经。

6．奇经八脉。解释：冲、任、督、带、阴维、阳维、阴跷、阳跷。十二正经为江河，奇经八脉为湖泊。

7．道法自然。解释：道家之拳术习练者应尊崇上顺天道，下应人道，有所为，有所不为，自然分为"创造自然的自然"与"被自然创造的自然"，人为和创造都是自然，所以前者为自然的本质，真正的自然，自然分"无为""有为"2个层次，无为方可有为、守道、守一、守真。

8．道家三清。解释：道家三清为太清太上老君、玉清元始天尊、上清灵宝道君。

9．戒条。解释：门派都需遵守的行为规则，大致为不得欺师灭祖，友爱同门之类。

10．五行。解释：道家指金木水火土。武术与医学指五脏。

11．丹田。解释：丹田非穴位，上丹田处于印堂穴部位，中丹田处于两乳之间膻中穴，下丹田位于肚脐下一寸三分部位。丹田为性命之祖，十二正经之根，五脏六腑之本，呼吸之门，任督冲三脉之起始，气血与精气神汇集之所。

12．内家，外家。解释：刚柔相济，善于养内，内功为先者为内家。反之以筋骨为能者则为外家。通背、形意、太极、八卦为内家拳；少林、咏春、八极等拳术为外家拳。

13．内练一口气，外练筋骨皮。解释：此为拳法内功与外功，为内意与外形的统称。

14．阴阳。解释：武术中的呼吸、动静、虚实、开合、束展、起落、刚柔、收放就是阴阳的具体表现。

15．斩赤龙，降白虎。解释：分别为女修与男修在内家丹道修行的瓶颈，即为斩除天葵成就无漏，直至可自由调节。

16．招式用老。解释：招式的虚实变化不能随心所欲，则会造成一种错误，能发而不能收。

17．四两拨千斤，借力打力。解释：借力打力须自身有力，使对方的力犹如打在车轮上反受其害，自身无力则为对方所制。

18．四法。解释：踢打摔拿。

19．喂招。解释：散手的训练方法，反复用一种或多种组合技能攻击训练对手，创造接近实战的状态与环境。

20．开门。解释：起手式与自由式，防御或引诱之用。

21．外门。解释：手臂外侧。

22．内门。解释：手臂内侧。

23．正门。解释：人体正面，也指中门、中路、中宫。人体正面自发际线至会阴穴的垂涎，乃致死穴集中的区域，也是实战中必攻与必守的要害部位。

24．侧门。解释：人体侧面。

25．七星。解释：又指七曜、七拳，为人体的头、手、肘、肩、脚、膝、胯这7种身体武器，对应道武修行中的头打、肩打、肘打、手打、胯打、膝打、足打。

26．四大名器。解释：刀者，为百兵之胆，霸者之道。枪者，龙也，为百兵之王，王者之道。剑者，凤也，为百兵之君，君子之道。棍为百兵之祖，最原始，便于就地取材。

27．国术。解释：武术者，强身健体御敌抗辱；国术者，保家卫国，只杀敌不表演，是为国术。

28．三光。解释：三光是指太阳之精、太阴之精、星辰之精。

29．三才。解释：人是万物之灵，与天、地同存并列，是为三才。

30．神。解释：难以参悟的阴阳至理称之为神；人的意识念头，精气所化，亦称之为神。人的智慧、德行的最高境界，万物神奇变化微妙，阴阳变化不可揣摩，是为神之根本。

31．圣。解释：能够掌握变化规则，通晓天地至理的人称之为圣。

32．道。解释：宇宙的本始，形而上的实存者，意识境界的根本皈依所在，构成周天万物的本源；万物发生、存在、变化的规律，维系人类社会运转的准则。天道、人道、武道，皆因道生，虽不见其形，却又实际彰显。道并不是阴阳本身，而是阴阳交感产生的规律运动，可以使人以理性以及感性的感官去认知道法本身。

33．真言。解释：道之大音的彰显，即临、兵、斗、数、皆、阵、列、前、行，对应先天九大印法，体现了天人互参之道，与道武体系的丹道至理相呼应。

34．阴。解释：阳的对立面；手心、脚心称为阴；山之北称为阴；用劲为虚者为阴；易理中地坤为阴；女者为阴。

35．阳。解释：阴的对立面；手背、脚面为阳；山之南为阳；用劲为实者为阳；易理中天乾为阳；男者为阳。

36．顺。解释：在招式应用中，相同方位的拳脚齐到称之为顺。

37．逆。解释：在招式应用中，相反方位的拳脚齐到称之为逆，又称之为拗。

38．三节。解释：将人体的分割点划分为3个部位，即根节、中节、梢节；以整体角度论，下身为根节，上身为中节，头部为梢节；以躯体角度论，肩胯为根节，肘膝为中节，手足为梢节。

39．三盘。解释：人体的上盘，重盘与下盘。上盘为脖颈以上，重盘为躯干和手臂，下盘为腰腿。

40．丹道。解释：国术道武修行体系中，内功之学的最高境界，又称为金丹大道，为内家拳术的至高内养之道，查察人体于入微，观道法阴阳之变，直达至诚之道。

41．丹田。注解，道武修行体系中，丹道与武修体用的中枢，以三大丹田为主宰。上丹田藏神，位于双眉正中；中丹田主气，位于双乳中央点；下丹田藏精，位于脐下。

42．体。解释：武学中的招式之练法，演法不计在内。

43．用。解释：武学中的招式之具体实战运用法门。

44．演。解释：武学套路的统称，又称为演法，注重美观核阵型。

45．小周天。解释：丹道内功搬运行气路线，任督二脉循行真气的轨迹。

46．大周天。丹道内功修行中，精气循行于十二正经为大周天。

47．气海。解释：膻中穴以及中丹田。

48．血海。解释：血海泛指下丹田。

49．神海。解释：神海又称为神藏，泛指上丹田。

50．三尖。解释：在武学体用中，维系一线的体位，即鼻尖、指尖、脚尖。轴心线对应的是距离敌手最近之线，所以又称为"三尖照"，映照自己为体，映照敌手为用。

51．三曲。解释：三曲有三圆。用掌虎口要圆，方能有劲；臂弯圆，方能曲折如意，用劲方能随曲就伸连绵不断；胸背要圆，方能气息圆融，内外通透。

52．鹊桥重楼。解释：上颚与舌尖衔接处为鹊桥；重楼，咽喉部位，丹道内功术语。

53．宫室。解释：中丹田，丹道内功术语。

54．命门。解释：后腰之腧穴，位于下丹田对称的后背下。

55．夹脊：位于肩胛骨下，左右取中间点的方位，大周天运行真气的流经要地。

56．黄庭：解释：又称为规中、庐间。黄者，中央之色；庭者，四方之中；上宫脑中，中宫心中，下宫脾中。

57．黄芽：解释：玄黄之精，丹道之铅华，炼坎而成，合于离而成玄黄大还。

58．印堂。解释：眉心以及上丹田之所在，观印堂之晦明，可以知晓精气的盛衰。

59．山根。解释：丹道术语，俗称鼻根。

60．顶门。解释：头顶百会穴。

61．涌泉。解释：十二正经流注的要地，位于脚心。

62．天干。解释：天干之数为十，即甲、乙、丙、丁、戊、己、庚、辛、壬、癸。

63．地支。解释：地支之数为十二，即子、丑、寅、卯、辰、巳、午、未、申、酉、戌、亥。

64．易。解释：易有三大系，即连山、归藏、周易。易理与道武修行息息相关。

65．先天后天。解释：有物天成，万物未成之前为先天，万物有成即为后天。这是划分阶段的一种说辞，例如伏羲所创八卦称之为先天八卦，周文王所创八卦称之为后天八卦。顺者为后天，逆者为先天。

66．形而上与形而下。解释：形而上指的是无形无体，不能以人的感觉器官直接感知触碰，只能通过感性思维去认知的抽象存在，即"理"，道之理。形而下指的是有形有体，能为人体直接感知触碰，又能通过理性思维去认知和掌握的具体存在，即"物"，道之存，道之显也。形而上，需要通过感性思维去领悟；体悟形而下实存的理性思维可以反向感悟形而上之伟力。

第十三节　丹道内功

道武丹法者，文武之修。丹法无外乎修神、修心、修形三理。本节以内、外、虚无，阐述松形、静心、清神之妙理。

内景·静

道体匹阴阳，日月转轮回；上下弦线定，道心游沧海，明月悬中天。内动之以德，外动之以术；内悦之以气，外悦之以言。以此内外景，互为表里方。

心猿意马配，参合两相依，牢拴莫松解；意重莫弩力，万象任自然。眼耳口鼻松，曹溪任呼吸；纳如轻鸿起，吐如飞雁落；勿使气息粗，昼夜绵绵息。真性若蒙尘，勿用细细除；术气合德言，万化净神庭。本体得清净，混元证太初。

外景·松

行立或坐卧，肩颈臂手松；胸腹腰胯臀，膝足顺势松；五脏和六腑，亦觉坦然松；唇齿轻偎依，眼耳口鼻松；舌前微上顶，意存丹田中，仙神就自生。周天清微气，流转馥满堂；呼吸任自然，鼻转入神户，绵密匀始终，莫使乱神机。万籁俱寂灭，纵有多喧嚣，灵台自清明，浑然万念间，内外皆松透。一气过三户，五脏七府安，明堂五行定。

肩松肘腕垂，再从膝胯松；玉液降重楼，精微泉上涌，本体舒通透。骨肉松离离，皮胄纤毫顺，四梢皆安舒。意气君统领，骨肉臣戚戚；若问玄关窍，内外君臣纲。知松不见松，一松节节松。心神形入定，坎离自相交。太极合八卦，意形通背神，瞳子摄灵根，精气神圆融，本命不由天。

虚无·清

大道本无形，生养日月星；大道本无情，滋养润万物；大道本无名，清浊动静分。阴阳有序列，姹女婴儿配，万物始发生；清浊互为源，动静互为基。精气神欲清，心猿异常动，意马恒牵制；人欲住自然，猿马宜清净。心灵隐澄水，精气神自清；七情六欲顺，万毒自寂灭。内视精气神存，存而又不存。外察道体形，实而亦不实；远赏周天物，实存若虚无。有心亦无心，见形亦无形；鉴物亦无物，万象皆归虚。虚空无所空，道心体皆寂；万欲皆无生，即得真清净。真清感天地，真静感本性；以此清净道，圣途终坦荡。虽为真传得，亦作无所得，方为至妙理。为妄神毋宁，执着生贪求；烦忧扰身心，清浊失本源。沉沦失本真，何以得清净？虽为真传得，莫使作等闲。后论：总法内外如一，形神统摄，则生命交修成矣。夫性者，精魄心神也；气者，肉身道体也。若性命不得全修，终不得圆满。内外兼修，至上至真。

命者，天定；运者，人定。人观自然，创立武学之道。小道所求，安身立命；大道所求，天人合一、合于道而不离。武学之道，修心、神而存"真性"，修术而镇"本命"。"性""命"双修是武学之道的根本法则原理，所求索的是心灵心性、精神神性、肉身本命三者与大道自然契合，成就真正意义上的天人合一。

儒、释、道，三宗门的内在修持法门，虽然各具特点，然而在修持"本性"上有异曲同工之妙，而"本命"修持之法时道武之"术"与"丹道内功"修法的高深法则与哲学。

认知生命真性的根源，不为外物蒙蔽心灵，不为七情六欲所侵扰；身在红尘，却又如出淤之莲，不拒而独清。通晓延续休养性命的原理与妙用，得求超脱的无上智慧妙法。

人以道武修炼，感悟大道，求索命运由我不由天。人与宇宙天地有同体同工而异用的法则与原理。"人"之一字，一撇为阳，一捺为阴；凡人所生者神也，所托者形也。神者，生之本；形者，生之具也；神使气，气就形，非有圣人以智慧，焉得存天地之神而成形之情。所以说，修精神魂魄，以求天地精神相往来的真人之境是正确的修炼门径。此道此术，上古所传，唯因后辈不肖，少有智慧，使其分崩离析，各表其法，反使存伪乱真。

炼精炁以存神，是锻炼精神的心法；精思是运用神识思维以修炼心性而达到最高智慧成就的状态。炼炁存神，重视守窍，所守的是窍，能守的却是心。窍者，在形之外为眼、耳、口、鼻与谷道之门；在形之内为上、中、下三大丹田。修炼之道，是生理与心理一体两面；生理主命，心理主性，互相影响，互为统摄，互为统御。

道者至高，为形而上之存在与形而下之存在之统摄。韵者，精、气、神之质也。道法阴阳，莫欺在神之上；人与宇宙天地，同体同工而异用在形之下。修行道武，乃是以神之形求证道之韵的过程。武术与丹道内功，是武学之道两大类科学。而哲学的修炼法则，术主修命，丹主心神本性。天地宇宙的法则与原理，与人有着同体同工而异用的特性。

修道武者，通晓地理，体用中可以得地利；通晓医理，体用中可以得人和。这一切的学问，都以大道为源头，通晓一门，可以触类旁通，一通皆通。一切的学问，都是大道之下，纷繁众多的万象存在。一切的学问，都是具有圣贤之心者上体大道所出，都是道韵的彰显。修行武学，是以人之形求索道韵彰显的过程，这一过程中，是精质、气质、神质变化的过程。

人的生命运动原理，与宇宙周天变化的规则，有着共通活用的轨迹，并非强行把天地运行的法则刻板地复制用到人的本身本心。以天地为炉鼎，以本身本心为药物，是正统的无上丹法。无，是形而上之道天、天人意志之神、精神智慧之果、心灵升华结晶之统一。地，是道之厚德、万物母性之慈恩、载蕴生发之本源的统一。本身本心是性与命的统一。

地元、人元、天元是武学之道的三才灵丹。地元者，草木之精而成，外用内服，是辅佐拍打气功、武医休养诸症的君臣之药，功能调理形体。人元者，精炁神三宝练就，依丹道心法而成，功能变化气质，凝神聚气，登高不栗，水火不怵，五感无忧，生而不悦，死而不恶。天元者，金石之精而成，构成人体必需的元素物质。三才灵丹之理，是武术、丹道、武医的高度统一哲学。

心怀对天地的敬畏，胸蕴玄策以守真养吾，炼本形真性不使之沉沦，涵养精炁神三宝以应对日、月、星三光之德。明悟修行的法则后，勤而行之，这是上士闻道的德行。精神自肌体表面洋溢而腾，筋骨关节强健坚固，体内诸邪辟易而正气长存，这是武学之道实践的彰显之功。日积月累，变形改质，本源无晦自明，内外俱清。守窍炼神，是建筑巩固灵根的手段；三宝化明之辉运行人体小世界，成就金性不朽之性、丹法圆成实相，这都是近在眼前，无须远求的造化之工。

三花聚顶、五气朝元的时候，是五行至为平衡的境界。捉坎以填离火，光明如湮灭之际。日月相蚀，常在晦明顺逆之间。阴阳互相感应交流，这是自然与人的合一之道，而这一切都离不开"术"与"道"的共振。

心与神，互定情，生真性；精炁神摄于耳口目，守窍存性，如潜渊府，神游内外周天而不失其规，曲折如意而不失其矩。不为虚妄所累，缺将真性托付于虚；无念而不失其心，无常而不失真常。一切的造化都发生在里外开合与动静之间，不以时间流逝而变化，不以空间变迁而转移，这是洞悉无极至万有万象的关键之窍。如果本性有了亏空，无须太在意，这是阴阳虚无妙有的表现之一，这与正反、强弱同样契合道德是一致的。污浊是清源的本来，久暗自明是现象发展的特性。置身万象不乱其性，体用万法不乱其心，化气质而道韵自彰矣。

知晓万物所存的道理，则可以理解"神"之存在；不知晓万物所存之道理，则不可以否定"神"之存在。"神"是精炁所化，神为真性之本源；一切实存者与一切虚存者，都是道化之象，又称为"物质"。

物质由虚存与实存2类构成，犹如硬币之一体两面。肉体是实存物质，也是修"命"的根本。修"命"凭借的是"术"，修成术，则"性命双修"可以得到实存之保障，超脱之道成就不远矣。"神"是虚存物质，也是修"性"的根本。

修性凭借的是"心"与"精炁",修持有成,以"术"为凭为基,性命双修超脱乃成。可以说,"神"即为物质,物质即是"神",犹如水化为气,厚土化为微尘,不可见却实存,神实存则性永固。神凝气聚,百脉俱通,是体例发挥伟力自主创新的法则。

修术的途径,是劳累与愉悦并存的;肉体的劳累增强精炁的旺盛程度,精炁足,则"性"自驻,性驻则神驰有度,由此带来精神的愉悦;两者互为统摄,互为促进,这也是双修之道的至高至妙至哲之处。

一为混元,生于先天。二为阴阳二气,任督二脉而生,以"丹"道心法运行于十二正经、奇经八脉。三为天、地、人三才,为精、炁、神三宝。人效法于地,地效法于天,天效法于道,道效法于自然。道化万物,道生万法,人即是"道体",人所习万法即是"道武"。

三花聚顶是修性的终极,五气朝元是修命的终极。三花,即精、炁、神三者混一转化之大圆满,乃天之神、地之炁、人之精三华混一归于精炁神穴之神窍,此时三华和合于天宫,一念花开,落英缤纷。五气,即是求胸中五脏之五行精气聚集的大圆满。精化为炁是一重境界,炁化为神又是一重境界,一重境界一重天,天宫白玉京,十二重楼降宫室,仙人抚于"顶"。

炼精化炁这一层,气机震动,容易感动调和,以使气机逐渐凝实。至气机饱满圆润时,神性自动发生,内外驰骋,如臂所指。神由心所用,是心性的作为,两者和合而成就"真性",互为体用又互为本源。至神锋内敛,子珠藏于微尘而无垢,即为炼神化虚之境。虚之境界,即是道化为术、道化为炁的至高表现,至高典范,至高哲学。

以感性的思维来探索、体悟存神之法,培养神性的纯度;以高超的理性思维来塑造心性,培养心性的至柔。理性是最高的道法与德法,即道德;感性是至高的智慧法门。感性创造出可触可感的实存物质,理性虽不常参与直接创造,却与感性同等统摄一切,两者互为体用。

体悟生命之奥妙,悲悯生命之贵重。理解物质世界是由阴阳运动而生,把握认清生命之本源,方能了解人之本我。身与道合,可知晓生命法则、生命之本末。如此,把握生命与宇宙之关联,可以得到真正的永恒。

道武之修何为?心、神、理、术,谓之四枢。

道武之修何凭?道、象、玄、兵,谓之四维。

道武之修何求？德、言、气、术，谓之四法。

双修之修何为？存真性、养真命，谓之性命兼修，又一说"性命双修"。

夫天地至高至大者何也？至高者，道也；至大者，理也；是故，天地间惟道理最大。

内修之修何为？一为德，一为气，两者互为君臣。

外修之修何为？一为言，一为术，两者互为君臣。何以为德？德者，道之功也，圣者所体，宣诸众生。何以为言？言者，道之理也，贤者所体，依德而立。何以为气？气者，真元所化，丹道，内功、气功、武技之枢。何以为术？术者，道之用也，炼体固本，养就真命。

何以为性？性者心与神之虚存者，心神合和，养就真性；是故，心神养性，术养本命道化义理，合为修武问道之四枢。

何以为心？心者神之念，神之识；万物皆有生灭腐朽，惟此念，此识浩然长存不朽；念动识转，与道合，则德言生，气术衍。

何以为神？神者精炁所化；神为心之体，心为神之用；心为魄，神为魂；是故，心神合一，本性不衰，真灵不昧；其与本命互为体用，此谓道德阴符教化之宗本，不类释佛轻躯壳，纯修真性之道，亦不类儒教体修文法以养浩然之气；正所谓求仁得仁，不外如是。

何以为象？象者道之化也，一切实存皆为象，术为象之实存彰显；一切虚存亦为象，心神所摄，丹道所统，皆为虚存之象；依此虚实道果，可鉴大道阴阳变化之玄妙。

何以为兵？兵者术之极也，一为纵横，一为杀伐，此二术，合为兵；武道拳械，古武兵道，纵横心法，皆在其中。

何以为玄？玄者，奥妙也；有名与无名之存在，同出于其中，蜥末而深远，是谓玄奥，是洞悉一切奥秘妙法门径；实为道武修持的无上心法门径；其与兵，象同归于道法，闻大道于周天；离合之间，构造道武之四维。

何以为理？理者，道玄之彰；制心、制神、制术，生而制之，制而生之。心神合，则为灵；术以养身，与心神契，是谓"灵肉合一，天人交感，统摄于道也"。

三花顶之象如何？达炼精化炁之境，通七经八脉，达忘我之境，至柔如婴儿，其息若存若亡，定静后，内视返照，泥丸沙雪俱下而豁然开朗，不啻是醍醐灌顶之妙。

五气朝元之景如何？三花聚顶后，内外呼吸皆寂灭，偶有一动，如置春和日暖之境，身心内外达一气之中和，来时无影去无踪，一切有无皆无迹可寻。

　　何谓炼精化炁？真精乃本命本有精气，先天所遗，后天而灭，得存一息；心无所欲，器为本能之功，清心静欲，自然之功复归于平淡，此谓不还之还，不补之补；气机感动，即还精补脑，炼精化炁；心之精为真精诞生之根源，不负为无上丹法之至理。

　　何谓炼气化神？炼精化炁后，与周天宇宙相契，似周天融于自我，与虚空浑然一体，阴神、阳神之道即在此分途。神之神在于瞳子，气之神在于耳，精之神在于心。心之动静与身之动静互摩而生真精。精者，性命之力；气者，性命之功；神者，性命之光。修武即是即修道，修道即是修心；心者，水也，全波是水，全水即波也。

　　小周天，是任、督二脉贯通搬运心法之总称。掌握小周天搬运之法门，即为大周天搬运心法打下必要基础。小周天搬运，乃奇经八脉之流注。本节以开穴导引心法以及钓蟾驻气心法两篇阐述小周天心法之妙理。

开穴导引离合心法

　　以盘坐法安身静坐；入极静、体极松、神自驻，一切外物纷扰喧嚣，尽皆不入耳闻。双目垂帘，以正真视真听；极静时，内祝观想中宫明堂，平伏五行之息，以求龙虎相交。

　　导引运气调息之五法：吸、抵、合、撮、闭。吸者，以鼻中呼吸，以接先天。抵者，舌抵上腭，以承华池金精，接天降甘露。合者，口齿闭合，以合骨梢之精。撮者，谷道中提，即传称提肛，以顺任督二脉阴阳之炁相接。闭者，命门开阖，垂帘逆听。

　　真炁搬运，在乎动静之机；静者，非恒静，有静中静，动中静；动者，非恒动，有动中动，静中动。由静入动者易，由动入静者难。呼吸导引，应求声与觉；常人之呼吸皆出入有其声；入静后，无声若有声，有声亦无声。无声，出入即有觉。无声无觉，是心念粗糙所致，当详悟"内外景"之奥妙。

　　无声，气转不结不滞，不粗不浮，出入绵绵如丝，真息生生不息，若存若亡，形神方得安稳,本体方能入静。气机之收束,从无序无规而得以掌控,渐至有规有序。

气机得制,则诸穴皆开,无有凝滞晦望。取"呼吸心法"中顺、逆之一法。意守中丹田者常用顺呼吸法门,意守下丹田者,常用逆呼吸法门。心藏离火,肾为藏坎水,心念藏于丹田。丹田如火炉,气血为药,丹田如炉鼎倒悬虚空。一阳一念发动,催动炉鼎之力,精炁真元下会阴穴,过尾闾穴,入命门(位于后腰与脐前后的相对处);命门提,气机自动投督脉而上行。及此处,坎离相济、肾精化为一元先天之气。当止住一切妄念,眼观耳、耳观口、口观鼻、鼻观心,使气机自动,节节而上夹脊(肩胛骨下取脊柱中间点),运气当节有分,自玉枕穴而入神庭。雷声现,是为内景;经百会穴,过鹊桥(舌抵衔接),降重楼(咽喉),入宫室(中宫明堂),归于丹田。如此,小周天搬运一周天完功矣。

钓蟾驻气聚散心法

钓蟾驻气心法为气机感应增强之法,以气机聚散而开合穴道,致经脉畅通不滞不涩。钓蟾者,引内息一气起落,如丝线金钩垂钓于江河,所钓者,一气之机也。以坐盘之法静坐入定,内外虚空,极致空灵,一羽既落而心有所动。运数"呼吸心法",意置劳宫穴;松肩坠肘,以开合手合于中宫丹田;纳气时,感念双掌心气磁为异极;吐息时,感应双掌气磁为同极。异极时,一念起而相吸黏合有质;同极时,念起而相斥有质。以此气机导引法,先开双掌劳宫穴,再开尾闾、涌泉、夹背、命门、玉枕等诸穴。

大凡道体,诸穴经脉天然俱通,唯因天赋体质,各有度量,以此导引法,拓展周天筋经脉络穴位,此丹道之学,明悟关窍则如拨云见日。

道武之求者,高术莫用;丹道之求者,天命莫问。

丹者,心也;道者,法地;丹道之成就,是气血饱满的终极,是心性的圆满追求,无垢不晦,实为性命双修的至上真法。

本节以"指弦术""十二正经导引""漫步周天气功经"3篇,阐述大周搬运心法之关窍。大周天是真炁搬运于道体十二正经,有内必形于外,而贯通奇经八脉。

指弦术

指弦术，以其独特指诀配合呼吸心法，牵引精气共振，以此激发十二正经及奇经八脉的气机灵感。

以混元桩体式而立，掌心向下，小臂水平前出至中宫位前，使之与双足相合。上十指对下十趾，分节感应发动气机。手诀：上食指对下趾为首，无名指为再，大指为次，小尾指对为再次，中指为最末，此5段，分节配合呼吸心法，逐一体悟周天变化之由表。节节练习时，均需以指动弦线。

十二正经导引

以标准生盘法静坐入定；手掐子午诀手印。入极静时，双目垂帘内视；意自舌下而起，至松至静时，自觉华池生烟升腾，口生玉津；舌抵上腭，轻微鼓漱之，徐徐饮下；玉液下行时，以意念为导引，自重楼（气管咽喉）而下，明堂中宫自有一股精微真气生起。

此时，有形有质之玉津协同炁血之力化为无形之玉液。玉液既成，自膻中穴下行，过脐，流向气血之海，自此分为两路。以意念引导下行，至左右大腿，从膝部到足三里，再行至脚背，绕过脚趾流经涌泉穴（脚心）；由脚跟沿腿而上行，行至尾闾关窍。

至此时，两路玉液真气合而为一，通过命门关阙，夹脊关阙，大椎关阙。至此时，真炁再分两路，穿过双肩，流经外臂、肘关、小臂，直至手背。此时，自手背绕过指尖转入掌心，再返回手腕，经手内臂，行至双锁骨位置；后上行绕过后，汇至玉枕穴。

此时两股真炁又合二为一，经百会穴，注入上丹田，下印堂穴，过山根，又回至鹊桥。至此，一转大周天功夫成矣，每次行功一周天，皆流注于十二正经及其辅翼的奇经八脉。

漫步周天气功经

漫步周天不同于指弦术的以静制动，实为由动中找静的上乘修法。漫步周天，以六合为统领，以五行元素演绎周天；五行者，金、木、水、火、土；以劈、崩、钻、炮、横为五行元素具现。逐一修行，在外动状态修炼中锤炼道体，壮其体魄，实其筋经脉络，壮其气机，至十二正经及奇经八脉无有不畅。

以三才桩站立，劈法行气于手太阴肺经，真炁自涌泉而上，右拳起钻吐息，左掌落翻，真炁归于血海；劈法高举出云门，肺叶舒张气畅，仲少商指引意中气，修残补缺效如神；手太阴肺十一穴，中府云门天府列，次则侠白下尺泽，又次孔最与列缺，经渠太渊下鱼际，抵指少商如韭叶。

崩法行气于足厥阴肝经，双拳左弓右弦，右弓左弦，一口真炁伸缩于左右门户内外；崩法起意在大敦，拧目竖项肝气伸，左右连珠轮番进，消息一动定乾坤。足厥阴经一十四，大敦行间太冲是。中封蠡沟伴中都，膝关曲泉阴包次。五里阴廉上急脉，章门才过期门至。

钻法行气于足少阴肾经，双拳交替起钻，一口真炁协同升腾沉降；钻法本是地反天，上下相随得真传。气行少阴与少阳，填精益肾精补脑。足少阴肾二十七，涌泉然谷出太溪。大钟水泉连照海，复溜交信筑宾立。阴谷横骨趋大赫，气穴四满中渚得。肓俞商曲石关蹲，阴都通谷幽门直。步廊神封出灵墟，神藏或中俞府毕。

炮法行气于手少阴心经，双拳左右交替掩押，一口真炁协同里外开合；炮法先走虎跳涧，两臂下裹如搜山，钻崩之中加膝打，提肛实腑劲爆炸。九穴心经手少阴，极泉青灵少海深；灵道通里阴郄穴，神门少府少冲寻。

横法行气于足太阴脾经，双拳交替自肘下外翻直出，一口真炁协同里外束展团聚。横法出手似铁梁，横中有直横中藏。左右穿裹应合意，收势退横劲宜刚。足太阴穴脾中州，隐白在足大趾头；大都太白公孙盛，商丘三阴交可求；漏谷地机阴陵泉，血海箕门冲门开；府舍腹结大横排，腹哀食窦天溪连；胸乡周荣大包尽，二十一穴太阴全。

此丹道之修，需改意念外放为神不外驰，与拳理逆反，余者皆为一理。神为心，心却不为神。心者，道之枢也；道者，神之用也。修者尝以儒、释禅、道法，修其心性，却不得神性之全，以此丹道之心法，可全心神真性。

第十四节　神机空灵感应篇　点穴破阙卷

点穴破阙，是较为精髓的技击格斗。打穴之功，建立在内外兼修有道之基础上。非明劲修为不可用，非真性通明不可驾驭。

点穴常用手形为剑指、中节空明拳、直拳式3种（如图1-14-1）。剑指之形态有二，食指中指并拢，一为大指尖掐于无名指尖，一为开虎口竖立大指；前者主刺穴，后者附化擒拿。中节空明拳有3重形态，一为虚握抓拳，突出中指；一为虚扣食指抓拳，突出中节；一为大指压制食指，中指尖，无名指与尾指内扣压制大指尖而成拳。此三形态皆主张中节破坚点穴。

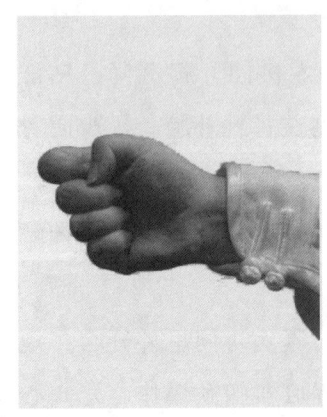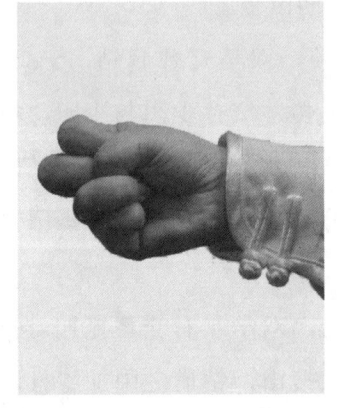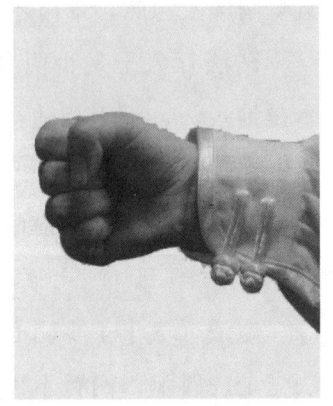

图1-14-1　破阙手法

直拳式常用于依赖力量打穴破坚。另外剑指可变化为四指并拢成枪势掌打穴。运用点穴法门，需正确认知穴位。

穴位如泉溪江河流经的孔隙洞穴在地表的反馈，在人体中，穴位就是经气在经脉中运行时经过的空隙洞穴在体表的反应点，是经络气血会合、输注、渗灌的部位，是体表与脏腑器官及有关部位相联系的区域。穴位归于各经脉，经脉又隶属于相应的脏腑，此表里关联。人体生命运动最精华之气"神气"在穴位游行出入，既向外出，又向内入。故而，通过武学招式，辅以相应手诀，点打穴位即可避免经脉淤塞，内外受损的伤害后果。

周天万事皆一体两面，刺激穴位可激发人体正气以抵御疾病，平衡阳阳，这是武医之道治疗疾病的基础。

穴位有3类：十四经穴、经外奇穴、阿是穴。十四经阿是穴共有362个，分布于十二正经以及任督二脉上。十二正经为一名双穴对称，任督二脉诸穴分布于前后中线，一名一穴。经外奇穴对一些疾病有奇特疗效，因治疗范围单一，如太阳穴等，有固定名称与位置，有的由奇穴位多个穴位组合而成。阿是穴又称"不是穴"，既不属经穴，又不奇穴，没有固定位置，取痛点或弱点等反应点皆为阿是穴。

打击或刺激经穴，影响本经本脏的生理变化；打击或刺激奇穴，有致死和治疗特定病症之效应。打击或刺激阿是穴，影响筋肉正常病变，反之可缓解筋骨脏腑病症。

致死穴在重度击打后如不及时施救，会有性命之忧。头部死穴：百会、印堂、睛明、太阳、人中、耳门、哑门、神庭、人迎。胸腹死穴：膻中、乳根、期门、神阙、中极、关元、气海、章门，太渊、膺窗、乳中、鸠尾、巨阙、曲骨。脊背死穴：肩井、大椎、命门、长强、肺俞、厥阴俞、肾俞，气海俞、志室、尾闾。腿部死穴：足三里，三阴交、涌泉。

修炼是活络的重要手段，也是有效防范经络穴位受伤害引发病变的最直接手段。丹道与气功依托经络穴位强身壮体以驱病邪。丹道与气功是呼吸心法与精气神互相作用的身心并重、性命双修之法，属整体帖疗法；气功隶属丹道，丹道不从属气功。

经络学的形成与丹道气功实践互为因果，二者联系密切；丹道气功，行站为动功，坐卧为静功，却又不以表象为动静，而是静中有动，动中有静；动静之机，都是经络的运动，以意守上、中、下三大田（百会眉心区域、膻中区域、关元区域）。下丹田为人体元阴、元阳之气聚会所在，是调控经络气血运行之枢纽，意守于此，发动内气，可以由任督脉贯通全身经脉。十二经脉中运行的精微经气就是丹道气功修行中所能体察到的真气，凝养使其凝实，宛若有质，这是气功之要理；炼气化神，存神返虚、性命真修，本末至诚通明，这是丹道之要理。是故，气功与丹道促进经络发展，经络指导丹道气功。其中修行感应，或热、或凉、或麻，形成的气流沿一定的路线，朝一定的方向运行。任督二脉通，则百脉俱通，自然周身流转，无有阻碍晦滞之患。

任脉统任周身之阴，乃阴脉之海；督脉总督周身之阳，为阳脉之海。二脉在气功丹道及武医作用中起着核心作用。武医体用中的推拿、按摩、针灸、拔罐等与丹道气功同源于气感。灸术中的酸、麻、胀、沉、热等就是气机感应。

有诸内必形诸外，人体受外界环境变化、攻击碰撞、气候等因素影响，导致经络之间失衡，这种失衡必然通过经络系统反映到外部，出现相应病症。

经络是联系脏腑、调节机体循环的通道，经脉循环路线与周身神经的分布大体一致。人体五脏六腑、四肢百骸、五官九窍、皮肉筋骨等组织器官，之所以能维持协调与统一，完成正常的生理活动，是依靠经络系统的沟通而实现。经络运行气血，润养全身，抵御外邪，保卫机体。

经络系统由经脉、脉络、十二经筋、十二皮部组成。经脉包括十二正经、奇筋八脉以及附属于十二经脉的十二经别。十二正经为经络系统的主干，十二经别为内行支脉。经络的外部筋肉分十二经筋，皮肤按经络分布分为十二皮部。奇经八脉不与脏腑直接联系，对十二正经起统率、联络，调节气血盛衰的作用。其中任脉位于体前正中线，调节周身阴经经气；督脉位于人体后正中线，调节周身阳经经气；带脉环腰一周，约束纵行躯干的多条经脉；冲脉位于腹部第一侧线，滋养十二经气血；阴维脉位于小腿内侧，上行到咽，调节六阴经经气；阳维脉位于足跟部，上行于颈项，调节六阳经经气；阴跷脉与阳跷脉分别位于足跟内侧与外侧，上行于目内眦，交通周身阴阳之气，调节肢体运动，掌管眼睑开合。奇经八脉与周身所有经络并联，一旦疏通，全身气血即可通畅。

十二正经有如江河，奇经八脉如陆地、湖泊、沼泽，互为盈余补充，滋养脏腑，奇经八脉的循行错综于十二正经之间，多处相互交会，沟通十二正经之间的联系，将功能相近相似的部位联系起来，因而奇经八脉有蕴养十二正经气血及调节其兴衰的作用，起统摄有关经脉气血、协调阴阳的作用。任督二脉各有所属穴位，所以与十二正经合称为"十四经"，其余六脉的穴位均寄附于十二经脉上。

躯干从侧面可分为前、中、后3部分，阳明经在前，少阳经居中，太阳经在后，在前为阴，在后为阳；手三阴由胸到手，手三阳由手到头，足三阳由头到足，足三阴由足到胸腹，如此，十二正经沟通周身各部而循环无端。

十二经筋为十二正经之气所濡养的筋骨，筋者肉之力也，分布范围与十二正经大体一改，内五行导引内功及相关国术道武训练可大幅增强经筋。

十五络脉由十二经脉在四肢各分出一络，外加任督二脉络及躯干侧的脾大络，共计15条，丹道内功的修行是有效增强十五络脉联通的最直接手段。

十二皮部是十二正经相应的皮肤部分，也是络脉之气散布之所在，是抵御外邪、保护机体的最外表屏障。道武修炼体系各部经典功法是有效增强十二皮部最直接的手段。

十二正经流注与时间的关联次序可简要概括为4句歌词：肺寅肠卯胃辰宫，脾巳心午小未中，膀申酉肾心包戌，亥焦子胆丑肝通。气血每24小时（12时辰）从肺经起依次流注，最终到达肝经而再入肺经循环。修行中机体受损或致络脉经筋各部有碍，当以武医之学调理治疗，本着急则治标、缓则治本的原则，各类拳脚枪棒所致创伤所用的方剂另文表述，此处重点阐述理疗法中的"推、拿、按、摩、拔、灸、敷、刮"八法。此八法可利通关节、通畅经络、引经开穴、推血过宫、激活气血。

推法：以指腹或掌根顺相关经络有序用劲透入。

拿法：以大指、中指、食指协同成龙形手，顺经筋有序提拿搓捏。

按法：以指腹或掌根、拳面、指关节、肘关节刺激相关经络穴位，用劲有节，层层渗透。

摩法：以指腹或掌根顺相应皮部有序有节奏摩挪。

推、拿、按、摩此4法是较为常用、安全的理疗技术，通过道武修行，使手、肘等各部获得御劲之法，通过丹道修为获得得气之感，以劲驾驭四法之变化万法。

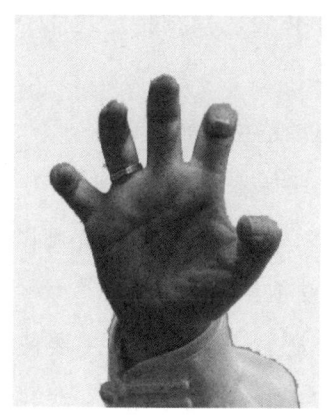 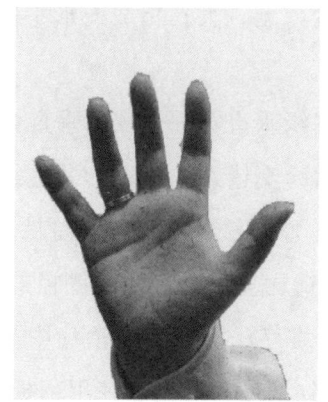

图1-14-2 推拿手法揭秘

常例手势：

（1）鹰捉以五指附于体表，大指作顺时针或逆时针，依病理用劲数分，仔细透过肌体而达穴位络脉；以中指施为时，常以食指压于上，以助其力。

（2）以掌缘附于体表，外翻御劲透过肌体而达经筋络脉，是为滚手。

（3）内左右掌根作顺时针或逆时针，或推、或揉、或按；或推揉、或推按、或揉推，劲透过肌体而达皮经筋、络脉、穴位。

（4）曲中指或食指成拳虚握，以点贴于体表，作顺时针或逆时针，御劲透过肌体而达经筋穴位。

（5）以平拳面或尾指根节，作顺时针或逆时针，御劲透肌体而达经筋穴位。

（6）平掌以指尖悬于体表之上，御劲而下时，指节节节内屈卷收，叩击肌体而达经筋络脉。

（7）以手心贴于体表，以反手成拳捶击于上，使经筋、皮部、络脉、穴位内脏俱受震动。

（8）以大指尖附于体表握拳，作直线屈节移动，劲透穴位经筋。

（9）双手合十，十指舒张悬于体表之上，御劲而下时以掌缘触身，十指依次闭合产生震动，劲透经筋络脉。

（10）十指交握，掌心附于体表，双掌御劲合拢，使经筋皮部挪移而动。

（11）五指屈收虚握成拳，以拳眼作铲掘式敲击挪移于经筋络脉穴位。

（12）以鹰捉式五指附于体表，以指腹同时撮合，劲达皮部为准。

（13）以肘尖作顺时针或逆时针，劲透穴位、经筋，或直线运动梳理络脉经筋。

（14）手指并拢屈收，使掌心中空，依络脉、经筋、皮部走向依序拍击体表。

（15）以食、无、大三指成龙形手附于体表，揉按特定穴位（如风池状）及揉捏提拿筋经。

（16）以掌缘垂直对于体表，垂直劲透经筋络脉而滑动。

（17）以掌缘交错切法移动，劲透经筋络脉。

推、拿、按、摩四法各手法各具特性功效。施用此方，应当先施以轻柔之手法，至适应后，酌情加重手法，最终以轻柔手法放松结束。

刮痧属经络疗法，常用于治疗中暑、感冒、内寒等。主要使用刮板与刮痧油，牛角板及红油较为好用。使用刮板的角刮，常用于穴位，使用刮板的边缘，常用于循经脉线。刮前先在穴位或经脉循行的皮部抹上油，然后作点状或直线刮拭，至出现痧点和痧条为止。此法主疏通经络、畅气血、发汗解寒、解表清热、祛暑除湿等。

拔罐属穴疗法，工具有竹、陶、玻璃等材质罐体，通过负压使之吸附于穴位皮部，使穴位皮部充血，从而对穴位产生刺激而达到治疗的目的。常用手法为留罐与闪罐。在罐内燃烧棉球（含酒精）停顿2秒左右，耗尽空气后迅速将罐吸附于穴位上。闪灌法为上罐后，立即启下，如此反复多次，直至皮肤潮红、充血或出现小血点为度。此法常用于局部麻木，疼痛或功能减退等病症。

灸法由针刺与艾灸组成。微针以调气，药之不及，针之不到，当用灸之，这是针术与灸术的使用序列标准。灸术常用方法有艾条灸与艾柱灸；温和之法乃用灸条一端点燃对准穴位约2～3厘米进行熏烤，以有温热感而没有灼痛感为宜，操作时食、中指分开于穴位两侧以预测温度，此法常用于慢性病。艾条与穴位不定上下移动，是为雀啄法。艾柱灸包括直接灸或姜、盐间隔灸法。隔姜之法常用于因寒而致的呕吐腹痛、腹泻以及风寒痹痛等。隔盐法，在穴位皮肤上放置面捏小圈，填盐其中，花生样大艾线制的艾柱置于盐上。此法多用于肾部病症、吐泻、脑卒中昏迷、中风脱证等，有回阳、救逆、固脱的作用。

穴位热敷可有效发挥穴位疗法以及药物疗法的双重疗效。药方依武医秘方调制，调和用液体需与五行相合。原则上，与肺有关的用淡花椒水，与心有关的用清水，与脾有关的用面水与清水调和，与肝有关的用醋调和，与肾有关的则用淡盐水调制。

穴位以及经脉也不易劳累，不宜无休止地施为，需定时、定量、有规律、有节奏，是为得法。拔罐可辅以七星针预先对穴位、络脉、皮部进行针术，以拓外邪泄出渠道，使真气流畅。针刺可辅以灸术结合，针行人体后，至得气时留针，以艾绒捏于针尾，或以艾条掐于针体后点燃，燃尽后除去灰燃收针。

制敌之术体用，致命穴不可轻取，当慎用，慎之又慎。通常多以击打非致命穴位、影响行动的络脉经脉部位为主。一呼脉走三寸，一吸亦走三寸，一呼一吸走六寸。

简单易行的养生法应加以利用，如鼓漱法、叩齿法、煮牙法、通背甩手、抓筋法、钓蟾劲、道功声密等。

鼓漱法来源于丹道气功的基础法门，舌抵上腭，口出生津后，轻微鼓后分3次咽下。叩齿法来源于四梢论，上下齿于闭唇后轻微上下有节奏地叩击，起固齿益精之效。通背甩手来源于通背拳术四象之学，详见前文所述。功能为：易筋炼体，甩去病灶。抓筋法来源于道武筑基法，抓拳如卷饼，起延增经筋之效。

煮牙法宜与鼓漱法以及叩齿法相间配合。以舌上部及下部按顺时针或逆时针方向，绕口腔牙周运动，以促进牙周健康，骨梢灵动，辅以鼓漱法、叩齿法，三法混一，实为增益肉梢及骨梢妙方。

钓蟾劲来源于道家内功心法，实为服气内炼，锤炼内脏的玄奥法门。轻微地引气入口，至温热时，舌抵上腭，华池生精；此时，"咕咚"一声，华池之精服气而吞之，胸腔闷鸣如蟾鸣，随后双手抚胸缓缓下移按摩至腹，直至六腑微动而生机盎然。

道功声密是灸、针不及之症而用之的音色疗法，具有独特效功，以七音为主。七音即：嘶、嘘、呬、呵、吹、呼、嘻。在清晨时，闻气之发声面东而立，发七音，引动体内气脉，声仅自身可闻，至腹中无浊气而止。道功七音之音色配合人身之症的疗法在中国上古即已走在世界前列。

肺经调理术是治疗咳嗽等肺部病症的有效手段之一。右手成拳，大指向上置于肩胛下中央点；左手成拳置于脐部，闻气6次后以呸音呼气；运行36次而得通畅。

自然界中易理，乾坤为至高至大，虽在道下却至伟，日月为至尊星辰运行其间；人之道体气血运行于经脉，有如日月运行于宇宙。所以说法象莫大乎天地，悬象著明莫大于日月。佛法之宗修三脉七轮，即梵、顶、眉间、喉、心、脐、海底七轮，与左、中、右三脉，这与中国传统医学及丹道气脉经络流注大同小异。水火丸，坎离丹，不论谁阴谁阳，把握一点，一阳来复，即可贯通"精神""性""命"治疗修炼的法则至理。观花不语，神聚则散，似散反聚，一切性命生息的本源，从"静"中生长，从"动"中诞生，这是养生之本，同时也是培养先天智慧的温床。声密三音本为唵（嗡）、阿（啊）、哄（吽）、嘛、呢、叭、咪，皆为阿的变化妙用。"唵"为形而上的天部之音，乃头顶之内音，宇宙原始之本音，具有清神，净神，振神的功效；"阿"乃万物之根本音，具无边无际之功，功能为：打开内脏之脉结，清脏腑宿疾之妙用，体内腑气脉之动静。"哄"为万有生命潜藏生发的根本音，物质世界的地部之音，亦为丹田之音。体察此声密之妙，可得以与道功七音互为辅翼，互为精益。

第十五节　悟真述

　　道武修行是去伪存真的过程。道艺丹法、武艺拳技、内外诸功法修行，各有关容。一窍通，则百理明，但需在水到渠成之际，以至理协同体悟心得参合方能得道，机缘至，大势可成，缘法不至，则如镜花水月。

　　心性有瑕，则武艺道艺有亏。善恶之道，天秤，地量，人分尔，谨在于本心无愧，唯道武修行者四师不可欺，四恩不可辜负。道武四师：一为天、二为地、三为人、四为大道自然。道武四恩：日月、天地、父母、师尊。四师之学：人法地，地法天，天法道，道法自然。性命双修又如何？醒着活，梦里活，虚虚实实，都是人生的一部分。

　　何为大小？一招一式放大可以无限接近圆周的极致界限，是为大其外；缩小可以无限接近但不等于零，是为小无内；心性高远者则为大，方圆在掌握中则为小。

　　武艺与道艺，非体用别，而是技近乎道的升华，其内理至妙处，非至诚至哲不可感应感动；雅俗本无异，唯心尔。孰能共赏共鉴？

　　感悟空灵，起始如人在水下，渐至如人在水中，终至人如在水上。悟劲之体，受地心引力影响，初始不求下，但求上；终至上下一体之整劲。劲意关窍在于踩、决、绝、裹、束、扑、藏七字诀。近身下踩，是为雄鸡争斗之精，上采是为鹰摄之精。内劲兜裹，外用肘打。束如球"起"，展则动如雷霆，是为猿之精。出势如金风穿涧，如猛虎扑食临身，是为虎之精。上而下决，御劲如江河决堤，是为决劲之精。下而上绝，地刮龙卷，是为绝之精。藏身而落，势不可尽，是为藏之精。

　　慢体运劲如丝，劲断意不断，意恒则神不朽；一点及身则一浪击身，后续千浪万叠，连绵不断，见缝则入，应敌入大化中，安得全身。打法定要先上身，脚手齐到方为真，神似炮形龙折身，遇敌好似火烧身。两手外拨人难挡，脚踩中门抢，头打去意占中堂，就是神仙也难防。肩打一阴反一阳，两手只在洞中藏，

左右全凭盖势取，束展二字一命亡。手打起意冲胸膛，其势好比虎捕羊，站实用力须展放，两肘只在肋下藏。胯打中节并相连，阴阳相合得之难，外胯好似鱼打挺，里胯上步变式还。膝打几处人不明，好似猛虎出了笼，浑身转动不停势，左右明拨任意行。肘打三节不见形，用法在乎神蛇出，拳打三节亦如此，连续使用莫要停。脚打踩意不落空，消息全凭后足登，蓄意须防被敌觉，起式好似卷地风。

要用打法，则先用顾法；以打代顾为一法，以顾化打为一法，概因顾、打本无界限。有算则有败，唯定静用劲方可坚固难破。临机制故，接为下势，化为中势，发为上势，以发接化为至上。

万法之体，或轻出重收，或重出重收，或重出轻收。历三代之变化，成举重若轻，或举轻若轻，至若轻若重而大成。意气为导引，骨肉力量以其为君主如使臂指。三回九转，皆是一式，唯一气之伸缩变化尔。

通背关窍，在于缩、小、软、绵、巧、冷、弹、快、脆、硬十要。低进而高退，是为身战法；进则束，退则展，是为身形法；近之展，远之束，是为劲法；出则软绵入则坚刚；其形灵，其势巧，其劲脆烈，弹抖如弦，招见其冷，使敌防不胜防。

八门身步关窍，在于搬、拦、截、扣、推、托、带、领八法。势滑如油，一招一式，皆在一摆一扣之间。

用劲如捕虾，以快为上；身形如磨，是以身法制敌；静如摸鱼，擅化静制动；琵琶如扇，臂出云消雾散，群敌辟易。

外形易得，神意难得，何他？皆心有所污，道有所亏。道体可无漏，道心何以为补？人自降生于世，当感念四恩；四恩者，天地大道盖载之恩德，日月照临养育之恩德，父母生养之恩德，师尊传道授艺之恩德。念此四恩，神而明之，则心无所污，道无所亏，本神本心圆满，余者自我本心无愧足矣；神意既得，内外俱全，真得道也。

世人修性无外乎儒、释、道三教，其本性有殊，如竹柏之匹桐柳；凡质象所结，不过形神。形神相合，是人应物；形神若离，是灵若魅；非离非合，释佛之法统摄；亦离亦合，乃仙道所依；养浩然正气以摄鬼神，是为儒法。埏埴为器之时，是土异于土，虽燥未烧，遇湿犹坏，烧而未熟，不久尚毁，火力既足，即：表里坚固，河山可尽，此形无灭。假令为仙者，以药石炼其形，以精灵莹其神，以中和之气濯其质，以善德解其缠，众法共通，无碍无滞，欲合则乘云驾驭龙虎，欲离则尸解化质，不离不合则或存或亡。三教修法本道化一体，互为毁赞者，即便通晓三教之旨，也非那三教之徒。

第十六节　通背拳术一百零八散手真解

天地三才

修炼要领：详见第一章　第五节　天经地纬人三才（P010-P011）

仙人指路、拢胸抱月、狸猫扑鼠

修炼要领：以乾坤桩左式站立，双臂自然松柔下垂；右足前纵蹲坐，左足上步向前铲出，双掌阳掌相对起至内肩高度随蹲势下插，是为仙人指路势（图1-16-1）；身形前移，双臂左右展开至肩高前抱而回束至下丹田，是为拢胸抱月势（图1-16-2）；左足进步，双手阴掌相对，随身形前动而扑出是为狸猫扑鼠势（图1-16-3）。如此左右交错，由定桩功法修炼，纯熟后演变至行桩功法，配合蛇形步等步法行进练习。

图 1-16-1 仙人指路　　图 1-16-2 拢胸抱月　　图 1-16-3 狸猫扑鼠

吊袋

修炼要领：以乾坤桩左式站立，双臂自然松柔下垂；左掌前顾回带，右掌看拳式贴左掌向前击出（图1-16-4）；至势将尽时，右掌前顾回带，左掌看拳式贴右掌向前击出。如此左右交错，由定桩功法修炼，纯熟后演变至行桩功法，配合蛇形步等步法行进练习。

劈山掌

修炼要领：详见（第九节　先天之五行）

劈砸捶

修炼要领：以乾坤桩左式站立，双臂自然松柔下垂；左足前摆进步，左掌前顾；右足上步成高马步面向左站立，上身左拧，右掌化拳，抡臂随身于身前向下劈砸（图1-16-5），左掌顺势回至右肩；右足进步，右拳横臂向右击出（图1-16-6）。

右足前摆进步，右拳化掌前顾；左足上步成高马步面向右站立，上身右拧，左掌化拳，抡臂随身于身前向下劈砸，右掌顺势回至左肩；左足进步，左拳横臂向左击出。如此左右交错，向前行进练习。

图 1-16-4 吊袋

图 1-16-5 劈砸捶 1

图 1-16-6 劈砸捶 2

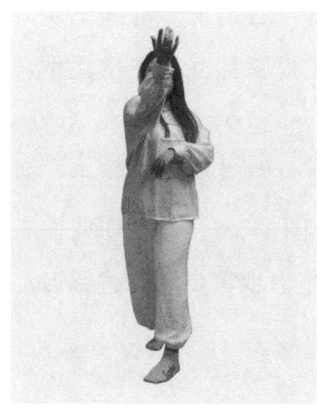
图 1-16-7 叶底藏花 1

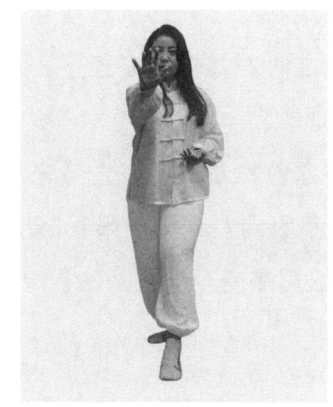
图 1-16-8 叶底藏花 2

图 1-16-9 叶底藏花 3

叶底藏花

修炼要领：以乾坤桩左式站立，双臂自然松柔下垂；左足进步，右掌化摔掌向前击出（图1-16-7），至势将尽时左掌化拍掌向前击出（图1-16-8）；至势将尽时，右足上步，右掌化钻拳向前击出（图1-16-9）。如此左右交错，由定桩功法修炼，纯熟后演变至行桩功法，配合蛇形步等步法行进练习。

群捉

修炼要领：以乾坤桩左式站立，双臂自然松柔下垂；左足前摆进步，左掌拦手前顾；右足上步成箭步而立，右掌化拳，小臂抖腕竖臂以拳心向前啄击而出，左掌顺势收至右大臂内侧。

右足前摆进步，右掌拦手前顾；左足上步成箭步而立，左掌化拳，小臂抖腕竖臂以拳心向前啄击而出，右掌顺势收至左大臂内侧（图1-16-10）。如此左右交错，由定桩功法修炼，纯熟后演变至行桩功法，配合蛇形步等步法行进练习。

单凤贯耳

修炼要领：以乾坤桩左式站立，双臂自然松柔下垂；右足绕步前摆上步，左掌前顾右圈手，之势未尽之时右掌前顾右拦手；左足提膝独立，左掌化拳，以拳眼向右击出至眼耳高度。

左足绕步前摆上步，右掌前顾左圈手，之势未尽之时左掌前顾左拦手；右足提膝独立，右掌化拳，以拳眼向左击出至眼耳高度（图1-16-11）。如此左右交错，由定桩功法修炼，纯熟后演变至行桩功法，配合蛇形步等步法行进练习。

恶鬼推门

修炼要领：以乾坤桩右式站立，双臂自然松柔下垂；右掌化摔掌向前击出；至势将尽时，左掌化拍掌向前击出；至势将尽时，右掌化穿掌向前击出；至势将尽时，左右双掌分别化拍掌击出至面门前位与中宫前位（图1-16-12）。

左掌化摔掌向前击出；至势将尽时，右掌化拍掌向前击出；至势将尽时，左掌化穿掌向前击出；至势将尽时，右左双掌分别化拍掌击出至面门前位与中宫前位。如此左右交错，由定桩功法修炼，纯熟后演变至行桩功法，配合蛇形步等步法行进练习。

图 1-16-10 群捉

图 1-16-11 单凤贯耳

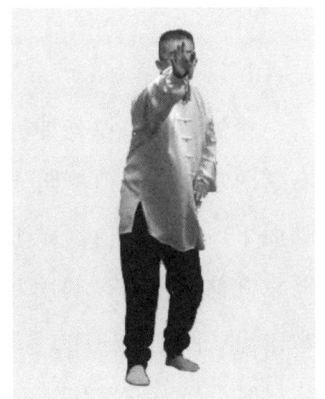
图 1-16-12 恶鬼推门

图 1-16-13 多背劈山掌 1

图 1-16-14 多背劈山掌 2

图 1-16-15 多背劈山掌 3

多背劈山掌

修炼要领：以乾坤桩左式站立，双臂自然松柔下垂；右足上步，右掌以拳化劈向前击出（图 1-16-13）；至势将尽时，右拳右翻化摔上击，左掌顺势贴小臂向左前抹掌击出（图 1-16-14）；左足上步，右掌化劈向前下击出；右足上步，左右双掌顺势化钻拳连击而出（图 1-16-15）。

左足上步，左掌以拳化劈向前击出；至势将尽时，左拳左翻化摔上击，右掌顺势贴小臂向右前抹掌击出；右足上步，左掌化劈向前下击出；左足上步，右左双掌顺势化钻拳连击而出。如此左右交错，由定桩功法修炼，纯熟后演变至行桩功法，配合蛇形步等步法行进练习。

撩阴掌

修炼要领：以乾坤桩左式站立，双臂自然松柔下垂；左足进步，右掌前顾，右掌阴掌过右胯前撩阴式向前击出（图 1-16-16）；右足上步，右掌顺势回旋过腮而下，贴右腿内侧以阳掌撩阴向前击出（图 1-16-17）；至势将尽时，右掌化劈掌向前击出；至势将尽时，右掌化摔掌向前击出；左掌顺势贴小臂向左前抹掌击出（图 1-16-18）；至势将尽时，右足略收，右掌化劈掌向前下击出；至势将尽时，左右双掌化钻拳向前击出。

右足进步，左掌前顾，左掌阴掌过左胯前撩阴式向前击出；左足上步，左掌顺势回旋过腮而下，贴左腿内侧以阳掌撩阴向前击出；至势将尽时，左掌化劈掌向前击出；至势将尽时，左掌化摔掌向前击出；右掌顺势贴小臂向右前抹掌击出；至势将尽时，左足略收，左掌化劈掌向前下击出；至势将尽时，右左双掌化钻拳向前击出。如此左右交错，由定桩功法修炼，纯熟后演变至行桩功法，配合蛇形步等步法行进练习。

图 1-16-16 撩阴掌 1

图 1-16-17 撩阴掌 2

图 1-16-18 撩阴掌 3

抹面掌

修炼要领：以乾坤桩左式站立，双臂自然松柔下垂；右足上步，右掌化摔掌向前击出（图 1-16-19）；左足上步，左掌贴右小臂向左前抹掌向前击出（图 1-16-20）；右足上步，右掌化拍掌向前下击出；至势将尽时，左右双掌化钻拳向前击出（图 1-16-21）。

左足上步，左掌化摔掌向前击出；右足上步，右掌贴左小臂向右前抹掌向前击出；左足上步，左掌化劈掌向前下击出；至势将尽时，右左双掌化钻拳向前击出。如此左右交错，由定桩功法修炼，纯熟后演变至行桩功法，配合蛇形步等步法行进练习。

图 1-16-19 抹面掌 1　　　图 1-16-20 抹面掌 2　　　图 1-16-21 抹面掌 3

劈挑反背掌

修炼要领：以乾坤桩左式站立，双臂自然松柔下垂；左掌前顾，右足上步，右掌化劈掌向前下击出（图 1-16-22）；右足箭步进步，右臂曲肘向前上挑肘击出（图 1-16-23）；右足回撤，左掌以阳掌反劈而下（图 1-16-24）；右足进步，右掌化钻拳向前击出。

右掌前顾，左足上步，左掌化劈掌向前下击出；左足箭步进步，左臂曲肘向前上挑肘击出；左足回撤，右掌以阳掌反劈而下；左足进步，左掌化钻拳向前击出。如此左右交错，由定桩功法修炼，纯熟后演变至行桩功法，配合蛇形步等步法行进练习。

图 1-16-22 劈挑反背掌 1

图 1-16-23 劈挑反背掌 2

图 1-16-24 劈挑反背掌 3

五行连环掌

修炼要领：详见（第九节 先天之五行）。

奇形连环掌

修炼要领：以乾坤桩左式站立，双臂自然松柔下垂；右足上步，右掌化劈掌向前击出至肩高（图 1-16-25）；左足上步，左掌化摔掌向前击出；右足上步，右掌化掸手向右前击出（图 1-16-26）；右足略回撤，左掌化穿掌向前击出；右足进步，右掌化钻拳向前击出。

左足上步，左掌化劈掌向前击出至肩高；右足上步，右掌化摔掌向前击出；左足上步，左掌化掸手向左前击出；左足略回撤，右掌化穿掌向前击出；左足进步，左掌化钻拳向前击出。如此左右交错，由定桩功法修炼，纯熟后演变至行桩功法，配合蛇形步等步法行进练习。

  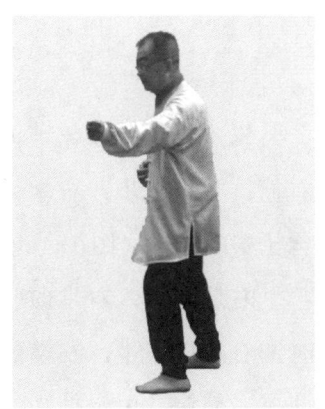

图 1-16-25 奇形连环掌 1　　图 1-16-26 奇形连环掌 2　　图 1-16-27 四平炮 1

四平炮

修炼要领：以乾坤桩左式站立，双臂自然松柔下垂；右足外摆上步，右掌右拦前顾，左掌向又斜劈至右胯；左足上步，左掌化拳横臂向左前击出；右足上步，右掌化拳为劈砸向前下击出；左足上步，左小臂上架，右拳化钻拳向前击出（图 1-16-28）。

左足外摆上步，左掌左拦前顾，右掌向又斜劈至左胯；右足上步，右掌化拳横臂向右前击出；左足上步，左掌化拳为劈砸向前下击出（图 1-16-27）；右足上步，右小臂上架，左拳化钻拳向前击出。如此左右交错，由定桩功法修炼，纯熟后演变至行桩功法，配合蛇形步等步法行进练习。

  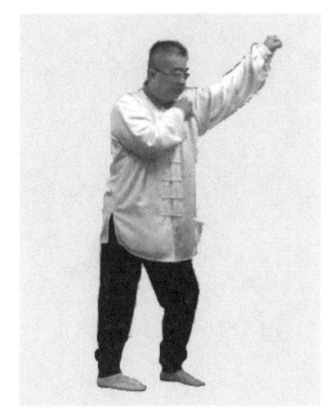

图 1-16-28 四平炮 2　　图 1-16-29 掳手炮 1　　图 1-16-30 掳手炮 2

掳手炮

修炼要领：以乾坤桩左式站立，双臂自然松柔下垂；左足进步，左掌曲肘右掳；右足上步，右掌化拳劈砸向前击出；至势将尽时，左足再进步，右拳翻背抡劈向前击（图1-16-29）；左足上步，左掌化炮拳向前击出（图1-16-30）。

右足进步，右掌曲肘左掳；左足上步，左掌化拳劈砸向前击出；至势将尽时，右足再进步，左拳翻背抡劈向前击；右足上步，右掌化炮拳向前击出。如此左右交错，由定桩功法修炼，纯熟后演变至行桩功法，配合蛇形步等步法行进练习。

闭门炮

修炼要领：以乾坤桩左式站立，双臂自然松柔下垂；双掌化拳，右足上步，左拳曲肘向右裹拦（图1-16-31）；左足上步，右拳曲肘向左裹拦；连环裹拦后，还原至马步站立，双拳连环冲拳向前击出（图1-16-32）（图1-16-33）。如此左右交错，由定桩功法修炼，纯熟后演变至行桩功法，配合蛇形步等步法行进练习。

图1-16-31 闭门炮1　　图1-16-32 闭门炮2　　图1-16-33 劈闪炮1

图 1-16-34 劈闪炮 2

图 1-16-35 半边炮 1

图 1-16-36 半边炮 2

劈闪炮

修炼要领：以乾坤桩左式站立，双臂自然松柔下垂；左足进步，左掌前顾；右足上步，右掌向左胯斜劈击出（图 1-16-33）；至势将尽时，左足再进步，右掌翻背化摔掌向前击出（图 1-16-34）；左足上步，左掌化炮拳向前击出。

右足进步，右掌前顾；左足上步，左掌向右胯斜劈击出；至势将尽时，右足再进步，左掌翻背化摔掌向前击出；右足上步，右掌化炮拳向前击出。如此左右交错，由定桩功法修炼，纯熟后演变至行桩功法，配合蛇形步等步法行进练习。

半边炮

修炼要领：以乾坤桩左式站立，双臂自然松柔下垂；右足进步，右掌前顾；左足上步面向右束身下蹲，右掌收至左肩，左掌化拳垂于腿间（图 1-16-35）；左足外摆进步，左拳外摆；右足上步，成马步面向左而立，右左掌化右勾拳向左击出；右足外摆进步，左足上步以马步面向右而立，左拳阳拳顺势劈砸而下；左足上步，左拳反背翻身摔拳向前击出；右足箭步前上，右拳化炮拳向前击出（图 1-16-36）。

左足进步，左掌前顾；右足上步面向左束身下蹲，左掌收至右肩，右掌化拳垂于腿间；右足外摆进步，右拳外摆；左足上步，成马步面向右而立，左掌化左勾拳向右击出；左足外摆进步，右足上步以马步面向左而立，右拳阳拳顺势劈砸而下；右足上步，右拳反背翻身摔拳向前击出；左足箭步前上，左拳化炮拳向前击出。如此左右交错，由定桩功法修炼，纯熟后演变至行桩功法，配合蛇形步等步法行进练习。

图 1-16-37 近身炮 1

图 1-16-38 近身炮 2

图 1-16-39 近身炮 3

近身炮

修炼要领：以乾坤桩左式站立，双臂自然松柔下垂；右足上步，右掌前顾；左足上步，面向右以马步而立，右掌化拳劈砸向前下击出（图 1-16-38）；左足进步，左拳向左横臂击出；右足上步，右拳冲拳向前击出（图 1-16-39）。

左足上步，左掌前顾；右足上步，面向左以马步而立，左掌化拳劈砸向前下击出；右足进步，右拳向右横臂击出；左足上步，左拳冲拳向前击出。如此左右交错，由定桩功法修炼，纯熟后演变至行桩功法，配合蛇形步等步法行进练习。

卧牛炮

修炼要领：以乾坤桩左式站立，双臂自然松柔下垂；双掌化拳，右足上步，右拳转臂下抻拦手（图 1-16-40）；左足箭步前上，上体前倾，双拳上下平行向前上击出（图1-16-41）。

左足进步，左拳转臂下抻拦手；右足箭步前上，上体前倾，双拳上下平行向前上击出。如此左右交错，由定桩功法修炼，纯熟后演变至行桩功法，配合蛇形步等步法行进练习。

图1-16-40 卧牛炮1　　　　图1-16-41 卧牛炮2　　　　图1-16-42 裹边炮1

裹边炮

修炼要领：以乾坤桩左式站立，双臂自然松柔下垂；双掌化拳，右足上步，左拳曲臂右裹（图1-16-42）；左足上步，右拳曲臂左裹；右足上步，左拳自下向上横臂上翻，至势将尽时，右拳自下向上横臂上翻（图1-16-43）；右拳化劈向前劈下（图1-16-44），至势将尽时，右拳化炮拳向前上击出。

右足上步，左拳曲臂右裹；左足上步，右拳曲臂左裹；右足上步，左拳自下向上横臂上翻，至势将尽时，右拳自下向上横臂上翻；右拳化劈向前劈下，至势将尽时，右拳化炮拳向前上击出。如此左右交错，由定桩功法修炼，纯熟后演变至行桩功法，配合蛇形步等步法行进练习。

五花炮

修炼要领：以乾坤桩左式站立，双臂自然松柔下垂；双掌化拳，右足上步，右拳前顾；左足上步，左拳化劈砸向前下击出（图 1-16-45）；左足外摆进步，左拳前顾；右足上步，右拳化劈砸向前下击出；至势将尽时，右足略回撤，右拳翻转以阳拳摔劈而下（图 1-16-46）；左右双拳化连环钻拳向前击出（图 1-16-47）。

双掌化拳，左足上步，左拳前顾；右足上步，右拳化劈砸向前下击出；右足外摆进步，右拳前顾；左足上步，左拳化劈砸向前下击出；至势将尽时，左足略回撤，左拳翻转以阳拳摔劈而下；左右双拳化连环钻拳向前击出。如此左右交错，由定桩功法修炼，纯熟后演变至行桩功法，配合蛇形步等步法行进练习。

图 1-16-43 裹边炮 2

图 1-16-44 裹边炮 3

图 1-16-45 五花炮 1

图 1-16-46 五花炮 2

图 1-16-47 五花炮 3

图 1-16-48 连珠炮 1

连珠炮

修炼要领：以乾坤桩左式站立，双臂自然松柔下垂；右足上步，左掌向右掩肘（图1-16-48）；左足上步，右掌化穿掌向前击出，至势将尽时，左掌前晃前出；左掌化拳回旋撩阴搋向前击出（图1-16-49）；右足上半步震步独立，左足提膝，右拳拳心向上，顺势向前下击出（图1-16-50）；左足进步，双拳连环向前冲拳连打；至势将尽时，右拳化劈向前下击出，左拳化钻拳顺势向前击出。

左足上步，右掌向左掩肘；右足上步，左掌化穿掌向前击出，至势将尽时，右掌前晃前出；右掌化拳回旋撩阴搋向前击出；左足上半步震步独立，右足提膝，左拳拳心向上，顺势向前下击出；右足进步，双拳连环向前冲拳连打；至势将尽时，左拳化劈向前下击出，右拳化钻拳顺势向前击出。如此左右交错，由定桩功法修炼，纯熟后演变至行桩功法，配合蛇形步等步法行进练习。

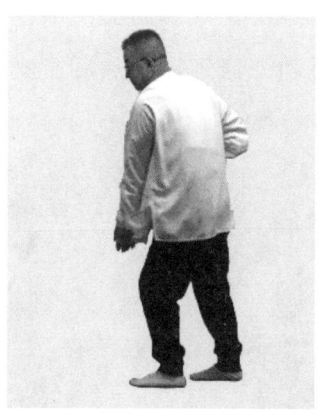 

图1-16-49 连珠炮2　　图1-16-50 连珠炮3

迫击炮

修炼要领：以乾坤桩左式站立，双臂自然松柔下垂；右足上步，左掌化钻拳向前击出至敌鸠尾（图1-16-51）；右足连环进步，右拳、左拳、右拳3拳连环向前击出至敌神阙（图1-16-52）；双拳起至头左侧，左足上步，双拳斩拳向前下击出（图1-16-53）；右足上步，右拳化钻拳向前击出。

左足上步，右掌化钻拳向前击出至敌鸠尾；左足连环进步，左拳、右拳、左拳 3 拳连环向前击出至敌神阙；双拳起至头右侧，右足上步，双拳斩拳向前下击出；左足上步，左拳化钻拳向前击出。如此左右交错，由定桩功法修炼，纯熟后演变至行桩功法，配合蛇形步等步法行进练习。

靠身炮

修炼要领：以乾坤桩左式站立，双臂自然松柔下垂；右足上步，右掌前顾；左足上步，左臂曲肘，栽肘向前击出至敌下脘（图 1-16-54）；至势将尽时，右掌向前击出至敌面门，左掌顺势化炮拳向前击出（图 1-16-55）；右拳、左拳顺势向前抨捶连击（图 1-16-56）。

左足上步，左掌前顾；右足上步，右臂曲肘，栽肘向前击出至敌下脘；至势将尽时，左掌向前击出至敌面门，右掌顺势化炮拳向前击出；左拳、右拳顺势向前抨捶连击。如此左右交错，由定桩功法修炼，纯熟后演变至行桩功法，配合蛇形步等步法行进练习。

图 1-16-51 迫击炮 1　　图 1-16-52 迫击炮 2　　图 1-16-53 迫击炮 3

图 1-16-54 靠身炮 1

图 1-16-55 靠身炮 2

图 1-16-56 靠身炮 3

图 1-16-57 冲天炮 1

图 1-16-58 冲天炮 2

图 1-16-59 转身炮 1

冲天炮

修炼要领：以乾坤桩左式站立，双臂自然松柔下垂；右足上步，左臂曲肘右顾（图1-16-57）；左足上步，双掌右圈左拦，至势将尽时，右掌化勾拳自下而上击出（图1-16-58）；右足上步，双掌左圈右拦，至势将尽时，左掌化勾拳自下而上击出。如此左右交错，由定桩功法修炼，纯熟后演变至行桩功法，配合蛇形步等步法行进练习。

转身炮

修炼要领：以乾坤桩左式站立，双臂自然松柔下垂；左足向左横向移动，双掌右圈左拦，至势将尽时右掌化钻拳向前击出（图1-16-59）；右足上步，双拳化钻拳连环向前击出（图1-16-60）。

右足向左横向移动，双掌左圈右拦，至势将尽时左掌化钻拳向前击出；左足上步，双拳化钻拳连环向前击出。如此左右交错，由定桩功法修炼，纯熟后演变至行桩功法，配合蛇形步等步法行进练习。

雷击炮

修炼要领：以乾坤桩左式站立，双臂自然松柔下垂；右足上步，左掌化拳，曲臂右顾顺势下砸（图1-16-61）；左足上步，右拳左摆击敌侧肋，左拳顺势连环右摆击敌头颈（图1-16-62）；右足上步，双拳顺势化炮向前连环击出（图1-16-63）。

图60 转身炮2

图61 雷击炮1

图62 雷击炮2

图 1-16-63 雷击炮3　　　图 1-16-64 穿心炮1　　　图 1-16-65 穿心炮2

左足上步，右掌化拳，曲臂左顾顺势下砸；右足上步，左拳左摆击敌侧肋，右拳顺势连环右摆击敌头颈；左足上步，双拳顺势化炮向前连环击出。如此左右交错，由定桩功法修炼，纯熟后演变至行桩功法，配合蛇形步等步法行进练习。

穿心炮

修炼要领：以乾坤桩左式站立，双臂自然松柔下垂；左足上步面向右成"丁"字步，双掌化拳左右自两翼展开（图1-16-64），左小臂上翻为架，右拳翻转至阴上角度向左前横击侧肋而出（图1-16-65）。

右足上步面向左成"丁"字步，双掌化拳左右自两翼展开，右小臂上翻为架，左拳翻转至阴上角度向右前横击侧肋而出。如此左右交错，由定桩功法修炼，纯熟后演变至行桩功法，配合蛇形步等步法行进练习。

掠手炮

修炼要领：以乾坤桩左式站立，双臂自然松柔下垂；右足上步，右掌左顾，至势将尽时，左掌反背向前击出（图1-16-66）；左足上步，右掌化钻拳向前击出（图1-16-67）。

左足上步，左掌右顾，至势将尽时，右掌反背向前击出；右足上步，左掌化钻拳向前击出。如此左右交错，由定桩功法修炼，纯熟后演变至行桩功法，配合蛇形步等步法行进练习。

五行缠丝手

修炼要领：以乾坤桩左式站立，双臂自然松柔下垂；右足上步，右掌阴上前出，以掌缘右横击、左横击、前上打眼、打头颈，双掌再化钻拳连击敌胸腹。

左足上步，左掌阴上前出（图1-16-68），以掌缘左横击、右横击、前上打眼、打头颈、双掌再化钻拳连击敌胸腹（图1-16-69）。如此左右交错，由定桩功法修炼，纯熟后演变至行桩功法，配合蛇形步等步法行进练习。

图1-16-66 掠手炮1

图1-16-67 掠手炮2

图1-16-68 五行缠丝手1

图1-16-69 五行缠丝手2

图1-16-70 燕子穿云

图1-16-71 插花手1

燕子钻云

修炼要领：以乾坤桩左式站立，双臂自然松柔下垂；左足向左前进，右足向左前勾脚纵身上踢，上体后仰，左掌曲肘上击向左肩，右掌化摔掌向敌面门。

右足向右前进，左足向右前勾脚纵身上踢，上体后仰，右掌曲肘上击向右肩，左掌化摔掌向敌面门（图1-16-70）。如此左右交错，由定桩功法修炼，纯熟后演变至行桩功法，配合蛇形步等步法行进练习。

插花手

修炼要领：以乾坤桩左式站立，双臂自然松柔下垂；右足上步，双掌右圈左拦（图1-16-71），至势将尽时，右掌化摔掌向敌面门击出（图1-16-72）；左足上步，双掌左圈右拦，至势将尽时，左掌化摔掌向敌面门击出。如此左右交错，由定桩功法修炼，纯熟后演变至行桩功法，配合蛇形步等步法行进练习。

搂劈摔打

修炼要领：以乾坤桩左式站立，双臂自然松柔下垂；右足上步，右掌前顾；左足上步，左掌化劈拳向前下击出（图1-16-73）；右足上步，右掌化摔掌向敌面门击出（图1-16-74）；左足上步，左拳化炮拳向敌面门击出（图1-16-75）。

左足上步，左掌前顾；右足上步，右掌化劈拳向前下击出；左足上步，左掌化摔掌向敌面门击出；右足上步，右拳化炮拳向敌面门击出。如此左右交错，由定桩功法修炼，纯熟后演变至行桩功法，配合蛇形步等步法行进练习。

图 1-16-72 插花手 2

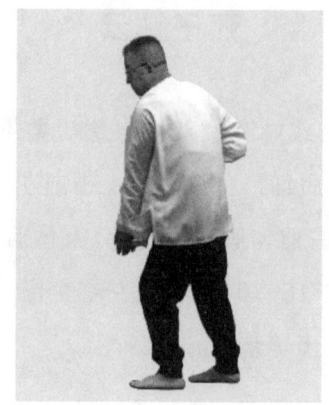
图 1-16-73 搂劈摔打 1

图 1-16-74 搂劈摔打 2

图 1-16-75 搂劈摔打 3

图 1-16-76 紫燕抄水 1

图 1-16-77 紫燕抄水 2

图 1-16-78 孤雁出群 1

图 1-16-79 孤雁出群 2

图 1-16-80 孤雁出群 3

紫燕抄水

修炼要领：以乾坤桩左式站立，双臂自然松柔下垂；右足前上，双掌右圈左拦；左足向左上角上步束蹲，右掌贴腿侧向左前撩打（图1-16-77）。左足前上，双掌左圈右拦（图1-16-76）；右足向右上角上步束蹲，左掌贴腿侧向右前撩打。如此左右交错，由定桩功法修炼，纯熟后演变至行桩功法，配合蛇形步等步法行进练习。

孤雁出群

修炼要领：以乾坤桩左式站立，双臂自然松柔下垂；燕子钻云式左上；右足闪退倒步，左掌顺右臂前抹向敌面门（图1-16-78），右臂顺势化劈掌向敌顶门击出；右足向右横向行进成麒麟步，右掌化拳吊膀向敌下阴击出（图1-16-79）。

燕子钻云式右上（图1-16-80）；左足闪退倒步，右掌顺左臂前抹向敌面门，左臂顺势化劈掌向敌顶门击出；左足向左横向行进成麒麟步，左掌化拳吊膀向敌下阴击出。如此左右交错，由定桩功法修炼，纯熟后演变至行桩功法，配合蛇形步等步法行进练习。

劈砸何挑

修炼要领：以乾坤桩左式站立，双臂自然松柔下垂；右足前摆进步，右掌前顾（图1-16-81）；左足上步面向右马步而立，左掌化拳劈砸而下；左足前摆进步，左掌前顾；右足上步面向左马步而立，右掌化拳劈砸而下（图1-16-82）；身形向前拧转，左拳顺势化勾拳自下而上击出；左足上步，双掌右圈左拦，至势将尽时，右掌化勾拳自下而上击出。

如此左右交错，由定桩功法修炼，纯熟后演变至行桩功法，配合蛇形步等步法行进练习。

 图 1-16-81 劈砸何挑 1
 图 1-16-82 劈砸何挑 2
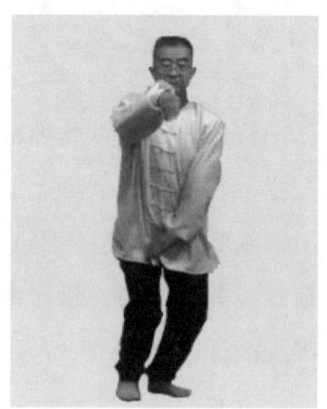 图 1-16-83 转环迎面掌 1

 图 1-16-84 转环迎面掌 2
 图 1-16-85 转环迎面掌 3
 图 1-16-86 多背聚心掌 1

转环迎面掌

修炼要领：以乾坤桩左式站立，双臂自然松柔下垂；右足回撤虚步站立，左掌自脑后缠头前下，右掌同时化叼，手上提以应敌下颚（图 1-16-83）；右足进步，右叼手化拍掌向前击出；右掌右下再回旋而上左右横击，以掌缘击敌首脑两侧要穴（图 1-16-84）；左足上步，左掌顺右臂前抹向敌面门，右臂顺势化劈山掌向敌顶门百会穴劈落；右足上步，双掌化钻拳连环向前击敌胸腹（图 1-16-85）。

左足回撤虚步站立，右掌自脑后缠头前下，左掌同时化叼手上提以应敌下颚；左足进步，左叼手化拍掌向前击出；左掌右下再回旋而上左右横击，以掌缘击敌首脑两侧要穴；右足上步，右掌顺左臂前抹向敌面门，左臂顺势化劈山掌向敌顶门百会穴劈落；左足上步，双掌化钻拳连环向前击敌胸腹。如此左右交错，由定桩功法修炼，纯熟后演变至行桩功法，配合蛇形步等步法行进练习。

多背聚心掌

修炼要领：以乾坤桩左式站立，双臂自然松柔下垂；右足上步，左掌化穿掌向前上击出（图 1-16-86）；右足退步成左箭步，右掌化反背掌向前下劈落；右足顺时针向左运动，转体约90度成龙形交步（图1-16-87），左掌化拍掌向前击出；左足向左横行成箭步，右掌化钻拳向前击出；左足回撤，双臂曲肘左右交错、掩肘顾面，至势将尽时，左掌化钻拳向前击出（图 1-16-88）。

左足上步，右掌化穿掌向前上击出；左足退步成右箭步，左掌化反背掌向前下劈落；左足顺时针向右运动，转体约90度成龙形交步，右掌化拍掌向前击出；右足向右横行成箭步，左掌化钻拳向前击出；右足回撤，双臂曲肘左右交错掩肘顾面，至势将尽时，右掌化钻拳向前击出。如此左右交错，由定桩功法修炼，纯熟后演变至行桩功法，配合蛇形步等步法行进练习。

图 1-16-87 多背聚心掌 2　　图 1-16-88 多背聚心掌 3　　图 1-16-89 拴马式 1

图 1-16-90 拴马式 2

图 1-16-91 五鬼探头 1

图 1-16-92 五鬼探头 2

拴马式

修炼要领：以乾坤桩左式站立，双臂自然松柔下垂；左足进步，双掌逆时针左圈右拦，至势将尽时，左掌化撑捶向敌面门击出（图1-16-89）；左足略回撤，右掌化撑，捶向敌面门击出（图1-16-90）；左足上箭步，右拳化撑，捶向敌面门击出。

右足上步，双掌顺时针右圈左拦，双掌拳，连环向敌面门击出，步法在虚步、箭步之间自由变幻。如此左右交错，由定桩功法修炼，纯熟后演变至行桩功法，配合蛇形步等步法行进练习。

五鬼探头

修炼要领：以乾坤桩左式站立，双臂自然松柔下垂；左足进步，右拳化炮拳向敌面门击出（图1-16-91）；左足独立，右足起脚前踢敌小腿，左掌化冲拳向前击出（图1-16-92）；右足后撤成左箭步，双拳化钻拳连环多点向前击出。

右足进步，左拳化炮拳向敌面门击出；右足独立，左足起脚前踢第小腿，右掌化冲拳向前击出；左足后撤成右箭步，双拳化钻拳连环多点向前击出。如此左右交错，由定桩功法修炼，纯熟后演变至行桩功法，配合蛇形步等步法行进练习。

红脸照镜

修炼要领：以乾坤桩左式站立，双臂自然松柔下垂；左足进步，左掌反背迎面前出击敌面门；重心移至右腿成仆步后复左箭步，双臂后抢使右掌顺势前上撩阴式而出，至势将尽时，左掌反背迎面前出击敌面门；右足上步，右掌化拍掌前出击敌面门（图1-16-93）。

右足进步，右掌反背迎面前出击敌面门（图1-16-94）；重心移至左腿成仆步后复右箭步，双臂后抢使左掌顺势前上撩阴式而出，至势将尽时，右掌反背迎面前出击敌面门；左足上步，左掌化拍掌前出击敌面门。如此左右交错，由定桩功法修炼，纯熟后演变至行桩功法，配合蛇形步等步法行进练习。

猿猴抖臂

修炼要领：以乾坤桩左式站立，双臂自然松柔下垂；双掌化拳，左足回撤束蹲（图1-16-95），左拳曲肘掩至脑侧后；左足外摆垫步，右足上步成箭步，右拳拧转反背向敌首脑侧位要害击出（图1-16-96）。

右足回撤束蹲，右拳曲肘掩至脑侧后；右足外摆垫步，左足上步成箭步，左拳拧转反背向敌首脑侧位要害击出。如此左右交错，由定桩功法修炼，纯熟后演变至行桩功法，配合蛇形步等步法行进练习。

猿猴上树

修炼要领：以乾坤桩右式站立，双臂自然松柔下垂；右足略束身回撤，双掌连环向前滚搓压制；右足、左足连续交替上步，双掌同步交替攀捉；至势将尽时，右足独立左腿提膝向前顶击敌胸腹下盘要害，左掌回捋，右掌化拍掌顺势向敌面门击出（图1-16-97）。

左足略束身回撤，双掌连环向前滚搓压制；左足、右足连续交替上步，双掌同步交替攀捉；至势将尽时，左足独立右腿提膝向前顶击敌胸腹下盘要害，右掌回捋,左掌化拍掌顺势向敌面门击出。如此左右交错,由定桩功法修炼,纯熟后演变至行桩功法,配合蛇形步等步法行进练习。

图 1-16-93 红脸照镜 1

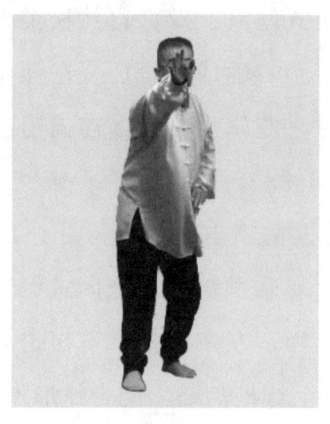
图 1-16-94 红脸照镜 2

图 1-16-95 猿猴抖臂 1

图 1-16-96 猿猴抖臂 2

图 1-16-97 猿猴上树 1

图 1-16-98 猿猴上树 2

图 1-16-99 猿猴上树 3

图 1-16-100 猿猴上树 4

图 1-16-101 猿猴出洞 1

图 1-16-102 猿猴出洞 2　　图 1-16-103 猿猴出洞 3　　图 1-16-104 退山掌 1

猿猴入洞

修炼要领：以乾坤桩右式站立，双臂自然松柔下垂；右足绕步向前行进，双掌顺时针右圈左拦，右小臂上拦，左掌化横拳掌向左前方向击出（图 1-16-98）；左足上步成麒麟步，双拳合并化冲拳散手向敌胸腹方向击出（图 1-16-99）；左足绕步，右足上步面向左马步而立，右拳化猿猴抖臂向敌头部击出（图 1-16-100）；右足回撤束蹲，右臂曲肘护头；左足上步向前上纵跃起身，右拳化冲天炮；左足落地束蹲，右拳顺势砸捶下劈近地；双足连环上步，以仙人指路、拢胸抱月、灵猫扑鼠连环击出。

如此左右交错，由定桩功法修炼，纯熟后演变至行桩功法，配合蛇形步等步法行进练习。

猿猴出洞

修炼要领：以乾坤桩右式站立，双臂自然松柔下垂；左足上步成麒麟步，双掌右圈左拦，右掌化冲天炮向敌胸腹下盘要害击出；右足上步以马步面向左而立，右拳化猿猴抖臂向敌头部击出；左足上步低虚步而立，左掌回顾，右掌看拳向前下方击出（图 1-16-101）；右膝上提起身，身形 180 度转身纵跃，右掌反背顺势同向击出，至势将尽时，双掌于腾空时连环穿拍掌向前击出（图1-16-102）；右足落地独立，右掌化钻拳向前击出（图1-16-103）。

如此左右交错，由定桩功法修炼，纯熟后演变至行桩功法，配合蛇形步等步法行进练习。

推山掌

修炼要领：以乾坤桩右式站立，双臂自然松柔下垂；右足上步，双掌十字掌抻臂向前迎手（图1-16-104）；左足上步提右膝独立，双掌左右回捋至胸侧位（图1-16-105）；右足箭步前上，双掌立掌顺势向前击出（图1-16-106）。

左足上步，双掌十字掌抻臂向前迎手；右足上步提左膝独立，双掌左右回捋至胸侧位；左足箭步前上，双掌立掌顺势向前击出。如此左右交错，由定桩功法修炼，纯熟后演变至行桩功法，配合蛇形步等步法行进练习。

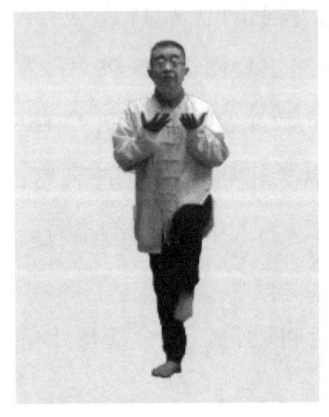
图1-16-105 退山掌2

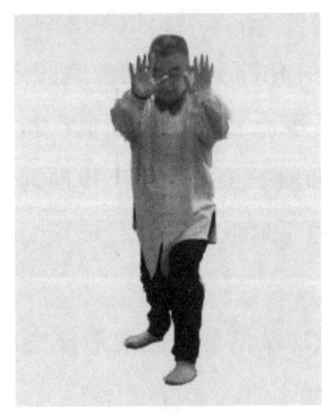
图1-16-106 退山掌3

图1-16-107 绞山掌

绞山掌

修炼要领：以乾坤桩右式站立，双臂自然松柔下垂；双足交替前进或后退，双掌化拳，顺应步法变化向外圈拦（图1-16-107），得机得势之时，拳化万法向前击出。

如此左右交错，由定桩功法修炼，纯熟后演变至行桩功法，配合蛇形步等步法行进练习。

挑山掌

修炼要领：以乾坤桩右式站立，双臂自然松柔下垂；右足略回撤，左掌化穿掌向敌面门击出（图1-16-108）；右足进步，右掌化穿掌向敌面门击出；右足略回撤，左掌化穿掌向敌面门击出；右足进步，右掌向右斜向上挑，至势将尽时右足再进步，左掌向左斜向上挑（图1-16-109）；左足麒麟步向左上角上步，左小臂外翻上掩，右掌顺势向敌胸腹击出；右足麒麟步向右上角上步，右小臂外翻上掩，左掌顺势向敌胸腹击出。

如此左右交错，由定桩功法修炼，纯熟后演变至行桩功法，配合蛇形步等步法行进练习。

靠山掌

修炼要领：以乾坤桩右式站立，双臂自然松柔下垂；左足上步，面向右马步而立，右掌化拳曲肘里靠至中宫位前；右掌沿锁骨向左肩方向击出（图1-16-110）；左足进步，左拳化炮拳向敌面门方向击出；左足再进步，双掌顺势化连环平穿掌击出。

右足上步，面向左马步而立，左掌化拳曲肘里靠至中宫位前；左掌沿锁骨向右肩方向击出；右足进步，右拳化炮拳向敌面门方向击出；右足再进步，左掌顺势化连环平穿掌击出（图1-16-111）。如此左右交错，由定桩功法修炼，纯熟后演变至行桩功法，配合蛇形步等步法行进练习。

图 1-16-108 挑山掌 1　　　图 1-16-109 挑山掌 2　　　图 1-16-110 靠山掌 1

狮子摇头

修炼要领：以乾坤桩右式站立，双臂自然松柔下垂；右足进步，右掌反背下劈（图 1-16-112）；右足略回撤，左掌化拍掌向前击出；右足进步，右掌化钻拳向前击出。

左足进步，左掌反背下劈；左足略回撤，右掌化拍掌向前击出（图 1-16-113）；左足进步，左掌化钻拳向前击出。右足上步，双掌同时右捋；右足略回撤，右掌化摔掌向前击出；右足进步，左掌向前抹眉式，至势将尽时，右掌抡劈向前击出。

如此左右交错，由定桩功法修炼，纯熟后演变至行桩功法，配合蛇形步等步法行进练习。

鹞子穿林

修炼要领：以乾坤桩右式站立，双臂自然松柔下垂；右足向右上角方向进步，右臂外翻上掩，左掌顺势贴身上撩（图 1-16-114）；左足向左上角方向上步，左臂外翻上掩，右掌顺势贴身上撩；右掌顺势回旋复前抻击出，右足前起蹬踢（图 1-16-115）；右足进步，左掌化穿掌向前击出，至势将尽时，右掌化钻拳向前击出。

左足向左上角方向进步，左臂外翻上掩，右掌顺势贴身上撩；右足向右上角方向上步，右臂外翻上掩，左掌顺势贴身上撩；左掌顺势回旋复前押击出，左足前起蹬踢；左足进步，右掌化穿掌向前击出，至势将尽时，左掌化钻拳向前击出。如此左右交错，由定桩功法修炼，纯熟后演变至行桩功法，配合蛇形步等步法行进练习。

图 1-16-111 靠山掌 2　　图 1-16-112 狮子摇头 1　　图 1-16-113 狮子摇头 3

图 1-16-114 鹞子穿林 1　　图 1-16-115 鹞子穿林 2　　图 1-16-116 三环迎面掌 1

三环迎面掌

修炼要领：以乾坤桩右式站立，双臂自然松柔下垂；右足进步，右掌右捋，至势将尽时左掌反背右捋（图 1-16-116）；左足上步，双掌逆时针左圈右拦；右足上步，右掌化拍掌向敌胸腹击出（图 1-16-117）；右足略回撤，左掌化摔掌向敌面门击出（图1-16-118）；右足进步，右掌化钻拳向敌胸腹击出。

左足进步，左掌左捋，至势将尽时右掌反背左捋；右足上步，双掌顺时针右圈左拦；左足上步，左掌化拍掌向敌胸腹击出；左足略回撤，有掌化摔掌向敌面门击出；左足进步，左掌化钻拳向敌胸腹击出。如此左右交错，由定桩功法修炼，纯熟后演变至行桩功法，配合蛇形步等步法行进练习。

劈山转环掌

修炼要领：以乾坤桩右式站立，双臂自然松柔下垂；左掌逆时针金丝缠腕，左足上步，左掌顺右小臂抹眉式向敌面门击出；右足上步，右臂抡劈向前击出；左足上步，左掌化钻拳向敌胸腹击出；左足内扣，右足顺左足跟后过步180度转体，右小臂曲肘，向前顶撞击出（图1-16-119）；右拳化摔掌向敌面门击出；右足略回撤，左掌化拍掌向敌胸腹击出；右足进步，右掌化钻拳向敌胸腹击出（图1-16-120）。

右掌逆时针金丝缠腕，右足上步，右掌顺左小臂抹眉式向敌面门击出；左足上步，左臂抡劈向前击出；右足上步，右掌化钻拳向敌胸腹击出；右足内扣，左足顺右足跟后过步180度转体，左小臂曲肘，向前顶撞击出；左拳化摔掌向敌面门击出；左足略回撤，右掌化拍掌向敌胸腹击出；左足进步，左掌化钻拳向敌胸腹击出。如此左右交错，由定桩功法修炼，纯熟后演变至行桩功法，配合蛇形步等步法行进练习。

图1-16-117 三环迎面掌2

图1-16-118 三环迎面掌3

图1-16-119 劈山转环掌1

图 1-16-120 劈山转环掌 2　　图 1-16-121 顺水推舟 1　　图 1-16-122 顺水推舟 2

顺水推舟

修炼要领：以乾坤桩右式站立，双臂自然松柔下垂；右足顺敌身右侧进步，双掌先后向右后捋带（图 1-16-121）；左足上步，双掌左上右下同时向前击出（图 1-16-122）。

左足顺敌身左侧进步，双掌先后向左后捋带；右足上步，双掌左上右下同时向前击出。如此左右交错，由定桩功法修炼，纯熟后演变至行桩功法，配合蛇形步等步法行进练习。

顺风扫落叶

修炼要领：以乾坤桩右式站立，双臂自然松柔下垂；双足交替前行或后退，双臂前顾，双掌随步法身形交替里合内裹（图 1-16-123），以应敌拳脚攻势。手掌要求裹中用捋带回合之术。

如此左右交错，由定桩功法修炼，纯熟后演变至行桩功法，配合蛇形步等步法行进练习。

迎风入袖

修炼要领：以乾坤桩右式站立，双臂自然松柔下垂；右足进步，左掌右顾，右掌顺势反背右掸（图1-16-124）；至势将尽时，右掌顺势阴上向左回旋，随右足进步时外翻向敌面门方向击出；左足上步，左掌回顾，至势将尽时右足上步，右掌化看拳势向前向散手拳击出（图1-16-125）。

左足进步，右掌左顾，左掌顺势反背左掸；至势将尽时，左掌顺势阴上向右回旋，随左足进步时外翻向敌面门方向击出；右足上步，右掌回顾，至势将尽时左足上步，左掌化看拳势向前向散手拳击出。如此左右交错，由定桩功法修炼，纯熟后演变至行桩功法，配合蛇形步等步法行进练习。

迎风化手

修炼要领：以乾坤桩右式站立，双臂自然松柔下垂；双足交替进步或退步，双掌交错曲臂左右向内门回顾（图1-16-126）；至势将尽时，双掌化叶底藏花式向前击出。

如此左右交错，由定桩功法修炼，纯熟后演变至行桩功法，配合蛇形步等步法行进练习。

金龙合口

修炼要领：以乾坤桩右式站立，双臂自然松柔下垂；右足震步回踩，双掌左阳右阴向右后方回捋；左足进步，双掌手腕相合，左上右下向前击出（图1-16-127）。

左足震步回踩，双掌右阳左阴向左后方回捋；右足进步，双掌手腕相合，右上左下向前击出。如此左右交错，由定桩功法修炼，纯熟后演变至行桩功法，配合蛇形步等步法行进练习。

图 1-16-123 顺风扫落叶

图 1-16-124 迎风入袖 1

图 1-16-125 迎风入袖 2

图 1-16-126 迎风化手

图 1-16-127 金龙合口 1

图 1-16-128 金龙合口 2

顺手牵羊

修炼要领：以乾坤桩右式站立，双臂自然松柔下垂；右足贴敌身左上步，双掌上阴掌自左向右横向捋带（图 1-16-128），内涵过步摔打用法。左足贴敌身右上步，双掌上阴掌自右向左横向捋带。

如此左右交错，由定桩功法修炼，纯熟后演变至行桩功法，配合蛇形步等步法行进练习。

黄鹰探爪

修炼要领：以乾坤桩右式站立，双臂自然松柔下垂；右足进步，双掌阴上，合拢向前上托起（图1-16-129）；身形略后仰，双掌翻转回旋下按至胸前；左足上步成麒麟步站立，双掌十指相对向敌胸腹击出（图1-16-130）。

左足进步，双掌阴上，合拢向前上托起；身形略后仰，双掌翻转回旋下按至胸前；右足上步成麒麟步站立，双掌十指相对向敌胸腹击出。如此左右交错，由定桩功法修炼，纯熟后演变至行桩功法，配合蛇形步等步法行进练习。

飞虎拦路

修炼要领：以乾坤桩右式站立，双臂自然松柔下垂；双足顺时针按外扣里直的规则进行圆形轨迹绕第身周运动（图1-16-131）；双掌顺时针右圈左拦，以斜圆轨迹拦应敌变化。

双足逆时针按外扣里直的规则进行圆形轨迹绕第身周运动；双掌逆时针左圈右拦，以斜圆轨迹拦应敌变化。如此左右交错，由定桩功法修炼，纯熟后演变至行桩功法，配合蛇形步等步法行进练习。

图1-16-129 黄鹰探爪1

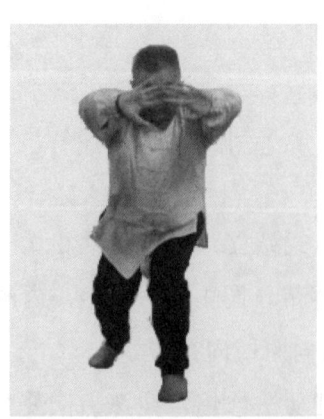
图1-16-130 黄鹰探爪2

图1-16-131 飞虎拦路

摘星换斗

修炼要领：以乾坤桩右式站立，双臂自然松柔下垂；右足进步，右掌化摔掌向敌面门击出，至势将尽时，左掌化拍掌向敌胸腹或面门击出（图1-16-132）；左足上步，左掌化反背捶向敌面门击出（图1-16-133）；右足上步，右臂抢臂向前劈出；右足略回撤，左掌化拍掌向敌胸腹或面门拍出；右足上步，右掌化钻拳向前击出。

左足进步，掌化摔掌向敌面门击出，至势将尽时，右掌化拍掌向敌胸腹击出；右足上步，右掌化反背捶向敌面门击出；左足上步，左臂抢臂向前劈出；左足略回撤，右掌化拍掌向敌胸腹拍出；左足上步，左掌化钻拳向前击出。如此左右交错，由定桩功法修炼，纯熟后演变至行桩功法，配合蛇形步等步法行进练习。

潭手点斗

修炼要领：以乾坤桩右式站立，双臂自然松柔下垂；双足交替前进或后退，双掌同步身形变化，化掸手交替向前应敌变化（图1-16-134）；至得机得势时，束身而上步，以钻拳向敌胸腹击出。

如此左右交错，由定桩功法修炼，纯熟后演变至行桩功法，配合蛇形步等步法行进练习。

图1-16-132 摘星换斗1　　图1-16-133 摘星换斗2　　图1-16-134 潭手点斗

推窗望月

修炼要领：以乾坤桩右式站立，双臂自然松柔下垂；左足上步，双手顺时针右圈左拦后，右拳化冲天炮向前击出（图1-16-135）；左足上步，右拳立圆轨迹回旋后顺势以指裆捶向敌下阴击出；上体向右平原拧转，双臂左前右后反背捶击出；左足上步，左小臂外翻上掩，右掌顺势以拍掌击敌胸腹（图1-16-136）。

右足上步，双手逆时针左圈右拦后，左拳化冲天炮向前击出；右足上步，左拳立圆轨迹回旋后顺势以指裆捶向敌下阴击出；上体向左平原拧转，双臂右前左后反背捶击出；右足上步，右小臂外翻上掩，左掌顺势以拍掌击敌胸腹。如此左右交错，由定桩功法修炼，纯熟后演变至行桩功法，配合蛇形步等步法行进练习。

金发七手

修炼要领：详见（第十一节 七星斗数）

图1-16-135 推窗望月1　　图1-16-136 推窗望月2　　图1-16-137 硬劈山1

第一章　通背散手

图 1-16-138 硬劈山 2　　图 1-16-139 劈里藏花 1　　图 1-16-140 劈里藏花 2

硬劈山

修炼要领：以乾坤桩右式站立，双臂自然松柔下垂；右足回撤成混元步平行而立，左臂顺势前挑而起（图 1-16-137）；双臂交替，抢臂向前阴掌下劈（图 1-16-138）。

如此左右交错，由定桩功法修炼，纯熟后演变至行桩功法，配合蛇形步等步法行进练习。

劈里藏花

修炼要领：以乾坤桩右式站立，双臂自然松柔下垂；右足向右方向横向进步，右臂随步法同向抢臂下劈（图 1-16-139）；至势将尽时，左掌右顾，右掌顺势化摔掌向右向击出（图 1-16-140）。

左足向左方向横向进步，左臂随步法同向抢臂下劈；至势将尽时，右掌左顾，左掌顺势化摔掌向左向击出。此为劈里藏花横向体用。前向体用规则与横向类似，在此不再赘言。如此左右交错，由定桩功法修炼，纯熟后演变至行桩功法，配合蛇形步等步法行进练习。

里边炮第

修炼要领：以乾坤桩右式站立，双臂自然松柔下垂；右足进步，右掌曲肘上起迎面（图1-16-141），至势将尽时翻掌前盖，左掌顺势化钻拳向敌胸腹击出；至势将尽时，右掌化拳向敌胸腹击出（图1-16-142）。

左足进步，左掌曲肘上起迎面，至势将尽时翻掌前盖，右掌顺势化钻拳向敌胸腹击出；至势将尽时，左掌化拳向敌胸腹击出。如此左右交错，由定桩功法修炼，纯熟后演变至行桩功法，配合蛇形步等步法行进练习。

缠腰横第

修炼要领：以乾坤桩右式站立，双臂自然松柔下垂；右足外摆，左足上步，左掌自右小臂下前顾，右拳外翻起至脑右侧蓄势待发（图1-16-143）；右足上步成高马步面向左而立，左拳上架，右拳翻转向左横击敌腰眼（图1-16-144）。

左足外摆，右足上步，右掌自左小臂下前顾，左拳外翻起至脑左侧蓄势待发；左足上步成高马步面向右而立，右拳上架，左拳翻转向右横击敌腰眼。如此左右交错，由定桩功法修炼，纯熟后演变至行桩功法，配合蛇形步等步法行进练习。

图1-16-141 里边炮1

图1-16-142 里边炮2

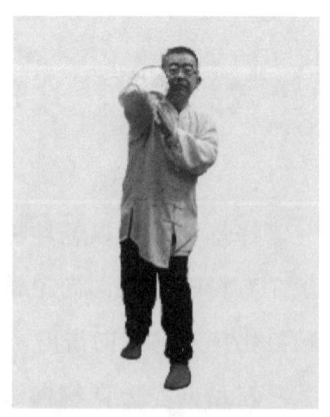
图1-16-143 缠腰横1

图 1-16-144 缠腰横 2　　图 1-16-145 返劈山 1　　图 1-16-146 返劈山 2

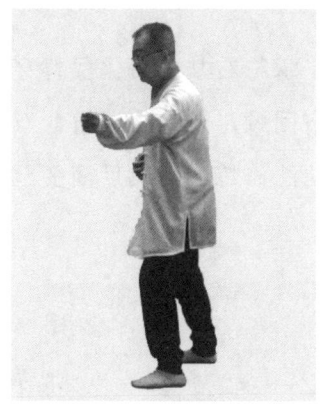 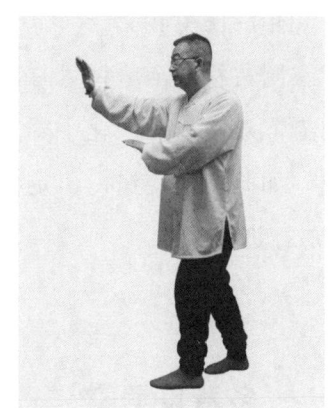 

图 1-16-147 返劈山 3　　图 1-16-148 白蛇吐信 1　　图 1-16-149 白蛇吐信 2

返劈山

修炼要领：以乾坤桩右式站立，双臂自然松柔下垂；右足上步，右掌化摔掌向敌面门击出（图 1-16-145）；左掌顺右臂抹眉向前击出，右足回撤，右臂抡劈向前击出；右足向敌胫骨踢出，左掌抱右拳，右臂曲肘贴身向撞肘击出（图 1-16-146）；至势将尽时，右足后撤成箭步左式，双拳化钻拳向敌胸腹击出（图 1-16-147）。

左足上步，左掌化摔掌向敌面门击出；右掌顺左臂抹眉向前击出，左足回撤，左臂抡劈向前击出；左足向敌胫骨踢出，右掌抱左拳，左臂曲肘贴身向撞肘击出；至势将尽时，左足后撤成箭步左式，双拳化钻拳向敌胸腹击出。如此左右交错，由定桩功法修炼，纯熟后演变至行桩功法，配合蛇形步等步法行进练习。

白蛇吐信

修炼要领：以乾坤桩右式站立，双臂自然松柔下垂；左足上步，双掌顺时针右圈左拦，至势将尽时，右掌与左掌先后化反背穿掌向敌面门击出（图1-16-148）；左足略回撤，双掌以迎风化手式左右回顾，致使将近时，双掌化蛇形穿掌交替连环击出（图1-16-149）。

右足上步，双掌逆时针左圈右拦，至势将尽时，左掌与右掌先后化反背穿掌向敌面门击出；右足略回撤，双掌以迎风化手式左右回顾，致使将近时，双掌化蛇形穿掌交替连环击出。如此左右交错，由定桩功法修炼，纯熟后演变至行桩功法，配合蛇形步等步法行进练习。

多背反劈掌

修炼要领：以乾坤桩左式站立，双臂自然松柔下垂；左足垫步，左掌前顾；右足上步，右臂抡劈向前击出（图1-16-150）；左足后绕过步，身体逆时针拧转360度，左掌顺势抡臂前劈；右足上步，右臂顺势抡臂前劈；左足上步，右臂反抡臂向前上撩；右足上步，右臂抡臂向前劈下；左足上步，左掌化钻拳向前击出。

右足垫步，右掌前顾；左足上步，左臂抡劈向前击出；右足后绕过步，身体顺时针拧转360度，右掌顺势抡臂前劈；左足上步，左臂顺势抡臂前劈；右足上步，左臂反抡臂向前上撩（图1-16-151）；左足上步，左臂抡臂向前劈下；右足上步，右掌化钻拳向前击出。如此左右交错，由定桩功法修炼，纯熟后演变至行桩功法，配合蛇形步等步法行进练习。

勒带穿心炮

修炼要领：以乾坤桩右式站立，双臂自然松柔下垂；右足进步，右掌阴上向右横顾，至势将尽时，左掌化摔掌向敌面门击出；右足上步，左掌翻掌右顾，右掌顺势化钻拳，自左掌下暗拳击敌胸腹（图1-16-152）。

左足进步，左掌阴上向左横顾至势将尽时，右掌化摔掌向敌面门击出；左足上步，右掌翻掌右顾，左掌顺势化钻拳，自右掌下暗拳击敌胸腹。如此左右交错，由定桩功法修炼，纯熟后演变至行桩功法，配合蛇形步等步法行进练习。

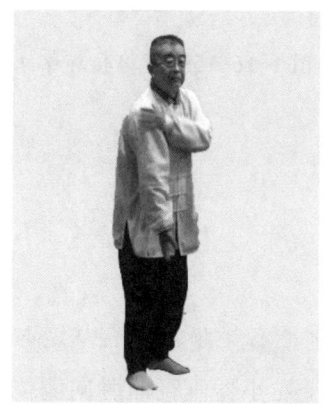
图1-16-150 多背反劈掌1

图1-16-151 多背反劈掌2

图1-16-152 勒带穿心炮

二龙取水

修炼要领：以乾坤桩右式站立，双臂自然松柔下垂；右足进步向前纵跃，右掌顺势前顾抄带敌之腿脚攻势；至势将尽时，左足前出成仆步后坐，右掌缠头回捋，左掌反背拧转前出应敌后势（图1-16-153）；至敌重心紊乱时，自身重心前移成箭步左式，双手食指中指化双龙抢珠式连环击出攻敌面门要害（图1-16-154）。

左足进步向前纵跃，左掌顺势前顾抄带敌之腿脚攻势；至势将尽时，右足前出成仆步后坐，左掌缠头回捋，右掌反背拧转前出应敌后势；至敌重心紊乱时，自身重心前移成箭步右式，双手食指、中指化双龙抢珠式连环击出攻敌面门要害。如此左右交错，由定桩功法修炼，纯熟后演变至行桩功法，配合蛇形步等步法行进练习。

图 1-16-153 二龙取水 1

图 1-16-154 二龙取水 2

图 1-16-155 劈搧转环掌 1

劈搧转环掌

修炼要领：以乾坤桩右式站立，双臂自然松柔下垂；右足垫步，右掌逆时针缠丝手成抓应敌拳脚攻势；左足上步面向右马步而立，左小臂垂直曲肘向侧位击出（图 1-16-155）；至势将尽时，右小臂落势向左前横击敌侧肋要害；右足顺时针过步，使身体拧转 180 度，至势将尽时，右掌化劈向敌面门击出；右足略回撤，左掌顺右小臂向前抹眉击出；右足上步，右掌抡臂化劈向敌顶门击出（图 1-16-156）。

左足垫步，左掌逆时针缠丝手成抓应敌拳脚攻势；右足上步面向左马步而立，右小臂垂直曲肘向侧位击出；至势将尽时，左小臂落势向右前横击敌侧肋要害；左足逆时针过步，使身体拧转 180 度，至势将尽时，左掌化劈向敌面门击出；左足略回撤，右掌顺左小臂向前抹眉击出；左足上步，左掌抡臂化劈向敌顶门击出。如此左右交错，由定桩功法修炼，纯熟后演变至行桩功法，配合蛇形步等步法行进练习。

转环撩阴掌

修炼要领：以乾坤桩右式站立，双臂自然松柔下垂；左足上步，左掌顺势里合前顾，至势将尽时，右掌翻转化看拳式向前击出（图1-16-157）；双足连环二撤步成独立步右式站立，双掌顺势立圆轨迹撩领（图1-16-158）；左足进步成麒麟步，右掌顺势斜劈至左腿外侧；右足上步，右掌贴小腿内侧向前撩阴掌击出（图1-16-159）。

右足上步，右掌顺势里合前顾，至势将尽时，左掌翻转化看拳式向前击出；双足连环二撤步成独立步左式站立，双掌顺势立圆轨迹撩领；右足进步成麒麟步，左掌顺势斜劈至右腿外侧；左足上步，左掌贴小腿内侧向前撩阴掌击出。如此左右交错，由定桩功法修炼，纯熟后演变至行桩功法，配合蛇形步等步法行进练习。

图1-16-156 劈搧转环掌2

图1-16-157 转环撩阴掌1

图1-16-158 转环撩阴掌2

图1-16-159 转环撩阴掌3

图1-16-160 劈搂攉挑1

图1-16-161 劈搂攉挑2

劈搂擢挑

修炼要领：以乾坤桩右式站立，双臂自然松柔下垂；右足进步，右臂回搂贴身化挑领向敌下盘击出（图1-16-160）；至势将尽时，右足垫步，右小臂逆向回旋后前劈；左足上步，右掌抢臂前劈击敌顶门（图1-16-161）。

左足进步，左臂回搂贴身化挑领向敌下盘击出；至势将尽时，左足垫步，左小臂逆向回旋后前劈；右足上步，左掌抢臂前劈击敌顶门。如此左右交错，由定桩功法修炼，纯熟后演变至行桩功法，配合蛇形步等步法行进练习。

捋铁鞭

修炼要领：以乾坤桩右式站立，双臂自然松柔下垂；右足上震步前踩，右掌出爪化拳顺时针反背搬拦回捋，左掌协同配合右掌制敌拳脚攻势（图1-16-162）；左足进步，左臂顺势向左横击而出，或回旋使冲天炮和摆拳势制敌。

左足上震步前踩，左掌出爪化拳顺时针反背搬拦回捋，右掌协同配合左掌制敌拳脚攻势；右足进步，右臂顺势向右横击而出，或回旋使冲天炮和摆拳势制敌。如此左右交错，由定桩功法修炼，纯熟后演变至行桩功法，配合蛇形步等步法行进练习。

劈山反臂捶

修炼要领：以乾坤桩右式站立，双臂自然松柔下垂；左足上步，左臂贴右胯向前抢臂下劈，至势将尽时，右足上步，右臂抢臂前下劈（图1-16-163）；至势将尽时，右臂反背贴左胯抢臂向前下劈（图1-16-164）。

右足上步，右臂贴左胯向前抢臂下劈，至势将尽时，左足上步，左臂抢臂向前下劈；至势将尽时，左臂反背贴右胯抢臂向前下劈。如此左右交错，由定桩功法修炼，纯熟后演变至行桩功法，配合蛇形步等步法行进练习。

图 1-16-162 捋铁鞭　　图 1-16-163 劈山反背捶 1　　图 1-16-164 劈山反背捶 2

白猿探背掌

修炼要领：以乾坤桩右式站立，双臂自然松柔下垂；右足进步，双掌交替前顾，至得机得势时，左掌勾搂住敌后颈回捋（图 1-16-165）；左足上步，以暗腿击敌胫骨，右掌顺势化拍掌击敌面门（图 1-16-166）。

左足进步，双掌交替前顾，至得机得势时，右掌勾搂住敌后颈回捋；右足上步，以暗腿击敌胫骨，左掌顺势化拍掌击敌面门。如此左右交错，由定桩功法修炼，纯熟后演变至行桩功法，配合蛇形步等步法行进练习。

抹眉横

修炼要领：以乾坤桩右式站立，双臂自然松柔下垂；左足上步，左掌翻转右顾；右足顺时针 180 度过步转身，右臂顺势平掌横向击敌面眼眉要害（图 1-16-167）；至势将尽时，右摔掌、左抹眉、右抡劈、左右钻拳顺势连环短打击出。

右足上步，右掌翻转右顾；左足顺时针 180 度过步转身，左臂顺势平掌横向击敌面眼眉要害；至势将尽时，左摔掌、右抹眉、左抡劈、左右钻拳顺势连环短打击出。如此左右交错，由定桩功法修炼，纯熟后演变至行桩功法，配合蛇形步等步法行进练习。

图 1-16-165 白猿探背掌 1　　图 1-16-166 白猿探背掌 2　　图 1-16-167 抹眉横

裂门红

修炼要领：以乾坤桩右式站立，双臂自然松柔下垂；右足进步，双掌右圈左拦，至势将尽时左臂叼手曲肘封锁敌关节；左足上步，右臂曲肘，以横肘式向左向横击敌侧肋，或劈肘击敌面门胸腹。

左足进步，双掌左圈右拦，至势将尽时右臂叼手曲肘封锁敌关节；右足上步，左臂曲肘，以横肘式向右向横击敌侧肋，或劈肘击敌面门胸腹（图 1-16-168）。如此左右交错，由定桩功法修炼，纯熟后演变至行桩功法，配合蛇形步等步法行进练习。

裂门掌

修炼要领：以乾坤桩右式站立，双臂自然松柔下垂；右足进步，右掌阴上向右横掌展手（图 1-16-169）；左足上步，左掌立掌顺势过右掌之上击敌面门（图 1-16-170）；右足上步，右掌化钻拳击敌胸腹。

左足进步，左掌阴上向左横掌展手；右足上步，右掌立掌顺势过左掌之上击敌面门；左足上步，左掌化钻拳击敌胸腹。如此左右交错，由定桩功法修炼，纯熟后演变至行桩功法，配合蛇形步等步法行进练习。

三挫掌

修炼要领：以乾坤桩右式站立，双臂自然松柔下垂；双足交替过步连环倒式进步，双掌协同交替穿掌击敌面门胸腹要害（图 1-16-171）。

如此左右交错，由定桩功法修炼，纯熟后演变至行桩功法，配合蛇形步等步法行进练习。

化击炮

修炼要领：以乾坤桩右式站立，双臂自然松柔下垂；右足进步，双足交替上步，双掌曲肘左右交替相顾以应敌攻势（图 1-16-172），至得机得势时，右掌化摔掌击敌面门（图 1-16-173）；右足略回撤，左掌化拍掌击敌面门胸腹（图 1-16-174）；右足进步，右掌化钻拳击敌胸腹（图 1-16-175）。

左足进步，双足交替上步，双掌曲肘左右交替相顾以应敌攻势，至得机得势时，左掌化摔掌击敌面门；左足略回撤，右掌化拍掌击敌面门胸腹；左足进步，左掌化钻拳击敌胸腹。如此左右交错，由定桩功法修炼，纯熟后演变至行桩功法，配合蛇形步等步法行进练习。

图 1-16-168 裂门红

图 1-16-169 裂门掌 1

图 1-16-170 裂门掌 2

图 1-16-171 三挫掌

图 1-16-172 化击炮 1

图 1-16-173 化击炮 2

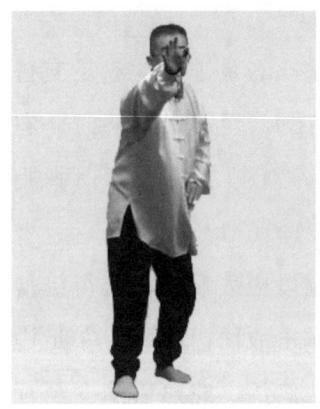
图 1-16-174 化击炮 3

图 1-16-175 化击炮 4

图 1-16-176 胸前挂印 1

图 1-16-177 胸前挂印 2

图 1-16-178 猛虎登山

图 1-16-179 大鹏展翼 1

胸前挂印&撩阴脚

修炼要领：以乾坤桩右式站立，双臂自然松柔下垂；左足上步，双掌十字手式左右分开，此式硬开第中门；右足绷直向前起脚制敌下盘，双掌同时前捧翻转扑击敌胸腹面门要害（图1-16-176）；左足麒麟步上步，右臂抡臂斜劈至左腿外侧，右腿顺势起脚斜切敌下阴要害。

右足上步，双掌十字手式左右分开，此式硬开第中门；左足绷直向前起脚制敌下盘，双掌同时前捧翻转扑击敌胸腹面门要害；右足麒麟步上步，左臂抡臂斜劈至左腿外侧，左腿顺势起脚斜切敌下阴要害（图1-16-177）。如此左右交错，由定桩功法修炼，纯熟后演变至行桩功法，配合蛇形步等步法行进练习。

猛虎登山

修炼要领：以乾坤桩右式站立，双臂自然松柔下垂；右足垫步，双掌左先右后向右采捕第拳脚攻势）；至得机得势时，左脚提起转胯侧蹬腿向敌胸腹要害踢出（图1-16-178）。

左足垫步，双掌右先左后向右采捕对方拳脚攻势；至得机得势时，右脚提起转胯侧蹬腿向敌胸腹要害踢出。如此左右交错，由定桩功法修炼，纯熟后演变至行桩功法，配合蛇形步等步法行进练习。

大鹏展翼

修炼要领：以乾坤桩右式站立，双臂自然松柔下垂；左足上步，左臂贴右胯抡臂前劈，右臂顺势抡臂对应后劈；至势将尽时，右掌逆转方向抡臂向前劈落；右足上步，左掌摔掌、右掌钻拳连环击出。

右足上步，右臂贴左胯抡臂前劈（图1-16-179），左臂顺势抡臂对应后劈；至势将尽时，左掌逆转方向抡臂向前劈落；左足上步，右掌摔掌（图1-16-180）、左掌钻拳（图1-16-181）连环击出。如此左右交错，由定桩功法修炼，纯熟后演变至行桩功法，配合蛇形步等步法行进练习。

底泸转环第

修炼要领：以乾坤桩右式站立，双臂自然松柔下垂；右足上步，右掌逆转翻转自下上撩至顶（图1-16-182）；左掌顺势立掌自下而上圆形轨迹撩领，左掌回则右掌同发而出；至得机得势时，左摔掌，右拍掌，左钻拳连环短打击出。

左足上步，左掌逆转翻转自下上撩至顶；右掌顺势立掌自下而上圆形轨迹撩领，右掌回则左掌同发而出；至得机得势时，右摔掌，左拍掌，右钻拳连环短打击出。如此左右交错，由定桩功法修炼，纯熟后演变至行桩功法，配合蛇形步等步法行进练习。

金鸡抖翎第

修炼要领：以乾坤桩右式站立，双臂自然松柔下垂；右足进步，右掌左顾；右足略回撤，左掌化摔掌向敌面门击出（图1-16-183）；右足进步，双掌束至腰际以双托掌向敌胸腹击出（图1-16-184）。

右足进步，右掌左顾；右足略回撤，左掌化摔掌向敌面门击出；右足进步，双掌束至腰际以双托掌向敌胸腹击出。如此左右交错，由定桩功法修炼，纯熟后演变至行桩功法，配合蛇形步等步法行进练习。

第一章 通背散手

图 1-16-180 大鹏展翼 2

图 1-16-181 大鹏展翼 3

图 1-16-182 底泸转环

图 1-16-183 金鸡抖翎 1

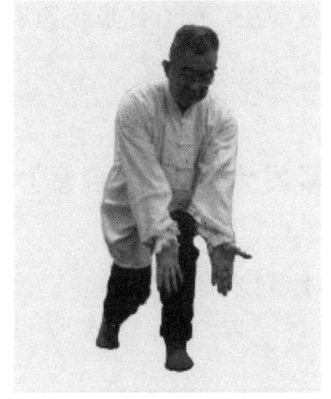
图 1-16-184 金鸡抖翎 2

图 1-16-185 狮子抖铃 1

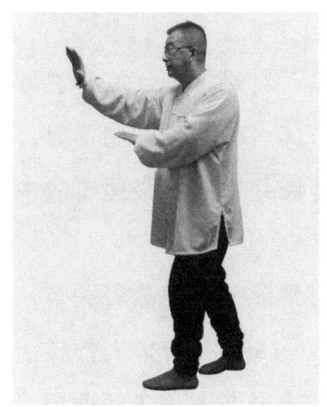
图 1-16-186 狮子抖铃 2

图 1-16-187 移花接木 1

图 1-16-188 移花接木 2

狮子抖铃

修炼要领：以乾坤桩右式站立，双臂自然松柔下垂；右足进步，左掌过阴上前撩，至势将尽时右掌翻转右横击击出（图1-16-185）；右掌翻掌下盖，右足进步，双掌右前左后扑出（图1-16-186）；右足略回撤，双掌化底泸转环掌硬开敌中门；至得机得势时，右足进步，右掌化钻拳向敌胸腹击出。

左足进步，右掌过阴上前撩，至势将尽时左掌翻转左横击出；左掌翻掌下盖，左足进步，双掌左前右后扑出；左足略回撤，双掌化底泸转环掌硬开敌中门；至得机得势时，左足进步，左掌化钻拳向敌胸腹击出。如此左右交错，由定桩功法修炼，纯熟后演变至行桩功法，配合蛇形步等步法行进练习。

紧发六手（六合掌）

修炼要领：详见第（第十节 六合之纵横）

移花接木

修炼要领：以乾坤桩右式站立，双臂自然松柔下垂；右足上步，右掌右顾应敌拳掌攻势；左足上步，左掌前托，制敌肘关节（图1-16-187），至势将尽时，左臂曲肘上挑击敌胸腹侧肋要害；身体左拧转，左小臂展开横向左鞭捶击敌中宫要害，左掌化拍掌追击敌面门。

左足上步，左掌左顾应敌拳掌攻势；右足上步，右掌前托，制敌肘关节，至势将尽时，右臂曲肘上挑击敌胸腹侧肋要害（图1-16-188）；身体右拧转，右小臂展开横向右鞭捶击敌中宫要害（图1-16-189），右掌化拍掌追击敌面门。如此左右交错，由定桩功法修炼，纯熟后演变至行桩功法，配合蛇形步等步法行进练习。

猿猴蹬枝

修炼要领：以乾坤桩右式站立，双臂自然松柔下垂；右足进步，左足提膝前纵击敌胸腹（图1-16-190）；至势将尽时，左脚前蹬击敌胸腹，右掌左顾敌头部，右掌化贯拳击敌太阳穴耳门等要害（1-16-191）。

左足进步，右足提膝前纵击敌胸腹；至势将尽时，右脚前蹬击敌胸腹，左掌右顾敌头部，左掌化贯拳击敌太阳穴耳门等要害。如此左右交错，由定桩功法修炼，纯熟后演变至行桩功法，配合蛇形步等步法行进练习。

图1-16-189 移花接木3

图1-16-190 猿猴蹬枝1

图1-16-191 猿猴蹬枝2

多臂拍山掌

修炼要领：以乾坤桩右式站立，双臂自然松柔下垂；右足进步，右掌化拳反背向前抡劈击敌面门；左足上步，左掌以劈法拍击敌顶门；右足上步，右掌以劈法拍击敌顶门；右足略回撤，左掌化拍掌向敌面门击出；右足进步，右掌化钻拳向敌面门击出。

左足进步，左掌化拳反背向前抡劈击敌面门（图1-16-192）；右足上步，右掌以劈法拍击敌顶门；左足上步，左掌以劈法拍击敌顶门；左足略回撤，右掌化拍掌向敌面门击出（图1-16-193）；左足进步，左掌化钻拳向敌面门击出。如此左右交错，由定桩功法修炼，纯熟后演变至行桩功法，配合蛇形步等步法行进练习。

退步八门

修炼要领：以乾坤桩右式站立，双臂自然松柔下垂；双足交替上步或退步，双掌协同顺风扫叶式前顾（图1-16-194）；双足进退间左圈右顾或右圈左顾，得机得势之间，以掌化掸手击敌（图1-16-195）面门要害。

如此左右交错，由定桩功法修炼，纯熟后演变至行桩功法，配合蛇形步等步法行进练习。

挑拍掌

修炼要领：以乾坤桩右式站立，双臂自然松柔下垂；左足上步，左掌前顾；右足上步，右掌抢臂前劈（图1-16-196）；左足上步暗腿提出击敌胫骨，右掌顺势向前上撩领击敌上盘（图1-16-197）。

右足上步，右掌前顾；左足上步，左掌抢臂前劈；右足上步暗腿提出击敌胫骨，左掌顺势向前上撩领击敌上盘。如此左右交错，由定桩功法修炼，纯熟后演变至行桩功法，配合蛇形步等步法行进练习。

图1-16-192 多背拍山掌1

图1-16-193 多背拍山掌2

图1-16-194 退步八门1

第一章 通背散手

图 1-16-195 退步八门 2　　图 1-16-196 挑拍掌 1　　图 1-16-197 挑拍掌 2

三环套月

修炼要领：以乾坤桩右式站立，双臂自然松柔下垂；左足上步成箭步，右臂曲肘向左横击制敌侧肋；右足提膝前顶，左臂曲肘向右横击敌侧肋或头部要害（图 1-16-198）；右足落步成马步面向左而立，右臂曲肘上挑击敌上盘（图 1-16-199）。

右足上步成箭步，左臂曲肘向右横击制敌侧肋；左足提膝前顶，右臂曲肘向左横击敌侧肋或头部要害；左足落步成马步面向右而立，左臂曲肘上挑击敌上盘。如此左右交错，由定桩功法修炼，纯熟后演变至行桩功法，配合蛇形步等步法行进练习。

流星赶月

修炼要领：以乾坤桩右式站立，双臂自然松柔下垂；右足进步，双掌立掌三连环抡劈击敌面门（图 1-16-200）；右足略回撤，左掌化拍掌击敌面门或胸腹（图 1-16-201）；右足进步，右掌化钻拳击敌胸腹。

左足上步，双掌立掌三连环抡劈击敌面门；左足略回撤，右掌化拍掌击敌面门或胸腹；左足进步，左掌化钻拳击敌胸腹。如此左右交错，由定桩功法修炼，

127

纯熟后演变至行桩功法，配合蛇形步等步法行进练习。

摇身膀欹

修炼要领：以乾坤桩右式站立，双臂自然松柔下垂；左腿提膝向右前方顶膝击敌胸腹，左掌回捋，右掌阴上顺势向右横击（图1-16-202）；左足落地进步，左掌化拍掌击敌面门；右足上步，右掌化钻拳击敌胸腹（图1-16-203）。

右腿提膝向左前方顶膝击敌胸腹，右掌回捋，左掌阴上顺势向左横击；右足落地进步，右掌化拍掌击敌面门；左足上步，左掌化钻拳击敌胸腹。如此左右交错，由定桩功法修炼，纯熟后演变至行桩功法，配合蛇形步等步法行进练习。

图1-16-198 三环套月1

图1-16-199 三环套月2

图1-16-200 流星赶月1

图1-16-201 流星赶月2

图1-16-202 摇身膀欹1

图1-16-203 摇身膀欹2

鹞子翻身

修炼要领：以乾坤桩左式站立，双臂自然松柔下垂；身体顺时针转体向正后方，右掌顺势抡臂后劈；右足略回撤，左掌化拍掌击敌面门或胸腹；右足进步，右掌化钻拳击敌胸腹。

身体逆时针转体向正后方，左掌顺势抡臂后劈（图1-16-204）；左足略回撤，右掌化拍掌击敌面门或胸腹；左足进步，左掌化钻拳击敌胸腹（图1-16-205）。如此左右交错，由定桩功法修炼，纯熟后演变至行桩功法，配合蛇形步等步法行进练习。

雄鸡决斗

修炼要领：以乾坤桩右式站立，双臂自然松柔下垂；左掌前顾回掳，右足提膝前顶击敌胸腹，右掌顺势化摔掌击敌面门（图1-16-206）；右足向前纵跃独立，左掌化拍掌击敌面门（图1-16-207）。

右掌前顾回掳，左足提膝前顶击敌胸腹，左掌顺势化摔掌击敌面门；左足向前纵跃独立，右掌化拍掌击敌面门。如此左右交错，由定桩功法修炼，纯熟后演变至行桩功法，配合蛇形步等步法行进练习。

图1-16-204 鹞子翻身1

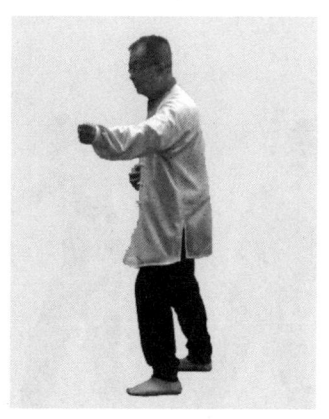
图1-16-205 鹞子翻身2

图1-16-206 雄鸡决斗1

图 1-16-207 雄鸡决斗 2　　图 1-16-208 迷魂掌 1　　图 1-16-209 迷魂掌 2

迷魂掌

迷魂掌为通背门击敌面门要害之总诀式，凡此体例皆归迷魂掌之列。

体例一：双掌右圈左拦制敌手臂攻击（图 1-16-208），至得机得势时以摔掌击敌面门（图 1-16-209）。

体例二：右臂截敌来势，右掌顺势前劈，双掌以摔拍穿式连环击敌面门（图 1-16-210）。

体例三：右掌向左方向勾手制敌来势（图 1-16-211），至势将尽时，右掌顺势掸手击敌面门（图 1-16-212）。

图 1-16-210 迷魂掌 3　　图 1-16-211 迷魂掌 4

图 1-16-212 迷魂掌 5　　　图 1-16-213 追魂掌 1

追魂掌

追魂掌为通背门击敌胸腹要害之总诀式，凡此体例皆归追魂掌之列。

体例一：双掌右圈左拦制敌手臂攻击（图 1-16-213），至得机得势时以钻掌击敌胸腹（图 1-16-214）。

体例二：左掌右顾回捋敌手臂（图 1-16-215），右掌化钻拳击敌胸腹（图 1-16-216）。

体例三：右掌虚晃一招向敌面门，敌起手招架时左掌外翻相迎（图 1-16-217），右掌化钻拳击敌胸腹（图 1-16-218）。

丧魂掌

丧魂掌为通背门击敌下阴要害之总诀式，凡此体例皆归丧魂掌之列。

体例一：右掌前顾应敌，左掌截敌手臂回捋（图 1-16-219），右掌阳掌顺势抖击敌下阴要害（图 1-16-220）。

体例二：左掌前顾回捋，右掌化摔掌击敌面门（图 1-16-219），至势将尽时右掌回旋翻转击敌下阴要害。

体例三：右掌前顾应敌，左掌上翻截敌手臂攻击，右掌顺势回转撩阴掌击出；至势将尽时，双掌以摔拍穿式自下而上连环击出（图1-16-221）。

图1-16-214 追魂掌2

图1-16-215 追魂掌3

图1-16-216 追魂掌4

图1-16-217 追魂掌5

图1-16-218 追魂掌6

图1-16-219 丧魂掌1

图1-16-220 丧魂掌2

图1-16-221 丧魂掌3

第二章 形意拳术

（心意六合拳）

形意拳术（心意六合拳）传承分级

一段级：三才桩（三体式）、五行桩、五行定法、心意六合母拳。

二段级：后天阴五行（外五行拳）、五行连环拳一路、七星合一。

三段级：五行枪、五行棍、连环枪、连环棍、四把拳（四把捶）、盘龙棍。

四段级：五行刀、五行剑、连环刀、连环剑、五行连环拳二路、十大形。

五段级：五行相生、五行相克、五花炮、三手炮、心意拳、雪片刀、龙凤环。

六段级：十二真形、八式拳、龙虎斗、十二洪捶、心意把、双刀。

七段级：扎（闸）势捶、金刚八式、出洞入洞、正门八字连环功、梅花刀、麟角刀、九节鞭、鞭杆。

八段级：形意绵拳、正门八字连环功、十二连捶、春秋大刀、鸡爪剑（镰）。

九段级：奇门八字功、阴（软）八手、阳（硬）八手、三合刀、六合枪、六合剑。

十段级：正门八字功、五行捶、阴阳八手、安身炮（挨身炮）、六合刀、梨花十三枪、六合大枪。

嫡传经典武艺篇：

十二形周天化生、先天阳五行（内五行拳）、形意神打、形意枪拳与剑道

嫡传经典道艺篇：

皇极混元功、太极金丹炁、金津玉漱篇、内功四经、内五行丹法、五行真炁丹法、意形十二经（形意内功经）、六合拳经谱、形意拳经谱。

嫡传经典经方篇：

拳脚击伤内服经方、棍棒击伤内服经方、铁砂掌外用小经方、铁砂掌洗手经方、铁砂掌外用大经方、内壮内服经方、益寿延年内服经方、内养内服经方、筋骨伤外用经方、内腑伤内服经方。

（赵门国术会传承研究委员会）

第一节　岳祖鹏举列传（创始之祖）

岳祖，名飞（1103年3月24日～1142年1月27日），字鹏举，相州汤阴（今河南省汤阴县）人。南宋时期抗金名将、军事家、战略家、民族英雄、书法家、诗人，位列南宋"中兴四将"之首，身后封岳武穆王。

相传岳祖出生时，有大禽若鹄，飞鸣室上，故父母给他取名飞，字鹏举。

武穆王少年时期，为人敦厚寡言，常负气节。喜读《左氏春秋》《孙吴兵法》等书。曾拜周侗为师，学习骑射，能左右开弓。不久周侗病故，岳祖每逢初一、十五，都亲自到坟上祭奠。岳祖之后又拜陈广为师，学习刀枪之法，武艺"一县无敌"。岳祖生有神力，不满20岁时就能挽弓三百宋斤，开腰弩八石，"时人奇之"。

岳祖聪慧异常，且得名师周侗之嫡传，于是集众家之长，参以心得著为心意六合拳拳经，此为旧谱，至元、明两代几乎失传。明末清初，有姬祖龙峰，历访名师，在终南山得此旧谱，经揣摩和融合贯通，遂得其精微奥妙，于是心意拳术得以中兴，尔后广为流传。

岳祖20岁起，曾先后四次从军。自建炎二年（1128年）遇宗泽至绍兴十一年（1141年）止，先后参与、指挥大小战斗数百次。金军攻打江南时，独树一帜，力主抗金，收复建康。绍兴四年（1134年），收复襄阳六郡。绍兴六年（1136年），率师北伐，顺利攻取商州、虢州等地。绍兴十年（1140年），完颜宗弼毁盟攻宋，岳祖挥师北伐，两河人民奔走相告，各地义军纷纷响应，夹击金军。岳家军先后收复郑州、洛阳等地，在郾城、颍昌大败金军，进军朱仙镇。宋高宗赵构和宰相秦桧却一意求和，以十二道"金字牌"催令班师。在宋金议和过程中，岳祖遭受秦桧、张俊等人诬陷入狱。1142年1月，以"莫须有"的罪名，与长子岳云、部将张宪一同遇害。宋孝宗时，平反昭雪，改葬于西湖畔栖霞岭，追谥武穆，后又追谥忠武，封鄂王。

岳祖是南宋杰出的统帅，其重视人民抗金力量，缔造了"连结河朔"之谋，主张黄河以北的民间抗金义军和宋军互相配合，以收复失地；治军赏罚分明，纪律严整，又能体恤部属，以身作则，率领的"岳家军"号称"冻死不拆屋，饿死不打掳"。金军有"撼山易，撼岳家军难"之评，以示对岳家军的由衷敬佩。

岳祖的文才同样卓越，其代表词作《满江红·怒发冲冠》是千古传诵的爱国名篇，后人辑有文集传世。

第二节　姬祖龙峰列传（中兴始祖）

姬祖，讳：际可，字：龙峰，山西蒲州人（今山西省永济市），明末武将，有神拳之称，传出六合枪法及拳法，是心意六合拳（河南派）、戴家心意拳（山西派）、形意拳（河北派）、心意把（少林分支）的始祖。

姬祖年少时，能文能武，聪慧过人，深得家长和家中武术教习的喜爱。后姬祖于终南山寻师学艺，并得到岳武穆拳谱而通晓六合真义，并修得六合枪技。

姬祖师精通大枪，其练"点椽功"时骑战马，手握大枪，每次在乘马疾驰瞬间，总能刺中屋檐下椽头。姬祖老年时被迫流寇于村西，手歼渠魁，人号"神枪"，传出六合枪法。后清朝禁止民间私藏兵器，姬祖遂化六合枪而创六合拳法，成为后世形意拳的始祖。

姬祖受过传统的教育，曾任职明军武将，具有强烈的忠明反清思想。甲申之后，姬祖已届中年，总想组织反清志仁，共图复明大业，于是出走解县，朝关帝庙，往东南越中条山经平陆去河南。马越过中条山时不慎失蹄，将姬祖翻下深涧，姬祖凭多年功夫，手攀悬崖绝壁逃出生天。

姬祖至河南后，多闻各地反清志士云集少林寺，便欣然前往。姬祖于少林寺表演了拳术和枪术，受到少林寺僧人称赞。在少林寺居住期间，一天他在寺内读书，忽见两鸡相斗，遂悟其理，何不根据各种动物之长独创新意？遂依武穆枪拳经谱，结合周天生灵之长而成拳，取名心意六合拳，心意六合大势概括为：鸡腿、鹰捉、龙身、熊膀、虎抱头、雷声。

时已有少林派、武当派、峨眉派，姬祖自创其术六合拳指山为派，曰终南派，又曰"忠派",是忠于明朝,反对清朝,意在反清复明也!为纪念这门拳术的创始人,尊姬祖为一世,姬先师实为六合拳开山鼻祖。

姬祖离开少林之时,僧众苦苦哀求之,遂将心意拳技部分授予少林寺武僧,称之为"少林心意把"。

姬祖回转山西定居,传人有河南马学礼,山西曹继武、郑道人(终南山)。后继从学者甚多,后人得其真传者以河南马学礼(创河南派心意六合拳)、山西戴龙邦(师从曹继武,创山西派戴家心意拳)、河北李洛能(师从戴龙邦,创河北派形意拳)为最。

图 2-2-1 李洛能之子 李太和祖师纪念碑

第三节 戴祖龙邦列传(山西派)

戴祖,讳:龙邦,生于清乾隆年间,卒于光绪年间。

戴祖字尔雷,曾用乳名:二驴、二旅、二闾。(注:据考证,依山西古民俗,贱名好养活,故而此乳名可信度为高,二闾为后人三易其名可能性为高,本处如有异议暂且搁置,留待后人另行考证)。

戴祖生于祁县代家堡村,后迁至祁县小韩村,戴家为山西祁县历代名族,家传武艺，故老相传戴祖从师曹继武先生 10 余载，技艺方成，游历安徽、河南、山西等地，以武会友，创立戴氏心意拳（山西派），传承至今。

戴祖自幼练习家传拳术，寒暑不辍。更兼谦虚好学，广交武术名家，青年时已成为远近闻名的武术师，故老相传，戴祖师游历至安徽池州，遇曹继武先生，得先生传心意六合拳，十易寒暑，师曰：子勇成矣。

曹公继武，为清朝康熙年间人，安徽贵池人，形意拳第二世传载者，虽生平事迹寡平，却为形意拳发展史的重要人物。史料记载，曹公本名曹曰玮，字继武，生于康熙十年（公元 1671 年），卒于康熙四十五年（公元 1706 年），心意拳中兴始祖姬际可弟子。1693 年考中武科，连捷三元，并担任陕西靖远总镇都督。后来因仕途失意而退隐。故老相传，曹公返乡途中，遇戴祖龙邦，并得到戴祖接济和招待，经过多番的查察，认可戴祖天赋和品德，曹公便把心意六合拳术授予戴祖。然考证之下，曹公生卒年与戴祖不相合，戴祖之师实不可考，有一说戴祖之师为鸡腿先生李正（也有一说为李贞），此处争议颇多，暂且搁置争议，留待后人考证。

相传戴祖奉师命返回山西，途经河南洛阳时，得遇同门马学礼，切磋拳艺，并为学礼公拳谱作序。后到河南省南阳县赊旗镇开设镖局，声名大震。

戴祖其人谦恭豪爽，重义轻利，一诺千金，深受武林拥戴。历数十年钻研武艺锲而不舍，博采众长，终于编创出具有独特功法的山西心意拳（戴氏心意拳）。戴祖之技艺，一贯在戴氏宗族子弟内传承，后有河北深州人氏李洛能求艺于戴氏，龙邦祖师因感其诚，遂破例传授心意绝技。李祖修成心意拳技，依毕生所学底蕴，开创了后世四大名拳之一的"形意拳术"，称之为河北派。

第四节　李祖洛能列传（河北派）

李祖，讳洛能（飞羽），字能然（1803 年～1890 年）。生于河北省深县（今河北深州）窦王庄。世称老能先生。李祖武艺高强，有神拳李之威名，形意拳创派祖师。

李祖身材魁伟，自幼喜爱武术，为人敦厚，耿直豪爽，聪颖好学，闻明师即求教益，精通臂拳。所以中年即具有深厚的武术造诣。精益求精，为了探求武术真谛，变卖家产，卖艺遍游全国，寻访高师。

清道光二十五年（1845年），李祖至山西祁县小韩村，拜谒戴龙邦先生，多次叩访，龙邦先生均以"戴氏心意不外传"为由拒之门外。李祖毫不气馁，即以所带百两纹银在祈县城南开一菜园，四季给戴家送菜，风雨无阻。是年终，戴氏管家付其菜钱，李祖固辞不收，言明只求学拳，由此感动戴家，龙邦先生答应只传功艺不收徒。李祖在龙邦指导下日夜苦练，一年后，学得蹲丹田、射丹田、劈拳、崩拳等，数尺之外一拳打去，绳若击中，腾空乱舞。

道光二十七年（1847年），龙邦先生母80寿辰之日，众弟子在寿堂前演武祝寿。李祖先演蹲丹田、射丹田，只见上衣唰唰直抖，令先生大吃一惊。其又打崩拳，一拳打出，噼啪作响，脚落之处，方砖碎裂。戴母大喜，遂令龙邦先生收李祖为徒，搬到戴家居住。此后，龙邦先生尽其所能传授功艺，李祖继续精研苦练，功夫大进。

道光三十年（1850年），龙邦先生保镖路经太行山，牛家寨寨主乘龙邦先生中暑劫走镖车，同行诸镖师数日攻寨不下。李祖得知急奔牛家寨。他跃过寨沟，窜上门楼，4个守寨武师慌忙迎战，不多时纷纷败退。寨主一弹飞来，李祖伸手接住又反掷回去，正中寨主左耳，顿时鲜血涌出，寨主跪地求饶。李祖从此声威大震。

李祖学艺十易寒暑，某日龙邦先生穿上用真丝绳和铜钱编成的护身、铜护心镜，操练李洛能，命李祖进击，李祖使虎形、鹰形进击，龙邦先生护身的铜钱散落于地，护心铜镜亦破。龙邦先生喜曰："汝功大成矣可归。"

李祖归河北深州后，以神拳李之威名，名震武林，世称"神拳李能然"。在咸丰、同治年间，与八卦拳之董海川，太极拳之杨露禅，鼎足而三，为形意意拳、八卦拳、太极拳武术之领袖，威震武林。

李祖艺成后开始悟化传授此术，并潜心于心意拳术之研究，在心意六合拳基础上，吸收道家的养生观点和哲学思想，结合平生武术实践，取长补短，改革创新，将"心意"改为"形意"，形意之名由此开始，形成了养生与技击并行不悖的中华武术名拳，名列四大名拳之一，三大内家拳术之一。

李祖一改过去的保守思想，广为传艺，重视文人与上层人士作用，并加强对外广泛交流研究,各方人士争相求艺,因此,形意拳名家竞出,名传四方。李祖择优授徒广纳传人,称为国手者在山西有:车永宏(车二师傅毅斋)、宋世荣、宋世德、贺运恒、李广亨;河北有:郭云深、刘奇兰、刘晓兰、李太和(李洛能之子)等,此为山西心意拳武术史上,李祖先生的八大弟子及嫡子,八大弟子以及嫡子各有传人遍及全国各地。李祖为山西派心意拳的发展做出了巨大贡献,被称为"心意拳名家巨手"。

咸丰四年(1854年),李祖被太谷县富绅孟绰如聘为护院拳师。他遍访当地武林高手,在比武中打败"铁掌金刚"冯克智,"神拳李"之名渐渐传开。咸丰五年(1855年),龙邦先生年事已高,即将镖局交由李祖继承。

李祖49岁时开始收徒传艺。鸦片战争前后,李祖对帝国主义侵略和鸦片对人民健康的危害倍感忧虑。他提出:国家要富强,就要倡导武术,既要改革、创新传统武术,使习武者易学,利于传播,使人人都来习武。他根据心意拳"心意诚于中,而肢体形于外""象形取意"的特点,改心意拳为形意拳,并改弓步为形意半马步,使之成为形意拳基本步法。之后,李祖又创三体式桩功、盘根八法和五行合演,并与弟子车永宏创编了五行生克拳。

李祖学入化境,随心所欲,不仅拳术超然,且精于器械古兵道,刀枪剑棍无不精通,对凤翅镋、麟角刀等稀有兵器有独到研究。

晚年,李祖回归故里。在他的倡导下,其河北、山西弟子经常互访,切磋技艺,为河北、山西两派形意拳的共同发展打下了基础。

光绪十四年(1888年),李祖端坐椅上,含笑羽化,享年81岁。

图2-5-2 李洛能一脉形意拳1　图2-5-3 李洛能一脉形意拳2

附：

浪淘沙·颂形意拳宗师李老能先生

往事二百年，
　老能立拳。
开创形意真前贤，
传灯武林宗师篇。
　星火燎原。

饮水当思源，
　深州情缘。
牵记嘱托丰碑间，
难忘初心展新颜。
　追梦在肩。

榆次武协主席王建筑
2022年1月5日

咏形意拳前贤李太和先生

老能传子李太和，
神拳形意奏凯歌。
尤在晋商行镖旅，
更著声名武林贺。

榆次武协主席王建筑
2022年1月5日

第五节　马祖学礼列传（河南派）

学礼公，回族马姓，生于约1714年（清康熙五十二年）。河南洛阳东郊马坡村人（现洛阳市瀍河回族区）。

学礼公原先习查拳，艺成后外出寻师访友，继续深造。过黄河后听讲神枪姬龙峰独创一套拳法，与常人拳法不同，学礼公知斯术奥妙，恐不能得其真传，乃乔装苦役，为佣于姬祖家1年（旧说3年）。姬祖认为学公礼是哑巴不会武功，早晚练功并不避学礼公，是故姬祖所练六合拳被马学礼尽窥其密旨要义，偷偷学去。

某日姬祖未早起，学礼公遂在姬家后花园中偷练，因功深气盈，内气鼓荡，神灵透顶，收式时禁不住将雷声发出。姬祖闻之惊诧异常，至后园中一观，只哑巴学礼公在园中，追问之下，学礼公双膝跪地，口喊师父，求老师饶恕弟子（旧时偷拳势必被追回，即是将偷拳者废手足），尔后自陈来历。姬祖嘉其志，悉以其所长而授之，学礼公学六合心意拳而得其神髓。

学礼公艺成后，尊师命去少林寺交流武艺，与姬祖留传于少林的"心意把"承传互相印证。

学礼公为"河南派"心意六合拳之始，后于河南授拳，一时赘者盈门，出众者有马三元、马兴、张志诚。

1790年（乾隆五十四年）学礼公仙逝。

附：

马三元，清道光年间繁城县人，精拳技，时远近与之较技者，死伤不下数十人。因性情暴烈，后患精神病致死。马传兴洛阳心意六合拳一支。

张志诚传鲁山李政，李政传鲁山张聚，张聚传外甥买壮图，买壮图传袁凤仪、丁兆祥、表弟李海森。

袁凤仪传周口尚学礼、卢嵩高、杨殿青、宋国宾。

李海森技传袁长青，袁长青传袁洪亮，袁洪亮传于化龙。

第六节　道武总纲

什么是道武？道武，即：道法、德法与武术、武艺。

维系万物存在所必须遵守的法则规律称之为道。符合道之规则的，是为"德"与"术"二者。术是术的体现，指的是手段与方式方法。术没有对错之分，没有正邪之别，如果强加区分，只在人心而已。

德为体，术为用。武艺为体，武术为用。以形意拳术为代表的道武体系，功法理法完备，道法德法之通玄，真正实现了高度的统一。

什么是形意之形？一切形而上与形而下之形之统合，可谓之"真形"。

什么是形意之意？周天化生之灵统御于己身，可谓之"真意"。

形意拳术之修行，未得真形真意者，不足以论形意之奥妙。

形意拳术乃是形、意、道、武、术、医高度统一之妙理妙术。

内动之以德（形而上），外动之以术（形而下）；内悦之以气（形而上），外悦之以言（形而下）。以此内外景（内外虚空假合），互为表里方（天人合一）。

形意拳术，以正门、奇门八字功以及形意神打等技法统领先天五行拳、周天化生十二真形。

拳种之理，学者往往知其然而不知所以然。穷尽心力去体悟是可行的，如不得其解，可不必强行求解，道法自然，皆在道中，蓦然回首，焉知真法不在眼前灯火阑珊处。

形意拳术，以心行意气，以四象行劲力，又有名为"行意拳""心意拳""心意六合拳"，另有分支"意拳"等分支支流。

心意诚于中，四象形于外，形意拳术真正实现了外形与内意的高度统一。随心随意，体用合一，是形意拳术散手散打的内涵。

道武修行，除了在招式上千锤百炼，刻苦用功，更要结合术理，使悟拳，悟道互为佐助，起到事半功倍的修行效果。有关窍不明之处，并非时机缘法不至，而是道理不显，这时候可以从其他方面用功，寻找灵感，使知识、力量积累达到一个质变的程度，突破领悟自然水到渠成。

从懵懂学习到学以致用的过程中，应该知晓天时、地利、人和的道理，这是遵循道理的起始，学习者可以念头通达，可以明悟道理不使心神蒙尘，可以心眼体察万物之变化。

修行的过程是人与道合一的过程。学以致用，格斗技击是体转为用的过程。技击之道，是力量运用的具体表现形式，力量运用是纯粹的，依托的是劲法之转换，辅以速度、身形法则、达到克敌制胜的效果。所以说，天道之下，道与理一应为公无私，而力量只有强弱之分，没有对错之别。而对于力量的运用，应该慎之又慎，不可过度依赖，而忽略道与理的调和。

是故，道武修行，不可恃技而自以为能。某种程度上，技击之法的运用与兵法运用是一致的。上兵伐谋，以不战而屈人之兵为上。武之一字的构成，已蕴含道与理的深层精义，即"止戈为武"。（详解参见"通背散手"第二节）

第七节　不破神形解

不破之理，在于平衡与和谐。与人竞技，重技巧、力量，亦重心神。万法之基，需合虚领顶劲、含胸拔背、松腰松胯、沉肩坠肘、虚心渊腹、下颚内敛、垂臀提肛、神驰四维，气沉丹田之要领。

虚领顶劲：领者，统帅也，灵动也。顶者，外形与内意接触上之维度也。虚者，空也，浮动也。体吾虚领顶劲，需由灵字入手；所谓"会当凌绝顶，一览众山小"，凌之一字，如实体现了虚领之妙境，有所得时，头如气球上顶浮空，非拙劲可依。

含胸拔背：含者，含蓄，也；拔者，上领也。虚领顶劲既悟，脊柱推自然纵向上领，使上躯无有束缚。双肩前不外挺，后不外抻，虚怀若谷，明堂中宫如揽日月江河，精微之气为清上起，容于中丹田，化而为神，上注神庭。

舌抵上腭：以舌前端轻抵上腭近齿关处，以承甘露玉液之生息，使鹊桥得以贯通连接。舌抵上腭是四梢之肉梢动静的彰显。同时，舌抵上腭也是竞技中内息生生不息的玄妙所在。

齿关微合：牙齿轻轻咬合，口唇闭合，是四梢之骨梢动静的彰显，在竞技中不易咬伤舌部，同时助益劲力催动。

沉肩坠肘：沉者，松坠也；坠者，松沉落也。沉中有松，坠中有稳，以此为架构，在竞技中御使攻防诸法则，无不顺畅。

虚心渊复：虚者，空灵也；渊者，空谷也。虚心渊腹的要旨，在于心神空明守一，在运动中守静，使心神始终不乱有序，有节可守；周身皆松，周身皆虚，劲法运用无有不顺。腹如九幽空谷，内里中空若实若虚，气沉于中，布散周身，无有涩滞。四维之上，静则不动如山，如渊如岳，动则雷霆万钧始于一发。

下腭内敛：内敛，即微收；使气机得顺，四维之左右，运动变化更为流畅，竞技中不易使头部为敌所乘。

重臀提肛：垂者，敛也。尾闾下垂，使四维之下为之凝实，臀部内敛不翘，是垂臀的关窍；提肛，须随呼吸心法，始终如一线上牵，腹内微提，谷道即遂上提之理。

神驰四维：丹道之修，神不外驰；技击竞技之道，注重目打神打；骨之精在于瞳，目定前敌，神守四方，使神驰四维的是体用。

气沉书田：气者，呼吸及精微真气之统称。沉者，降也。呼吸之道在于顺逆悬。沉之一字，实为稳也，并非指沉坠向下。一味沉落，身法之灵必受牵制，当此时，必为敌所制。

心神永固，是无败之基。心神如水，其性纯善不争；不争则无败。道武修行一道，当固守不争之圣行，以不负修行之德，修行之术。不争，非不用，而是不轻用，用之则必有道。不破之要：虚、灵、松、沉、静、稳，此六字为真言。

身形法门是道武五典（手、眼、身、法、步）之属，是运用国术万法的梁柱基石。诸路身形法门，道武体用之根骨结构。

一、进身步（进步）：左脚在前进步，右脚同时跟步，右脚在前进步，左脚同时跟步；一进一跟，是为进步。体例：三体步麒麟步等。

二、退身步（退步）：左脚在后退步，右脚同时撤步；右脚在后退步，左脚同时后撤。一退一撤，是为退步。体例：三体步散步等。

三、闪身展步（闪展）：左脚在前，逆时针绕步上前，右脚顺势上步。右脚在前，顺时针绕步上前，左脚顺势上步。体例：三体步散步等。

四、拗步；拗通指臂腿出势相逆：左脚进步，右臂出招；反之亦然，体例：

拗步五行拳等。

五、顺步：顺步通指同侧的同手同脚前出；左脚进步，左臂出招，反之亦然。体例：顺步五行拳等。

六、闪步：左脚向左上方进步，右脚虚跟，反之亦然。如此左右交替，快速闪避前进。体例：猴形裹边炮。

七、激步：左脚进步，右脚跟步以脚内侧击于前脚跟，使左脚复进一步。反之亦然。体例：散手击步走，崩捶等。

八、上步（过步）：左脚上进步，右脚过左脚前上，反之亦然。体例：快马三箭。

九、过身步：左脚进步，右脚上步，身体同步逆时针体向后，反之亦然。体例：鹞形。

十、麒麟步：左脚进步，右脚跟步，身体重心分配为前六后四，右膝合于左膝弯内侧，反之亦然。体例：鹰熊斗志。

十一、三体步：左脚进步，后脚跟步，重心前三后七，前脚尖、后脚跟为一线，前膝微顶。体例：五行拳。

十二、箭步：左脚进步，膝不过涌泉穴，重心分配前七后三，上体中正，后腿绷直蹬地，前后脚一线而处。体例：龙形裹横。

十三、转身步：三体左式为例站立，以双足足跟为轴，顺时针方位作180度转体向后，反之亦然。体例：虎摆尾。

十四、回身步：三体左式为例站立，左足逆时针倒步过右足运动，转体180度向后，反之亦然，体例：大蟒翻身。

十五、丁字龙形步：左足进步，身形束蹲，右足跟步，右足尖直角正对左脚跟，右膝与右足尖同向，反之亦然。体例：裹边炮。

十六、龙形交步：左脚前起后横向落步，后足跟步，身体落作为歇步式，重心于偏后腿。体例：龙形拳

十七、独立步：自然站立时，单腿提膝至中宫位前。体例：狸猫上树、迎门铁臂。

第八节　道武之筑基

有内无外不成拳，有外无内难成术。筑基之法，是内家拳术的外功以及内功外炼的纲要。

筑基之法的功用，在于最迅捷的提升国术传习者的力量、速度、敏锐、耐力、韧性、瞬动爆发等各项能力，使传习者得以快速掌握入门关窍，不致误入歧途。掌握道武筑基修行，代表国术以窥得门径，实用初具气象。

低进高退

低进高退，顾名思义是快速向前行进与快速后退撤离的技术。

练法：双手持格斗式，或自然放松状态垂于体侧。低进，身形略束，矮身向前自然步正跑行进，这是形意身法"束如球"的初级阶段体现。高退，身形由束而展，在不转体的状态下有后腾之意，这是形意身法"展如弓"的初级阶段体现。

如此，两者都使用前脚掌运动，两者交错进行训练，尽量减少脚步与地面的摩擦，这样可以提升移动的速度。低进高退的训练，作用在于提升速度、人体耐久立、敏锐反应、瞬动爆发等能力。这种能力直接作用于实用。练习纯熟后，即可以不限规则的任意方位作移动训练。

注：低进之法的大角度实践，在现代战争的步兵行进中可大幅提高生存率。

侧穿快闪

侧穿快闪，顾名思义是快速向对手侧位穿插与快速侧后闪避的技术。

练法：双手持格斗式或持自然放松状态。训练方位为左右上下，使用脚掌运动，以面向南面，向身右开始为例。左脚上行踩于右脚右上侧，右脚同时跟至左脚右侧平行而立，完成这一组动作后，面向右上斜角。

左脚下行踩于右脚右下侧，右脚收回至左脚右侧与之平行。完成这一组动作后，面向左上斜角。如此，交叉移动训练。

向左开始的侧穿快闪训练方法与向右规则相同，可按规则左右上下平行运动，纯属后转化为以不守规则的任意角度的穿插运动。

注：侧穿快闪是侧位技击与闪避的重要手段。

激步挪移

激步挪移是一种短距离横向瞬动的技术，又称之为击步快闪。盖因激步挪移在训练与实用中，都是用于左右方位的快速横向瞬动，并可快速转化侧边脚力、腿打。

练法：以面向南，向身右运动为例，右脚横跨向右而出，同时左脚迅速靠击右脚内缘达到加速度的效果，右脚横向荡起，使挪移的速度、距离、实用的隐藏之力都达到理想目标。

向左运动与向右运动的规则一致，如此反复练习至纯熟之境，除了在实用性上有特定效果，在闪避防守上也有不俗的体现。

象形术

象形术又俗称象形步，模拟的是大象这种大体型猛兽的肢体能力，从朴实笨拙中寻找平衡与稳健，使四肢壮实有力、增强地面技实用中的快速移动能力。是故，习练者往往不可轻视象形术这一朴实无华的技术，透过现象求索本质，会发现使自身增强的能力其实唾手可得。

象形术的训练，需四肢着地，手脚皆需要垂直立于地面，双手以掌为支撑，双脚以前脚掌为支撑，交错前行，手脚并用，切不可同侧手脚同步。初始学习时，可以做单纯的前进后退运动，渐至纯熟之境，即可以任意方位训练。

兔脱之术

脱兔之术俗称兔子蹬腿，模拟的是兔子矫健迅捷，善于扑突的能力。

练法：以蹲爬姿势四肢着地蓄势待发，双手向前上方窜出时，两脚同时用劲向后蹬出。

学习兔脱之术，实用中善于地面技的后蹬腿攻势，以及前上扑倒对手之用，以自身四肢制人或自身倒地时紧急脱离之用。初始学习，多以前进方位为主，纯熟之后，即可任意方位训练。

指节卷曲术

指节卷曲术是训练指劲、手掌抓握之力的重要手段。

练法：训练抓握时，可站立或坐姿，双臂平举前伸直，匀细吸气，掌心向下，由梢节开始，意如卷饼，层层叠叠卷起成握拳之状态。至极紧时呼气放松，如此周而复始。纯熟之后，掌心向上或向内、向下皆可。

曲蹲

曲蹲是训练平衡以及腿部力量的基础，分为小曲蹲与大曲蹲。

练法：先由小曲蹲开始，脚步形态有3种，双脚外八字分开与肩同宽，双脚平行分开与肩同宽，双脚平行分开膝盖内扣与肩同宽。下蹲至大腿水平，膝不过脚尖为极限。速度可由缓渐快。躯干保持中正，双臂可环抱于胸前，由每组20次起逐渐增加训练量。

大曲蹲脚步形态有2种，双脚外八字分开略比肩宽，双脚平行膝盖内扣分开略比肩宽。上身保持中正，目视前方，下蹲至臀部靠近地面，宜缓不宜急。

双臂保持与小曲蹲一样。

寸踢

寸踢是以足尖正步寸劲体用的技术，俗称弹踢。

练法：双手持格斗式，或抱拳束于腰间，或双臂左右侧平举推掌。一腿站立，另一腿，以膝盖围轴心指点，脚面绷直，提膝弹腿前踢而出，如果两腿交错弹踢前行，纯熟之后即可任意方位练习。寸踢实用中常用于针对下阴或小腿部位。

凌空飞膝

凌空飞膝是攻击性巨大的中远或近距离突入打击的招式，大起大落。

练法：以左腿起为例，左腿顶膝，右脚蹬地发劲向前飞纵击出，同时右臂抡直向前上调击而出，左脚落地后，右腿同时借力提膝而出，如此交替前行。手脚膝三大部位并用，是凌空飞膝的最大特性。

蚁行术

蚁行术是训练平衡能力。手臂力量，腿部力量，腰部力量、协同能力的总要方法。训练蚁行术，需要先通过形意内功经的易筋篇修行，使身体柔韧性得到释放。完成易筋修行后，保持站立姿势，双臂上举过顶，胯部前顶，身体成拱形向后至双手着地，像蚂蚁形态行走，初始以直线状态练习，纯熟之后即可以任意方位行走练习。

横跳

横跳是训练平衡能力、地面技快速反应、弹跳力、耐久力、大腿爆发力的重要技术。

练法：训练横跳只可以作左右方位的移动，以面向南为例，双脚分开与肩同宽，蹲身双手抱住后脑，以防练习中失去平衡摔倒时受伤。双腿同时发力，由左向右跳跃行进，不可离开地面过高，以低远为佳。由右向左跳跃行进规则相同。

提膝双拍

提膝双拍俗称双拍腿，是锻炼大腿力量与弹跳力、耐久力的重要技术。

练法：初始训练一原地为佳。两肘贴肋，小臂平行前平举，掌心向下，双腿交错提膝弹跳，纯属后，即可进行前进、后退以及全方位的变化练习。提膝时，需以大腿拍想手掌为佳。

提膝双拍的训练对膝打技术运用至关重要。

正踢腿

正踢腿是常规弹腿技术之一，经典的腿功基础。

练法：双腿并拢站立。双臂侧平举，双掌立掌撑起，十指并拢，拇指内扣，挺胸收腹。左腿笔直向前中线踢出，脚趾向上勾起,脚掌向前踢至头部高度为佳，左脚落地回复原地后顺势向前一步，同时右脚起踢。如此左右交错向前行进练习。

正踢腿技术对腿部韧带、肌腱的开发具有独特效果。

外摆腿

外摆腿是常规弹腿技术之一。

练法：外摆腿的训练方位以及手臂手型皆与正踢腿相同。左脚向前行进一步，右脚跟上向左前上方起踢，成大角度弧线向右手方位作摆莲腿运动，右脚需击打至右手掌，右脚落地式时与向左脚靠拢。

右脚向前行进一步，左脚跟上向右前上方踢起，成大角度向左手方位踢出击打至左手掌，左脚落地时向右脚靠拢。如此左右交错行进训练。

里合腿

里合腿是常规弹腿技术之一。

练法：面向侧位站立，双臂侧平举。右脚向正前行进一步，左脚呈180度向右摆莲腿踢出，左脚落地后完成转体站立。反之亦然。如此左右交错行进练习。

里合腿针对侧位攻击具有不俗的优势。

高位拍腿

高位拍腿是常规弹腿技术之一，俗称双拍脚。

练法：双掌十字手重叠上举过顶，掌心向前。左脚向前行进一步，右脚跟进，同时脚面绷直向上踢起，同时与右掌相击。右脚落地后，左脚向前跟进，脚面绷直向上踢起的同时与左掌相击。如此左右交替前行训练。

侧身腿

侧身腿是常规弹腿技术之一。

练法：面向侧位站立，双臂侧平举。左脚跨至右脚右侧，右脚跟进，从身体侧面向上踢起，起踢的同时身体上身略右倾，带动左臂上举过顶，掌心朝天。右臂可曲小臂横于胸前，也可以顺势下按对地方位。反之亦然。如此循环往复前行训练。

鲤鱼摆尾（外式）

鲤鱼摆尾是常规弹腿技术之一，攻击轨迹为己方侧位，出势往往出其不意。

练法：双臂夹紧，双掌展开以腕部贴于胯骨外侧，掌心向下。初始练习一般以原地为佳，以膝为轴，带动脚掌外缘击打手掌，左脚踢则击打左掌，右脚踢则击打右掌。纯熟之后，即可前行、后退，全方位训练。

鲤鱼摆尾（内式）

鲤鱼摆尾的内式，基本要领与外式相同。区别是，双掌展开以腕部贴于胯骨前侧，以膝为轴，带动脚内缘击打手掌。左脚踢击打右掌，右脚踢击打左掌。

原地训练纯熟，即可全方位训练。

矮身步

矮身步是训练平衡、强化大腿力量、增强核心耐久力的重要技术，俗称鸭步或矮人步。

练法：双腿分开与肩大略相同，双手抱于后脑蹲坐至近地。以蹲姿挪移前进，双脚交替进行。

正蹬腿

正蹬腿是常规弹腿技术之一，功能主迫使对手与己方拉开安全距离，在竞技攻防中有不俗功用。

练法：正蹬腿的练法以及手臂形态与正踢腿完全一致。左脚向前行进一步，右脚跟上提膝蹬腿。右脚落地后左脚向前跟上提膝蹬腿，如此左右交错前行练习。蹬腿技术一般针对对手的胸腹。

三段凌空飞踢

凌空飞踢是弹腿的进阶攻击手段，以短促凌厉著称。

练法：凌空飞踢的训练方位与正踢腿相同，双手持格斗式或双手叉腰，左脚绷直向前提膝起踢，踢至极限是起右脚进行二段上踢，右脚凌空是左脚紧随其后进行三段飞踢。反之亦然。如此，左右交错行进练习。

凌空飞踢可提升进化为连环飞膝，基本要领一致，虽缩短了打击半径，却因改踢为膝打，更具破坏性，并善于硬打硬进，中门破防。

鞭踢

鞭踢是弹腿的进阶攻击技术，俗称鞭腿。是竞技台常用技术之一，颇具威力的主流竞技台技能，鞭踢的攻击范围覆盖对手侧位整体。

练法：由低位鞭踢开始，左势起左脚，提膝摆胯拧身踢出，脚面绷直。右势反之亦然。如此左右交替练习，由低位渐至高位，对腿部韧带发展有相应的要求，练习本技术，需熟练掌握内功经的易筋锻骨篇训练课程。

铁牛耕地

铁牛耕地是核心力量增强的修炼方法。

练法：初级阶段时，先以拳头作俯卧撑练习，以增强拳头的抗冲击能力，以及增强手臂力量。双拳成平直拳，平行着地，宽度由宽渐窄，周身挺直作九十度曲臂向下练习，直至双拳可重叠于身体中线为止即可达到极限。

完成拳撑阶段训练后，逐渐过渡到以掌撑、指撑来练习。学者需量力而行。以此增强手掌与手指的抗冲击能力，达到一定的训练强度后，再逐渐减少着力。身形有双腿平行挺直、双腿跪姿、双腿重叠等多种形式。可双臂支撑练习，尔后过渡到单臂练习。

完成上述练习阶段后，即可进行最终的进阶练习。以拳或指、掌撑地成俯卧撑形态，脊柱略上拱起向后，重心后移，至极限时身体重心下沉，以蛇击式俯冲向前，达到极限时，手臂撑直，脊柱向下塌陷，如此周而复始地练习。

直角束展

直角束展的训练，对平衡能力、协调能力、腰腹力量的提升有相应的效果。

练法：面向上平躺，曲臂置于脑部两侧。以腰部为轴，上身与腿部曲折成V形直角，保持数秒后缓缓恢复平躺。如此循环往复练习。

悬空步

悬空步是核心力量增强的修炼方法。

练法：先由整体平躺开始，曲臂置于头部两侧，双腿悬空作蹬踩动作练习。练习纯熟之后，逐渐过渡到对半躺姿势与坐姿练习，难度将逐渐增加，对腰背胸腹量的增幅具有显著效果。

第九节　道武劲法则

修行武学的目的，无外乎修身养性、服气去疾、技击防身，保护自己及自己所珍惜的东西。技击术分为竞技技击与危情紧急自卫。两者是驾驭武学行使机技术的 2 种主要情形，有共同之处，也有各异之处。

共通之处在于对力量的运用法则是一致的，克敌制胜都是其根本目的。面对自己的对手，首先精气神需要完全集中统一，凝而不散，周身放松，使力量与敏捷不受阻碍的发挥，整体松而不懈。神意完全锁定对手，以神意震慑对手，不可再临敌时气势弱于对手，否则必定先泄了胆气，畏战者先败。

运用招式技巧需依赖力量的稳定，保存体能是重要的关键，这有赖于内功的养成、呼吸心法的运用以及拳技修炼阶段的积累。呼吸心法另文表述，这里不做赘言。

临敌之气势是"威"的精神层次的运用，所以形意拳术中非常重视目打的运用，"势"是一个人精气神高度集中之时，配合心意合一、高度统一而积蓄养成的，可谓道之用也。以技击术全力而出定胜负，是辅战之用，切不可舍本逐末。势是道武大用的根本法之一，也是"意"的终极运用体现，与人竞技格斗或日常修炼，都需要以"意"为统帅，技击术用法为先锋，是为招未至而意已先至。

先发制人和后发制人只是技术理论层面的概念。先发制人，以势不可敌之状态破门而入，硬打硬进无遮掩，从而取得制胜先机，这是先发制人的关键。后发制人，常见于力有不逮，无必胜把握的情景，此时需扬长避短，避其锋芒，待对手锋芒受挫的时候寻得机会破绽而制胜。然而，狮子搏兔尚需全力，久守必然有失，若非实力悬殊，采用此法需慎之又慎，兵法有云，三十六计走为上计，不利于己的时候，保全自身是最为明智的抉择。与人抗手，天时、地利与人和的运用，都是制胜之道的重要组成部分。

在技击术运用领域，竞技台技击、自卫术、战场搏杀术有一定区别。竞技台的格斗规则，普遍限制致残致死与重要器官攻击，并设立了相应的规则加以规范，例如，眼睛、后脑、咽喉、下阴等，这些限制性规则与国术保家卫国只杀敌不表演的传统是相违背的，所以竞技台技击需要有针对性的专项训练，才可以适应其规则。

自卫搏杀的技击术，是道武国术传承的核心之一，什么是国术，古贤者有云：只杀敌，不表演，保家卫国是为国术。武术者，强身健体。这是道之大用的体现。

道武有 3 种表现形式，即练法、打法、演法。练法是道之体，打法是道之用，演法俗称套路表演，是强身健体的养生之道。3 种表现形式的掌握，也是明师与伪师的差异所在。

道武之体用，首先要从懂劲开始为第一步入手，招式是劲之法则的外在变现形式，是用劲法则的增幅功用，学习招式是体用之道的第二步，临战实用的常态化训练是体用之道的第三阶段。技近乎道，是体用阶段的最后阶段，即拳与道合。而道武之总纲、法则、至理，需时时在心，贯彻始终。

体，是守规则；用，是活规则。拳与道和，则是不守规则。不守规则，不是没有规则，而是不固守规则，随之对手也将对己身不可测。

道武修行中，应该寻求增强心之力。心之力，乃是本源之力与本能之力之合。本源之力，由炮拳修持而来，合劈拳之性，成就强大的心肺能力。本能之力，往往在关键的时候发生不可思议的情形，例如母亲在孩子遇到灾难时，可以瞬间发挥超常的力量去保护住自己的孩子，重伤濒临死亡的战士，可以使出最后的力量与敌人同归于尽，此为本能之力。

增强心之力，除了劈拳炮拳的修为，同时需以丹法克服恐惧之心。丹法之道，乃是内圣外王之道，盖匹夫之怒不可觊觎。最大的敌人也不是竞技台上的对手，而是自己的内心。故而贤者常说，最难得的事，是降伏自我。死生之间有大恐怖，可以激发人的求生本能，这就是心之力。

俗语说，有压力才有动力。于特殊地形环境中，在极限中使自己于紧张中求得技击术最本质的能力，这就是回归原始本能。

第十节　太元生太极

太者，大也；元者，始也；太元者，混沌无极也。

太元者，又称之为混元、浑元。混元，天地初开，鸿蒙不纪年，没有四维上下，亦没有古往今来。混沌开，而宇宙生，人体为小宇宙，学习内家拳术者可内视自身，外练筋骨，是人体契合宇宙自然的大道通途。

武道即人道，人道即天道，观自然道化为拳术，则为内家拳术修行功法体系中的混元桩功以及无极桩功（详解请参见第一章　第三节　太元之始）。太元无极，动静之中，阴阳之母也。

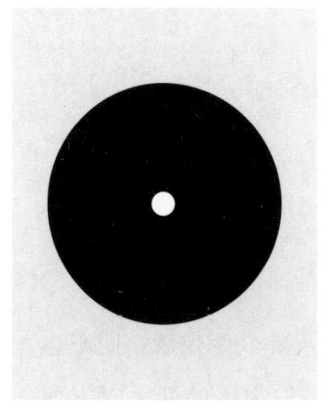 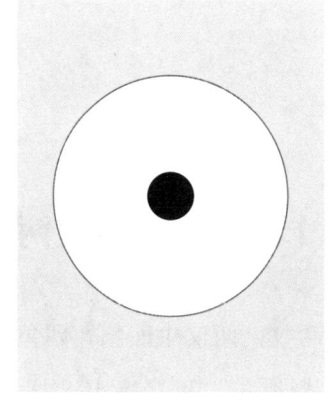 

图 2-10-1 先天混极奥义图　　图 2-10-2 先天元极奥义图　　图 2-10-3 无极桩

　　易有太极，是生两仪。宇宙从无极而太极，以至万物化，太极者，宇宙初生之态，无极而生，动静之机，阴阳之母也。

　　太极是大道运行不息的彰显，动之则生阳，运动到一定程度则达到相对静止的状态；静之则产生阴，静极则思动，如此动静参合，阴阳之气互为表里，互为根基，乃至运转产生无穷妙有、无限武学体用之道。是故，人体内宇宙与外部大宇宙虽异体，却同存共振。

　　太极之道非太极拳术，而是国术万法之理。化而为拳，即为内家拳术太极桩功（详解请参见第一章　第四节　太极玄机）

图 2-10-4 太极奥义图　　　　图 2-10-5 混元桩　　　　　图 2-10-6 太极桩

　　桩为拳之骨，拳为桩之肉。无极、太极两仪，以及衍生的三才、四象、五行、八卦要素，构成了内家功法体系的"血肉"，由后天化先天的根本筑基之法，划分人体宇宙，调理胸中五气，实为道家内功至正纲领。

第十一节　太极生两仪

　　易云：易有太极，始生两仪，两仪生四象，四象生八卦。两仪者，阴阳也。

　　那么什么是阴阳呢？太极所生，贯穿宇宙一切人事与物质的两大对立面，是为阴阳。生死两分列，尽化阴阳中，交感相错，对立制约，互根互用，消长平衡，相互转化，这是两仪阴阳的具体关系，是道武阴阳至理的清晰认知。

　　阳之属：运动、外向、上升、温热、明亮、无形、兴奋、外延、主动、刚性、方形、山南水北。

　　阴之属：静止、内向、下降、寒冷、晦暗、有形、抑制、内敛、被动、柔性、圆形、山北水南。阴阳之术，互为矛盾对立，无阴不阳，无阳不阴，互为依存。阴消阳长，阳消阴长，互为消长。阴中有阳，阳中有阴，互为包涵。阴极生阳，阳极生阴，互为相先。化阴为阳，化阳为阴，互为生克制化。

　　懂得内家休养生息之道，能够效法天地阴阳的变化之理而加以适应。调和阴阳，使人体阴阳与天地大道阴阳相合，达到内外中和的境界。再辅以合理的饮食，规律的作息，不劳心费神过度，最终才能够神形皆旺，和合统一。

　　真精不竭，真气凝实，真神不移，善加统御，不存妄念，动念而不分神，精气神三宝安守周身，这样疾病就不会轻易沾染发生，修行的人才可随心所欲。

　　不以物喜不以己悲，心志坚实无复多虑，如此方符合道武内养的大道。当人体逐渐衰老时，不被外邪所侵扰，身形动作矫健如初。掌握了阴阳变化的规律，驭使内家呼吸真法，实现真人呼吸调节身心，呼吸精纯的天地精气，驱逐污浊之息超然于物外，令形神守一，肉体宁和。再辅以道武锻体修身的法门，使筋、骨、血、髓、肉的活力达到与整体高度一致的和谐，这就是明悟阴阳、修武悟道所追求的道果。

　　体大道之德、大道之威，使修行道武的人具有与自身相适应的道与德。如果能够全面地掌握内外休养之道，协调阴阳四时的变化，不论入世还是出世，都能够在天地自然的伟力中驰骋纵横，不必再强求虚无而不实的出世与入世。

人在道中，人不存而道犹存，何来的"出"，又何来的"入"。视觉在空冥之中，听觉闻达于八方之外，这使生理心境的修为融于阴阳之中。而这一切都是启发内家道武强身健体的法门。掌握阴阳至理，运用阴阳变化的规则去修行，在武道上走得深远，这是为圣之道。圣人之道，顺应天时，得地利之便，中取人和，顺从天地风雷、水火山泽的演变，与天道呼应，与人道相合，少有怨怼，顺从内心，不媚俗、不劳形、不炫耀。因为少求，所以能够不败；没有得到的痴念，所以不会有失去的烦恼，这是求索阴阳至理所必须具有的心境。

查察天地的变化，明运行四时之变迁，顺应阴阳的消长，求真、求实、务虚、使生活与修行都契合于道法阴阳。

阴阳悖乱，四时不顺，万物的生长发生就会夭亡，道武修行者不能做到逆天之举，只能顺应四时变化，知晓阴阳，符合自然的发展规律，生机自然绵延不绝。顺应阴阳消长者长存，悖逆者消亡，所以圣明的人不会使自身陷于逆乱之中，故而无忧。如果等发生乱象再去纠正，会徒增烦恼。行站坐卧，莫不是修行之举。行走中，脚掌舒展贴地，体悟坤阴脉动，感大地之厚德；虚灵顶劲，头顶青天，体乾阳之德，天地盖载日月照临之恩；思父母养育、师尊授艺之恩，因思而知我在，因知我在焉能不感动自身？阴阳在道中，人在阴阳中，能够感动自身，是道艺的功夫。

在桩体与行拳的体用过程中，一动一静莫不出阴阳之列，颇具代表性的有"阴阳开阖桩""两仪桩""乾坤桩""鹰熊斗志""龙虎相争"。

（详解请参见第一章 第七节 两仪阴阳策）

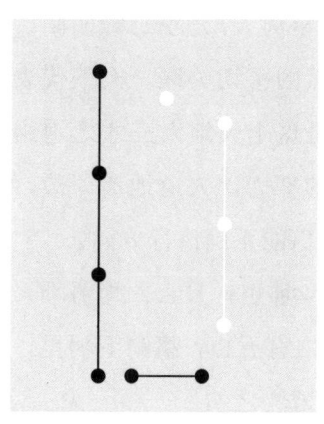
图 2-11-1 太极生两仪奥义图

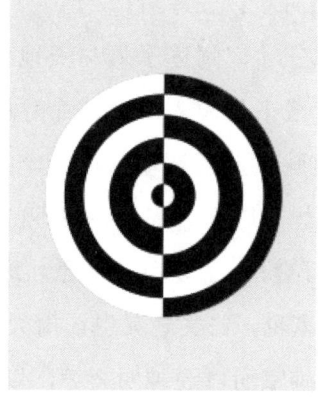
图 2-11-2 中极动静奥义图

图 2-11-3 少极变化奥义图

图 2-11-4 乾坤桩　　　图 2-11-5 鹰熊斗志1　　　图 2-11-6 鹰熊斗志2

形意十二真形中，修龙虎、鹰熊而成就阴阳。龙形拳，保留了最原始的道蕴，拱脊龙形，练任脉之沉降，伏地落收、拱脊腾起，与虎形修炼督脉相契一阴一阳。

鹰熊是阴阳，龙虎亦是阴阳。所谓龙蹲虎坐，就是形意门的真功夫。鹰熊所修，大周天阴阳。龙虎所修，小周天阴阳。

第十二节　两仪生三才

易云：有天道焉，有人道焉，有地道焉。兼三才而两之，故六。六者非它也，三才之道也。三光者，日月星；三才者，天地人。寰宇周天，道法总理阴阳，统御天经地纬、人者，合称三才，阐述了人与天地自然的密切关联。天干代表天机道，地支代表地脉道，藏干代表人间道，命数就是这个天地人三才之道组成的，天命虽有大势，而地脉道地理环境，配合个人的努力，人道地道即改，撤除听天由命这一消极的思想，树立"我命由我不由天"的正确修行方向。

天者，乾也；易云：天行健，君子以自强不息。地者，坤也；易云：地势坤，君子以厚德而载物。人者，嬴也，仁义之灵也；周天之内有五虫，嬴鳞毛羽昆，皆生而平等，人秉承天地之神赋而以通神明之德，以类万物之情。

形意拳术三才之学表象为三才桩，即三体式。三体式，为内家拳万法体用之源。三体非一姿势之外形，乃是师法自然之道，是为人在天地中，三位一体，天人合一，三才桩不过是体会三才之学之门径焉。

（详解请参见第一章 第五节 天经地纬人三才）

图 2-12-1 两仪之太阴奥义图　　图 2-12-2 两仪之太阳奥义图　　图 2-12-3 天地三才奥义图

图 2-12-4 三体式　　　　图 2-12-5 三才桩

第十三节　三才生四象

象者，现象、状态，拟象也。在乾之理为天象，在坤之理为地象。春夏秋冬四时、人体四肢、天地四极都是四象的彰显方式。

太极生两仪，两仪生三才，三才生四象。少阳、太阳、少阴、太阴为易理之四象。青龙（东）、白虎（西）、朱雀（南）、玄武（北）为天象之四象。乾、坤、坎、离为易术之四象，呼应天人，水火相济，可成四象桩拳掌之法。

阴阳两仪对立统一，此消彼长，化之为拳，根据阴阳之分与虚实之度，两仪遂产生四象，即"少阴、少阳、太阴、太阳"。少，是逐渐增加，而至平衡；太，是极致，事物发展的终极状态。不稳则失衡，失衡则生变，在拳术修行中顺应其理，使之体用一贯。四象掌、通背指玄集，是四象之学比较有代表性的体例。

（详解请参见第一章 通背散手 第八节 四象之序列篇章）

 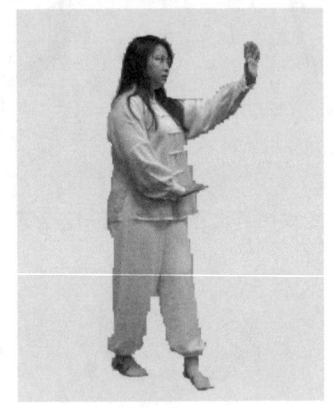

图 2-13-1 两仪三才生四象奥义图　　图 2-13-2 两仪四象桩

第十四节　四象生五行

周天因阴阳而分四时之序列，又化生金、木、水、火、土此先天五行元素之变化，所以大自然产生了寒、暑、燥、湿、风这5种气候的变化。大千世界宇宙万物都受五行的生克变化影响，形成了"生""长""收""藏"的规律。此5种元素，作为构成宇宙万物及各种自然现象变化的基础。宇宙中各种事物和现象的发展、变化都是这5种不同属性的物质不断运动和相互作用的结果。

五行体用的归类推演法则是：天人合一，以五行为中心，以空间结构为五方，以时间结构为五季，以人体结构的五脏为框架，将自然界的各种事物与现象以及修武者的生理、病理皆按照其属性各归其类，各局统属。

人体小宇宙由心、肝、脾、肺、肾这五脏构成五行，形成胸中五气，是为人体先天小五行元素。寒暑使人伤形,七情使人伤气,扰乱人体阴阳和谐,是故,道武修行要旨在乎降服本心,平复七情,和谐寒暑,梳理阴阳。

《尚书·洪范》有云:"五行,一曰水,二曰火,三曰木,四曰金,五曰土。水曰润下,火曰炎上,木曰曲直,金曰从革,土爰稼穑。"先天五行顺序:金、水、木、火、土,概取自河图。后天五行顺序:金、木、水、火、土,概取自洛书。

道武修行中,需要理解先天五行与人体五行的呼应与变化之道。所谓五行,太极阴阳所出,四象所生,为宇宙万物存在的物质基础。五行之精和合而生人与周天生灵,阴阳化合而生万物。在国术与武医领域,五行对应的是人体五脏以及五脏所生的胸中五气,是丹道内功修为通达五气朝元的本源。(详解请参见第一章 第九节 先天之五行)

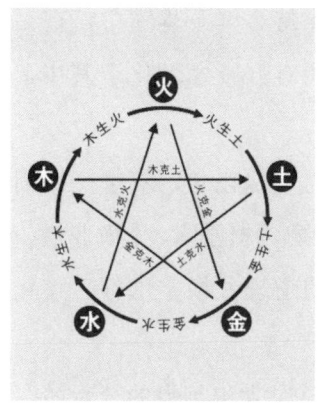  

图 2-14-1 五行变化奥义图　　图 2-14-2 劈拳桩　　图 2-14-3 崩拳桩

肺属金、肝属木、肾属水、心属火、脾属土。在形意拳术中为五行桩、五行掌、五行拳。修炼五行,既是修炼五气、五劲而筑基。五行之力平衡,则人体渐至中正平和之境,气脉绵密悠长。

修炼五气,先由桩功之体入手。五行桩,即劈、崩、钻、炮、横五行桩体。劈拳桩,五行属金,修炼肺之精,对应肺经。崩拳桩,五行属木,修炼肝之精,对应肝经。钻拳桩,五行属水,修炼肾之精,对应肾经。炮拳桩,五行属火,对应心经。横拳桩,修炼脾之精,对应脾经。修此五行桩,五脏内腑渐至内壮殷实,内壮者精气自足内敛,温润凝实,进而五行之气渐壮,五气归一,一气而入道,死生之妙诣存乎其间,是为五气朝元的初始。

劈拳桩练法:在完成三才桩摄神五龙法的基础上,前掌变化为鹰捉之势略微下沉,有斧刃加之彼身之意,此谓"一气之起落"。本桩体与三才桩相似,所以习练者应明晰其中的拳理变化与气机的呼应。

崩拳桩练法：在完成三才桩摄神五龙法的基础上，前后手掌化拳，前抻后拉，以使气机凝贯状如开弓引箭，蓄势待发。前拳高不过肩膀，低不过胸腹；后拳不离肋，拳心向上贴于腰际，双臂自然弯曲。此谓"一气之伸缩"，劲力吞吐，随机而动，尽显气机伸缩之理。以太极桩为基础修炼崩拳桩，拳理一贯。

钻拳桩练法：在完成三才桩摄神五龙法的基础上，双手化拳，前拳右口而出抻至眼前，拳心向上手臂保持自然弯曲；后拳沉于下丹田，拳心向下，上下阴阳两分。这是拳理中"一气之沉降"的道理。以太极桩为基础修炼钻拳桩，拳理一贯，练习本桩功，劲力吞吐，如同真龙吐息，又入神蛇盘神而立，更显功力。

炮拳桩练法：在完成三才桩摄神五龙法的基础上，双掌化拳，前拳自心口方位前出至中宫位前；后拳置于眉角前方外翻，同时保持小臂下垂守中，前后对持不露破绽，此谓"一气之开合"的道理，开合之间有升腾之劲化于其中，更彰显炮拳至阳至烈的属性。

横拳桩练法：在完成三才桩摄神五龙法的基础上，双掌化拳，双拳交错而阴阳上下分列，后拳置于下丹田方位，前拳前抻守中不过肩。横法者，见横非横，在曲中求直，顺中求逆，这是拳理中"一气之团聚"的道理。横拳修行，使精气藏于脾脏，更显其中正温厚之性。

修行五行桩体的初始，由动入静易，由静入动难，这是功夫境界的分水岭，由静态而入微，使身形调整到最佳状态，内里与外形渐趋于和谐，呼吸之间真气流转于百骸脏腑，气血之力如江河奔走，渐入"炼气如铅，炼血如汞"的佳境，内里产生的内动使周身无处不处于精炼的状态。尔后，化桩入拳，则为五行拳术。

 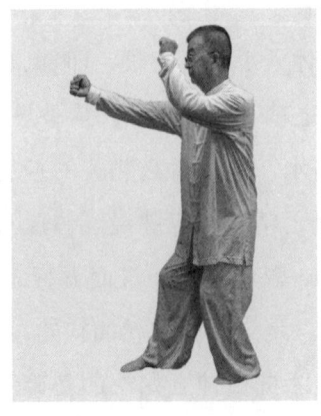 

图 2-14-4 钻拳桩　　图 2-14-5 炮拳桩　　图 2-14-6 横拳桩

第十五节　四梢合六艺

形意四梢者，血、肉、筋、骨。

形意六艺者，鸡步（腿）、龙身、熊膀、鹰捉、虎抱头、雷声。

气存丹田自培元；运达四梢始称奇；多出败元堪折寿；多入龙虎两分离。

发欲冲冠舌摧山，齿断柔筋指钩齐，炼至虚含无领意，不出不入真消息。

六艺者，先天之灵与后天之灵参合之经典，前五者形而下，末者形而上，与道法相合呼应。所谓六艺，鸡步、龙身、熊膀、鹰捉、虎抱头、雷声。六艺，是形意拳术中至为重要的5种象形取灵之术，通过修炼，加以体悟，使之融入修炼者身体，促使修行者的身体灵敏性、直觉反应、攻击力、抗击打能力向完美和谐的状态发展。雷声，是大道之音色的彰显，所谓"大音希声，大象无形"，是宏壮到极致的声音，是生灵难以通过耳朵听到的，而这也是大道隐没无名却又实存的道理。

猫科动物的呼吸特性与行为相契合，带来特殊高超的生存技能，人类修行借鉴之，殊为不易。内家拳术修行，如要参合其中奥秘，当从太元无极之理入手，以三体、五行等诸桩体功法去契合天人，体悟自然，方能有所成就。

雷音之体悟，重在心意之合，而不在外形，猫科动物具有独特的天赋，可以从容攀山越岭，飞檐走壁，其体内发出独特的声波律动以壮自身，自然筋骨特异，古中医医学，多有采用猫科动物的骨骼入药的例子，皆是因气血精华渗透入筋骨的缘故。领悟雷音的道理，功夫可渐入洗髓之化境。此雷音，即为气血奔腾之雷，真命之大音。

与气血之雷相对的是神意之雷。神意之雷，神明之气象而蕴，乃丹道之雷，是丹道的一种外显形式。正所谓"阴阳生返复，普化一声雷"，此雷声生于空冥，存于神庭，成就金丹大道。神意之雷，乃是真性之大音。

两道真雷大音，成就本门所传形意拳术性命双修的修行真法。

鸡步

灵机化生之鸡步；鸡步修法有二，南北两派各据其一。

鸡步一：自三才桩而起，两掌化为平抽，身形下蹲，重心前六后四，两脚前后并一线，后膝内合；脚与同侧之掌同时运动，后脚前踩，同时穿掌自前掌下击出；如此左右交错，两脚行进于一线，两掌同步交错穿掌，以六合之理勤练不辍方能有成。此为雄鸡之报晓。

鸡步二：身形正直，左肩领头侧身，右肩在后；身体下蹲，重心前六后四；左脚在前，脚尖略内扣，膝弯近90度；后脚尖向前，膝藏于前膝弯侧，脚跟微起；两手舒展，前手在两腿行进练习时皆置于膝右侧；后手置于腰际边缘；两肘如弓，前后对抻，保持手臂形态不变，两脚交错向前行进练习。右肩领头的练法与左势一致，颠倒方位身形即可。此为雄鸡之争斗。

龙身

灵机化生之龙身；龙身修法有六，即先天五行之定式与河南派"龙吊膀"。

龙身一：定式劈拳。以左三才桩起势为例。右手起钻拳，同时左脚撤回至与右脚相靠，左脚虚立，两膝并拢，使身形合为"龙折身"。左拳化劈而出，左脚同步，向前踩出还原为三才桩。右势修炼之法与左势一致，颠倒身形方位即可。

龙身二：定式崩拳。以左三才桩起势为例。两掌化拳为崩。左脚撤回，与右脚相靠成"龙折身"。两拳交错以崩拳连珠发动练习。右势修炼之法与左势一致，颠倒身形即可。

龙身三：定式钻拳。以左三才桩起势为例。右手起钻拳，同时左脚撤回至右脚旁相靠虚立，成龙折身。如此，左右手互起钻拳交错练习。右势修炼之法与左势一致，颠倒身形即可。

龙身四：定式炮拳。以三才桩左势为例。左脚撤回外摆踩地，右脚右拳以右炮掌势击出。右脚撤回外摆踩地，成龙抗身势，左脚左拳以炮拳左势击出。如此左右炮拳交错练习。

龙身五：定式横拳。以三才桩左势为例。左脚撤回至右脚旁相靠虚力，成龙抗身势。如此，左右手互起横拳交错练习。右势修炼之法与左势一致，颠倒身形即可。

综论，以先天五行拳母拳势修习，悟"龙身"之奥秘，由此可见，龙身之义始终贯穿于形意拳术体用的始终，其神在天，或在田，或有悔，或跃在渊，唯不战之于野。

龙身六：龙吊膀。以鸡步二法而起，雄对争斗以勇当先。以左势为例，一步一换位。左脚进步，右脚上步换位为右势。右脚进步，左脚上步换位为左势。换位为右时，以六合之法统御周身，转体化右肩在前，右手转腕合于右膝内侧，肘尖、肩尖、足夫、鼻尖相照；换位为左时，转体化左肩在前，左手掌转腕合于左膝内侧。如此，左右交错换位练习。

熊膀

灵机化生之熊膀。熊膀修法有二，南北两派各据其一，南重其劲，北重内意。

熊膀一：熊膀之修行，自然站立，腿自然微曲；左脚向前行进则右肩上提，上身略拧转为右肩向前；右脚向前行进则左脚上提，上身略拧转为左肩向前。如此，左右交错换位练习，松肩垂臂，手臂自然下垂；行进时脚尖向前，左右平行交错；朴实厚拙，其性外阴而内阳，灵性内敛。此为河北派之熊膀修法。

熊膀二：以侵扑之势站立；左脚以三角步轨迹向右前方行进一步，同时束身龙形裹身成龙缩尾之势；右脚脚尖朝前，向前上步，同时右掌化拳横靠至右脑侧近眉角方位，右肘尖垂直对地，拳心向左，左掌贴于右臂小臂内侧，目视前方，两腿成小弓步或鸡步。如此，右势完成演练。左势修炼之法与右势一致，颠倒身形方位即可。如此左右交错换位练习即可。此熊膀为河南派之修法，古朴而刚劲，雄浑而不失灵动。

鹰捉

灵机化生之鹰捉；鹰捉修法有三，河南派据其二，河北派据其一。

鹰捉一：以左三体式起势为例，左脚切步向前，同时双掌以钻拳之法前取，左掌前上，右掌贴于左小臂内侧；右脚上步踩出成三才桩右势，同时右掌顺势贴左小臂翻掌扣印而出，右拿平抻，隐含扣擒压制之意，左掌顺势收束于丹田方位。如此，右势完成演练。左势之法与右势一致，颠倒身形方位即可。如此，左右交错行进练习即可。此为河北派之修法，重其意境，不可使拙；鹰之意，外阳而内阴，迅疾刚阳中隐蕴至柔转圜之道。

鹰捉二：以鸡步二法而起。抱恒守一，左手在上，右手置于左手下后方，双掌呈鹰捉之势由面前按下，至丹田方位时，起钻为阴掌，换为右手在上，左手置于右手下后方呈鹰捉之势由面前按下。如此，左右势交错演练，演练中可换步或行进后退，辅助以身法来体悟鹰捉之意。此为河南派之摩捉把，其将鹰之内阴之道发挥得淋漓尽致，学者不可不察。此式名为"雏鹰探爪"。

鹰捉三：以丁字型鸡步而起，龙形束身蹲立，左掌置于右肩，右掌置于左胯后，上下裹束；右脚后行，同时转体向后，右脚踩定为箭步，右脚动的同时，右掌以背劲为领"挑领"而出，与箭步同时完成。右脚后撤行步，成侵扑站左式，同时左右两掌皆撤回重叠撞击于下丹田位置，瞬疾起鹰捉势至面门前方，两掌重叠时负阴而抱阳（左掌在上，右掌在下，掌心皆向上），起手鹰捉左掌在上在内，右掌在下在外以虎口托于左腕部位。左脚踩出成左箭步，同时鹰捉把下按至左膝内侧，并发出雷音（心肺之雷）以助其势。如此，鹰捉左势演练完成，右势修炼之法与左势一致，颠倒身形方位即可。如此，左势与右势交错练习。此式名为"挑领鹰捉"。

挑领之要领，要用背劲，力由脚起；二法为由下而上起，臂用挑劲；此两法皆以肩为领头，以全六合之意；撞丹田应吐气鼓腹，起手鹰捉要抻往其劲，松肩沉肘，落手鹰捉时，手足之劲要整，身要侧，使上肩至后脚跟呈一直线。雷音发出时需胸臆大开，声如响雷发出于胸腹，雷声发出之时需与鹰捉之劲相互呼应。此为河南派鹰捉把二式，极尽阳刚。

虎抱头

灵机化生之虎抱头；虎抱头修法有三，河北派据其一，河南派据其二。

虎抱头一：以左三才桩起势为例，左脚进步，同时右脚跟步虚靠于左脚旁，两掌化拳齐收于小腹处；右脚上步，成三才桩右式站立，双拳化掌，以掌心相对之势向前上方抱虚扑击而出。右脚进步，左脚跟步虚靠于右脚旁，两掌化拳齐收于小腹处；左脚上步，成三才桩左式站立，双拳化掌，以掌心相对之势向前上方抱虚扑击而出。如此，左右交错向前行进练习。此为河北派之虎抱头修法，抱虚扑击之时高不过头，虚势之中涵含锐金之气，此势主杀伐之意，化而为水，乃有一线生机之兆。

虎抱头二：以"鸡步二"法起势，或以侵扑站之势而起；右脚上步，同时右掌由中线而上抱头，以指尖接触至"上星穴"即可，左掌顺势按于中丹田或下田处。右脚向前行进半步，左脚上步，同时左掌由中线而上抱头，以指尖接触至"上星穴"即可，右掌顺势按于中丹田或下丹田处。抱头之时，曲臂沉肘守于中宫，上体微前倾而不失重心。此为河南派虎抱头修法，又称之为"单虎抱头"，劲力巧灵刚劲而不失柔韧。

虎抱头三：以侵扑站之势而起，双掌舒展同时抱头，手掌合于"承灵穴"，化鸡步为"闪步"以蛇形为轨迹向前或向后移动演练，间或以近假想之敌时，以双手劈斩击敌之脖颈面门胸腹，配合膝打更具威力。此为河南派虎抱头修法，又称之为"双虎抱头"，以身法见著，其势凶猛凌厉。

雷音

灵机化生之雷声；雷声修法有三，南北两派各据其一，丹道之修据其一。

雷声一：命之大音，气血之雷。气血之雷乃是气血冲刷五脏六腑，周身表里所产生的特殊律动，摄取这种律动之法则，通过劲意增幅，以达到洗练脏腑、筋脉、骨髓的目的。感悟气血之雷有3种形式。一法：在形意丹道功夫中体悟气血之搬运产生的律动，此法需掌握由动入静之奥妙；二法：怀抱小猫，在安静的环境中感受猫的体内轰鸣声，以此律动观想身体内之律动，此法需掌握由静入动之奥妙；三法：寻找一悬挂大钟的地方，立于钟旁，击打钟身，视钟如人，感悟钟声之律动，继而感应自身体内之动静。此三法门，皆可入道，学者可因人而异选择感悟方式。

雷声二：性之大音，神意之雷。神意之雷，精、气、神聚顶，任脉之阴与督脉阴交汇，互摩反复，真气经玉枕入黄庭时，心性修持无垢圆润，灵机一动之间所生；所谓大音希声，莫过如此。此雷声，即为丹道之雷，不可强求，当勤为修持，得其机缘，寻其灵犀。这种修持是建立在丹道有成的关键门径之处，不可强取，以免伤其神形。后篇"金津玉漱篇"中会重点阐述丹道更深层次的修法，以供习者得悟真性之雷，成就金丹大道。

雷声三：后天之大音，真息之雷。此雷声，常用于河南派技术的修法，配合十大形之招式演练时发劲吐气的时候应用，使内浊之气疾速排出心肺，劲力挥发更为清晰，与敌格斗之时，突发此雷声有一定出其不意之奇效。运用此雷声，形体紧而不僵，内里枕而致密，胸臆大开，神意相附，吐气发劲间，雷声瞬间自胸腔中透口发出，声调中正偏上或中正偏下皆可，自在感悟其间变化即可。音调可为"噫""嘿""呔"等几类景为常见。

步步不离鸡步，势势不离虎扑，把把不离鹰捉，式式不离龙身，招招不离熊膀，再以性命两道神雷为辅翼，六艺之道方能有所成就，四梢之学为纲，五行之学为体，八字功形意神打为用，六艺之道为体中之体，用在之用，可鉴其在形意拳术中的重要地位。

图 2-15-1 鸡步

图 2-15-2 龙身

图 2-15-3 熊膀

图 2-15-4 鸡步 2

图 2-15-5 鹰捉

图 2-15-6 虎抱头

图 2-15-7 龙吊膀

图 2-15-8 虎抱头 2

图 2-15-9 熊膀 2

第十六节　六合化七星

总论六合者，乃为上下四方之统合，是道武修行中掌握空间、心灵以及力量的核心奥义。

《礼记·月令》："季春之月，日在胃，昏七星中。"《史记·天官书》："七星颈，为员官，主急事。"

七星在星象中为北斗之数，呼应天地四象；在道武修行体系理论与实践中，头为六阳之首，呼应人体四象，统御人体六合，专指人体的头、手、肩、肘、胯、膝、足7个部位，称之为为七星。是故，七星至理，又被称之为"七拳"之理。

六合至理是认知肉体功能的重要理论与实践基础，是体用之道的核心中枢之一。内家拳术修行体系中，是外形与内意高度统一的修炼纲领。

六合，分为外三合与内三合。外三合，是指"肩与胯合，肘与膝合，手与足合"。内三合，是指"心与意合，意与气合，气与力合"。

内外参合，互为体用，六合之术体现的是内家拳术内外兼修的高深奥妙，所谓："有外无内难为术，有内无外不成拳"，内外合一是内家拳术修行的一大独有特性，是大道形而上与形而下矛盾又统一的高度彰显。

在枪术体系中，应六合至理是为"六合枪术"，枪术之六合指的是内三合"精、气、神"与外三合"腰、手、眼"。

古传所述的"心"之字，是指人脑产生思维意识。意，即是意念，神识之灵光，智慧之本质，唯心而生的意识，虽无形却长存，乃无形有质之存在。形之于外就体现为人的精神气质，内意动，则神动，目有神光以为目打，倚神气震慑敌方，如灵猫扑鼠，苍鹰搏兔，斯之谓心与意合。

以意识主宰统御气机，一切吐纳之气与内里精微真气皆由意念如臂所指，这是意与气合的玄奥所在。内中意念一起，刺激了神经元，五脏六腑一齐积极活动起来，推动了内循环系统进一步改善性运转，一部分平时不易开放的毛细血管乃至肌体毛孔都得到有力的运行，气机便自动发生，自觉脐下生温，腹如沸鼎，斯之谓意与气合。

吐纳心法的运用，与国术道武体用中的用劲心法互为呼应配合，即为内家拳术至纯至正的得劲与用劲之关窍。竞技格斗修行，拳掌旦出，动作所向，气便随之而动，力亦倏然而至。意帅气，气催力，这斯之谓气与力合。

所谓心之力，是心智与神慧力量的总称，与现代人所阐述的心理健康、心灵力量可以互为验证。心生意，气生力，四者互为和合，改变身体与精神两大层次状态。所以道武修行者思维之敏捷，神经反射之敏锐，脑域得到更大程度的开发，行为能力之迅捷，都是这种改变的高度彰显。修心御意，降服本心，破除虚妄、忧虑、恐惧、郁结等一切不利于身心健康的魔怔障碍，是心与意合的体用功能。

内三合，是精气神高度统一契合的真性体用法门。外三合，是肉体力量贯彻周身达到高度契合一致的体用法门。阴、阳、起、落、动、静六者相合；心、意、气、力、胆、智六者相合；手、足、肘、膝、肩、胯六者相合。发于足、撑于腿、冲于胯、拧于腰、送于肩，顶于肘膝，开合于手而成六合整劲。

外三合的运用，是求得整劲之法，在体用的过程中，可以做到毕竟全力发于一点，攻击性与肢体平衡性都仰赖于此，所以三节要明，三劲要分。

肩与胯合，是根节之整合，所有的肩打招式心法与胯打招式心法最重根节发劲。根节技尤其善于近身格斗。肘与膝合，是中节之整合，所有肘打技术与膝打技术最重视中节发劲之要领，中节技术往往最具杀伤性与破坏性。

手与足合，是梢节之整合，所有手打与脚打的招式最重视梢节发劲的要领，梢节技术在掌控有效制敌空间距离上具备先天的攻防优势。所谓"手眼身法步，齐到方为真"，肩胯齐到，方显根节；肘膝齐到，方显中节；手足齐到，方显梢节。若不能齐，所用的即使独立，而不为整劲，不能懂劲之门径。

内外一致，手足齐至，不先不后，来时无欠去无余。后脚蹬，前脚踩，手掌吐劲。肘之垂劲与膝之纵力相合，肩之沉劲与胯之抱力相合，关锁之开劲与内裆之圆劲一致，浑身内外上下协调一致，互相补充而毫不散乱，斯之谓六合具备。

"合"是指在运动时全身上下四肢百骸能互相配合、协调一致，使全身各部运转之幅度、速度之快慢、发力之大小、着力之方向、肢体之位置，都能恰到好处，无过与不及，如此方能平衡、稳定，灵变、松活、敏捷。开发养成"合"，使这一人体与生俱来的本能达到巅峰状态。在竞技格斗与内养自身的过程中，能够根据本能，使自身自然而然地处于最平稳和谐的健康状态，作出最适合于当时运动状态中的应对方式。

"合"乃自然之合，全面之合，其覆盖了内外相合、上下相合、左右相合、前后相合。初学拳术者，必然由生疏而至纯熟，由纯熟而至懂劲，心灵放空之下身心合一，也就得"合"字之妙矣。

下丹田位于下腹为血海，是用气用劲的内部枢纽，又兼具抗击打之能力，在体用中常伴随吐纳呼吸而鼓动激发，所以又被称之为人体的第八拳，犹如与斗数呼应之"北极星"。斗极当空,为众星之主,主宰群星,八拳如斗极遥相呼应，主宰死生，主宰自身。

形意术能够在历史的长河中经历大浪淘沙脱颖而出，为历代兵家所重视，除了自身皆以枪棒等诸般杀伐之术为能，且具备道家修身养命之功，其徒手杀伐之术同样冠绝天下，艳压群技。头打、手打、肘打、肩打、胯打、膝打、足打，面面俱到；其常规技术、地面技术，样样皆全；冲撞扑杀，皆有不俗体现，单体格斗与行军群战皆有所出。古往今来，备军作战、兵卒战阵、拼刺搏杀训练，骑兵作战等，都离不开道武之统御范围。（详情参见第一章 六合之纵横与七星拳数）

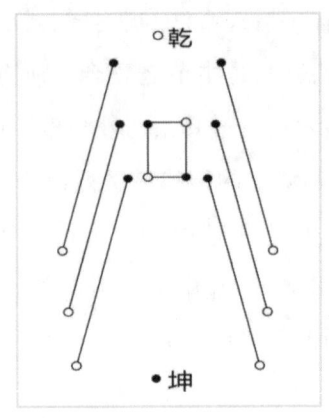
图 2-16-1 六合乾坤图

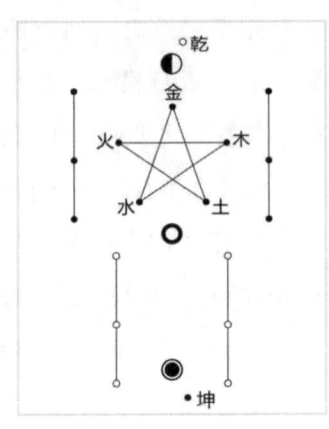
图 2-16-2 七星元极图

六合拳术

本节以"六合拳术"供修行者迅速体悟贯彻六合之理。六合拳术为形意门河南、河北、山西诸派传承之顺承之源，始祖之传，不存门户之见。

第一路：以熊出洞起势。面向侧位，出左脚，向左弓步冲拳，左脚与右拳齐发而动，眼随手到，手到神随。弓步变马步，同时左手冲拳，此为马步冲拳。至此左势完成收势。

向右弓步冲拳，右脚与左拳齐发而动。弓步变马步，同时向右冲拳，至此右势完成收势回到原位。

第二路：以熊出洞起势。面向左，出左脚弓步穿拳，左脚右拳齐发而动。弓步变马步，同时收束于左腰之拳挑肘与马步同步发动而出，此为马步挑肘。至此左势完成收势。

面向右，出右脚弓步冲拳，右脚与左拳齐发而动，右拳收束于腰际；弓步变马步，同时右臂挑肘与马步同时发动而出，此为马步挑肘右势，至此完成收势。

第三路：以熊出洞起势。面向左，出左脚，自左方以丁字步行进一步；出左脚同时，起左拳竖小臂于中线，拳心向面门方位，丁字步行进的同时，右拳向左冲拳，冲拳的同时左小臂保持垂直拧转为拳心向外。至此左势完成，收势。

面向右，出右脚，向右方向丁字步行进一步；出右脚同时，起右拳竖小臂，沉肩坠肘，拳心向面门，丁字步行进的同时，左拳向右冲拳，同时右小臂保持垂直拧转为拳心向外。至此右势完成，收势。

第四路：以熊出洞起势。面向左，出左步同时出右冲拳，左拳收束于腰际；左拳出冲拳，同时右腿向前弹腿踢出至与腰齐平，脚面尽量绷直；恢复左弓步，同时右手出冲拳向前；弓步冲拳变马步冲拳，左拳向左，右拳束于腰际。至此左势完成，收势。

面向右，出右弓步同时出左手冲拳，右手收束于腰际；右拳出冲拳，同时左腿向前弹腿踢出至与腰齐平，脚面尽量绷直；恢复右弓步，同时左手出冲拳向前方；弓步中拳变马步冲拳，右拳向右，左拳束于腰际。至此右势完成，收势。

第五路：以熊出洞起势。面向左，出左步同时出左式冲拳；重心右移至右腿成仆步，左拳变掌收回至中宫偏右方位；仆步变为左弓步，同时左掌与弓步齐动向左挑掌，左掌运动轨迹为由中宫极致下沉后向左前上方挑掌；保持左弓步，右拳出冲拳，成左弓步冲拳。至比左势完成，收势。

面向右，出右弓步同时成右式冲拳；重心左移至左腿成仆步，右拳变掌收回至中宫偏左方位；仆变为右弓步，同时右掌与弓步齐动向右挑掌，右掌运动轨迹为由中宫极致下沉后向右前上方挑掌；保持右弓步，左拳出冲拳，成右弓步冲拳。至此右势完成，收势。

第六路：以熊出洞起势。左势弓步冲拳，左拳左脚同步；弓步变仆步左势，左掌收至中宫偏右位置，下沉与前划弧形轨迹挑掌；返身向后成右式弓步（右脚在前），右拳后抡成鞭捶磅下；右鞭捶同时，左掌成勾拳向右击出，鞭捶为拳收束于腰部。收势，至此左势完成。右势演练规则与左势一致，方位逆反即可。

第七路：以熊出洞起势。左弓步出右冲拳；返背右鞭捶，左撑掌并右弓步；收势，至此左势完成。右势演练规则与左势一致，方位逆反即可。

第八路：以熊出洞起势。向左弓步左冲拳；右腿弹踢；二起脚，左右同步冲拳；收势，至此左势完成。右势演练规则与左势一致，方位逆反即可。

第九路：以熊出洞起势。左拳起至面门上方极致；左弓步大劈，左手劈，右手收束于左侧锁骨位。至此左势完成。右势演练规则与左势一致，方位逆反即可。

第十路：以熊出洞起势。左弓撑拳大开；弓步并肘；左弓步右手炮；马步束拳；左弓步双钻冲拳；收势，至此左势完成。右势演练规则与左势一致，方位逆反即可。

第十一路：以熊出洞起势。左弓步右手冲拳；左上冲拳并右腿顶膝；还原左弓步右手冲拳；返身鞭捶并勾拳；至此左势完成。右势演练规则与左势一致，方位逆反即可。

第十二路：以熊出洞起势。右脚向左逆时针180度勾踢，左阴右阳分掌拦扫；向右弓步，十字冲拳；返身向左虚步而立，同时左右摆拳打虎式；左下右上两拳对抻；收势，至此左势完成。右势演练规则与左势一致，方位逆反即可。

七星合一

本节以"七星合一"供习者参悟七星之学的体用之道。七星之道，蕴含形意门周天化生之术与形意神打之功。

七星合一，即可每式独立成掌演练并化体为用，亦可连贯组合用于演法。

第一式：老熊出洞。出势熊形，且涵鹰搜之意，两臂舒展，掌心向上平开约135度，意守左掌，左脚左臂同出；右脚跟步与左脚平行，双掌同时收回至小腹，同时目光向左直视前方。右势亦同上。

第二式：龙战于野。龙战于野，其血玄黄，其势穷也。这一式乃算败之势，败势之中而求取胜之道。龙之形，为马，为蛇，在肉体之中为大雄之骨，一动一静之间，应内视体察由脊椎骨运动而产生的力量。

以三才桩左式站立，以右拳为先出势双钻拳，同时右脚顺身体中线切蹬而出，蹬腿高度位于脸部与胸腹之间；落势钻拳翻掌，以左掌为先劈落，同时右腿外切至脚掌内缘完全朝外落地，身体随劈落下沉，重心近八成压于前腿，探背向前，目视前方，近乎伏地，双臂自然弯曲，双掌前后相随。至此左势完成。右势修法与左势一致，转换身形方位即可。如此左右交错，向前行进演练。

第三式：白猿探臂。以三才桩左式站立，左脚上前进步成箭步式，上体以曲断中节之势以左肩为领倾压而下，同时右掌顺势向前上方插击，掌心向外，五指自然舒张，小指高度略过头顶，左掌顺右掌之出势收束于右臂腋窝外肩侧。至此左势完成。右势修法与左势一致，转换身形方位即可。如此左右交错，向前行进演练。

第四式：白猿观山。以三才桩左式站立，右掌合于左掌之上成十字掌型，两掌心向上；提右膝，脚尖下点或上勾，膝尖向前，两掌同时顺中线而起至顶门，极致分臂成一字平肩势，此时化掌为叼手，双腕如提炉，目视右手。跳步劈步成三才桩右式方位。至此右势完成。左势修法与右势一致，转换身形方位即可。如此左右交错，向前行进演练。

第五式：鹞子穿林。以三才桩左式站立，左脚进步，右脚跟步靠拢左脚根虚立，同时右掌化阴掌弧形轨迹顺身体中线由口前而出，左掌顺势沿中线经腋窝向身后而出成阴掌。

右脚上步，左脚跟步靠拢右脚跟虚立，同时左掌化阴掌由口前而出，右掌顺势经右腋窝向身后而出成阴掌。如此，左右交错，向前行进演练。

第六式：虎炮（虎掏心）。以三才桩左式站立，以三角步行进演练。左脚向右前方进步，右脚上步，左脚跟于其后成鸡步或麒麟步，两肘夹肋，双掌并拢于中宫，左脚行进时右小臂如虎抱头势护于面门，拧转勒停于眉角（右些竹空穴）处，左拳于右小臂中节处以平直拳击出。

右脚向左前方进步，左脚上步，右脚跟于其后成，鸡步或麒麟步，右脚行进时左小臂如虎抱头势护于面门，拧转向左勒停于眉角处，右拳于左小臂中节处以平直拳击出。左借右势，右借左势，两者共劲，虎炮始有威性。如此左右交错，向前行进演练。

第七式：冲天炮（鹞鹰冲天）。以三才桩左式站立，以三角步行进演练。逆时针顺中宫之位左手圈手，右手拦手，同时左脚向右前方进步，右脚上步，左脚跟于其后成鸡步或麒麟步，圈手运动至鸠尾穴往近偏下时以勾拳势顺中线击出，右拳守于左臂肘旁。

以顺时针右手圈手，左手拦手，同时右脚向左前方进步，左脚上步，右脚于其后成鸡步或麒麟步，圈手运动至鸠尾穴附近偏下时以勾拳势向上击出。如此，左右交错，向前行进演练。

第八式：乳燕翻身（翻身斩）。以三才桩左式站立，顺逆时针方向跳步翻身180度，同时左掌化拳拗劲由外带回，右掌化拳同步斩拳向下，左拳心向上收束于左腰间，右拳心亦向上收束于右膝前端，西脚成大马步型或大三体步型。右脚进步，左脚顺势上步成三体左势，右拳捋劲由外带回，左拳同步斩拳向下。此招式斩中带捋，捋中用斩，是为复合用劲的典范之一。如此，左右交错，向前行进演练。

第九式：或跃在渊。或跃在渊，进无咎也，这一式乃进退之道，进可龙入九天，退可复沉于渊；处于复杂多险之地，不可一成不变；兵者诡道也，然大用之时，识天时，知进退，亦不失君子之道，审时度势，利于自身。

以三才桩左势站立，左脚进步成左弓步，右掌起钻下劈，左掌合于右肩内侧，右掌合于左小腿内侧；右脚上步成右弓箭步，右掌成拳顺中线以龙抬首之势向上挑打而出，左掌亦化拳顺势按于丹田处。右脚进步，保持箭步，左掌起钻下劈，右掌合于左肩内侧，左掌合于右小腿内侧；左脚上步成箭步，左掌成拳顺中线向上挑打而出。如此，左右交错，向前行进练习。

第十式：鹃鹰转翼。

以三才桩左式站立；左脚进步，右脚跟步，左手用顾，右臂屈肘以盘肘自外而内横击而出；左臂屈肘，身形360度逆时针方向跳跃翻转时左肘由上而下击出，至势穷之未穷的时机，右肘连贯自上而下劈斩而下。右脚进步，左脚跟步，右手用顾，左臂屈肘以盘肘势横击而出；身形以360度顺时针方向翻转时右肘由上而下击出，左肘亦顺势连贯劈斩而下。如此，左右交错，向前行进练习。

第十一式：黑熊靠山。以三才桩左式站立，以三角步行进；左脚向右前进步，右脚上步，左脚跟上成右箭步，同时双手起钻，右拳在前，上身顺势呈向下碾压势，以突出肩打与头打。右脚向左前进步，左脚上步成左箭步，同时双手起钻，左前在前，上身顺势呈向下侧身碾压之势。如此，左右交错，向前行进练习。

第十二式：乌牛摆头。以自然步或侵扑势站立，以三角步行进；左脚向右前进步，右脚上步成右箭步，同时右掌心向面门方位，自下至左划弧形轨迹过脸停于右眉前侧，上身保持侧身势自上而下碾压，以突出头打。右脚向左前进步，左脚上步成箭步，同时左掌自下至右划弧形轨迹过脸部停于左眉前侧，上身保持侧身势自上而下碾压。如此，左右交错，向前行进练习。

第十三式：老熊入洞。以三才桩左式站立，右脚退步，左脚回撤仍成三才桩左式，同时两掌成十字手，掌心向里在面前交汇臂居外，右臂居里，顺势下落时近身前后分开呈两掌相对抱球之态，目视前方。右势练法与左势相同。

第十七节　八卦转九宫

八卦九宫之学，乃吞天地之气，接天地人之力，成就身法劲相合而入微之奥义。

八卦起源于上古先民对宇宙生成、日月阴阳与众星之理、社会与人生的认知，代表着构成周天万物化生的 8 种元素，化而为武学大道，是为八卦掌以及形意拳术四象生八卦之理，是形意拳术身法体用的具体彰显。

八卦之体用，无外乎先天、后天两道。先天为体，后天为用。先天乃形而上，伏羲氏所遗，包含宇宙生成之理，阐述的是天地变化之规律，此大道不以人之意志而转移，以此道遂生皇级，乃道武即成未成之象，未成即有变化之理。后天乃形而下，文王所遗，先天乃道武之规则，后天乃三才等道武之现象，阐明万物生灭之变化，描述的是日、月、地三者之关联，以天、人、地三才为一体来体察道法。先天未成，后天则为已成；未成可变，已成之实不可变。

九乃是极数，至尊之数。九宫，是后天八卦之理，与其内里中心的中土之数相合而生。一为元始，九为元末，最终九九复又归一，以示大道循环往复之奥妙。二四为肩，六八为足，左三右七，戴九履一，五居中央，是为九宫。太一取其数，以行九宫，四正四维，皆合于十五之数。易一阴一阳，合而为十五，谓之道。

阳变七之九，阴变八之六，亦合于十五。则象变之数若一，阳动而进，变七之九，象其气之息也；阴动而退，变八之六，象其气之消也。

北辰太一行于八卦日辰之间，出入所游，息于紫宫之内外，主气之神，行犹待也。四正四维，以八卦神所居，故名之曰宫。太一下行八卦之宫，每四乃还于中宫。中央者北辰之所居，故因谓之九宫。

 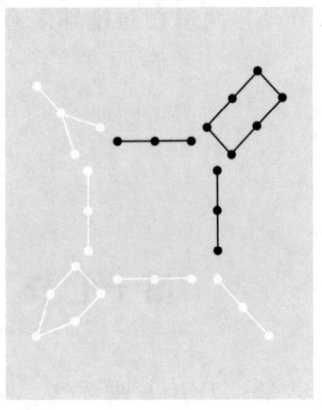

图 2-17-1 四象生八卦浑天奥义图　图 2-17-2 四象生八卦河洛奥义图

天数大分，以阳出，以阴入。阳起于子，阴起于午，是以太一下九宫，从坎宫始。坎中男，入坤宫，坤，母也。入震宫，震，长男也。入巽宫，巽，长女也。所行者有半数，乃还息于中央之宫。尔后又入乾宫，乾，父也。入兑宫，兑，少女也。入艮宫，艮，少男也。入离宫，离，中女也。如此，功行一周。一周之后还于中央，再行又从坎宫而起。是为道法"禹步"，如此易术之数奇门遁甲之"八门"，即与九宫合一。此谓道武"飞九宫"之术。

道武诸术，在化体为用的修炼中，一招一式皆不拘一格。依此九宫之道，先以固定轨迹演化招式之体用，熟能生巧后，即可于任意位置而起，任意位置而收。各路招式，不同变化、不同方位，上下思维之内随手拈来。闪转挪移之中，或进或退，或顾或盼，由全章法而至不守成规。不同步法、各异身法、各路拳技手法，皆自由匹配变化。所谓心之所至，形之所向，即为此理。

用形者无形，用意者不着意。起手无形，即可无迹可寻，使用中使对方难以接防。用意而不重意，意识所至，劲力收放吞吐之间一触即变，触之即走。是故，八卦九宫之道修形、修意，以达无形无意之道武真意境界，是其存在之终极意义。

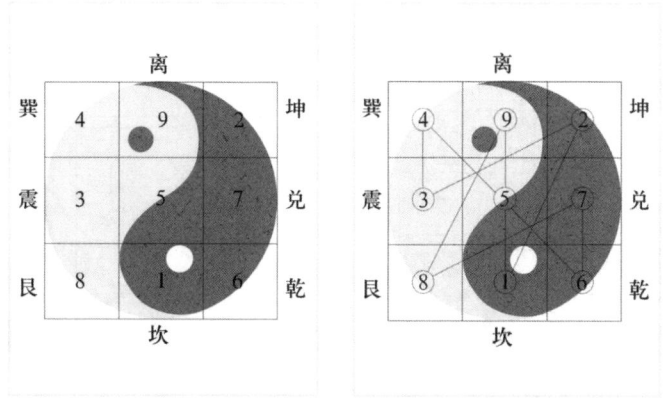

图 2-17-3 奇门遁甲 九宫八卦图　　图 2-17-4 八卦飞九宫图

禹皇于上古之时，穿岭开山，脚踏实地丈量天下，疏浚江河，定鼎天下。禹皇定九州，万民归心，创万世不移之九州伟业。以此八卦九宫之道修行，当心怀感动，上感禹皇德行之功，下体禹步方寸之神妙。

有艺乃成，一举一动，莫不与道合，万般手段皆道韵。国术万法，俱能万化归一，信手拈来，不复有独门小户之愚见，概因万法由一而生，修此八卦九宫之术，复又万法归一。

八卦之圆，九宫之方，是为寰宇之彰。以身与之相合，即是时空相合，两者互为表里，互为统属，又各具独立气象。以此八卦九宫互参之变化，与道武体用结合，生生无穷造化玄机。

时间影响速度，空间影响距离，速度影响力量，距离影响力量投放。无限时间与无限空间是为宇宙，此宇宙为大道之下之实存之体；速度与距离的掌控，称之为力量，此力量为人体微宇宙所能发掘并掌控的虚存之体，却又真实可感可用。

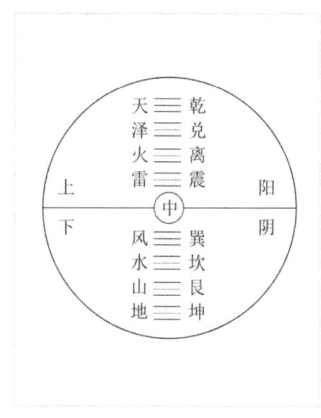
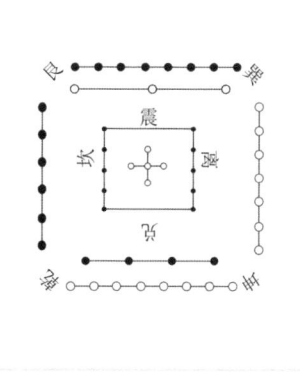
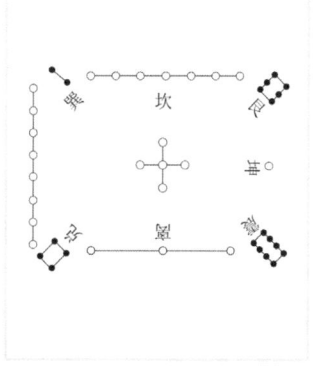

图 2-17-5 太极中分八卦图　　图 2-17-6 河图八卦图　　图 2-17-7 洛书八卦图

图 2-17-8 伏羲八卦次序图

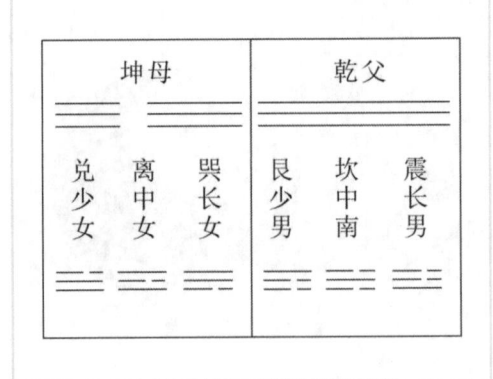

图 2-17-9 文王八卦次序图

第十八节　形意内功经（易骨）

易骨者，形意拳术三步功夫之属。易骨功夫九重天，以形意门猴蹲桩体以及槐虫功为核心，修持其以筑根骨根基，外壮其体，功能开肩、开肋、开脊、开背、壮筋膜。长久修持，骨体坚如铁石，其外神盈余而内秀其骨，神布与表质，威严状似若岱岳。

第一重：龙蹲虎坐。练法：双足开于内肩宽平行而立，自然站立，双掌负阴而抱阳叠放于下丹田，微微吸气；屈膝微蹲，下颚微抬，胸腹内涵，脊柱后弓；下颚缓缓内收，脊柱自尾椎起，节节反向拱起，至大龙中节时引内劲吐息弹射而出，脚掌同时发劲蹬起自然站立，手掌十指向下，随脚掌发劲同步下搓抻出。如果循环往复练习。

第二重：丹凤朝阳。练法：双足略开于肩宽，躯干前俯至接近水平，脊柱塌陷，首尾两端翘起，目视前方；以夹脊搬运内劲，上下伸缩，以震动脊柱以及相邻区域筋膜。练习过程中自然呼吸。

第三重：天龙行空。练法：双足略开于肩宽，双臂环抱于胸前，躯干前俯至接近水平，脊柱塌陷，首尾两端翘起，目视前方；内息缓缓吸入，目光俯视向下移动，脊柱自底部开始节节向上拱起，目光向肚脐，意念由肚脐内收；内息缓缓呼出，目光仰视向上移动，脊柱自顶部开始节节向下塌落。如果循环往复练习。

第四重：灵蛇返首。练法：双足略开于肩宽，躯干前俯至接近水平，脊柱塌陷，首尾两端翘起，目视前方；首尾同向偏转，使脊柱身形左右水平弓起，以侧肋骨缝呼吸如是。如果循环往复，左侧平弓后，还原，换右侧平弓。

图 2-18-1 龙蹲虎坐

图 2-18-2 丹凤朝阳

图 2-18-3 天龙行空

第五重：霸王卸甲。练法：双足开于内肩宽平行而立，自然站立，微微吸气；屈膝微蹲，下颚微抬，胸腹内涵，脊柱后弓，双臂握拳竖立前押；下颚缓缓内收，脊柱自尾椎起，节节反向拱起，至大龙中节时引内劲吐息弹射而出，双拳化掌下按，随胸腹鼓荡上提前押。脚掌同时发劲蹬起自然站立，复又屈膝微蹲。如此循环往复练习。

第六重：霸王举鼎。练法：双足开于内肩宽平行而立，自然站立，微微吸气；屈膝微蹲，下颚微抬，胸腹内涵，脊柱后弓，双臂于体侧自然垂落并握拳；下颚缓缓内收，脊柱自尾椎起，节节反向拱起，至大龙中节时引内劲吐息弹射而出，脚掌同时发劲略微蹬起，双拳提拽而至小臂水平角度，同时肘不离肋。如此循环往复练习。

第七重：青龙横空。练法：完成第三重功法后，保持脊柱向下塌陷，以脊柱为核心，向左移动，至极限后，回转向上弓起后，再向右运动，至极限后脊柱下沉回复原位。本功法，乃以脊柱作滚动状态运动，以锤炼中节核心之龙虎，练习时，顺时针方位，逆时针方位皆需练习。

第八重至第九重。练法：传嫡传弟子，本处略。

图 2-18-4 灵蛇返首　　　图 2-18-5 霸王卸甲　　　图 2-18-6 霸王举鼎

易筋者，形意拳术三步功夫之属。易筋功夫十二重天，以形意门易筋经以及抻筋拔骨正法、阴阳太极十三法为核心，修持其以筑筋膜筋经脉络皮部一体，筋长则柔，劲透之刚，练之以腾其膜，以长其筋，筋长则力大。功夫有成，则其劲纵横联络，生长而无穷，周身毛孔开合如云雾升腾，其身去重浊而至轻清之境。

第十九节　形意内功经（易筋）

第一重： 奇经七式。练法：双足以混元桩体式站立，目视前方，手臂自然垂于体侧。

缓缓吸息，重心缓缓移直脚尖，脚跟随吸息缓缓离地，双手同步缓缓握拳至极限；悬系数秒后，缓缓呼吸，拳头缓缓松开成掌，足尖随之缓缓落地。

保持大臂不动，小臂缓缓曲起至水平，掌心相对；缓缓吸息，重心缓缓移直脚尖，脚跟随吸息缓缓离地，同步缓缓握拳至极限；悬系数秒后，缓缓呼吸，拳头缓缓松开成掌，足尖随之缓缓落地。

手臂平举至水平，掌心相对；缓缓吸息，重心缓缓移直脚尖，脚跟随吸息缓缓离地，同步缓缓握拳至极限；悬系数秒后，缓缓呼吸，拳头缓缓松开成掌，足尖随之缓缓落地。

手臂垂直上举，掌心相对；缓缓吸息，重心缓缓移直脚尖，脚跟随吸息缓缓离地，同步缓缓握拳至极限；悬系数秒后，缓缓呼吸，拳头缓缓松开成掌，足尖随之缓缓落地。

手臂垂直上举，掌心相对；缓缓吸息，重心缓缓移直脚尖，脚跟随吸息缓缓离地，同步缓缓握拳至极限；悬系数秒后，缓缓呼吸，拳头缓缓松开成掌，足尖随之缓缓落地。

手臂侧平举，掌心向前；缓缓吸息，重心缓缓移直脚尖，脚跟随吸息缓缓离地，同步缓缓握拳至极限；悬系数秒后，缓缓呼吸，拳头缓缓松开成掌，足尖随之缓缓落地。

保持大臂不动，小臂曲起垂直向上，掌心向里；缓缓吸息，重心缓缓移直脚尖，脚跟随吸息缓缓离地，同步缓缓握拳至极限；悬系数秒后，缓缓呼吸，拳头缓缓松开成掌，足尖随之缓缓落地。

第二重：八脉九式。练法：双足以混元桩体式站立，目视前方，手臂自然垂于体侧。

缓缓吸息，双臂自然前平举而起；缓缓呼吸，屈膝蹲坐至近地极限，双掌同时下按。保持前势力蹲姿，缓缓吸息，起身自然站立，双掌翻转向上托起；悬息数秒，缓缓呼吸，双掌握拳攥紧，收回至肋部。

缓缓吸息，悬息数秒；双拳化立掌，缓缓呼吸，双掌前推至极限。

缓缓吸息，双掌向内旋转至十指相对，悬息数秒；缓缓呼吸，双臂水平外拨至体侧平举。

缓缓吸息，双掌翻转至劳宫穴向上平展，同时缓缓保持托掌向肩膀运动；缓缓吐息，手臂向体侧水平抻出，悬息数秒。

缓缓吸息，双掌中宫前位环抱，十指相对；悬息数秒后，缓缓呼吸，双掌里收至胸前俯身下按至足尖前位。

缓缓吸息，手臂贴腿侧后撩至极致后，双掌心贴腰肾部位；缓缓呼吸，上身缓缓恢复正直。

恢复自然呼吸，缓缓呼吸，十指贴体侧随身形缓缓坐蹲坐近地；缓缓吸息，身形蹲起恢复自然站立，双掌相随，贴侧肋上行至腋下，再逐渐上行至十指朝天抻至极致，掌心相对，足跟踮起，肋骨层层张吸后，悬息数秒。

缓缓呼吸，胯骨前抻，保持站立与手臂动作，以上体后仰，自脊柱底层逐渐向后弯曲；缓缓吸息，上体逐渐还原至自然站立。

第三重：青龙探海。练法：双足以混元桩体式站立，目视前方，手臂自然垂于体侧。

缓缓吸息，双掌上托，双臂运动至前平举；悬息数秒，缓缓呼吸，手掌翻转里收，俯身下按至足尖前。

缓缓吸息，起身直立，双掌十指相对外翻，至双臂水平时翻转至掌心向内。如果循环反复练习。

图 2-19-1 奇经七式变化式　　图 2-19-2 无始钟炁

第四重：玉鼎倒悬。练法：双足略开于肩宽，目视前方，手臂自然垂于体侧。

缓缓吸息，手掌松垂，手臂自前运动至顶；缓缓呼吸，上体前俯向下折叠，躯干向腿间靠近，手掌心向上，穿过两腿间，同时通过两腿间目视后背方向。

缓缓吸息，手臂躯干还原直立。

第五重：风摆杨柳。练法：双足开于内肩宽站立，目视前方，手臂自然垂于体侧。

十指交口，手臂上举过顶，翻转后掌心向上。锁住胯部，缓缓吸息，上体水平向左拧转，头部随之而动目视后方；至极致后，悬息数秒，缓缓呼吸，上体还原至正直。

缓缓吸息，上体水平向右拧转，头部随之而动目视后方；至极致后，悬息数秒，缓缓呼吸，上体还原至正直。

调整呼吸，缓缓呼吸，保持上体动作不变，上体左倾，至手臂水平为佳；缓缓吸息，上体还原至正直。缓缓呼吸，上体右倾，至手臂水平为佳；缓缓吸息，上体还原至正直。

第六重：无始钟炁。练法：双足分开一步半，目视前方，双掌相合至夹脊穴顶端。

保持自然呼吸法，上体前俯至极限，在两小腿之间作钟摆式运动，以鼻额接触小腿为佳。

恢复原位后调整呼吸。缓缓呼吸，上体前俯，躯干向左腿贴合，逐渐向右腿运动；缓缓吸息，躯干继续向右继续运动至直立后，缓缓呼吸，上体水平左转至目视后方。

恢复原位后调整呼吸。缓缓呼吸，上体前俯，躯干向右腿贴合，逐渐向左腿运动；缓缓吸息，躯干继续向左继续运动至直立后，缓缓呼吸，上体水平右转至目视后方。

第七重：海底栽花。练法：双足分开一步半，目视前方，双掌相合至夹脊穴顶端。

保持身体正面向前。左足尖向左运动90度，右足尖向左运动45度角。保持腿部动作；缓缓呼吸，上体左倾倒，至躯干接近水平位置；缓缓吸息，躯干顺时针拧转，至极限后目视后方。悬息数秒后，恢复站立。缓缓吸息，上体左转，保持身体正面向左侧；缓缓呼吸，上体前俯至躯干贴近左腿。

保持身体正面向前。右足尖向右运动90度，左足尖向右运动45度角。保持腿部动作；缓缓呼吸，上体右倾倒，至躯干接近水平位置；缓缓吸息，躯干逆时针拧转，至极限后目视后方。悬息数秒后，恢复站立。缓缓吸息，上体右转，保持身体正面向右侧；缓缓呼吸，上体前俯至躯干贴近右腿。

第八重至第十二重。练法：传嫡传弟子，本处略。

洗髓者，形意拳术三步功夫之属。洗髓功夫十二重天，以形意门洗髓经为统摄纲领，练之以清虚其内，以轻松其体，内中清虚之象。神气运用圆润，身体动转圆活无滞，其轻如羽，其灵如鹏，周身混一，拳经云：三回九转是一式，即此意义也。

第二十节　形意内功经（洗髓）

第一重：无始无终。练法：双足与肩同宽以无极桩体式站立，双目垂帘内视，手臂自然垂于体侧。屈膝微蹲，神思分列，神不外驰，双掌负阴抱阳叠按于下丹田。缓缓吸息，丹田真炁鼓荡。悬息后，思意松弛，缓缓呼吸，丹田真炁平复归元。如此循环往复30至60周天。

第二重：无始钟炁。练法：双足以无极桩体式并拢站立，目视前方，手臂自然垂于体侧。屈膝蹲身至极致，双臂环抱于小腿，面首埋膝若婴儿体，重心落于气祖之门。

缓缓吸息，重心若球后滚，脚尖离地。悬息后，缓缓呼吸，重心若球前滚，足跟离地。如此循环往复30至60周天。

第三重：无始有终。练法：完成第二重"无始钟炁"势后，抬首前视，双掌按于大腿面近膝处。俯首下视，缓缓吸息，保持双掌按住，自足底而至腿臀，节节而起，脊柱同时节节而动，使丹鼎倒悬。如此循环往复30至60周天。

第四重至第十二重。练法：传嫡传弟子，本处略。

第二十一节　内五行导引心法

五行在人，是为心、肝、脾、肺、肾，此五脏，名五行。

以形为导，以神为引，牵动百骸得理，五脏七腑得炼。

此篇内功，名为"内五行导引术二十四法"，又称"手摩阴阳内五行二十四法"。相对于"易筋锻骨篇"的开合押展，内五行导引术注重里外开合、束展、起落，辅以呼吸心法，而悟内外一气伸缩之妙境，内壮境界提升更进一层。

修炼此篇，须与内家用劲之理契合。内家国术，无外乎龙虎之力；龙者，为脊柱；虎者，为丹田；龙虎相合互摩，故此引术又被称为"丹田功"。修此导引式，至为奥妙处在于其能够有效激发龙虎之力，培养龙虎之力的蓄积能力与爆发能力，进而直接增幅技击格斗能力，对丹道修身养性之术是一大重要的补充。外壮不为壮，内壮以存真。

第一式：摇丹田。以熊形体式而立，周身舒展；右手裹肘掩面，摇胯左上；右手落势，左手裹肘掩面，摇胯右上；以丹田为轴，保持内外中定，如此循环往复演练，牵引脏腑百骸以为内动，胸肋骨骼通过侧位挤压使脏腑得以内炼。

第二式：沉丹田。以熊形体式而立，双臂垂于身体前；右肩上起前落，使胸肋上下伸展而后挤压；左肩于右肩回落时上起前落，使胸肋上下伸展而后挤压；以丹田为恒定点，保持内外中定，如此循环往复，牵引脏腑在骨骼和骨骼上挤压下得到内炼。

第三式：坐丹田。以虚步桩而过（以右式为例）；左手叉腰或背于身后；右掌贴近锁骨，身形下坐，右掌顺势贴右胸肋下沉至胯；重心前移向右腿，右掌顺势滑落，经胯向脚面抽过上回；起则使胸肋得以舒张，落则使胸肋通过前位挤压使脏腑得以内炼。

第四式：转丹田。以虎形体式而立（以右式为例）；双掌右上左下，阴阳相抱于右胸前；重心缓缓前移至右腿成箭步右式，双掌抱球势顺势前推；至极位时，双掌抱球左旋回收向左胸前，重心缓缓顺势移至左腿仍成虚步而立；至此时，胸肋内缩，后背曲弓，如此循环往复演练，牵引引脏腑受到挤压缠磨得以内炼。

第五式：磨丹田。以熊形体式而立，周身舒展；双臂合拢垂于身前，双掌阳掌相合；右掌垂指下抻，引左身上起；左掌垂指下抻，引右身上起；如见循环往复演集，牵引脏腑受骨骼肌挤压得以内炼。

第六式：搓丹田。以鹤形体式而立（以右式为例）；双臂合拢垂于身体右侧，双掌阴掌相合；右掌垂指外翻下抻，则左掌上拔对搓，如搓绳股，引左身上起，右身下挤；左掌垂指内裹下抻，则右掌上拔对搓，如搓绳股，引右身上起，左身下挤；如此循环往复演练，牵引脏腑受胸肋挤压得以内炼。

第七式：抖丹田。以熊形体式而立，周身舒展；双手虚握成拳，提至与肩齐高；以丹田为轴，右肩合右胯前抖而出，回势时左肩合左胯前抖而出；如此循环往复演练，速度均匀而渐增互换频率，使周身上下，丹田内外，五脏七腑，百骸甚至皮毛，无不得以震动，使之得以内炼。

第八式：坠丹田。以熊形体式而立，周身舒展；双掌化拳，拳心向上以尾指相靠于下丹田处；吸气，致小腹内敛，起双拳上起至肋下；吐气，拳心舒展，十指中节紧扣，梢节内收，以十指中节前下而疾出。此处修炼，上起需缓，落需疾需重。落势时，丹田鼓荡而起，脚跟随之起伏。如此循环往复，牵引脏腑得以内炼（注：此法出自形意丹道太极金丹炁，习者需修行金丹炁入门方可修行）。

第九式：折丹田（有凤来仪）。以凤形体式而立，周身舒展；双臂并举合掌，上躯弯曲与下躯成直角；双掌向右转平，重心缓缓移向右转移，成箭步右式，上躯并手臂同步右旋；至右侧极致时，上躯左旋翻转，重心移至左腿，成箭步成式，双臂合掌挺举。如此循环往复，左右互换演练，牵引脏腑受骨骼肌挤压得以内炼。

第十式：曲丹田（寻龙问径）。以龙形体式而立，周身舒展；追膝坐胯，吸腹曲背，下腭微起，双掌呼气下按于下丹田之位；以脚跟用劲起身，使脊柱上下对拔，下腭收起，双掌吸气时起托至咽前高度；吐气如箭，缓复、屈膝坐腾还原。如此循环往复演练，牵引脏腑百骸得以内炼。

第十一式：提丹田。以麟形体式而立，周身舒展；双臂垂于身前，右掌提腕而起至中宫位前；屈膝蹲身，重心前七后三，右掌翻转阴掌向上，沉腕塌掌合于左胯前；左掌提腕起至中宫位前，身形蹲起而立；屈膝蹲身，重心切换为前七后三，左掌翻转阴掌向上，沉腕塌掌合于右胯前。如此循环往复演练，牵引脏腑在骨骼肌挤压下得以内炼。

第十二式：晃丹田（丹凤朝阳）。以凤形体式而立，周身舒展；上躯弯曲平展，脊柱下沉，头部上领，使脊柱于尾与颈椎之间有分节感，双臂自然下垂；推动左右肩胛，使脊柱及周身如绳晃动。如此，循环往复演练，牵引脏腑百骸得以内炼。

第十三式：叠丹田（摸鱼式）。以凤形体式而立，周身舒展；上躯折叠下曲，双臂自然下垂，头顶对地微微前领；推动腰背，引动双臂向外圈动或向内圈动，使脊柱及周身皆动。如此循环往复，牵引脏腑百骸得以内炼。

第十四式：悬丹田。以凤形体式而立，周身舒展；上躯弯曲平展，双臂环抱束于胸前；脊柱上弓，丹田内缩，头部低垂；脊柱下沉，头部上领，丹田鼓荡；

自尾骨而起,脊柱节节用劲起弓,如此循环往复,牵引脏腑百骸得以内炼。

第十五式:定丹田。以凤形体式而立,周身舒展;上躯弯曲平展,双臂环抱束于胸前;尾椎骨稳定,头部左转,牵引脊柱弓曲,左肋侧内缩;还原吐气;头部右转,牵引脊柱弓曲,右肋侧内缩。如此循环往复,牵引脏腑得以挤压内炼。

图 2-21-1 有凤来仪 1　　图 2-21-2 有凤来仪 2

第十六式:射丹田。以虎形体式而立,周身舒展;脊柱后弓,胸腹内缩;重心前移,成箭步而立,双掌十指朝前合掌抻臂回撞,以掌根击于丹田之位,胸腹鼓荡,脊柱前弹。如此循环往复演练,牵引脏腑百骸得以内炼。

第十七式:操丹田。以熊形体式而立,周身舒展;双肘近腹,双掌上下阴阳相抱;十字交错上下前后揉动,牵引胸肋脊背骨骼肌联动,胯引身动,脏腑百骸受挤压而内外开合得以内炼。

第十八式:掖丹田。以熊形体式而立,周身舒展;双掌阴掌向上合拢于丹田之位,随呼吸缓缓上起至中丹田之位,腿背绷直;屈膝弓脊,坐胯垂臂,双掌阴掌翻转向下,御劲随呼吸沉降至下丹田之位;脏腑百骸受挤压而得以内炼。

第十九式:旋丹田。以熊形体式而立,周身舒展;双臂下垂于体前,掌阴贴身;胯部左动,提胯提肩上起,左臂摩胸而上右下;胯部右动,提胯提肩上起,右臂摩胸而上左下;如此左右交错循环,引脏腑受胸肋挤压得以内炼。

第二十式:飞丹田。以熊形体式而立,周身舒展;双掌与肩同宽起至胸前;运掌顺时针或逆时针立圆运动且与身胯合,至小臂水平时吐气发力,双掌合肩胯同时横向发劲。

第二十一式:合丹田。以三才桩体式站立,周身舒展;缓缓吸息,下丹田内敛,气祖之四门随之敛气相合于下丹田,心肾之精内蓄;缓缓呼吸,下丹田鼓荡，气祖之门大开，心肾之精随之吞吐。

第二十二式至二十四式：传嫡传弟子，本处略。

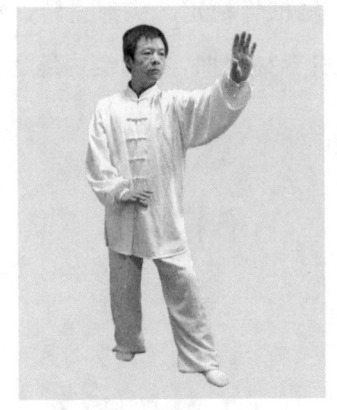

图 2-21-3 摸鱼式　　　图 2-21-4 合丹田

呼吸，周天生灵赖以生息存亡的天赋之能力，内功、丹道、外功、行拳，都仰以赖之。在外功及行拳中，皆需要遵循吐气发力的基本法则，急剧的运动中需要依靠呼吸的调节来缓解肌体的疲惫，快速恢复身体动能。

内功，又称为呼吸导引法，以刺激气机而自然发动，凝养精气于周身，使本命之精神得以长存不息，高深之境，可引导五脏六腑与肌体同时凝实壮硕，使人体内外如一。丹道，是内功的一种表现形式，不十分依赖于形体导引，着重于意识修为，以静功为主。所以丹道为内功，内功却不为丹道。

内功与丹道的修行，以吐纳为先锋。吐纳，即是呼吸，吐为呼，纳为吸。人人皆会呼吸，皆有吐纳之能，却不得吐纳之法，如果能得法，内功修行即为入门。

丹田为炉鼎，精、气、神为药，吐纳为火；火，分文火与武火，以吐纳绵重加以区分。武火之吐纳，常用于外功，硬气功以及格斗术之用；文火多用于桩功与外功慢炼以及内功丹道。

绵绵密密，细细长长，进气长，出气也长，悠长不断，能呼，能吸，能悬。称之为文火，本门内功经"金津玉漱篇""内五行丹功""五行真炁丹法"等为文火服炁之经典。

武火是快速吞气呼气布气，是气功外练的心法。本门内功经"皇极混元功""血通大功通背丹"为武火服气之经典。

本门内功经"太极金丹炁""经世皇极功"为文武之火合炼之经典，文火之道，在乎"呼""吸""悬"三法。

文火三法，呼吸，如大雁凌空徐徐而落，缓而有根，促使真气入其归所；吸息，有如飞鸿随风而起，纤毫之羽随风而行，又如沧海一粟随波而逐流，绵柔而悠长。这就是吐纳的文火之道。悬息，若存若亡，如一线之牵，缠绵无断绝。

武火之道，在乎"呼气""吸气""闭气"三法。

武火三法，是快速吞气、闭气、呼气布气，是为气功外练的心法。吞气如吞游戏山河之龙虎；闭气使内劲鼓荡，气血充盈；呼气如天河倾倒。

呼吸之法因各派而有异同，然总领之法唯有"顺""逆"2种，即2种吐纳心法：顺呼吸与连呼吸。

顺呼吸心法：吸气的时候，小腹下丹田部位微微随外气入肺而鼓起；呼气的时候，小腹部位随吐气缓缓恢复正常。顺呼吸心法常用于外功，硬气功，静功打坐入定，静态桩功，静卧修行等体用中。

逆呼吸心法：吸气的时候，小腹下丹田部位微收；呼气的时候，小腹部位随吐气缓缓恢复正常。逆呼吸心法常用于行桩功法，拳术修炼，打坐炼气，格斗临场等体用中。

运用呼吸心法，应与形意拳术的六合之理相互应并加以验证，即心与意合，意与气合，气与力合。所谓"顺为凡，逆为仙"，顺逆即是指呼吸心法，意指呼吸心法直指内功及丹道本源，而逆式呼吸更是道家修身的重要玄奥。

呼吸心法，以真人呼吸为追求。凡胎呼吸在胸，真人呼吸在踵，气息如绵又似箭，或轻或重；与劲相合，则或柔或刚，伤及敌身则或穿或透，或者临于敌体表，使四肢百骸无不融通贯穿。这层道理与内家拳术中，拳劲如叠浪冲击连绵不断，拳势随曲就伸，见缝则打，拳招节节贯穿的道理完全契合。

综论，吐纳之息，真气也；人之命脉，拳道之体用的重要枢组；用气心法是内家拳术一切功法的中枢核心之一，是净化身心的初始法门。能够正确运用吐纳之法，就可以控制神经系统，进而控制生命能量。初始感悟修行宜匀、宜缓、宜慢、宜深、宜长，这有助于感悟净化精气神与奇经八脉，并由此控制辅助神经系统与肌体的调和。

正确的吐纳之法使生命之精凝而不散，心灵宁静空明，并自宇宙之中摄取能量，人体中因代谢而产生的废物及毒素都将受呼吸心法及体修之法排出体外。

文火吐纳之呼吸，吸息，悬息的分配比例，因天赋及体质而各异。习者应当由 1：0：1 渐至 1：1：1，最终达到 1：4(5)：2 或 1：4(5)：1 为佳。

并在实践中，以本门内功经心法为重要依据。

武火吐纳之呼气、闭气、吸气的分配比例，视功法而定。

注：上述比例，前为吸气，中为悬气，后为吐气。

金丹大道说

丹法之道，乃内圣外王之道，无上性命双修大道。

丹者，分为内丹与外丹。丹道，内功的重要组成部分，其形式以静功修炼为主。上古及中古至近代，历代皆盛行不衰，其中真伪相间，鱼龙混杂，其间多有假借丹道推行修仙之谬论，歪曲天地至理，惑乱人心者。生死之间有大恐怖，人皆有延生避死的心态，企图脱离生死之苦痛，所以习练之人，更需要做到以下几点，即明理，智慧，不惘，求实。

外丹为古代道家方术之士采用金石之理，由丹炉炼制。外丹一脉的丹道，追求的是炼制药物而成仙丹，服下而成仙，以栖神存想为用，是传统方士派的学术。这一脉的传来，与我们后世道家专主身心内外景，以性命双修为宗旨的丹道是完全不同的。所谓仙丹，多含铅、汞等对人体有害的化学物质，常常服用，虽然有提神的功效，但是药石之力会逐渐沉积于人体之内，久之则必受其害，比较经典的有汉代所问世的五石散，后世历代帝王为求神问仙，都免不了陷入彀中。但是外丹之术也有积极的一面，古代修外丹者，一般多为擅长医药，精于外科的人，对传统医药学的发展作出了不朽的贡献。

内丹，为无形之存在，介于有质与无质之间。内家拳术的修行者，内养精气神三宝，以形意拳术所传承三层道理"炼精化气""炼气化神""炼神返虚"为纲，以气血为大药凝养之，搬运周天，习练先天五行拳以固先天五气，参悟阴阳，成就形意传承体系独特的内丹大道，此道即为形意拳术内功体系的一部分。

搬运周天的心法有2层，一为小周天搬运法，一为大周天搬运法。

自海底，过命门，直上神庭，下鹊桥，降宫室，心肾相交调和阴阳，水火相济而内外中和，贯通任督二脉，这就是小周天搬运法。

心为火，肾为水，吐纳不息，心肾相交，水火相济。自下鹊桥至会阴穴为"任脉"走向；自会阴穴，过尾闾，入黄庭，至百会，下鹊桥为"督脉"走向。

小周天搬运心法有成，任督二脉得到有力拓展贯通，使人体气机得到有效增益，观察人的瞳子即可辨析，精气运行不复凝滞之虞，为大周天搬运心法的修行打下扎实基础。

前节所述及，在体用中运用呼吸心法，应与六合之理相呼应，即心与意合，意与气合，气与力合。心，即指人的脑域，思维之发生，意念之主宰。意，即指意识、意念，意由心生。内家拳术修行，讲求以意御形，丹道的修行，更是如此，控制意念即控制自我，也就是"降伏其心，魔怔自"消"，灵台自然得以清明。气，即呼吸吐纳之息与内在精气的统称，以意念主宰呼吸吐纳。正确认知呼吸吐纳心法，并加以实践运用，是丹道入门的初始阶段。

丹田养就长命宝，万两黄金万与人。长命宝，又称为三宝，即"精、气、神"；丹田是养就三宝的宫室中枢所在。丹田，依内功丹道之理，分为上丹田，中丹田，下丹田，为三大丹田。

上丹田，位于眉心印堂与百会交汇中央点域，主功藏神，炼神。中丹田，位于两乳连线处中央点区域，膻中穴所在之域，中丹田主功藏气，精微之气初生之所在。下田，位于小腹，脐下三寸关元区域，下丹田主功藏精。

所谓三宝，丹法三花聚顶之所依；炼精则化为气，此气非后天之气，乃是本命之精所化的精微之元气，元气亏损则心虚而气短，元气足则神足。

病灾为缩短人的本命寿算的重要因素之一，心之力不正有亏是重要因素之二。所谓心之力，心生神意，神为灵光，精气入心所化，归藏于上丹田之鼎。炼精化气则还精而补心，此心即为脑域，使脑域得以进一步开发，思维越发聪敏，这是内功丹道修行所赋予的特性。

炼神则返虚。虚者，介于空与本质之间，互为转化，在虚空之中而心合于虚空而破碎之，金丹大道有成的体现。精气神，此三宝凝练久之，元气充沛，精力饱满，使修行者处于无漏不亏的境界，即为三花聚顶。气血旺健、蓬勃有劲，不能自敛，这时候需要时时磨砺，挫其刃锋，使精气神意内敛于肉身之炉鼎，达到返璞归真，朴实而无华的境地，此时神光而内敛，含而不发，故称之谓"炼神返虚"。

虚而入道，返虚之境，是天人合一之境的道之彰显。形而有质，化而入拳，道之用也；以武止戈，不用为用，道之功也；道法自然，道之显也；干戈息止，人人如龙，卓然而存，道之终也。何为道呢？大道无形，恒养万物，吾不知其名，强曰为道。修行之道的宗旨，不以技而恃强，不以技为淫，不以技为威，不以胜为胜，这即是拳术体用之道与丹道的无为而成之妙诣。炼其体魄，精其神形，上体道心；下顺天人，顺中取逆，曲中求直，不折不挠，不淫不屈，习者当以自强勉之，不可不体察，不可不慎重。

正确认知丹田与三宝之理，是丹道入门的第二阶段。

三丹田之用，核心在于吐纳心法的变化。所谓"气沉丹田"，这里所述的丹田仅指以下丹田为中枢核心的下盘，并非指气机时刻凝滞于丹田，而是通指通过桩体修行与丹道修行，使气息清晰，上清下浊，清微之真气上行，混沌之浊下行；至此阴阳有分，阴中有阳，阳中有阴，互不分离又互不统属，领悟其中的道理后，在武道体用中即有虚实莫测之效用，在内功丹道中搬运周天不复有周折之忧。气沉丹田，然而下盘始终处于凝实与虚心之间，不失稳健，松而不散不失其神。

内功与丹道的修行，通晓呼吸吐纳的变化与体用之理，是丹道修行的第三阶段。

进一步体悟吐纳心法的变化，需注重节奏。呼吸为一法，吸呼为二法，一吸二呼为三法，一呼二吸为四法，一吸三呼为五法，一呼三吸为六法，一呼一闭一吸为七法，一吸一闭一呼为八法，再配合文、武两火，乃衍生无量之变化，金丹大道的众妙之门为之敞开，习炼丹道内功者如同获得连城之明珠。这一阶段的吐纳心法体用，也同时契合于格斗术的临场应用，人体的耐力，疲劳恢复力，精神敏锐性，动作敏捷度，都仰赖内功丹道之功。

修行中，意念的把握、精神之统摄尺度是丹道修行的第四阶段。

意念过重，必定反受其累，呼气的时候尤其需要舒缓致柔而不失其韧，吸气的时候，意念略深一点，以使气机得到有效引导。吸气在内里，是一种逆转气血的过程，如同将井底之水抽离，这即为搬运。吐气有内里，有如江河汇入沧海，乃是由高地流入低势，即有飞流直下三千尺之变，又有自然汇聚成江湖之变，这一切都受地心自然引力影响，所以不需要太重的意念强加于吐气这一环。

筑基是修行丹道内功的第四阶段。

丹道筑基，以百日为限，身具天赋的人，得到灵感时限有长有短，天赋敏锐者，数日甚至一日之间即可感动气机，继而引动气机，使离散之精气，在呼吸吐纳心法的引导下，逐渐团聚，居于若存若亡，有质无质之间，此即为筑基成功，筑基得气之后，即可修炼"钓蟾驻气法"，强化沟通气祖之门，以此来增强气机的团聚，使本性之灵越发对精气的搬运达到可控性更高的境界。

唐代仙人谭峭论及丹法修心之道有言：线作长江扇作天，鞭鞋抛向海东边。莲菜此去无多路，只在谭生挂杖前。

丹道修行者，应放下得失长短，是非之心，人我之类。只因丹道的学问不是用心就可以定然得到的，唯有万物万事不萦于胸，方能最终成就金丹大道。

百日之期过后，如果仍旧不能有得气感，则应当放弃丹道修行，转而专修国术的拳术之道，但是呼吸心法仍必须强调修行，这也是拳术修行的必由之路。长期修行如仍不能得气，强自修持，会有魔怔之危。形体修行，内精修行，两者相辅相成，互为体用，互为促进，内外兼修也是以形意拳为首的内家拳术修行为宗旨。肉体是炉鼎，也是天地，只有肉体健硕，才可以承受精气与气血搬运，不复有瓶颈之虞。

与吐纳呼吸相对应的，在丹道修行中对形体、手印的要求是一项重点。丹道的形体，以打坐入静为主；所掐手印以道法九印以及子午诀等手印来转化气机，以适应内理变化，此为松静之功。

盘身静坐有3种形式，即"小盘法""盘法""大盘法"（本处不采用禅宗之修的跏趺之说）。

小盘法是入门级至简的法门。修炼之始，右脚在外，左脚在内，小腿成交叉重叠的状态，随着承受力到达极限，可切换左右脚的内外位置。

中盘法俗称单盘法。修炼之始，右脚放在左腿上，这一法禅定中称为金刚坐法。随着左腿受压力承受能力的到达，可切换为左脚放置在右腿之上，这一法禅定中称之为如意坐法。

大盘法俗称双盘法。修炼之始，右脚放置于左大腿之上，再将左脚放置于右大腿之上。这种坐法，在佛门禅定中称为兹略述坐法，又称为毗卢遮那佛七支坐法，佛门各宗约72类修定之法，独以此双盘法最为殊胜。

盘身三法，是道家正宗丹道修行中以定入静的重要形体姿势，实为静功修为的中心。由定入静，使肉体向道体逐渐转化，道体者，即为得道之体，道体得有庄严肃穆之姿，神性智慧皆具通明之品，各类道传丹法的体用皆为之所摄。由定入静之后，在往后的行、站、坐、卧中，各类内外修行之法，无不得心应手，应人应物时不失定静，方为不破。初始学习时，务必要注重姿势，如果有错疏得不到改正，会影响到生理与心理的健康，坐法的要求之所以如此严格规定，乃因其中皆具涵深义，符合身心之道以及自然法则，不可违逆。

盘身入定的其它规则：需虚领顶劲，涵胸拔背，松肩垂肘，舌抵上颚，双眼闭合或处于似闭非闭之间，但不可走神或昏昏然。坐的时候衣裤应穿着宽松，使身体松弛，周围环境阴凉的时候应包裹两膝及后颈与两肘，不使风邪入侵。初习丹道者，不可置身于光线过强或过暗的环境，光线过强，容易使神思散乱，反则光线过暗容易使人昏沉；不可面壁而坐，此为左道之术，身前要使清新空气流通方宜。坐前不可进食过饱；精力不济者不可强坐入静，可在睡眠充足之后再进入修行状态。静坐修行丹道，臀部必须稍微垫高2～3寸左右，所以选择蒲团是必要的，否则身体重心不稳，必致使气机不稳，劳而伤形。修行结束，应以抻筋拔骨之术活动周身气血，更增功力。入静时，可面带微笑，以正能量加持，不可带其他多余表情。

修炼的时间，宜从少至多，以身体舒适为度，以勤为用，初学者如果强行修持，久必心生厌倦。

丹道之学，为人之生命之精培养的重要法门，修行有成，心静身宁。

人的神经脉络，由中枢神经左右发展，而相反交叉，所以修行丹道所依托的手印不可疏忽，以使左右气血交流，人体磁场与周天磁场互为契合。

手印，即手诀，主体有子午诀及九字真言所彰显的九大先天手印，子午诀始于上古九字真言及晋代葛洪完成整理于《抱朴子》这一经典中，实为道家至正的正统修持之法。子午诀的运用，需遵循"负阴而抱阳"的丹道妙诣，左手在上，右手在下，右手大指掐附于左手无名指根部，左手大指与中指指尖相扣包裹右手大指，右掌即包覆于左掌之上，至此子午印完成，子午印置于小腹下丹田处，距身体约一拳距离。

综论，净化心灵，降伏其心是为制心；三宝体用是为执心；松静之功是为执性；动静之动是为执命；此时，自我为大丹，为宇宙，渐与外在宇宙意志合和而一，是为天人合一的妙境；万物一体：知命、知运，心灵与肉身，意识与潜识，渐与无上宇宙契合，是为金丹大道的终极追求。

图 2-21-5 子午印法诀盘坐法

坎离契书

坎者，水也；离者，火也；盖天下至为无情者，水火皆有数。

道体之坎，肾精也；道体之高，心之精也。坎为阴，离为阳，心肾相交，即阴阳合和，龙虎交汇，真性修为之道基。

笔者认为世上的事物，没有比水更柔弱的，但是攻击至坚之物，没有能完胜于水的，这是因为没任何东西能够替代水；水性至弱，弱能胜强，水性至柔，柔能胜刚，修者得其性，所以为自身之主宰，屈辱，灾难临身，历劫不磨。

道体虚空，有无尽妙用；气血之府渊深，如万流归宗所依；坎离相遇，必挫火焰之锋芒，调和其光辉，混同于大千尘埃，若隐若现，似有似无而实存；先天胎息已存，有如天地初始前已在。大道永恒，无生无灭，有如玄妙的母性；玄妙的神母之门，是生养天地、道体内衍的根源。

火焰无质却至烈不可触，所以需历经坎水调和。水滋养万物却安静处下不争。水处于众人所厌恶的卑下垢浊地下，所以水之德最接近于"道"之德。修道以修心为至上至善，至善的人，处居于像水一样顺应自然的地方，心胸像深渊一样清明澄静。

丹道修行，以炼气、养精、存神为序。调和龙虎，捉坎填于离宫，明析天关并地阙；天关者，泥丸之上，百会也；地阙者，会阴也。周天九转千回，昼夜功夫勤无缀。上至百会泥丸宫，下至脚底涌泉穴，肾精化水周流不息，汇入明堂气海。丹田三关皆通明，养精炼气并存神。气运如铅，血行如汞，离龙坎虎互调互合，灵龟吸尽金乌血，三花聚顶归灵根，五气朝元一点通；肾水周流入神庭，降重楼，肝心离心投宫室。混元体正合先天，心绪缤纷任自然，天性真率自无为，动静泰然悟本初，炉久练就气与血，物外长生是本化，一点灵光燿太虚。坎离相配皆因缘，心与意合任自然，阴阳相会同周天，能在火里种金莲，破壳发生水中央，水在承渊月在天。

人之生皆缘于妄情而有其身，有身则有患；若无其身，何患之有？上体至上大道，必明悟本心；心者，道之体也；道者，心之用也；以心性全圆明之体，无为之用自成，不假施功，顿超彼岸。心镜郎然，明珠自现，诸相顿离，纤生不染，心源得大自在，身不累其性，境不乱其真，虽刀兵加身莫不能惊，及至人心洞若明镜高悬，鉴万物而不纳，随机应物，和而不污，所以能胜物超脱无咎。此无上至真至妙大道，其本无名，圣人不知其名，强名曰道；道本无言，圣人强言；若昔名言沉寂，使世人无以识得道之体用而从其真，是以圣人立言以显其道。

金者，不坏之法身，丹者，圆成之实相。药、鼎、火候，皆是一心。吕祖纯阳真人传诵，养气忘守言，降心为不为。动静知宗祖，无事更寻谁？真常须应物，此物要不迷。不迷性自住，性住气自回。气回丹自结，查中配坎离。阴陌生反复，普化一声雷。白云朝顶上，甘露洒须弥。自饮长生酒，道遥谁得知？坐听无弦曲，明通造化机。

长生之要在金丹，金丹之要在乎神水华池，世人根性迷钝，执其有身，恶死悦生，难悟本真，以此坎离契书，昭示金丹大道之至上至真妙道。

形意丹法

金丹炁者，阴阳无极之根，实为捉坎填离，调和龙虎，三花聚顶，五气朝元，精气化神，虚空合道之金丹大道，乃是不坏圆成之道，形神俱妙，阴符大教大化得彰显矣。

盛神而成五法龙，气祖之门谁人知，上顶下沉汲阴炁，虚灵绝顶守百会，五龙沉阴阳炁生。

太极金丹炁篇 上篇

练法：双足开于内肩宽，自然站立，手臂自然下垂，意守下丹田；垂帘内视，缓缓吸息，屈膝略蹲，小臂水平而起至下丹田前位，掌心相对；食指击弦，五凤勾连，悬息数息后，缓缓呼吸，起身自然直立，双掌下按合胯；悬息数息后，循环往复练习，时间一般不超过5分钟。

太极金丹炁篇 下篇

神思分列，神驰于天极之外，腹中空谷，意守上丹田；缓缓吸息，屈膝微蹲，小臂水平而起至下丹田前位，掌心向下，神光内敛，周天精气内摄，自瞳子而入，与骨血之精气相合，周天精气自气祖四门而入，与血肉之精气相合。食指击弦，五龙同息，五凤同炁，悬息数息后，缓缓呼吸，起身自然站立，双掌下按合胯；悬息数息后，循环往复练习，时间一般不超过5分钟。（注：第一重法诀修持有成，可成就炼精化炁、炼炁化神之境，第二重至第二十一重法诀：传嫡传弟子，本处略。）

 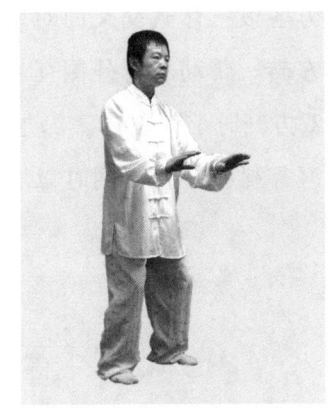

图2-21-6 太极金丹炁篇 上篇　　图2-21-7 太极金丹炁篇 下篇

第二十二节　六合排打气功

六合排打气功，属内气外炼筋骨皮的体修功法。相对于"内功经"的内炼内壮之道，六合排打气功为外炼的外壮之道。修炼此篇功法，主旨以武火吞气法与文火服气法交替，辅以相应功法，增强肉体抗击打能力，直接增幅技击格斗能力，所谓"欲练打先学挨打"即是此理，修炼此术需辅以"呼吸心法"，并以本门"内五行混元内功"为筑基功夫。

修成六合排打气功可大幅提升对抗反应变化能力，对肢体攻击、钝器攻击具有先天的防御优势，非大毅力者不可修炼此术。

小臂

甲、乙双方各以三体式交叉面对站立，周身舒展，手臂自然下垂于体侧。双方同时上体左转，带动右臂外侧互靠排打；双方同时上体右转，转动左臂外侧互靠排打；双方同时上体左转，带动右臂内侧互靠排打；双方同时上体右转，转动左臂内侧互靠排打；双方同时以肘为轴，反掌上摆，以横劲驱动左臂外侧互靠排打。

胸

甲、乙双方各以三体式交叉面对站立，周身舒展，手臂自然下垂于体侧。双方同时右脚斜上小步，上体略右转，身形上起，带动左胸互靠排打。双方同时右步绕进，切换左步在前；以三体式交叉面对而立，双方同时左脚斜上小步，上体略左转，身形上起，带动右胸互靠排打。

肋

甲、乙双方三体式（右）交叉面对站立，周身舒展，手臂自然下垂于体侧。甲乙双方同时绕右步至对方身体左侧，双臂立举，上步挺肋侧互靠排打。双方同时右脚后退，左脚绕步至对方身右侧位，挺肋侧互靠排打。

肩、背

甲、乙双方三体式（右）交叉面对站立，周身舒展，手臂自然垂于体侧。甲乙双方同时绕步至对方身体左侧后位，双臂立举，以肩背互靠排打；双方同时右脚后退，左脚绕步至对方身体右侧后位，双臂并举，挺动肩背互靠排打。

背

甲、乙双方并步面对站立，周身舍舒展，手臂自然垂于体侧。双方同时左转90度，成相反方向站立；双方同时右脚横跨而出，成马步而立，双掌化拳，以拳背及手臂外侧互为排打；双方同时起身，左脚横跨而出，成马步而立，以拳背及手臂外侧互为排打背部。

臂肘

甲、乙双方混元步面对站立，周身舒展，手臂自然垂于体侧。

双方同时曲肘横胸，右肘带动上体左转，以小臂外侧横面及肘部互为排打；双方同时以左肘带动上体右转，以小臂外侧横面及肘部互为排打。

腿

甲、方以混元步站立，周身舒展，双掌抱拳束于腰际或抱臂。

乙方以桑木棍击打甲方腿部，由大腿环跳穴位开始一路下行，击打时甲方需以"呼吸心法"协同击打节奏，基本需契合一击打一吐气的规则，力量由轻到重逐渐适应，外侧排打完成，方可排打大腿内侧。如无桑木棍可由乙方以腿打攻击方式替代。

大臂、头部

甲、方以混元步站立，周身舒展，双掌化拳前抻至与肩齐高齐宽。

乙方以桑木棍击打甲方臂部，由肩外侧根节向梢节有节奏排打，完成后击打手臂里侧。如无桑木棍，可由乙方以臂打方式替代。头部排打尤需谨慎，应以臂排方式由轻渐重过度。

腰背、臀部

甲、乙双方以混元步背向站立，周身舒展，手臂自然垂于体侧。

甲、乙双方同时缩胸曲背，以腰背互靠排打；双方同时挺胸鼓胯，以臀部互靠排打。此式可双人合练，亦可单人依树单练。

综上所述，六合排打以抗阻能力为核心，使周身肌体不惧外部拳脚及钝器攻击。演练此功法，双人演练可同时增强临敌之条件反射能力；如条件有限，可依靠树木或其他辅助器械单人修习皆可。

修炼结束可以武医推拿疏理肌体，如有淤积当不致有所妨碍，若使用传承武医秘药辅佐，可速效清除修行运动后肌体产生的乳酸和暗伤积淤。

图 2-22-1 六合排打气功

第二十三节　先天之五行　五行补天述

五行者，形意母拳也；母拳者，劈、崩、钻、炮、横五拳也。

人体微宇宙之五行之气调和，则阴阳顺理。五行拳术修炼有成，即已领悟格斗技击术之本源，是故五行拳术又被称之为母拳。形意母拳，乃是形意拳术立身之根基，明悟其中生克制约之法，可辨析格斗搏击之时对手虚实变化，临机制敌而成就大用之道。

修炼五行拳，必先修五行桩体。在五行桩体出功夫的基础上，开始行桩功夫的入门修行，在渐至半活步练法与活步练法。所谓行桩，乃是化桩入拳，辅以各路步法身法要领，在活步练法与半活步之间修行，一步一重天，步步落地生根，劲力入地三尺。

五行者，外五行与外五行合一方得成就。自五行桩为初始，进而进入外五行的筑基修行。外五行为体，内五行为用。以后天之外五行，而补先天之缺，是为五行补天之成法。

天道有缺，何况人乎？自始祖创拳以来，历代形意传承者在死生历练中不断精进技艺，体悟拳理之体用，总结杀伐之得失，故有五行拳大用之道，分别对应后天阴五行与先天阳五行，并与易理相契。

形意母拳之先天之五行

五行劈拳母拳势修炼：

劈拳五行属金，修的是肺之力，精气藏于肺，是运动的动力源之一。

由起势开始，在三才桩的基础上，以左脚在前为例。左掌变拳，向左拧身，同时抓拳抽回至小腹下丹田处，有撕扯之意，同时右掌成拳，与左拳并列置于下丹田，呼吸配合为吸气。

左脚与左拳齐动；左脚进半步而出，称为垫步或摆步、切步，落地为大约45度角。左拳顺身体中线任脉方位上行，提至咽喉方位，拧转运动至眼前方位，成拳心向上势，以小指略对鼻尖方位为佳，松肩沉肘。身体重心七分在前，三分在后，上体保持中正。

右脚上步，保持左腿重心不动，右脚向前踩出，使下盘成三体式右势；右拳与右脚同步运动，右拳顺身体中线任脉方位上行，提至咽喉方位，拧转至眼前前方位，成拳心向上势，与左拳保持上下，左拳在前，右拳在后成摩胫之态；右脚落地的同时，右拳落翻劈出。劈拳方位落于心口，即钻在眼前，劈在心口。如此，劈拳右式演练完成。右拳成掌劈出的同时，左拳顺势带回至小腹下丹田处，以掌型按于脐下。

在完成劈拳右式的基础上，右掌变拳，向右拧身，同时抓拳抽回至小腹下丹田处，收拳时有撕扯之意，同时左掌成拳，与右拳并列置于下丹田，呼吸配合为吸气。

右脚与右拳齐动；右脚切步上前半步成45度角。右拳顺身体中线任脉方位上行，提至咽喉位，拧转至眼前成拳心向上之势，以小指略对鼻尖为佳，身体重心七分弓在前，三分蹬劲在后。

左脚上步，保持右脚不动，在脚向前踩出，使下盘成三体式左势，左脚与左手同步运动，左拳顺身体中线任脉方位上行，提至咽喉方位，拧转至眼前成拳心向上之势，与右拳保持上下，右拳略在左拳之前；左脚踩出落地的同时，左拳变掌落翻劈出，右拳顺势曲线带回至小腹下丹田处，变掌势按于下丹田方位。如此，劈拳左式渲染完成。劈拳体用窍要：拳从口出，起为钻，落为翻；钻在眼前，口唇方位前出；劈落心口，心口方位翻；劈拳者，一气之起落钻翻也。前脚出，后脚要蹬，消息全在后脚跟。

如此，劈拳左势与右势交错，向前行进练习。需要转身换位时，以劈拳左式为例，左脚顺时针以脚跟为轴拧转135度角成左右脚内八字扣马之势，身体亦顺势拧转至侧面中正，同时左掌与右掌同时变拳，左掌撤至丹田处与右拳并行，这就是劈拳的返身势。

右拳向后位起钻，同时右脚前弓切步而出。左拳起钻的同时，左脚进步踩出，成劈拳左式。如此，左右交错向前行进练习。回到起势方位时返身完成劈拳左式即可收势。

劈拳返身势的体用窍要：脚跟为轴拧转时，可勾拿敌手脚踝并配合肘击等其它招式使用；向外切步，可截击敌手小腿、膝盖等体位，切入中门，可锁扣敌手小腿之进退能力。

体用之道，不可拘泥于一式，发挥皆存乎一心，无有常态，习练的人不可不察，不可不慎。

劈拳，是一气之起落的大道彰显，起落间，详细体悟钻翻一瞬之奥秘。

图 2-23-1 劈拳母拳势　　图 2-23-2 崩拳母拳势　　图 2-23-3 狸猫上树

五行崩拳母拳势修炼：

崩拳五行属木，修的是肝边，精气藏于肝，更增血脉优化的能力。由起势开始，在三才木桩的基础上（左式），双掌变拳，左拳在前居中，右肘贴于肋下，拳贴身体，前后如开弓引箭之势。左拳拳心向内成立拳，右拳拳心向上成平拳。

左脚切步行进半步，后脚蹬劲上步，贴左脚向前踩出成三体式（右式）；同时右拳顺身体中线向前击出，在到达末端时拧转用劲，使右拳成拳心向内立拳状态；出右拳的同时，左拳顺势由中线拧转收回至左腰际，左拳由右拳下方抽回。至此，崩拳右势完成。

右脚切步向前行进半步，左脚后蹬力上步，贴右脚向前踩出成三体式（左式）；同时左拳顺身体线向前击出，在到达末端时拧转用劲，使左拳成拳心向内立拳状态；出左拳的同时，右拳顺势由中线拧转收回至右腰际，成拳心向上平拳势，肘尖向后，右拳由左拳下方抽回。至此，崩拳左势完成。如此，崩拳左势与右势交错，向前行进练习。

需要转身换位时，以崩拳左势为例：左脚顺时针以脚跟为轴拧转135度角，左右脚成内八字扣马之势，身体亦顺势拧转至侧面中正，同时双拳皆收至下丹田处并列。提右膝，右脚尖上勾成外切之势，同时右拳出钻拳式，左拳亦以钻拳式随右拳，此式称为"迎门铁臂"，又称为"狸猫上树"。

右脚保持切步形态向前踩出，落地时保持右脚外摆；同时顺势折身，左拳化劈向前下方击出，右拳变掌顺势同步带回至腰际。这种身法又称之为"龙形步"，要领为前脚要摆，为膝要弓，后脚要蹬，双腿的大腿根部用意绞紧，此式又称为"灵猫扑鼠"。

双掌变拳，左脚上步，同时右拳以崩拳击出，形成拗步崩拳势；继续左脚进步向前行进，同时左拳以崩拳击出，还原成顺步崩拳势。如此崩拳左势与右势交错，向前行进练习，需要转身换位时，转身狸猫上树，落步灵猫扑鼠，返回起势点后即可收势。

崩拳体用窍要：练时一招一式需节节贯穿，有如开弓放箭，后引即前放，用劲在拳势的末端更增威力；所用的前招既是打，又是防，即打防一体两用，又可粘引对手攻势起压制作用，为后招击发创造有利条件；后拉之势，一般多用于后位或侧位之敌作出肘击攻势；崩拳之势，有如连珠箭，使敌防不胜防而败落，硬打硬进，无有遮拦。进退之间，步步有踩践之意，手与脚合，齐而备至方为真。

崩拳，是一气之伸缩的大道彰显。

五行钻拳母拳势修炼：

钻拳五行属水，修的是肾之力，精气藏于肾，更增龙精虎猛之性。由起势开始，在三才桩的基础上（左式），双掌变拳。左脚进步以切步上前行进，右脚蹬劲上步，贴左脚向前足踩出落地成三体式（右式）；同时，起右脚的同时，右拳贴身体中线上钻，由口前方成钻拳击出至面门方位。左拳顺势同步带回至下丹田处。至此钻拳右势完成。

右脚切步向前行进半步，左脚蹬劲上步，贴右脚向前踩出落地成三体式（左式）；起左脚的同时，左拳贴身体中线上钻，由口前方位成钻拳击出至面门方位，右拳顺左拳之势带回至下丹田处。至此钻拳左势完成。如此，钻拳左势与右势交错，向前行进练习。

需要转身换位时，以钻拳左势为例；左脚顺时针以脚跟为轴心拧转至与右脚成内八字扣马之势，身体亦顺势拧转至侧面成中正态势；同时，左拳变掌，贴面部向正右方击出，此式称为"青龙缩尾"。

右脚切步向后行进踩出，左脚蹬劲上步，贴右脚向前踩出成三体式（左式），如此，钻拳左势与右势交错，向前行进练习。需要转身时，以青龙缩尾返回至起势原位收势。

钻拳体用窍要：钻拳的体用要从"鑽"与"蹽"2个字来体悟。鑽，即是钻，是指尖锐之物旋转穿透物体，钻拳在这时的体用要重视前出之拳的螺旋劲，小指对鼻尖为佳，以突出螺旋拳的功用。蹽之一字，有向前向上蹽的意义，在这里，更显钻拳的五行水属性之至柔之力，柔极而刚，有绵里藏针之锋锐，攻取敌之面门，咽喉等部位有迅雷之意，故又有钻拳似电之说。用钻时，可用螺旋拳或拳心向上式平拳，因人而异，无有对错。出拳时，足底似有涌泉之力而起，前后互用交错时，带回的拳有拦、护、截、盖等封堵敌情之功用。

钻拳，是一气之沉降的武学大道彰显。

五行炮拳母拳势修炼：

炮拳五行属火，修的是心之力，精气藏于心，如油入烈火，气血之力更得增益，肉体持久之力越发蓬勃不息。

由起势开始，在三才桩左式的基础上，左脚上步的同时，右脚跟步停靠在左脚边虚步以待；上左脚的同时，右手上前与左手同时翻掌向上，随即里裹变拳收回至下丹田成拳并列。肘尖要垂，以护住门户。

左拳成勾拳势，向右眉角方位运动；至眉角时，右拳跟随到左臂臂弯处贴紧。右脚向前踩出落步成三体式右势，左拳由右眉角拧转向左眉角运动，左拳停于左眉角前方时，右拳已同步向前击出成拳心向内立拳式。左臂小臂由拳至肘皆有拧转滚动之意，至此炮拳右势完成。此势为"猛虎跳涧"。

右脚上步的同时，左脚跟步停靠在右脚边虚步以待；上右脚的同时，左手上前与右手同时翻掌向上，随即里裹变拳收回至下丹田成拳并列。

右手成勾拳势，向左眉角方位运动；至眉角时，左拳跟随到右臂臂弯处贴紧。左脚向前踩出落步成三体式左势，右拳由左眉角拧转向右眉角运动，右拳停于右眉角前方时，左拳已同步向前击出成拳心向内立拳式。右臂曲拳至肘部皆有拧转滚动之意，至此炮拳左势完成。如此，炮拳左势与右势交错，向前行进练习。

需要转身换位时，以炮拳左势为例，左脚顺时针以脚跟为轴心拧转，身体亦带运拧转向后位，右脚撤回至左脚旁虚立以待；同时右手上前与左手同时翻掌向上，随即变拳收回至下丹成拳并别。右脚上步，成炮拳右势。如此，炮拳左势与右势交错，向前行进练习，至需要转身时，向后以炮拳击出回到起势原点即可收势。

炮拳体用关窍：炮拳的体用可以从"砲"字领悟，有一蓄一放的涵义，在拳中尤有此意，一开一合，势为至烈，石破而天惊。直拳、摆拳、勾拳等变化，皆暗藏其中，对中宫侵袭有可靠的防御之能，五行拳术，一招一式，皆为体用合一，打防一体之术，所以在炮拳的体用中，打防应紧凑相连，劲由脚底涌泉而上，出拳似炮弹一瞬炸开，向前向上更暗合"顶"之奥妙与"裹"之奥妙。所以炮拳又形象地被称为"虎炮"。在化勾的过程中，肘部在拦截敌方的攻击方面应深入挖掘，唯肘部是上盘较为抗击打及杀伤性巨大的部位。

炮拳，是一气之开合的武学大道之彰显。炮拳的劲，需从枪术拦、扎中找劲，是一种捷径。

五行横拳母拳势修炼：

横拳五行属土，修的脾之力，精气藏于脾脏，制造新的血细胞破坏老的细胞，产生淋巴细胞与抗体,贮藏铁质的布化之功得到进一步增益,横拳修的是中和之力。

由起势开始，在三木桩左式的基础上，左脚以切步向前行进，同时右脚跟步停靠于左脚侧虚步以待；双掌同时变拳，左拳拳心向上，右拳拳心向下互为阴阳招。在上左脚的同时，右拳置于左小臂肘前方（肘下底位）。

右脚变虚步，向前踩出落地，成三体式（右式）；出右脚的同时，右拳由左臂肘下拧转而出，高不过咽喉，低不过中宫，左拳与右拳互绞，顺势收回至下丹田成拳心向下平拳。此招为"青龙出水"。如此横拳右势完成。

右脚以切步向前行进半步，同时左脚跟步停靠于右脚侧虚位以待；上右脚的同时，左拳置于右小臂肘前方（肘底住）。

左脚向前踩出落地；成三体式（左式）；出左脚的同时，左拳由右臂肘下拧转而出，双泉互绞，右拳顺势收回至丹田成拳心向下平拳。如此横拳左势完成。

横拳左势与右势交错，向前行进练习。需要转身换位时，以横拳左势为例；左脚按顺时针方向，以脚跟为轴心拧转至身体向后，右脚撤回至左脚旁虚势以待。转向完成后，右拳由左臂肘下以横拳击出。如此横拳左势与右势交错，向前行进练习。至原点后以转身势回到起势点收势。

横拳体用窍要：横炮的劲，由枪术中的"拿"法与"扎"法中找劲是最佳捷径，概因形意拳术是化枪为拳，拳中用枪，所以以枪术求取本源体用是不二之选。

在体用中，要领悟"横拳非横，见横不为横"的奥妙，横拳的状态彰显并不见横，横拳是曲中求直之道，所以说横劲的法则是横为直用，常用于攻取敌之胸腹及对称侧位等。用劲时，身法以束展与之契合；束如球，展如翼，有来有往，打防皆含为一式。

横拳，是一气之团聚的武学大道彰显。

图 2-23-4 钻拳母拳势　　图 2-23-5 炮拳母拳势　　图 2-23-6 横拳母拳势

综上所述，五行拳之所以称之为形意拳术的奠基拳法，在于五行之劲是懂劲用劲的玄奥法门，在五劲的基础上，可生生不息，至有无穷妙用变化，所谓万变不离其宗，五行拳即为形意拳术乃至整个内家拳术体系的不朽绝学，彰显了大道至简。

劈拳似斧，钻拳似剑，崩拳似箭，炮拳似持盾而击，横拳似枪又如流星锤，诸般武器，在五行拳中皆有彰显，懂劲之后，十八般武器，略加点拨适应，即可手到拈来，这就是形意拳术的魅力所在。五行拳化拳为掌，即为形意五行掌。

在实践中，要因时势而异，所谓"灵劲上身无地翻，硬打硬进无遮拦"，并非一味追求有进无退，硬打硬进更多呈现的是一种必胜之信念，敢于进攻的亮剑精神，在刚猛精进余，须审时度势，避实击虚以克敌制胜。

五行补天述

先天阳五行，后天阴五行，呼应内外五行，化而为拳，每拳至有七式变化，共计35路拳术，参合三才之理，合36天罡之数。外五行为体，内五行为用，附以纵横之术，乃有无穷变化。

前篇已为习者阐述形意术之先天五行拳法的体用。自五行桩为始，进而形始先天五行的筑基修炼，本章重点阐述由先天五行总领的五行补天总法，以及五行生克制化之理。

图 2-23-7 人禀五行图

天道有缺，何况人乎？自始祖创拳以来，在历代传承者在生死历练中不断精进技艺，体悟拳理之体用，总结杀伐之得失，概括出了五行拳大用之道，分别对应先天阳五行与后天阴五行之易理，以补天道，以全五气之神。

先天阳五行，后天阴五行，呼应内外五行，化而为拳，每拳具有阴阳七势之变，至有阴五行35势与阳五行35势变化，共计70路拳术，参合三才之理，阴阳各合36天罡之数。外五行为体，内五行为用，附以纵横之术，乃有无穷变化。

下文简述部分后天阴五行与先天阳五行之体用。

阴阳五行总法

劈拳总诀，金受克过重，则不能克木；若不受克，则加剧克木；劈拳者，一气之起落，五行属金。

劈拳一路：蛰龙出云，金生水德。

劈拳二路：金销水进，和合并用。

劈拳三路：水势流转，金德盈冲。

劈拳四路：金水参合，成就锐金。

劈拳五路：浩龙隐没，金出其里。

劈拳六路：外阴内阳，金水外生。

劈拳七路：弱水锐金，其用为亢。

综上所述，金能克木，但木能生火，火又能克金，使金不亢不衰，从而滋养生化水德。

劈拳一路之体用：以左三体式为例，左脚以切步向前行进半步；双掌成拳，收束于下丹田位置，两拳起钻，沿身体中线距离及喉咽前方时向前击出至眼前。起钻有钉喉，锁拿之势，出势谨守中宫，肘打，膝打皆附涵其中，尤其配合足膝的锁切之术应明了于心。

右脚蹬劲，向前上步踩出；右拳顺势向前翻掌劈落，双拳同时变掌，左掌置下丹田，左掌劈落于心口。至此，劈拳一路左势完成。右势之练法与左势相同，四象之位切换即可。

劈拳二路之体用：以左三体式为例，退左脚，双掌成拳，以双龙出水钻拳势与左脚同步而出，左拳前下，右拳后上，化为三体右式。左脚后撤，以双龙出水钻拳势同步，化为三体左式，如此左右交

图 2-23-8 先天阳五行图

错练习，渐至纯熟，需从中体悟"闪避疾撤"之身法，使进有章法，退亦有据，进退有序，心随意至，更增身法之灵动。退势之中，以退为进，以退法而抢占敌之不防之位，以退为攻，以退为守，多重应用时应时时切磋逐度。

劈拳三路之体用：以左三体式为例，左脚虚退蓄势，身形收束，双掌顺时针掳捋至丹田处；左脚前出，后脚跟步于后成鸡步，双掌同时一前一后向前击出。十指朝前，掌心向下，左手在前，右手置于左腕后。至此，左势演练完成。

左脚外摆进步，身形向右收束，双掌顺逆时针方向掳捋至下丹田处；右脚上步，左脚跟步于后成鸡步，双掌同时一前一后前出击出，右手在前，左手置于右腕后。至此右势演练完成。如此，左右交错向前行进演练。

此势需从中体会持的 2 层意义，1. 以手指顺着来敌之劲抹过去，使敌之来势为己顺用；2. 以手握住来敌之肢体向反向滑动，以顺势利敌。

劈拳四路之体用：以左三体式为例，化三体为鸡步左势，双掌化拳，左拳沉于左小腿处，右拳束于右腰际；左拳成立拳，拳心向内；右拳成立拳，拳心向内贴腰。右脚上步，左拳以抛物线轨迹向前上方顺势击向，达到末端时，拳面略用点头劲，高度略过头顶高度，右拳跟随附于左肘旁。左脚向前上步，仍成鸡步左势，左拳同步顺势以下砸之，仍沉于小腿处，右拳收束于右腰际。如此，始终以鸡步左势向前行进练习。右势练法与左势一致，四象之位切换即可。

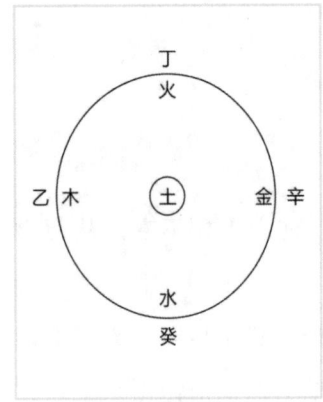

图 2-23-9 后天阴五行图

此势需从中体悟踩意，膝打、向上冲捶的劲力复合变化，落势劈砸须有锄地斩草之锐劲。这一路打法精意，全在一竖之起落之间。

劈拳五路之体用：以左三体式为例，左脚进步，同时双掌右圈左拦。右脚上步，右掌与左掌皆化为拳，左拳捋带，右拳顺势起钻后由上而下劈砸，拳势砸落于中宫之位前，左拳收束于下丹田处。至此右势演练完成。

右脚进步，同时双掌左圈右拦。左脚上步，右掌化拳捋带，左掌化拳劈砸，整体成三体左式状态。至此左势演练完成。如此，左右交错演练。

圈拦是顾法之用，体用之道中，先用"顾法""打法"紧跟其后。圈拦法是封印敌手高位攻击的有效手段。

劈拳六路之体用：以左三体式为例，左脚向右前方进步，同时右掌化钻拳，势如老熊出洞，附有冲撞之猛态；右脚上步，左掌同时化为劈拳左势。如此，左势演练完成。

右脚向左前方进步，同时左掌化钻拳；左脚上步，右掌同时化为劈拳右势。至此，右势演练完成。如此，左右交错以三角步演练。

老熊出洞时，以肩尖照敌，以正冲撞之功，附以步法，连冲带踩。进退之间，钻意有锁扣敌四肢根节以备摔拿之用。

劈拳七路之体用：以左三体式为例，右掌化拳由中线直挑或以掌外捋而出，同时左脚进步；右脚

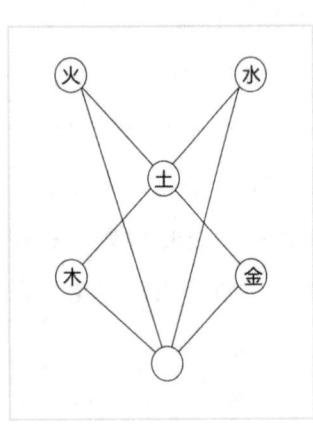

图 2-23-10 太元生五行精义图

上步，同时右拳由中线直劈而下。如此，右势演集完成。

右脚向前进步，右拳左掌连续挑拳或以掌外捋而出；左脚上步，左拳同步劈落。如此，左势演练完成。

行进的步法，以自然形态或三才式为主自选，这一势主修豁挑劈落，大开强进，硬打硬进之意，使敌手无有遮拦招架之功。

崩拳总诀，木不受克，则加剧克土；受克过重，则无法克土。崩拳者，一气之伸缩，五行属木。

崩拳一路：羽箭穿云，金生其里。

崩拳二路：金退木盛，巍然定岳。

崩拳三路：快马三箭，锐金为锋。

崩拳四路：龙蛇倾陆，木出中空。

崩拳五路：水势流转，木德隐生。

崩拳六路：金龙密雨，土木生克。

崩拳七路：伏波万里，其术有灵。

综上所述，木能克土，但土能生金，金又能克木，使木不亢不衰，从而滋养化生火德。

崩拳一路之体用：

以三体左式为例，左脚进步，在脚紧跟其后位于左脚内侧后半，势成鸡步之态，同时双掌化拳，左拳带回至腰际，右拳顺左拳上或拳下以崩式击出。此式鸡步重心落于前脚，后脚虚势，引重心回复至后脚蹬劲发动，继续左脚进步，后脚跟于其后，左右崩拳交错演练，一步一打。如此，左势演练完成。右势演练以右脚进步，左脚跟步开始，演练规则与左势相同。

这一式，鸡步用踩，崩拳用掏打或压打，主以攻代守，拳出似离弦之箭。拳面用劲时，以接触敌身一瞬拧转助劲摧发为最佳时机。回身转法依"狸猫上树"。

崩拳二路之体用：

以三体左式为例，化掌为拳成崩拳定式。左脚退步，成三体右式，同时出崩拳右式；右脚退步，成三体左式，同时出崩拳左式。如此，左右交错以后退势演练。

此式，主修退势之灵，内蕴胯打，靠打，后肘打等近身技。演练时，掏打与压打自由变换，主攻可，防中用攻势亦可。

崩拳三路之体用：

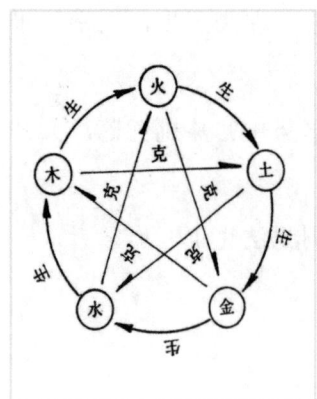

图 2-23-11 五行相生／克图

以三体左式为例，左脚进步，右脚半跟，成自然步或三体半步式，同对双掌化拳，以崩拳三发齐出；换步为右脚进步，左脚半跟，同时以崩拳三发齐出。如此，步法自然变换演练。

此式，主修自然进退之身法，以及一步连环之攻势。这一打法又称"快马三箭"，三之数只是一个概念，随功力逾深，可四数、五数乃至更多。

崩拳四路之体用：

以三体左式为例，左脚向右前方以三角阵型进步，同时古手起钻拳；右脚上步成三体右式，同时左手化崩拳而出。至此，右势演练完成。

右脚向左前方进步，同时左手起钻拳；左脚上步成三体左式，同时右手化崩拳而出。至此，左势演练完成。如此，左右交错，向前行进演练。

此式主修闪转之能，以攻敌外围入手。钻意具有掏打及锁拿敌肢体之功。

崩拳五路之体用：

以三体左式为例，左脚摆步向前进步，右脚虚跟其后，同时双掌左圈右拦；右脚上步成三体右式，右手化崩拳而出。至此，右势演练完成。

右脚摆步向前进步，左脚虚跟其后，同时双掌右圈左拦；左脚上步成三体左式，左手化崩拳而出。至此，左势演练完成。如此，左右交错，向前行进演练。

此式以主防为上的圈拦横手为顾法，使崩拳时可使压打或掏打，亦可使点头劲意，增加碾势杀伤力。演练之时进退挪移，左右闪展无有不可。

崩拳六路之体用：

以三体左式为例，左脚向右前方进步，右脚虚跟其后，同时右手化拳向外翻压，拳心向上前抻，左拳收束于腰际；右脚上步成三体右式，时左拳化崩顺势而出。至此，右势演练完成。

右脚向左前方进步，左脚虚跟其后，同时左拳外翻压制前抻，右拳收束于腰际；左脚上步成三体左式，时右拳化崩而出。至此，左势演练完成。如此，左右交错，向前行进演练。

此式，主修闪展侧位强化压打之功。注重敌势之变与己方听劲之能力。

崩拳七路之体用：

以三体左式为例，左脚向前自然进步，右脚跟步其后，同时左掌化拳带回下按于下丹田，右掌化拳横小臂于中宫前向上拧翻，右小臂自身内复向下按于丹田，左小臂横于中宫前向上拧翻；右脚向前自然上步，同时右拳以崩拳自中宫位击出。至此，右势演练完成。

右脚向前进步，左小臂横向于中宫位前向上拧翻，右拳按于下丹田，左拳自身内侧复向下按于丹田，右小臂横向于中宫位前向上一拧翻；左脚上步，同时左拳以崩拳击出。至此，左势演练完成。如此，左右交错，向前行进演练。

此式为"青龙取水"或称"乌龙取水"，主修横劲中用崩劲，尤擅以攻代守。

钻拳总诀，水受克过重，则使火恢复；若不受克，则加剧克火。钻拳者，一气之沉降，五行属水。

钻拳一路：展手为用，金生水势。

钻拳二路：蛇雀双形，金水互生。

钻拳三路：虎魄先锋，其势锐金。

钻拳四路：密云不雨，金隐水遁。

钻拳五路：金蛇缠丝，弱水势重。

钻拳六路：泉涌无定，其生水德。

钻拳七路：叠浪有术，水势无尽。

综上所述，水能克火，但火能生土，土又能克水，使水不亢不衰，从而滋美化生木德。

钻拳一路之体用：

以三体左式为例，左脚外摆进步，同时左掌顺时针捋摆前展，外掌缘成斜斩式，右脚上步成三体右式，同时右拳化钻拳而出。至此，右势演练完成。

右脚外摆进步，同时右掌逆时针捋摆前屋；左脚上步成三体左式，同时左拳化钻拳而出。到此，左势演练完成。如此，左右交错，向前行进演练。

此式主修展手至柔之水的特性，粘连不丢之意。

钻拳二路之体用：

以三体左式为例，左脚外摆进步，右脚虚跟或踏成箭步，同时左掌顺拧身之劲带回，并翻为阴掌前穿，此式为"白蛇吐信"；右脚进步（上步）成三体右式，同时出右拳为钻。至此右势演练完成。

右脚进步，化右拳为"白蛇吐信"；左脚上步成三体左式，同时出左拳为钻。至此，左势演绎完成。至需要转身时，以三体左式为例，转身探右脚向后为仆步，同时上身右倾下压，右臂直押，右掌拧转为阴掌置于右脚面，左臂与右臂为一线，掌心外向。

此式主修金水相生之妙，兼蛇形之灵，燕子抄水之灵，上下兼打，摔技相连。

钻拳三路之体用：

以三体左式为例，左脚进步，同时左掌化虎形按出；右脚上步，成三体右式，同时右掌化钻而出。至此，右势演练完成。

右脚进步，同时右掌化虎形按出；左脚上步，成三体左式，同时左拳化钻而出。至此，左势演练完成。如此，左右交错，向前行进演练。

此式主修金水顺逆互生之体用，在钻拳中体用虎形之暴烈，实为刚柔流转之典范。

钻拳四路之体用：

以三体左式为例，左脚进步，右脚虚跟其后，同时双掌顺时针左圈右拦；右脚上步，成三体右式，同时右掌化钻拳而出。至此，右势演练完成。

右脚进步，左脚虚跟其后，同时双掌逆时针右圈左拦；左脚上步，成三体左式，同时左拳化钻而出。至比，左势演练完成。如此，左右交错，向前行进演练。

此式以圈拦为顾法，至柔之中化为至韧之坚。

钻拳五路之体用：

以三体左式为例，左脚进步，右脚虚跟其后，同时左拳顺时针缠拳；右脚上步，成三体右式，同时右拳化钻而出。至此，右势演练完成。

右脚进步，左脚虚跟其后，同时右拳逆时针缠拳；左脚上步，成三体左式，同时左拳化钻而出。至此，左势演练完成。如此，左势右势交错演练。

此式主修"金蛇缠丝"，劲力圆转连绵密密，连消带打。发劲多依腕力之转还。此先手亦可转化为主攻之势。

钻拳六路之体用：

以三体左式为例，左脚退步，成三体右式，同时右掌化拳为钻。至此，右势演练完成。右脚退步，成三体左式，同时左拳化钻而出。至此，左势演练完成。

如此，左右交错，以退式步法演练。

此式主修闪退用水势之功。

钻拳七路之体用：

以三体左式为例，左脚向右上角进步，同时右手化钻拳同步而出。右脚上步成三体右式，同时左拳化钻拳而出。至此，右式演练完成。

右脚向左上角进步，同时左手化钻拳同步而出；左脚上步成三体左式，同时右拳化钻而出。至此，左式演练完成。如此，左右交错，以此三角步法行进演练。

此式主修闪展近身之身法及打法，多倚重肩打、脖打以及冲撞之功，流水复见流水涟绵不绝。

炮拳总诀，火太过，则过分克金；火不足，则不能克金。炮拳者，一气之开合，五行属火。

炮拳一路：水火相济，合和并用。

炮拳二路：火降在前，其势胜先。

炮拳三路：水胜火势，外阴内阳。

炮拳四路：烈焰当空，阳极生阴。

炮拳五路：纵山有灵，生克生妙。

炮拳六路：猛虎出洞，其势锐金。

炮拳七路：阴阳返复，难知如用。

综上所述，火能克金，但金能生水，水又能克火，使不亢不哀，从而滋养化生土德。

炮拳一路之体用：

以三体左式为例，左脚向前进步，身体右拧约45度，右脚虚跟其后，同时双掌化拳收束于下丹田（掌心向上）；右脚向右上角45度斜出，成三体右式，左拳同时化为炮拳。至此，右势演练完成。

右脚向前进步，左脚虚跟其后，同时双拳收束于下丹田；左脚向左上角斜出，成三体左式，右拳同时化为炮拳。至此，左势演练完成。如此，左右交错，以此步法演练。

此式主修闪展与炮拳的整合体用，以增强侧位进攻之威能。

炮拳二路之体用：

以三体左式为例，左脚撤回虚立，双拳收束于下丹田（拳心向上）；左脚后退，成三体右式，同时右拳以炮拳击出。至此，右势演练完成。

右脚撤回虚立，双拳收束于下丹田；右脚后退，成三体左式，同时左拳以炮拳势击出。至此，左势演练完成。如此，左右交错，以追势步法演练。

此式主修以静制动，防御中进攻的关窍。

炮拳三路之体用：

以三体左式为例，左脚向右前方进步，同时右掌化拳起钻；右脚上步成三体右式，同时左拳以炮拳击出。至此，右势演练完成。

右脚向左前方进步，同时左拳起钻；左脚上步，成三体左式，同时右拳以炮拳击出。至此，左势演练完成。如此，左右交错，以三角步法行进演练。

此式主修侧位进攻的能力，注重熊膀的冲撞靠山之力。肩打为先，胯打头打紧相连。

炮拳四路之体用：

以三体左式为例，左脚向右前方进步，同时右圈左拦；右脚上步成三体右式，同时以上勾拳击出左拳。至此，右势演练完成。

右脚向左前方进步，同时左圈右拦；左脚上步成三体左式，同时以上勾拳式击出右拳。至此，左势演练完成。如此，左右交错，以三角步法行进演练。

此式主修圈拦手与冲天炮的组合体用，圈拦手在顾法防御上及搂敌头部躯干上皆有奇效；冲天炮以拳心向里或向上皆可，俱有不俗杀伤性。

炮拳五路之体用：

以三体左式为例，左脚进步，右脚虚跟其后，同时双掌交叉为十字手，掌心向内，右掌在外，掩于中宫；右脚上进步，同时左拳以平直炮击而出，右掌向里裹拧转后带至太阳穴旁。至此，右式演练完成。

右脚进步，左脚跟随其后，双掌心向内起十字手掩于中宫，左掌在外；左脚上步成三体左式，同时右拳以平直炮拳击出，左掌里裹拧转至左太阳穴旁。至此，左式演练完成。

如此，左右交错行进演练。此式为猴形拳势，辅以穿心炮，十字掌主中宫破门而入，穿心炮紧随其后，其势一往无前；此式亦可作以静制动，连消带打。

炮拳六路之体用：

以三体左式为例，左脚进步，后脚跟于其后虚立，同时双掌化拳卷回收束于中宫虚势以待；右脚上步，成三体右式，同时右拳横拧前出停于右眉角前方，左拳顺势以平直炮拳击出。至此，右势演练完成。

右脚进步，左脚跟步虚立，同时双拳收束于中宫；左脚上步，成三体左式，同时左掌拧转前出停于右眉角前方，右拳顺势以平直炮拳击出。至此，左势演练完成。如此，左右交错演练。此式为虎炮拳势，左右同时前出有虎扑之势，一式用四劲，曲中用直，圆转如意，其势至烈。这一式，是硬打硬进无遮拦之典范。

炮拳七路之体用：

以三体左式为例，左脚向右前方进步，右脚虚立跟于左脚旁，整体束身下蹲，同时右掌斜插致臂后，掌心向外，左掌顺势拧转合于右肩内侧。右脚上步，成三体右式，同时左拳化炮拳势击出，右拳辅之。至此，右势演练完成。

右脚向左前方进步，左脚跟步虚立，同时左掌斜插至右臀后，右掌顺势合于左肩内侧，左脚上步，成三体左式，同时右拳以炮拳势击出，左拳辅之。至此，左势演练完成。如此，左右交错，以三角步法演练。此势主修蛇拨草之灵与炮拳的刚重互用。蛇拨草手打、肩打、膝打、肘打俱全，以刁毒见著，用者不可不慎。

横拳总诀，土受克过重，则无力克水；若不受克，则加剧克水。横拳者，一气之团聚，五行属土。

横拳一路：土盛水制，木出其中

横拳二路：土隐水消，金生其中。

横拳三路：水势流转，土为至坚。

横拳四路：双龙相戏，水中用土。

横拳五路：龙蛇缩尾，土为至胜。

横拳六路：飞马踏燕，水土制化。

横拳七路：上胜为水，不掩其土。

综上所述，土能克水，但水又能生木，木又能克土，使土不亢不衰，从而滋养化生金德。

横拳一路之体用：

以三体左式为例，左脚进步，右步向右上角上步，成三体右式，同时左掌化拳自右肘下横劲而出。至此，右势演练空成。

右脚进步，左脚向左上角上步，成三体左式，同时右拳自左肘下化横而出。至此，左势演练完成。如此，左右交错，以三角步法行进演集。此式主修侧位身法防御反击。用劲乃外翻之横，在枪术之中为"拿"法。

横拳二路之作用：

以三体左式为例，左脚向后撤步，成三体右式，同时右掌化拳自左肘下横劲而出。至此，右势演练完成。

右脚向后撤步，成三体左式，同时左拳自右肘下化横而出。至此，左势演练完成。如此，左右交错，以退势步法进行演练。

此式主修以静制动之用，用劲乃里裹之横，在枪术中为"截"法，在剑术之中亦为"截法"。

横拳三路之体用：

以三体左式为例，左脚进步，右脚虚跟其后，同时左腕牵引周身之劲以顺时针圆转圈定；右脚上步，成三体右式，同时右拳自左肘下化横而出。至此，右势演练完成。

右脚进步，左脚虚跟其后，同时右腕以逆时针圆转圈定；左脚上步，成三体左式，同时左拳自右肘下化横而出。至此，左势演练完成。

如此，左右交错，向前行进演练。此式主修以腕部粘拿消打的"金蛇缠丝"术，或称"金丝缠腕"术。

横拳四路之体用：

以三体左式为例，左脚向右上角进步，右脚虚跟，同时左圈右拦；右脚上步，成三体右式，同时右拳自左肘下化横而出。至此，右势演练完成。

右脚向左上角进步，左脚虚跟，同时右圈左拦；左脚上步，成三体左式，同时左拳自右肘下化横而出。至此，左势演练完成。如此，左右交错，以三角步法行进演练。

此式主修圈拦手顾法在侧位中用横劲之技巧。

横拳五路之体用：

以三体左式为例，左脚上步，右脚虚跟，身形蛇形束展，右掌斜插至臀后，左掌拧转至右肩内侧，是为"青龙缩尾"，右脚上步，成三体右式，右拳自左肘下化横而出。至此，右势演练完成。

右脚上步，左脚虚跟，身形束展，双掌左下右上成"青龙缩尾"；左脚上步，成三体左式，左拳自右肘下化横而出。至此，左势演练完成。如此，左右交错，向前行进演练。

此式主修束展之灵，栽捶打法与横劲的合击之术。

横拳六路之体用：

以三体左式为例，左脚上步，右脚虚跟，同时双掌化拳由身前收束回下丹田；

右脚上步，成三体右式，同时右拳逆时针摆拳带回中宫，再顺势直取而出。到此，右式演练完成。

右脚上步，左脚跟步虚立，同时双拳收来于下丹田；左脚上步，成三体左式，同时左拳逆时针摆拳带回中宫，再顺势直取而出。至此，左式演练完成。

如此，左右交错，向前行进演练。

此式主修横劲曲折之用，以此纵横，妙用无方。摆中带勾拿顺化连击之术，横中多见圆转直取之变。

横拳七路之体用：

以三体左式为例，左脚向右上角进步，右脚跟步，同时右拳化钻而出；右脚上步，成三体右式，同时左拳自右肘下化横而出，至此，右势演练完成。

右脚向左上角进步，左脚跟步，同时左拳化钻而出；左脚上步，成三体左式，同时右拳自左肘下化横而出。至此，左势演练完成。如此，左右交错，向前行进演练。

此式主修熊膀靠山之力与横劲的合击之术。熊乃阴中之阳，水中至坚化而为土行之力，辅以横劲，乃是土中之土，势为至烈。

综上所述，先天五行拳与五行补天述，互为表里，体用互参，两者共同构成了形意拳术的完整五行修行体系。五行之阴阳，五行之先天与后天，五行之内外皆蕴含其中，其行拳引气之法沟通周天，是体悟周天漫步的不朽之术；其拳理之体用，是武道技击的重要体现。

一招一式皆为体用兼顾，或为顾打一体，或为先顾再打，或为顾中藏打，或为打中藏顾，在实际体用中，万般皆顺己，而不可从敌，方不为人所制，以保有自身之节奏，形成自有的技击之风骨。

一进一退，体时有其章法，用时无处不为法度。所以，在演练中，从遵守法度开始，自纯熟后，进亦可、退亦可、闪亦可，同一势同一招，有万般变势，然皆可化归为一。看山是山，看山非山，看山仍是山，即为此理。

（注：上所载述为部分后天阴五行与先天阳五行之拳象）

五行连环拳（一路）

五行连环拳一路，是习练连环短打，生克制化，换劲懂劲的一种方式。

五行连环拳一路之体用：

（1）以三体左式起势；左脚进步,右脚跟步虚立,同时右拳化崩而出,是为"黑虎出洞"。

（2）右脚后撤；左脚过步后撤,拧腰夹腿成龙形交步,同时左拳化崩而出,是为"青龙出水"。

（3）右脚进步,成三体右式,同时右拳化崩而出,是为"黑虎出洞"右式。

（4）身体左拧,右拳收于左拳下成十字手叠于下丹田,是为"白鹤交翅"。

（5）右脚向右上角走出成箭步,同时双拳分开向各自对应方位鞭捶而出,是为"白鹤展翅"。

（6）向左拧转身体完全转至左侧面,目视前方,同时右拳收至上丹田砸落,左拳化掌于下丹田承接住右拳,是为"黑虎坐洞",右脚于砸拳时同时于左脚并拢处踩下。

图 2-23-12 黑虎出洞　　图 2-23-13 青龙出水　　图 2-23-14 白鹤交翅　　图 2-23-15 白鹤展翅

（7）右脚向右上角进步,成三体右式,左拳化炮拳势击出,是为"黑虎跳涧"。

（8）右脚向右下角撤步,成左箭步,同时右拳向左裹横,是为"神鼍翻身"。

（9）右脚向正后方退步,左脚退步虚立,同时左掌顺右小臂裹回至下田；左脚进步,成三体左式,同时左掌以斩手势而出,是为"青龙穿云"。

（10）左脚进步,提右膝,起钻拳右式,是为"狸猫上树"。

（11）右脚以龙形交步踩出,同时左掌下劈而出,右掌收束至右腰际,是为"狸猫扑鼠"。左脚上步,右拳同时化崩击出,是为"黑虎出洞"。

（12）左脚以"青龙卷尾"顺时针扣步,身体顺势转身向后,提右膝,起钻拳右式,是为"狸猫倒上树"。

至此，单趟演练完成；如此继续演练第二趟，来回为一套完整演练，最终以"熊入洞"式收势即可。

图 2-23-16 黑虎坐洞　　图 2-23-17 黑虎跳洞　　图 2-23-18 神鼍翻身　　图 2-23-19 青龙穿云

图 2-23-20 狸猫上树　　图 2-23-21 狸猫扑鼠　　图 2-23-22 青龙卷尾

五行连环拳（二路）

五行连环拳二路，是在一路的基础上的一种提升境界之习练方法，劲力追求古朴刚劲，打法更见精妙，其中在十二形之外更增鹤形之体用。

五行连环拳二路之体用：

（1）以三体左式起势；左脚进步，右脚跟步虚立，同时右拳化崩而出，是为"黑虎出洞。"右脚后撤；左脚过步后撤，成龙形交步，同时左拳化横而出，是为"青龙出水"。左脚后撤的同时，右小臂横劲而出，以彰显肘打与胯打，是为"猛虎回首"。

（2）右脚向右上角上步，成三体右式，同时右拳化崩而出，是为"黑虎出洞"。

（3）左脚左转向左侧面，成箭步左式，同时左拳化掌，右拳顺势以贯拳击于左掌心，攻击高度取双耳位置，是为"白鹤交翅"；若以柔劲使此式，即一招分两式，则先为"白鹤交翅"，后用"白鹤展翅"。

（4）左掌落于下丹田处，右拳心向上于上丹田处，以金刚捣捶之势砸落，右脚同时收至左脚处并立悬空踩下，是为"黑虎坐洞"。

（5）右脚向右上角进步，成三体右式，左拳化炮拳势击出，是为"猛虎跳洞"。右腿向正前方提来，同时右拳向前横劲而出，其中蕴含砸势、裹横，直取这复合之劲法奥妙，是为"金鸡振翼"。

（6）左脚起跳，成三体左式，同时左拳化劈而出，是为"鹰击长空"。左脚撤回至右脚旁虚立，同时双掌顺时针平捋带回至中宫位；左脚进步，右脚跟步，成鸡步左势，同时双掌平押而出，是为"顺水推舟"。

（7）左脚向左上角进步，右脚跟步虚立，同时右掌以"分水指"自左小臂下前出，两掌心皆向上；右脚向右上角上步，成三体右式，同时右小臂逆时针横劲而出，是为"神鼍浮水"。此式继续以三步法演练3次，总数合计4回，以体现鼍形灵运之身法。

（8）保持手型不变，右掌自左肘下横劲而出，以指取敌咽眼之意，此式共演练3次，是为"双龙取水"。

（9）进左脚，提右膝，起钻拳右式，是为"狸猫上树"。

（10）右脚以龙形交步踩出，同时左掌化劈而出，右掌收束至右腰际，是为"狸猫扑鼠"。

（11）左脚上步，右拳化崩而出，是为"黑虎出洞"。

（12）左脚顺时针内扣，身体顺势转为向后，提右膝，起钻拳右式，是为"狸猫倒上树"。

（13）右脚以龙形交步踩出，同时左掌化劈而出，右掌收束至右腰际，是为"狸猫扑鼠"。

（14）左脚上步，右拳化崩而出，是为"黑虎出洞"。

至此，单趟演练完成；如此，继续演练第二趟，来回一套即为完整演练。最终以"熊入洞"式收势即可。

五行炮捶

五行炮捶，乃取五行之精义，每势皆以炮烈之势发动，动静开合之间皆彰显明劲之吞吐。五行炮捶又称为五花炮、五行捶。

五行炮拳之体用：

（1）以三体左势为例，左脚后撤至右脚旁，右脚虚立，同时左拳化钻而出，是为"青龙抬头"。

（2）右脚上步，成三体右式，重心后八前二，同时右拳化劈砸而下，后势暗用翻地之劲，有如钉耙犁地，是为"龙蛇起陆"。

（3）右脚上步，左脚跟步虚立，同时右拳化钻而出，是为"青龙抬头"。

（4）左脚上步成左箭步，左拳化翻而出，以拳背使鞭劲击出，右拳顺势收束至右腰际，是为"猛虎蹬山"。

（5）左脚震步，右脚上步，成三体右式，右拳同时化崩而出，是为"黑虎出洞"。

（6）右脚震步，左脚靠拢虚立，同时双拳自身前顺势以拳背捶下，身形束紧，是为"黑虎蹲身"。

（7）左脚上步，成三体左式，右拳化炮以平直拳势而出，左右拳势皆用虎扑吞噬之意，一拳分四劲，至为刚烈，是为"黑虎掏心"。

（8）左脚进步，右脚上步，成三体右式，同时左拳自右时下化横而出，是为"青龙出水"。

（9）左脚上步，成三体左式，右拳以逆时针方向横摆击出，左拳连贯以顺时针方向横摆而出，是为"青龙摆尾"。

（10）右脚上步，右拳化钻而出，是为"青龙抬头"。

（11）左脚上步，左拳似斩劈而出，其势如斧，是为"力劈华山"。

（12）左脚内扣，身体顺势转身向后，上右脚，右拳化钻，是为"青龙抬头"。

（13）左脚上步，左拳化斩劈而出，其势如斧，是为"力劈华山"。

至此，单趟演练完成；如此，继续演练第二趟，来回一套即为完整演练。最终以"熊入洞"式收势即可。

第二十四节　天干意形篇 十大真形

心意六合拳术,是形意拳门的"河南派"传法之名,由龙、虎、马、猴、鸡、蛇、鹞、燕、鹰、熊此 10 类灵属构成,故被时人称谓"十大形",合天干之数。

心意六合拳术,由心意拳心意把、六合拳、四把拳以及相关器械兵刃组成,风格虽似自成一体,然仍不失始祖创拳所依之六合奥理,以此理契合者,皆为形意门内之属,不复门户之偏私;所谓门户,皆以人分,人之思维皆有狭隘之处,然至理始终一贯永存,以使后学之辈倚为修行之基。

本章重点阐述心意拳术的十大形拳,十大形桩,心意上中下四把捶之体用。

十大形桩

龙形桩:

以鸡步左式站立,左右掌以阴掌交错,成"青龙缩尾"左式,目视前方,凝神守一,见为"龙形桩"左式。右式站法与左式要领一致。

虎形桩:

以鸡步左式站立,双掌大指交叉前抻于中宫前,目视前方,凝神守一,此为"虎形"桩左式。右式站法与左式要领一致。

马形桩:

以鸡步左式站立,左拳前抻于中宫位置,右拳附于左腕旁,双拳拳心向下,目视前方,凝神守一,此为"马形桩"左式。右式站法与左式要领一致。

猴形桩:

以丁字步左式站立,左掌叼手来于左腮部,右掌叼手来于左肘旁,松肩坠肘,目视前方,凝神守一,此为"猴形桩"左式。右式站法与左式要领一致。

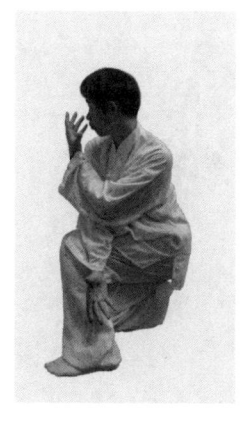   

图 2-24-1 龙形桩　　图 2-24-2 虎形桩　　图 2-24-3 马形桩　　图 2-24-4 猴形桩

鸡形桩：

以鸡步桩左式站立，竖左小臂抻于中宫位前，掌心阴掌向外，指尖不过眼；右掌虎口托于左肘下，掌心向外，塌腕沉肘，目视前方，凝神守一，此为"鸡形桩"左式。右式站法与左式要领一致。

蛇形桩：

以丁字步左式站立，左掌蛇形左转抻于中宫位前，右掌虎口托左肘略前位置，目视前方，凝神守一，此为"蛇形桩"左式。右式站法与左式要领一致。

鹞形桩：

以鸡步桩左式站立，左掌前抻，指尖触及发际线，小臂尽量束于中宫位；右掌虎口托于左肘下，掌心向前，目视前方，凝神守一，此为"鹞形桩"左式。右式站法与左式要领一致。

燕形桩：

以仆步左式站立，重心在右，目视左方，开右臂，右掌阳掌向外束于头部右上角；左掌以阴掌外抻，束于左膝上方位置，手臂自然弯曲，凝神守一，此为"燕形桩"左式。右式站法与左式要领一致。

图 2-24-5 鸡形桩　　图 2-24-6 蛇形桩　　图 2-24-7 鹞形桩　　图 2-24-8 燕形桩

鹰形桩：

以鸡步桩左式站立，左掌心向外抻于中宫位前，右掌心向外抻于左腕下方，以点口托于左腕下，左掌指尖不高于口，目视前方，眼皮上翻，目意及下，凝神守一，此为"鹰形桩"左式。右式站法与左式要领一致。

熊形桩：

以右腿承重下蹲，左脚尖朝天虚立，双肘靠肋，双掌皆阴掌向下，自然舒展束于中宫前位置，目视前方，眼皮微耷，目意及上，凝神守一，此为"熊形桩"左式。右式站法与左式一致。

综上所述，桩法修行，需内意外形高度统一，并有机运用呼及心法以及六合至理。

图 2-24-9 鹰形桩　　图 2-24-10 熊形桩　　图 2-24-11 猴形桩 2　　图 2-24-12 熊形猴相

十大形拳

龙形拳（追风赶月 韧劲）：

以侵扑站式而起，左脚进步，后脚虚跟，束身蹲立，同时双掌化"青龙缩尾"左式，双掌掌心皆贴身；右脚上步，成鸡步右式，同时右掌顺势抖腕而出，停于右膝内侧，左掌束于腰际。至此，右势演练完成。

右脚进步，左脚虚跟，同时双掌化"青龙缩尾"右式；左脚上步，成鸡步左式，同时左掌顺势抖腕而出。至此，左势演练完成。

如此，左右交错，行进演集。修炼此式，重点在于步与腕之力的契合，出势有鞭击之灵；使青龙缩尾时，下插掌时宜紧贴于身，以突出束身，裹身六合之义理。

虎形拳（虎抱头 大劈）：

以侵扑站式而起，左脚进步，后脚跟半步站立；同时左手起"虎抱头左式"；右脚上步，成箭步右式，同时右掌顺左小臂下劈至右小腿内侧。至此，右势演练完成。

右脚进步，左脚上步，成箭步左式，同时右手"虎抱头右式"后左掌劈落。至此，左势演练完成。

如此，左右交错，行进演练。修炼此式，需注重肩打与手打紧致相连。

图 2-24-13 追风赶月 韧劲　　图 2-24-14 上虎抱头　　图 2-24-15 大劈

马形拳（野马奔槽）：

以侵扑站而起，左脚进步，右脚上步成刮地风起脚，双掌同时阳掌下插至右脚两侧悬停；右脚进步，成鸡步右式，同时双拳返阴化钻而出。至此，右势演练完成。

右脚进步，左脚上步成刮地风起脚，双掌顺势下插悬停；左脚进步，成鸡步左式，同时双拳化钻而出。至此，左势演练完成。

如此，左右交错，向前行进演练。修炼此式，需注重双掌下插时的勒马之势，以体现足打与擒拿之功。

猴形拳（白猿献果）：

以侵扑站而起，左脚进步，右脚向前跳步而出成束蹲之势，同时双掌化阴向前翻滚劈落，左掌落于左小腿内侧，右掌自然落于体侧。左脚上步，成箭步左式，左拳同时化冲天炮而出，右拳按于下处。至此，左势演练完成。

右脚上步，左脚向前跳步而出成束蹲之势，同时双掌化阴劈落，右掌落于右小腿内侧，左掌自然落于体侧；右脚上步，成箭步右式，右拳同时化冲天炮而出，左拳按于下丹田处。至此，左势演练完成。

如此，左右交错，向前行进演练。此势主修腾空劈落的腿打与手打技术。

鸡形拳（丹凤朝阳 沉劈）：

以侵扑站而起，左脚进步，右脚上步，左脚上步同时右臂由前直起朝天，胳膊紧站头部，掌心向后，左掌按于下丹田处；左脚进步，右脚上步，成束蹲右势，同时右掌与左掌交错沉劈，左掌束于右肩内侧，双掌皆为阴掌。至此，右势演练完成。

右脚进步，左脚上步，右脚上步虚立，同时左臂由前直起朝天；右脚进步，左脚上步成束蹲之势，同时左掌沉劈而下。至此，左势演练完成。

如此，左右交错，向前行进演练。此式修炼需注重，一竖之挑打，一竖之沉劈，辅以刮地风技巧，实为"一气之起落"的典范。

蛇形拳（蛇形裹横）：

以侵扑站式而起，左脚向右上角进步，右脚上步成箭步右式，同时双掌右裹左顾后右掌自左胯处向右以阴掌横出，左掌附于后小臂处，至此，右势演练完成。

右脚向左上角进步，同时双掌逆时针左裹右顾，左脚上步成箭步左式，同时左掌自右胯处向左以阴掌横出。至此，左势演练完成。

如此，左右交错，向前行进演练。修炼此式，裹横须有"青龙缩尾"之势，裹身需有"束身"之意，横出时须有下及上与左右互动的复合劲，用横之时小臂为重要发力关键。

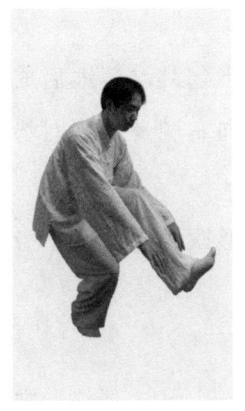
图 2-24-16 野马奔槽1

图 2-24-17 野马奔槽2

图 2-24-18 白猿献果1

图 2-24-19 白猿献果2

图 2-24-20 丹凤朝阳

图 2-24-21 沉劈

图 2-24-22 蛇形裹横

图 2-24-23 鹞子入林

鹞形拳（鹞子入林）：

以侵扑站式起站立，左脚进步，右脚上步成鸡步右式，同时右臂贴身自右胯向前弧线轨迹而出，左臂顺势弧线轨迹向身体后方而出，两掌心遥遥相对，势如抱球；双臂自然弯曲，前出必过胯，后出必过腮，前掌高度不过口，后掌高度略过头；至此，右势演练完成。

右脚进步，左脚上步成鸡步左式，同时左臂贴身自左胯向前弧线轨迹而出，右臂过腮部弧线轨迹向后而出，至此左势演练完成。

如此，左右交错，向前行进演练。此势修炼，势应致柔而不令其韧，以突出鹞鹰身形之灵，此式注重肩打与胯打。

燕形拳（燕子抄水）：

以侵扑式站立，左脚进步，右脚上步起跳，落地后成仆步左式，同时以右掌为首，双掌同时前穿后上扬后顺仆步自下而前掠；前掠时以左掌为首，右掌

紧随其后。至站立成向左侧身时，左势演练完成。

右脚进步，同时以左掌为首，双掌前穿后上扬；左脚上步起跳，落地后成仆步右式，同时双掌以右掌为首顺步自下而前掠，至站立成向右侧身时，右势演练完成。

如此，左右交错，向前行进演练。此式修炼，以起落身形欺进，以作贴身摔技之用，往往须借敌之来势而为之。

鹰形拳（雄鹰展翅）：

以侵扑式站立，左脚进步，右脚上步，成面向左束蹲之势，同时双掌于中宫前抱十字手，右手在内，左手在外；右脚横跨而起，同时双臂展开，右掌向前阳掌击出。至此，右势演练完成。

右脚进步，左脚上步，成面向右束蹲之势，同时双掌于中宫前抱十字手，左手在内，右手在外；左脚横跨而起，同时双臂展开，左掌向前以阳掌击出。至此，左势演练完成。

如此，左右交错，向前行进演练。修炼此式，注重身形束展与开合之贯通，阳掌出势有如鹰展双翼，此式以身形欺进敌之侧面，着重背打与臂打。

熊形拳（黑熊翻掌）：

以侵扑式站立，左脚向右上角进步，同时起左掌同向起撩；右脚上步，成箭步右式，同时左掌逆时针运动至左胯位置，起右掌以阴掌向右击出，左掌附之。至此，右势演练完成。

右脚向左上角进步，同时起右掌同向起撩；左脚上步，成箭步左式，同时右掌顺时针运动至右胯位置，起左掌以阴掌向左击出，右掌附之。至此，左势演练完成。

如此，左右交错，以三角步法行进演练。此式修炼，注重上下虚实两用，摔打任意，随心所欲。

图 2-24-24 燕子抄水　　图 2-24-25 雄鹰展翅　　图 2-24-26 黑熊翻掌

第二十五节　地支意形篇 十二真形

十二真形是形意拳术衍入周天生灵之性的彰显。十二真形为龙、虎、马、猴、鸡、蛇、鹞、燕、鹰、熊，此十大形为天干之数，这也是河南派形意拳（即心意六合拳）之传承；加上"鸟台""鼍"二形，合十二地支之数，这也是河北派传承之形意拳术的独特之处。

形意拳术之十二形，以龙虎为风云，以鹰熊为阴阳。周天之内有五虫，赢、鳞、毛、羽、昆这5类生灵，囊括大道众生，形意拳十二真形，择其5类之精而化为拳术，使形意拳术契于大道。

十二真形的修炼，象形只取其精义，重视其义理与形神的高度统一，一拍一式皆需严谨，守其法度，与九要、六合等纲领相契合。

十二真形之体用，以十二真形桩和十二真形拳为宗。

十二真形桩，即龙形桩、虎形桩、马形桩、猴形桩、鸡形桩、蛇形桩、鹞形桩、燕形桩、鹰形桩、熊形桩，共 12 种桩功心法。象形取其精意化入己身，使修习道武者身具龙之搜骨之精，虎之扑杀之能，马之踩践之意，猴之纵山之灵，鸡之争斗之能，蛇之拨草之能，鹞之穿林之术，燕之抄水之灵，鸟台之竖尾之能，鼍之剪尾之功，鹰之接神之精，熊之朴拙之性。诸象之灵，集于一身，则使体用之道变化无穷，妙用无方。所谓"高术莫用"，十二形是大用之学，习者需要极尽其诚，感悟天人始有所得，此术得之，不轻用，不轻传，以免流毒无穷。

龙形

龙形者，有降龙之式，有伏龙登天之形，而又有搜骨之法，龙者真阴物业（龙本属阳，在拳则属阴），在腹内而谓心火下降。丹书云：龙向火中出是也，又为云，云从龙，在拳中则谓龙形，此形式之劲，起手承浆之穴（即唇下陷坑处，又名任脉起处），与虎形之气轮回相接，二形一前一后，一升一降是也。其拳顺，则心火下降，其拳逆，则身必被阴火焚烧也，身体必无活泼之理，而心窍必不开也，故学者，深心格致，久则身体活泼之理自然明也。

龙形桩：

以左式为例，以三才桩左式站立，左脚外摆化竖力横，重心移至左脚；右脚尖转向朝化横为竖，以接近无重心腾空为佳，初习者可使右脚掌略支地；身背前探，目视前方；右掌以劈拳势前探，左掌亦以劈拳势附于右肘旁。

右式练法与左式要领一致，宁神守一，谨守六合。

六龙行天：

六龙行天，君子似天道，乃有包容万物之心；这是龙形至上至玄的精华，似乘龙以御天，行云布雨以恩泽万类。

以三体左式而起，左脚外摆，以龙形交步束蹲，右掌下劈，左掌束于腰后，是为"懒龙卧道"。

身形右拧，双脚胸前上方起跳，腾空时双脚束紧，同时双掌心向里，以右掌为先起钻，是为"青龙倒吸水"。

落地时切换为"懒龙卧道"右式。此式修炼，前选后退，腾空掉转皆可任意。腾空时注重双足攀附踹击之功。下势则注重提扯的劲意与膝脚的配合。

见龙在田·龙战于野：

君子如龙，养生万物，不争不伐，中正守信。

以三体左式而起，右脚上步向前正蹬而出，同时双掌化拳以右为先起钻；右脚落地为龙形步右式，重心移至右脚，身体尽量前探接近伏地，同时双拳化掌，左掌化劈而出，右掌附于左小臂旁；左脚上步向前正蹬而出，切换为"见龙在田"左式。如此，左右交错演练。

图 2-25-1 龙形桩

图 2-25-2 懒龙卧道

图 2-25-3 龙战于野

图 2-25-4 虎形桩

图 2-25-5 勒马听风

虎形

虎形者，有伏虎离穴之式，而又有扑食之勇，在腹内为肾水。丹书云：虎向水中升是也，又为风，风从虎，在拳中而为虎扑，臀尾（名督脉，又名长强）。起落不见形，猛虎坐卧出洞中是也。其拳顺，则清气上升，而脑筋足也；其拳逆，则浊气不降，而诸脉亦不贯通也。医书曰："督脉为百脉之原，督脉一通，诸脉皆通，即此意也。"学者务格虎形之至理，而浔之身心，以通诸窍门。

虎形桩：

以左式为侧；以三体左式站立，双掌舒展，以劈拳势置于身前，大指相对，状似虎扑。右式练法与左式要领一致，谨守六合，宁神守一。此式手形为"虎爪"。

猛虎追风：

云从龙，而风从虎，无相无形，主宰锐金之性。

以三体左式而起，左脚向右上角进步，右脚上步成三体右式，同时双手由"黑虎蹲身"式化虎扑而出。至此，右式演练完成。

右脚向左上角进步，左脚虚跟，同时双掌化拳束至下丹田，是为"黑虎蹲身"，左脚上步，成三体左式，同时双拳起钻化势"虎扑"而出。至此，左式演练完成。

如此，左右交错，以三角步法演练。虎扑近身，须具一往无前之气势而碾压之。

马形

马形者，兽之最义者也。有疾蹄之功，又有垂缰之义。在腹内则为意，出于心源，在拳中而为马形。其拳顺，则意定理虚，其拳逆，则意妄气努，而手足亦不灵也，先哲云："意诚而后心正，心正则理直，理直则拳中之劲亦必无妄发也。"学者于此马形，尤须加意。

马形桩：

以左式为例，以三体左式站立，双掌化掌阳面向上，左小臂横抻于中宫位前，右拳附于左腕旁，目视前方，谨守六合，宁神守一。右式练法与左式要领一致。

勒马听风：

虎步为践，马行为踏，马踏虎践，彰显形意拳术腿上功夫；马从龙，性属木。

以三体左式而起，左脚向右上角进步，右脚虚跟，双掌化拳束至下丹田，是为"黑虎蹲身"，右脚上步，成三体右式，同时双拳皆内翻，右拳连小臂化横而出，左拳附于右腕旁。至此，右式演练完成。

右脚向左上角进步，左脚虚跟，出"黑虎蹲身"；左脚上步，成三体左式，同时双拳内翻，左拳化横而出，右拳附于左腕旁。至此，左式演练完成。

如此，左右交错，以三角步法演练。蹲身时，注重勒的用法，以此困敌；用横时注重由上而下的身形，以彰显踩践杀伤之功。

猴形

猴形者，物之最精最巧者也。有缩力之法，又有纵山之灵。在腹内则为心源，在拳中谓之猴形，其拳顺，则心神定静，而形色亦能纯正；其拳逆，则心神摇乱，而形色亦即不和，手足亦必失宜也。孟子云："根心生色现于面，盎于背，施于四体，亦此气之谓也。"此形之技能，人固有所不能及，然格致此技之理，而身体力行之不惟能收其放心，且能轻便身躯也。学者于此形，切不可忽焉。

猴形桩：

以左式为例；以三体左式站立，重心落于左脚，整体束蹲如球；左肘靠肋，左小臂近身，左掌松柔自然垂于中宫；右臂前探，高及头顶，手掌以腕支撑自然前伸；目随右掌，谨守六合，宁神守一。右式练法与左式要领一致。

白猿搜山：

以三体左式而起，左脚向右上角进步，右脚跟步虚立，双掌左圈右拦；右脚上步，成三体右式，右掌以食指为力点向前啄击而出，大指及中指合附于食指。至此，右式演练完成。

右脚向左上角进步，左脚虚跟，双掌右圈左拦；左脚上步，成三体左式，左掌以食指为力点向前啄击而出。至此，左式演练完成。

如此，左右交错，以三角步法演练。此式以攻敌之眼喉等要害为先。

鸡形

鸡形者，鸡于世最有益者也。能以司晨报晓，又有单腿独立之能，抖翎之威，争斗之勇，则鸡形中之功夫，可谓甚大。在腹内而为阴气初动，在天为风，在人为气，在拳中谓之鸡形，又能起足根之劲上升，又能收天顶之气下降，又能散其真气于四体之中。其拳顺，则上无脑筋不足之患，下无腿足疼痛之忧；其拳逆，则脑筋不足，耳目不灵，手足亦麻木不仁也。学者于此鸡形，最当注意。

鸡形桩：

以左式为例；重心归于左脚，右脚虚靠于左脚；左掌舒展，阳面向上平抻而出，右掌束于腰际；双掌抻中有按，目视前方，谨守六合，宁神守一；右式结法与左式要领一致。

金鸡斗志：

以三体左式而起，左脚进步，右脚跟步虚立，同时右掌阳掌向上，自左掌下方前抻而出，左掌束于腰际；右脚上步，左脚跟步虚立，左掌自右掌下方前抻而出；左脚上步，右脚跟步虚立，右掌自左掌下方前抻而出，掌心略用意劲含蓄其中，是为"金鸡斗志"。

左脚向左前方进步，成箭步左式，同时双手化钻拳而出，以右拳为先。右脚上步，起"卷地风"切蹬而出；右脚腾空时，瞬疾切换左脚切蹬而出，同时双拳化掌左右撕开至内肩方位，是为"金鸡上架"。左脚落地，同时双掌化劈而出。

如此，左右交错，反复演练此式。

图 2-25-6 猴形桩　　　　图 2-25-7 鸡形桩　　　　图 2-25-8 金鸡上架

蛇形

蛇形者，乃天地所赋之性，身体最玲珑，最活泼者也。身形有拨草之能，二蛇相斗，能泄漏天之灵机，能屈能伸，能绕能翻。在腹内则为甚中之阳，在易即为坎中之一也，在拳中谓之蛇形，能活动腰中之力，乃大易阴阳相摩之意也；又如易经方圆之中，十字当中求生活之谓也；其拳顺，则内中真阳透于外，如同九重天，玲珑相透，无有遮蔽，人之精神，如日月之光明也；其拳逆，则阴气所拘，拙劲所捆，身体不能活泼，心窍亦不能通也。学者于蛇形重勉力而行，久之自能有得，如蛇之精神，灵巧奥妙，言之不尽。

蛇形桩：

以左式为例；以龙形交步左式站立，身形略高，重心前七后三；上身右拧，以使右肩略对前，双掌化"青龙缩尾"左式，双掌皆阴掌向外；目视前方，谨守六合，宁神守一；右式练法与左式要领一致。

灵蛇出洞：

以三体左式为例；左脚向右上角进步，右脚虚跟以低位束蹲，同时右掌自身前中线斜插而下至臀后，双掌化"青龙缩尾"左式；右脚上步，成三体右式，同时右掌自下而前立掌上撩，小臂平置，手臂约弯曲135度角，是为"灵蛇出洞"。至此，右式演练完成。

右脚向左上角进步，左脚虚跟，同时双掌化"青龙缩尾"右式；左脚上步，成三体左式，同时左掌自下而前立掌上撩。至此，左式演练完成。

如此，左右交错，以三角步法演练，使青龙缩尾时注重肘打，身打；使灵蛇出洞时注重撩领与摔打。

图 2-25-9 蛇形桩

图 2-25-10 青龙缩尾

图 2-25-11 灵蛇出洞

鹞形

鹞形者，有束翅之法，又能入林之能，又有翻身之巧，在腹内能收心藏气，在拳中既能束身缩体，其拳顺，则能收其先天之气，入于丹田之中，又能束身而起，藏身而落。先哲云："如鸟之束翅频频而飞，亦此意也。"其拳逆，则心努气乖，而身亦被捆拘也。学者若于此形勉力而之，则身能如鸟之束翅，行之如流水一律荡平也。

鹞形桩：

以左式为例；重心归于左脚，右脚虚靠于左脚；左掌阴掌向上，前押至口前高度；右掌阴掌向上，后押至与左掌前后对称的位置；目视前方，谨守六合，宁神守一；右式练法与左式要领一致。

鹞子穿林：

以三体左式而起，左脚进步，右脚跟步虚立，同时左掌阴掌向上，前押至口前高度，右掌阴掌向上，后押至与左掌前后对称的位置，后押须近身经腋窝而出，是为"鹞子穿林"。至此，左式演练完成。

右脚上步，左脚跟步虚立，同时右掌阴掌而出，前押至口前高度，左掌阴掌向上，经腋窝向后，押至与右掌对称的位置。至此，右式演练完成。

如此，左右交错演练。此式为"顺手牵羊"与"白蛇吐信"的体用结合之典范，尤擅群战时闪展腾挪，游走穿插之用。

图 2-25-12 鹞形桩

图 2-25-13 燕形桩

燕形

燕形者，燕之最灵巧者也，有取水之精。在腹内既能采取肾水上升，于心火相交。易云："水火能济"儒云："复其真元"在拳中既能活动腰气，又有跃身之灵。其拳顺，则心窍开，精神足，而脑筋亦因之而强；其拳逆，则腰发怠，身体重，而气亦随之不通也。学者于此尤当加谨焉。

燕形桩：

以左式为例；重心归于左脚，右脚虚跟；左右臂前后展开对称，双拳拳心向上，双臂略屈，高度及肩，目视前方，谨守六合，宁神守一；右式练法与左式要领一致。

燕子取水：

以三体左式而起，左脚进步，同时左掌由阳化阴为上，右掌阴掌向上自左掌下方向前平穿而出，是为"燕子穿云"。

右脚上步，左脚提膝，脚尖向下，同时左臂向下，手背垂直贴于脚内侧；右臂上扬，贴近右脑侧，手掌向正后方叼手，是为"燕子蹲天"。

身形下蹲为仆步左式，以仆步化弓步左式，同时右掌顺时针向前，化"燕子穿云"而出。右脚上步，化"燕子蹲天"而出。

如此周而复始，以"燕子穿云"及"燕子蹲天"交错演练，两式起落合而为一，是为"燕子取水"。右式练法与左式要领一致。"穿""蹲""叼"皆为用，下势取水为摔技。

图 2-25-14 燕子取水　　图 2-25-15 鸟台形桩

鲐形

鲐形者，其性最直，并无其他灵巧之禽也。其本性有竖尾上升，超达云际之势，下落两掌有捣物之形。在腹内能辅佐肝肺之功，能舒肝固气。在拳中亦谓之鲐形，能活肩活足，又胯臀之合力。其拳顺，则肝舒气固，人心虚灵，又能实其腹而道心生。其拳谬，则两肩不活，身体被拘，气必不畅通。《拳经》云："鲐艺求精百信通，全凭收尾内彻灵，饶他兔走几处远，起落二字性命倾"，这是对鲐形的解说。习学者练此鲐形，勉力行之，可以虚心实腹而得其道。

鸟台形桩：

以左式为例；重心归于左脚，右脚虚立靠拢左脚；双拳外翻，拧转至额角两侧斜上方，如鹰之翼，似开非开，如封似闭，目视前方，谨守六合，宁神守一；右式练法与左式要领一致。

鹃鹰竖尾：

以三体左式而起，左脚向右上角进步，同时双掌十字重叠中线而起置于额头，掌心向外；右脚上步，成三体右式，同时双掌自两侧分开，以弧线轨迹运动至腰际，平直化拳前出，拳心向上。至此，右式演练完成。起为鹃鹰展翼，出为鹃鹰竖尾。

右脚向左上角进步，同时双掌十字重叠于中线而起置于额头，掌心向外；左脚上步，成三体左式，同时双掌自两侧分开，以弧线轨迹运动至腰际，化平直拳而出。至出，左式演练完成。

如此，左右交错，以三角步法演练。用十字手时须用"顶"劲，"钻"身而进，用拳时可由横与崩之间转换。

图 2-25-16 鹞鹰展翼　　　　图 2-25-17 鹞鹰竖尾　　　　图 2-25-18 鼍形桩

鼍形

鼍形者，水族中身体最灵者也。此形有浮水之能，在腹内则为肾，而能消散心火，又能化积聚，消饮食；在拳中则为鼍形，其形能活泼周身之筋络，又能化身体之拙气拙力。其拳顺，则筋骨弱者能转而为强，柔者，能转而为刚，缩筋者，易之以长，筋驰者，易之以和，则为顺天者存也；其拳逆，则手足肩胯之劲必拘束也。拘束，则身体亦必不轻灵，不活泼也。不活泼即犹如鼍之能与水相合一气而浮于水面，难也。

鼍形桩：

以左式为例；重心归于左脚，右脚虚立靠拢左脚；右掌心向上，置于下丹田；左掌心略向外，抻臂置于身体左侧方位，目视前方，谨守六合，宁神合一；右式练法与左式要领一致。

鼍龙浮水：

以三体左式而起，左脚向左前方进步，右脚跟步虚立（或以箭步站立），同时双掌化为"分水指"，虎口有劲，食指直抻，其余 3 指屈起，右掌自左小臂下前出，两掌心皆向上；右脚向右上角上步，成三体右式，同时右掌内翻化横而出，左掌同步内翻合于右腕旁。至此，右式演练完成。

右脚向右前方进步，左脚跟步虚立，同时左掌自右小臂下前出；左脚向左上角上步，成三体左式，同时左掌内翻化横而出，右掌内翻合于左腕旁。至此，左式演练完成。如此，左右交错，以三角步法演练。此式注重双臂交错时的咬合之力，如鳄鱼撕咬猎物。

鹰形

鹰形者，其性最狠最烈者也。有搜获之精，又目能视微物，其形外阳而内阴，在腹内能起肾中之阳气升于脑，即丹书穿夹脊，透三关，而生于泥丸之谓也，在拳中谓之鹰形。其拳顺，则真精补还于脑，而眼睛光明也；其拳逆，则真劲不能贯通于四指，阳火上升，而头眩晕，眼亦必发赤也。学者练此形，便能复纯阳之气，其益非浅显。

鹰形桩：

以左式为例；以三体左式站立，右掌化劈，左掌置于下丹田位置；掌心外挺，十指第一节内扣；目视前方，眼皮上翻，目意及下，谨守六合，宁神守一；右式练法与左式要领一致。此桩手形为"鹰爪手"。

鹰击长空：

以三体左式而起，左脚向左前方进步，右脚跟步虚立，同时双掌阴掌向内直上起"双龙倒取水"；右脚上步，成三体右式，同时左掌化劈而下，掌形为"鹰爪手"。至此，右式演练完成。

右脚向右前方进步，左脚跟步虚立，同时左掌为首，双掌阴掌向内直上起钻"双龙倒取水"；左脚上步，成三体左式，同时右掌以"鹰爪手"化劈而下，左掌束于下丹田位置。至此，左式演练完成。如此，左右交错，以三角步法行进演练。起钻用肘，化劈似斧连膝打。

图 2-25-19 鼍龙分水

图 2-25-20 鼍龙浮水

图 2-25-21 鹰形桩

图 2-25-22 双龙倒取水

图 2-25-23 熊形桩

图 2-25-24 老熊靠山

熊形

熊形者，其性最迟钝，其形最威严，有竖项之力。其物外阴而内刚，在腹内能接阴气下降还于丹田，在拳中即为熊形，能直颈之力，又能复纯阴之气，能与鹰形之气相接，上升而为阳，下降之为阴也，二形相合演之，谓之鹰熊斗志，亦谓之阴阳相摩。虽然阴阳升降，其实亦不过一气之伸缩也。学者须知前式龙虎单习谓之开，此二形练谓之合，知此十二形开合之道，可与入德也。

熊形桩：

以左式为例，以麒麟步左式站立，重心前六后四，上身左拧，右肩照前，双拳束于左腰际或中宫前位，左拳心向下，右拳心向上；目视前方，眼皮微耷，目意及上，谨守之合，宁神守一。右式练法与左式要领一致。

老熊移山：

以三体左式而起，左脚向右上角进步，右脚虚立，以在掌为先，同时双掌化拳起钻（老熊靠山）；右脚上步，成麒麟步右式，同时左拳化掌盖于同样翻掌的右小臂上，左掌向右掌方向顺捋，同时身体右拧，双掌化拳下带，双拳束于右腰际或中宫位前，左拳心向上，右拳心向下。至此，右式演练完成。

右脚向左上角进步，左脚虚立，以左掌为先双掌化拳起钻；左脚上步，成麒麟步左式，同时右拳化掌盖于同样翻掌的左小臂上，右掌向左掌方向顺捋，同时身体左拧，双掌化拳下带至左腰际，右拳心向上，左拳心向下。至此，左式演练完成。

如此，左右交错，以三步法演练。起钻为靠打，擒拿；阴阳把为擒拿，摔打。

图 2-25-25 老熊靠山

四把拳（一路）（上四把）

四把拳，故称"四把捶"，由"鹰捉、虎扑、怀抱顽石、斩手"为核心组成的连环套路，其中穿插"过步箭穿""横拳"等心意拳招式是最为正统的唯一的心意六合拳系套路。勤加集习，有益于体悟六合至理，窥得形意门心意拳体系之奥妙。四把拳分为三路，上路重"意"，中路重"劲"，下路重"体"。

四把一路之体用：

（1）以侵扑站式而起，左脚进步，成箭步左式，同时左掌呈"虎扑"之势下按后顺势前抻，再顺势束至左膝内侧，右掌附于其后，是为"虎扑把"。

（2）左脚进步，右脚上步，丹田发动，同时双掌以柔劲呈"虎扑"之势前出；右脚落地，左脚顺势"卷地风"上步虚空而立，同时左肘束于肋，使左掌以阴掌向内收回，右掌则顺势指尖朝地束于右身侧，是为"过步箭穿""猛虎坐洞"。

（3）左脚进步，成"箭步左式"，同时右掌化拳由下至前弧形勾拳而出，是为"横拳"。重心切换，回转身形向后，以侵扑站右式站立，同时，左掌阴掌朝前上顾束于左脸旁，右掌顺时针里裹而回，束于左胯旁，是为"青龙探掌"。

（4）右脚进步，左脚刮地风上步虚立，同时右掌上挑，臂靠头侧，左掌顺势交错按于下丹田，是为"丹凤朝阳"。

（5）左脚进步，右脚卷地风上步凌空虚立，同时双掌交错发力，左撩右劈，左掌阴掌向内束于右肩内侧，右掌沉劈束于右脚内侧，是为"沉劈"；右脚进步，成箭步右式，同时双掌或化拳交错用劲，右臂抻直前挑至面门高度，左掌按于下丹田位置，是为"金鸡报晓"。

图 2-25-26 虎扑把右势　　图 2-25-27 猛虎坐洞　　图 2-25-28 横拳

（6）右脚略回撤，左脚刮地风上步，成侵扑站左式，同时右拳收回，叠于左掌下方，双掌皆阴掌向上，借左脚刮地风之劲双掌成鹰捉起至上方极致，使双掌阴掌向外；左脚进步，成"箭步左式"，同时双掌顺势下按，是为"鹰捉把"；双掌顺势前突后回复原位，是为"虎扑把"；两者合一，是为"鹰捉虎扑把"。

（7）左脚进步，使"过步箭穿"与"横拳"二式。

（8）左脚后跨撤步，回身成箭步左式，左臂如弓，左掌阳掌向内置于左膝内侧，右掌束于腰际，身形暗合燕形之灵，是为"霸王观阵"。

（9）左脚进步，起右膝，脚尖上勾，双掌以右掌为首起钻，是为"迎门铁臂"。

（10）右脚于身形不变中以脚跟栽地束蹲，同时双拳下斩，是为"斩手把"。

（11）身形略起，左脚上步，成龙形步，同时右拳化掌逆时针里裹，左右掌心相对抻开分别合于前后脚侧；右脚后撤，双掌阴掌向上重叠（左上右下）于下丹田，成双脚并拢、站立；双掌里翻为阴掌向外而出，是为"怀抱顽石把"。

（12）左脚略出，成侵扑站左式站立，以"鹰捉虎扑把"而收。

图 2-25-29 青龙探掌

图 2-25-30 丹凤朝阳

图 2-25-31 沉劈

图 2-25-32 金鸡报晓

图 2-25-33 鹰捉把

图 2-25-34 霸王观阵

图 2-25-35 迎门铁臂

图 2-25-36 斩手把

图 2-25-37 怀抱顽石把

十四、四把拳（二路）（中四把）

（1）以侵扑站式起势，左脚进步，成箭步左式，同时双掌十指并拢，右掌顺左腕上方向前立掌直插而出，是为"灵蛇出洞"。

（2）右脚上步，使"鹰捉把"与"虎扑把"二式。

（3）右脚上步，同时双掌阴掌向上前穿而出，右掌前下，左掌后上重叠，落步为"过步箭穿"。

（4）左脚进步，使"横拳"。

（5）转身向后，使"青龙探掌""丹凤朝阳""沉劈""金鸡报晓""鹰捉把""虎扑把""过步箭穿""横拳""霸王观阵"8式。

（6）左脚进步，起右膝，双掌起钻，是为"迎门铁臂"。

（7）右脚于身形左转之机面向左侧踩下，同时右拳内勾逆转，随束身捶击而下，左掌束于右肩内侧，是为"裁拳"。

图 2-25-38 过步箭穿　　　图 2-25-39 沉劈 2　　　图 2-25-40 裁拳

（8）右脚上步，成龙折身形，同时右拳化掌逆时针里裹，左右掌相对抻开；右脚后撤，双掌附掌向上重叠抱于下丹田，双脚并拢站立；双掌向前穿插而出，高不过咽喉，是为"怀抱顽石"。

（9）左脚略出，成侵扑站左式站立，以"鹰捉虎扑把"收势。

四把拳（三路）（下四把）

（1）以侵扑站式而起，右脚践步而上，同时立掌（掌心向内）以半圆轨迹向上起挑；左脚刮地风上步束蹲，同时双掌化叼手于中宫位前，双肘贴肋，是为"猴束蹲"。

（2）左脚进步，成箭步左式，同时双掌向前下方扑出，双掌大指重叠，是为"灵猫扑鼠"。

（3）前脚退，后脚撤，成虎蹲之势，左肘束于肋，右掌束于腰，是为"虎坐洞"。

（4）右脚上步，左脚以卷地风上步，是为"过步箭穿"，同时双掌化阴向前弧形翻滚动劈出，掌心向上，是为"白猿献果"。

图 2-25-41 猴束蹲　　图 2-25-42 灵猫扑鼠

（5）左脚进步，成箭步左式，右拳化"横拳"而出。

（6）左脚内扣过步，身体转为向后，双掌化"青龙探掌"而出，此式左脚踩，双掌右裹左打，六合俱到。

（7）右脚上步，右掌化"丹凤朝阳"而出。

（8）左脚进步，双掌化"金鸡报晓"而出。此处挑拳以"冲天炮"而出。

（9）右脚进步，双掌化"鹰捉把"而起，以"虎扑把"而落。

（10），右脚撤，双掌化"虎坐洞"而出。

（11）右脚上步，双掌化"白猿献果"而出。

（12）左脚进步，双掌化"横拳"而出。

（13）左脚撤步，转向回身向后，化"霸王观阵"而出"。

(14) 左脚进步，起右膝，双掌化拳起钻，是为"迎门铁臂"。

(15) 右脚于身形左转之机踩下，右拳化"斩手把"捶下。

(16) 左脚过步上前，成龙形步，双拳化掌顺束蹲之势由下及前抱于下丹田处，双肘紧贴小腹；右脚向右侧上步，成箭步右式，双掌大指交叠横向推出，此式横中取直，推中用搬，是为"怀抱顽石把"。

(17) 右脚后撤，双掌化"鹰捉把"而起，以"虎扑把"而落。

(18) 左脚上步，成箭步左式，右掌"黑熊推山"推出。

综上所述，下四把中的"鹰捉把"，下提之时以鸡步而出，侧重头打动作。四把诸拳，皆可拆分演练以精研其体用变化。

第二十六节　阴阳五行生克制化篇

五行相生，金生水，水生木，木生火，火生土，土生金。所以劈拳可以变化为钻拳，钻拳可以变化为崩拳，崩拳可以变化为炮拳，炮拳可以变化为横拳，横拳可以变化为劈拳。

五行相克，金克木，木克土，土克水，水克火，火克金。所以劈拳可以克制崩拳，崩拳可以克制横拳，横拳可以克制钻拳，钻拳可以克制炮拳，炮拳可以克制劈拳。

勤练五行，习生克之理，悟制化之妙，乃通五行周天演绎之义理。生者，势顺之变也；克者，势逆之变也；前者为制，后者为化；前者以制为化，后者以化为制，两者互为表里，共为同契，互以参合。所谓生克，如风云无常，因势而变，临机有动，动静皆存乎一心。

五行生克拳之体用

第一回合：

甲方左脚进步，右手崩拳击出；乙方左脚退步成三体左式，左掌化劈而出，以克制甲方崩拳。

此回合为金克木，甲方水生木，乙方土生金。

第二回合：

甲方左脚进步，左拳化崩而出；乙方左脚退步成三体左式，左掌化劈而出，以克制甲方崩拳。

此回合为金克木，甲方为木，乙方为金。

第三回合：

乙方右脚上步，成三体右式，右掌化劈而出；甲方左脚退步，成三体右式，右掌化炮而出，以克制乙方劈拳。

此回合为火克金，甲方为木生火，乙方为金。

第四回合：

乙方左脚上步，成三体左式，左拳化钻而出；甲方右脚退步，成三体左式，左拳化横而出，以克制乙方钻拳。

此回合为土克水，甲方为火生土，乙方为金生水。

第五回合：

乙方左脚进步，右拳化崩而出；甲方左脚退步，仍成三体左式，左拳化劈而出，以克制乙方崩拳。

此回合为金克木，甲方为土生金，乙方为水生木。

第六回合：

乙方左脚进步，左拳化崩而出；甲方左脚退步，仍成三体左式，左掌化劈而出，以克制乙方崩拳。

此回合为金克木，甲方为金，乙方为木。

第七回合：

甲方绕步上右脚，成三体右式，右掌化劈而出；乙方左脚后撤，成三体右式，右拳化炮而出，以克制甲方劈拳。

此回合为火克金，甲方为金，乙方为木生火。

第八回合：

甲方左脚上步，成三体左式，左掌化钻而出；乙方右脚后撤，成三体左式，左拳化横而出，以克制甲方钻拳。

此回合为土克水，甲方为金生水，乙方为火生土。

综上所述，五行拳生克制化，每一回合皆为生克至理之范例；每一回合皆可单独演练，共8大回合，可组合循环双人演练，亦可单独以生克连环拳单练。

附：

阴阳五行生克制化（简谱）

甲	乙	相克	相生	
进·崩拳 右拳·左步	退·劈拳 左	乙·金克木	甲·水生木	乙·土生金
进·崩拳 左拳·左步	退·劈拳 左	乙·金克木	甲·木	乙·金
退·炮拳 右	进·劈拳 右	甲·火克金	甲·木生火	乙·金
退·横拳 左	进·钻拳 左	甲·土克水	甲·火生木	乙·金生水
退·劈拳 左	进·崩拳 右拳·左步	甲·金克木	甲·土生金	乙·水生木
退·劈拳 左	进·崩拳 左	甲·金克木	甲·金	乙·木
进·劈拳 右	退·炮拳 右	乙·火克金	甲·金	乙·木生火
进·钻拳 左	退·横拳 左	乙·土克水	甲·金生水	乙·火生土

第二十七节　形意神打上篇·周天化生卷

形意神打上篇以天、地、人三才64法为统摄，合192路散手绝技，是为形意拳术散手集大成体用之道。

本章择选82路周天化生技法，以十二真形之道阐述周天化生之体用玄奥，解形意拳术化形悟道之真谛。一招一式，皆需与"呼吸心法"相契，与六合投机，以证神形合。

第一式：神龙出云。以三体左式而立；右脚上步，切踹至中宫前位，双拳以右拳为首化钻而出至面门前位；左脚顺势前纵一至二步；右脚落地，以龙形交步而坐，左掌前劈而下，右掌束至右胯后，上体前倾，目视前方。左脚上步，切踹至中宫前位，双拳以左拳为首化钻而出至面门前位；右脚顺势前纵一至二步；左脚落地，以龙形交步而坐，右掌前劈而下，左掌束至左胯后。

第二式：神龙遁地。以三体左式而立；右腿提膝，前向纵跃升空，双掌以右掌为先化青龙倒取水垂直而上；右脚落地，以龙形交步而坐，上体右转，双掌十指相对按于身右。左腿提膝，前向纵跃升空，双掌以左掌为先化青龙倒取水而上；左脚落地，以龙形交步而坐，上体左转，双掌十指相对按于身左。

第三式：神龙观天。以三体左式而立；左脚进步，成箭步左式，右掌前顾，左掌贴右腕上方穿掌前出；重心后移，成仆步左式，双掌翻转，右掌以抄腿之势卷肘上起至脑右侧；左掌心向上，拧肘上撩而出；上体后仰，目视前上方。右脚进步，成箭步右式，左掌前顾，右掌贴左腕之上穿掌前出；重心后移，成仆步右式，双掌翻转，左掌抄腿卷肘上起至左脑侧；右掌心向上，拧肘上撩而出；上体后仰，目视前上方。

图 2-27-1 神龙出云　　　图 2-27-2 神龙遁地　　　图 2-27-3 神龙观天

第四式：猛虎探爪。以三体左式而立；左脚进步，双掌化钻前出；右脚上步，成三体右式，双掌外翻前出，大指与食指相靠。右脚进步，双掌化钻前出；左脚上步，成三体左式，双掌外翻前出，大指与食指相靠。

第五式：猛虎托掌。以三体左式而立；左脚向右上角进步，左右掌先后掩肘过面而下，束至两胯前；右脚上步，成三体右式，掌根朝上，双掌前掖而出。

右脚向左上角进步，右左掌先后掩肘过面而下，束至两胯前；左脚上步，成三体左式，掌根朝上，双掌前掖而出。

第六式：神虎掀天。以三体左式而立；左脚向右上角进步，左右掌先后掩肘过面而下，束至两胯前；右脚上步，成三体右式，掌心朝天，双掌上托至前上与肩同高。右脚向左上角进步，左右掌先后掩肘过面而下，束至两胯前；左脚上步，成三体左式，掌心朝天，双掌上托至与肩同高。

第七式：神龙绕柱。以三体左式而立；左腿屈膝上提，成独立式面右而立，右臂右上直抻，左掌曲肘贴于大臂；左腿绕右腿之后转体向左，以龙形歇步而坐，双掌心向下，左右十指相对按至膝上方。右腿屈膝上提，成独立式面左而立，左臂左上直抻，右掌曲肘贴于大臂；右腿绕左腿之后转体向右，以龙形歇步而坐，双掌向下按至膝上方。

图 2-27-4 猛虎探爪　　图 2-27-5 猛虎托掌　　图 2-27-6 神虎掀天　　图 2-27-7 猛虎剪尾

第八式：应龙展翼。以三体左式而立；目视正前，上体对右，右脚以内侧横跨，经左腿前方踢出，双掌自中宫分开，劈至侧位。目视正后，上体对左，左脚以内侧横跨，经右腿前方踢出，双掌自中宫分开，劈至侧位。

第九式：猛虎剪尾。以三体左式而立；左脚向右上角进步，左掌心向内前顾；右脚上步，成三体右式，右掌背右向，自左肘下方右剪而出。右脚向左上角进步，右掌心向内前顾；左脚上步，成三体左式，左掌背左向，自右肘下方左剪而出。

第十式：猛虎翻身。以三体左式而立；左脚向右上角进步，右掌心向外，横掌顺时针捋向后背；右脚上步，成三体右式，左掌心向外，横掌顺时针右挎而出；左指尖指向右肩，右指食指向左肩，成太极图式，手臂与躯干形成相对阻力。右脚向左上角进步，左掌心向外，横掌逆时针捋向后背；左脚上步，成三体左式，右掌心向外，横掌逆时针左挎而出；右指尖指向左肩，左指尖指向右肩。

第十一式：猛虎洗面。以三体左式而立；左脚退步，成三体右式，左掌回顾，右掌垂肘贴肋削脸向左前而出。右脚退步，成三体左式，右掌回顾，左掌垂肘贴肋，削脸向右前而出。

图 2-27-8 猛虎洗面　　图 2-27-9 灵猫洗脸　　图 2-27-10 双虎竞食

第十二式：灵猫洗脸。以三体左式站立，左脚退步，成三体右式，左掌回顾下按至中宫前位；右掌垂肘贴面左裹而出。右脚退步，成三体左式，右掌回顾下按至中宫前位，左掌垂肘贴面右裹而出。

第十三式：双虎竞食。以三体左式站立，左脚进步，成麟步左式，双掌心向后，自身体两侧后背而抱，上体前倾，双掌顺势过头顶下按接近地面。

右脚进步，成麟步右式，双掌心向后，自体侧后背而抱，上体前倾，双掌顺势过头顶下按接近地面。

第十四式：野马过道。以三体左式站立，左脚向右上角进步，双掌化拳里裹，拳面对前，小臂水平以肘贴肋；右脚上步，成三体右式，双拳以右为先，撞捶前出。右脚向左上角进步，双掌化拳里裹，拳面对前，小臂水平以肘贴肋；左脚上步，成三体左式，双拳以左为先，撞捶前出。

第十五式：双马出群。以三体左式站立，左脚向右上角进步，双掌化拳自前里裹至丹田前位；右脚上步，成三体右式，双拳起至中宫或上宫侧位，向前冲拳而出。右脚向左上角进步，双拳自前里裹至丹田前位；左脚上步，成三体左式，双掌起至中宫或上宫侧位，向前冲拳而出。

图 2-27-11 野马过道　　图 2-27-12 双马出群　　图 2-27-13 悬崖勒马

第十六式：勒马扬蹄。以三体左式站立，左脚向前进步，右脚跟步虚立，双掌化叼手起至头顶水平之位；右脚上步，成三体右式，双手塌掌击至下宫之位。右脚向前进步，左脚跟步虚立，双掌化拳起至头顶水平之立；左脚上步，成三体左式，双手塌掌击至下宫之位。

第十七式：悬崖勒马。以三体左式站立，左脚向右上角进步，身形束蹲，双臂垂肘束腕，自左而右捋带；双拳束至两小腿侧；右脚上步，左脚虚跟成麟步而立，双拳合拔自下前搬前出；右腿提膝，左腿独立，双拳提腕至中宫之位，右脚正踹而出。右脚向左上角束蹲进步，双臂束腕，自右而左捋带；双拳束至两小腿侧；左脚麟步上步，双拳自下前搬而出；左腿提膝成独立势，双拳提至中宫之位，左脚正踏而出。

第十八式：猴灵七相。以三体左式站立，双脚右退左撤束蹲（猴拽枝）；左脚箭步进步，左掌前扑同出（猴攀枝）；右脚上步，左掌回顾，右掌前扑同出；左腿提膝，右脚前纵（猴纵山），双掌右左右三式连环击出（猴上树）；左脚落地，成三体左式，至此，正前一路演练完成。

依前法，左拧转体向后，面左上角，依次施为；拧身转体，后膝藏于前腿弯成龙形式（猿返首），单腿独立提膝，提左膝则右掌前盖而出（猴挂印）；尔后，猴拽枝、猴攀枝、猴上树等技一一施为。左转完功，复右转依次施为演练。右转完功，左转回至中线，成三体式而立，左脚退步，右掌上拂至右耳前抻而出（倒攥猴），右脚退步复左脚退步演练倒攀猴；依次演练猴拽枝、攀枝上树后，复左、右、左3个方位转体依次演练；共六转七趟，成米字形阵图，后回归至原位收势完功。

第十九式：猿缩千山。以三体左式而立，束身蹲立，后腿前屈，双掌向上左右前抻；身形发动，双脚贴地向右后挪移换位，双臂里裹横肘对拔，大指食指微拈，尾、中、无名3指屈收成"猴叼手"。以三体右式而立，依左式要领向左后挪移换住演练。

第二十式：猿猴束蹲。以左三体式而立，双脚右退左撤，面向左前方，双掌化猴叼手自前抒至胯后，用叼手时以腕御劲弹抖。双脚左退右撤，左实右虚束蹲，面向右前方，双掌化猴叼手自前抒至胯后，目视前方。

第二十一式：白猿摘桃。以左三体式而立，左脚向右上角进步，成麟步左式，双掌化猴叼手左右前出，于中宫前位十字交腕搂回贴身。右脚向左上角进步，成麟步右式，双掌化猴叼手左右前出，于中宫前位十字交腕搂身而回。

第二十二式：白猿献果。以三体左式而立，左右脚以麟步左式前上，双掌前顾回至中宫，掌心向上平行并拢后前穿而出。以三体右式而立，右左脚以麟步右式前上，双掌前顾回至中宫，掌心向上平行并拢后前穿而出。

图 2-27-14 猿猴拽枝

图 2-27-15 猿猴攀枝

图 2-27-16 老猿返首

图 2-27-17 老猿挂印

图 2-27-18 白猿蹬枝

图 2-27-19 白猿观山

第二十三式：白猿蹬枝。以三体左式而立，左脚进步，双掌向上托举起至面门；右脚上步切蹬，双掌翻转化劈拳左式而出，右脚落地成龙形交步而立。

右脚进步，双掌向上托举起至面门；左脚上步切蹬，双掌翻转化劈拳右式而出，左脚落地成龙形交步而立。

第二十四式：白猿探臂。以三体左式而立，左脚进步，成箭步左式；左掌后顾，右掌心向右，贴左掌背前穿而出至面门高度。右脚进步，成箭步右式；右掌后顾，左掌心向左，贴右掌背前穿而出至面门高度。

第二十五式：白猿观山。以三体左式而立，右膝上提前顶，上体右转，面向后方，双臂左右平展下击，双掌化猴叼手下击后，抖腕上提。左膝上提前顶，上体左转，面向后方，双臂左右平展，双掌化猴叼手下击，复抖腕上提。

第二十六式：白猿坐洞。以三体左式而立，右脚自左腿后倒步而歇坐，双掌化猴叼手，自体侧上起至顶，下搂至中宫之位。左脚自右腿后倒步而歇坐，双掌化猴叼手，自体侧上起至顶，下搂至中宫之位。

图 2-27-20 白猿坐洞　　图 2-27-21 摘星探月

第二十七式：白猿出洞。以三体左式而立，上体右转，目视正前，左腿提膝向前正踹而出；左脚不落地回束，身体右旋至面向左侧；左脚落地，右腿提膝向前正踹而出。左转之势练法与右势一致。

第二十八式：白猿探掌。以三体左式而立，右脚向右上角纵跃，左脚虚跟束蹲，双掌以右为先"双龙倒取水"而上，双掌翻转，左掌为先平抻下按至中宫位前。左脚向左上角纵跃，右脚虚跟束蹲，双掌以左为先"双龙倒取水"而上，双掌翻转，右掌为先平抻下按至中宫。

第二十九式：摘星探月。以三体左式而立，左脚撤回虚立，右掌松腕提至头右侧，目视左前方，左掌松腕自垂于中宫位前；左脚上步，成三体左式，左掌化猴叼手前出至目前高度，右掌化叼手下捋至下宫之位。右式体用与左式一致。

第三十式：金鸡竞斗。以三体左式而立，右脚上步以刮地风起至胯前高度，双掌自中线分腕上托于咽前；右脚正蹬，双掌向前上扑击而出；右脚落地，以龙形式而坐，双掌左上右下，合腕前出。左式体用与右式一致。

图 2-27-22 白猿出洞

图 2-27-23 金鸡竞斗

图 2-27-24 推窗望月

图 2-27-25 金鸡斗志

图 2-27-26 金鸡食米

图 2-27-27 金鸡抖翎1

图 2-27-28 金鸡抖翎2

第三十一式：金鸡斗志。以三体左式而立，左脚进步，右掌抬腕前撩；右脚进步，左掌抬腕前撩；此为一打。左脚进步，左掌平穿；右脚进步，右掌贴左掌下平穿前出，阴极相对为一打，阴胞相对又为一打，抬指抻推再为一打。

第三十二式：金鸡食米。以三体左式而立，左脚进步，右脚虚跟，左掌立掌右顾；右掌化拳，以崩劲点头下辗前出至中宫前位。右式体用与左式要领一致。

第三十三式：金鸡抖翎。以三体左式而立，右脚略退，以根为轴右拧，上体面右以马步而立；双掌化拳，里合为十字肘置于中宫住前；右脚后上，成箭步右式，右拳卷肘外翻至斜上方，左拳按至体侧。左式体用与右式要领一致。

第三十四式：金鸡上架。以三体左式而立，左脚进步，右脚以刮地风前出，整体屈蹲，左掌合至右肩内侧，右掌前出沉劈至右脚内侧。右式体用与左式要领一致。

图 2-27-29 金鸡上架　　　图 2-27-30 金鸡报晓　　　图 2-27-31 青龙缩尾

第三十五式：金鸡报晓。以三体左式而立，左脚进，在脚上步成三体右式，左掌回顾，右臂直上撩至咽前高度。左式体用与右式要领一致。

第三十六式：金鸡独立。以三体左式而立，左脚回撤震步独立，右脚虚倚；双掌以左为先，化"青龙倒取水"而上；震步时，双掌翻转，以右掌为先下盖至中宫位前。右式体用与左式要领一致。

第三十七式：灵蛇抬头。以三体左式而立，左脚进步，双掌化"青龙缩尾"左势；右足上步，右掌化叼手上提至面门前。右式体用与左式要领一致。

第三十八式：灵蛇摆尾。以三体左式而立，左脚垫步而上，双掌化"青龙缩尾"左势；右脚上步成三体右式，左掌回顾至下丹田，右掌心左向，以上掌缘抖腕前出至下宫前位。左式体用与右式要领一致。

第三十九式：灵蛇化蛟。以三体左式而立，右脚卷地风上步，双掌心相对蛇形穿掌连环而起；右脚落地以龙形步歇坐，双掌蛇形穿掌连环而下。左式体用与右式要领一致。

第四十式：腾蛇展翼。以三体左式而立，左脚向右上角进步，双掌左下回而右上出，左掌心合于右内肩，右掌背合于左腰后；右脚上步，成三体右式，左掌回顾下按至下丹田，右掌横臂外翻至与肩同高，掌心向上。左式要领与右式体用一致。

第四十一式：灵蛇拔草。以三体左式而立，左脚向右上角进步，双掌左右先后提腕垂指里裹，自锁骨下中宫，插至臀尾，左掌背合于右内肩；右脚上步，成三体右式，左掌下按至丹田，右掌心左向，曲肘上撩至中宫前位后，左右崩炸劲击出。左式要领与右式体用一致。

第四十二式：白蛇吐信。以三体左式而立，左脚上步束蹲，左掌回顾，掌心合于右内肩，右掌提腕垂指里裹，自锁骨下中宫，拧转插至右脚内侧；右脚上步，成三体右式，左掌下按至丹田，右掌虎口朝前，自下而上击至咽前。左式体用与右式要领一致。

图 2-27-32 腾蛇展翼　　图 2-27-33 灵蛇拔草　　图 2-27-34 白蛇吐信

第四十三式：大蟒翻身。以三体左式而立，左腿提膝，左转翻身面后，左掌抢臂后劈至极致；左脚落地，右脚靠拢虚立，左掌心合于右内肩，右掌下穿至臀尾；右脚上步，成三体右式，左掌下按至丹田，右掌直上抻至咽前，用力贯于掌根，右式体用与左式要领一致。

第四十四式：龙蛇合击。以三体左式而立，右掌前劈，双足龙形步歇坐；劲由根起，起身而立，双掌心相对，以蛇形穿掌连环击至上宫之位；右脚上步，双足龙形步歇坐，左掌前劈而下；起身复蛇形穿掌连击而上，左掌前劈而下，双足起膝腾空互换，并于空中180度转向换位，落地后复起身蛇形实掌连击而上。右式体用与左式要领一致。

第四十五式：鹞子出洞。以三体左式而立，右脚外摆横向前出，双腿交步而立；左掌回顾下按，右掌化拳，拳心向上，曲肘贴左拳背前出至下宫前位。左式体用与右式要领一致。

第四十六式：鹞子入林。以三体左式而立，左脚进步，双掌化拳以"黑虎蹲身"而立；右脚上步，成三体右式，左拳翻肘掩至左上，右拳化炮而出。左式体用与右式要须一改。

图 2-27-35 鹞子出洞

图 2-27-36 鹞子入林

图 2-27-37 鹞子翻身 1

图 2-27-38 鹞子翻身 2

图 2-27-39 鹞子翻身 3

图 2-27-40 鹞子侧翅

第四十七式：鹞子翻身。以三体左式而立，右脚上步，成箭步而立；双掌左掩右穿前出；双脚以根为轴左转180度，成箭步左式；双掌化拳，右掩左钻前出；双脚以根为轴右转180度，成箭步右式；左拳回顾下抑至左胯侧，右臂曲肘贴胸，肘尖前向撞肘而出。左式体用与右式体用要领一致。

第四十八式：鹞子绕林。以自然步而立，左右脚倒步连环换位，顺逆皆依敌之来势；倒步时，后出之掌贴腋窝后出，前出之掌顺肘下前穿掌而出。

第四十九式：鹞子侧翅。以三体左式而立，左脚进步；右掌心向上，自腋下后穿而出；左掌心向上，自口前穿掌至咽前，右脚跟步虚立。右式体用与左式要领一致。

第五十式：白猿返背。以三体左式而立，右脚提膝纵跃前出；双掌翻转盖面而下击至大腿；左脚上步，成三体左式；左掌抖腕撩阴前抓而出。右式体用与左式要领一致。

  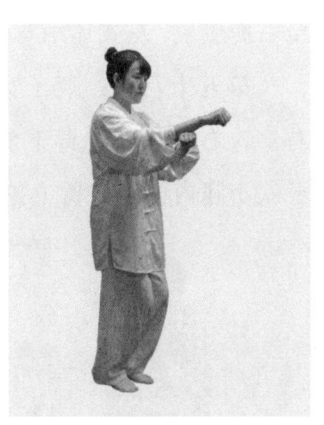

图 2-27-41 望眉剪斩　　图 2-27-42 鹞形冲天炮　　图 2-27-43 马形截手炮

第五十一式：望眉剪斩。以三体左式而立，左脚进步，成箭步左式；双掌化拳，右掩左钻；重心后移，双拳翻腕，右拳翻肘上起回落至右腰际，左拳顺势前抖回落至左小腿内侧。右式体用与左式要领一致。

第五十二式：鹞形击地炮。以三体左式而立，双掌化拳；左拳回掩，右脚并步下踩，右拳心向左，拳面自上而下贴左拳背击至下宫之位。左式体用与右式要领一致。

第五十三式：鹞形冲天炮。以三体左式而立，左脚进步，双掌左圈右拦；右脚进步，左掌回顾至下丹田，右掌化拳上击至中宫位前。左式体用与右式要领一致。

第五十四式：马形截手炮。以三体左式而立，左脚进步，右脚虚跟；左掌回顾，右掌化拳起至胸前，贴左掌背前击而出至中宫位前。左式体用与右式要领一致。

第五十五式：鹤虎合击。以三体左式而立，左脚顺左转体倒步，右脚顺势连转，左脚复倒步面向右前方，成虚步左式，转体中双掌化拳虚拿横扫后束于下丹田；右脚进步，成三体右式，双拳化掌，右上左下以虎扑而出。左式体用与右式要领一致。

第五十六式：燕子衔泥。以三体左式而立，左脚进步，左掌回顾；右脚虚跟，左掌心向前，手指倒垂，前击至下宫位前，左掌按于古小臂。左式体用与右式要领一致。

第五十七式：燕子归巢。以三体左式而立，右脚上步，成马步向左而立，双掌左顾右钻；整体向前横向纵步挪移，左掌翻肘上掩至左上，右掌天势下按至右胯侧位。左式体用与右式要领一致。此式上打咽喉下打阴，叶底藏花复摘桃。

第五十八式：燕子穿云。以三体左式而立，右腿提膝向前纵跃，双掌左顾右穿，右掌自左小臂下前穿而出至肩高；右腿独立，左腿提膝点足，左掌回落至左小腿内侧，右臂上抡至顶，化叼手向后。左式体用与右式要领一致。

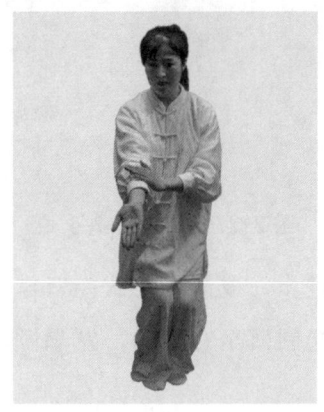
图 2-27-44 燕子衔泥

图 2-27-45 燕子穿云

图 2-27-46 燕子抄水

第五十九式：燕子抄水。以三体左式而立，右腿提膝向前纵跃，左掌心向上回顾，右臂曲肘上穿过顶；双脚落地成仆步左式，左掌下抄至左小腿内侧，右掌对称抻直于体后，掌心皆向右。左式体用与右式要领一致。

第六十式：燕子掠水。以三体左式而立，右腿提膝向前纵跃，双掌心相对，左右上起至肩高合于中宫，贴合掌背，十指下垂；双脚落地，成仆步左式，左掌心向上掠至左脚面；右掌心向左，对称抻直于体后。左式体用与右式要领一致。

第六十一式：燕子汲水。以三体左式而立，右脚上步，左脚虚立靠于右脚；双掌化拳靠于下宫，上起至中宫，左右鞭捶抡出至齐肩。右式体用与左式要领一致。

第六十二式：燕子翻身。以三体左式而立，左脚进步，成箭步左式；双掌化拳，左拳虚顾，右拳以立拳贴左腕击出至中宫位前；重心后移，右臂曲肘后撞；双拳化掌，左前右后相连，重心前移，双掌贴左腿上撩。右式体用与左式要领一致。

第六十三式：鹞鹰升天。以三体左式而立，左脚进步，双掌化拳，交腕起拳至前额；右脚上步，成三体右式，双拳左右回捋至下丹田，双拳左右以横拳齐出至下宫位前。左式体用与右式要领一致。

第六十四式：鹘鹰翻身。以三体左式而立，左脚进步，双掌化"黑虎蹲身"而束于下丹田；右脚上步成三体右式，双拳左右摆击，前出至上宫两翼。左式体用与右式要领一致。

图 2-27-47 燕子汲水

图 2-27-48 鹘鹰升天

图 2-27-49 鹘鹰翻身

第六十五式：马驼合击。以三体左式而立，左脚进步，双掌化拳以"鹘鹰升天"而出至下宫位前；右脚进步，双拳化"野马过道"而出。左式体用与右式要领一致。

第六十六式：鼍龙摆尾。以三体左式而立，左脚向左上角进步束蹲，双掌阴阳相持，向体左横扫斩出；右脚向右上角进步束蹲，双掌阴阳相持，向体右横扫斩出。

图 2-27-50 鼍龙摆尾

图 2-27-51 鹰熊斗志1

图 2-27-52 鹰熊斗志2

第六十七式：鼍龙翻江。以三体左式而立，双掌化"鼍形手"，自然低进或高退；双臂于进退中交替横劲裹翻，此为体用合一，防御至上之道。

第六十八式：鹰熊斗志。鹰熊斗志，其理为阴阳互摩。鹰为阳，熊为阴，在阳则外阳而内阴，在阴则外阴而内阳。阴阳互摩，体现的是形意拳术玄奥的阴阳相契之理。

练法：在三才桩的基础上，向左前方，上左脚同时出右势钻拳，为金生水势；右脚上步，落于右前方，左膝藏于右腿弯，双掌落翻，按于体侧，成前后相对。

身形顺势而起，向右前方上右脚出左势钻拳，左脚上步，落于左前方，右膝藏于左腿弯，双掌落翻，按于体侧，成前后相对。

第六十九式：黑熊提水。以三体左式而立，双掌化拳；右脚上步，成三体右式，右臂曲肘垂拳，下拳眼朝前抖腕而出后弹回。左式体用与右式要领一致。

第七十式：鹞子倒翻身。以三体左式而立，左脚退步，双掌相对抱球左右相持；右脚左旋倒步，双臂抱球腾空而上。右式体用与左式要领一致。

图 2-27-53 黑熊提水　　图 2-27-54 鹰虎合击　　图 2-27-55 熊形冲天炮

第七十一式：鹰虎合击。以三体左式而立，左脚进步，双掌十字交腕自额前左右展开；右脚上步跟于左腿旁，以"黑虎坐洞"式震步下踩，左掌回至下丹田之位，右掌化拳，以拳背顺势下砸至左掌心。

第七十二式：熊形冲天炮。以三体左式而立，左脚向左上角进步，左拳外捋至体侧，右拳上勾而出至肩高。右脚向右上角进步，右拳外捋至体侧，左拳上勾而出至肩高。

第七十三式：老熊靠树。以三体左式而立，左脚向左上角进步，双拳以左为先化钻而出，以肩为力点，上体左倾下碾。右式体用与左式要领一致。

第七十四式：老熊靠山。以三体左式而立，右脚逆时针击地勾出，成马步面左而立；右掌同步摆拳勾打；双臂曲肘贴胸，以肘尖前向撞出。右式体用与左式要领一致。

第七十五式：老熊抱树（老熊撼山）。以三体左式而立，右脚上步，震步束蹲；左脚虚靠右脚，双掌化拳起至额前，分开自体侧下抱至小腿前；左脚上步，双拳前摔而出，以箭步左式而立。右式体用与左式要领一致。

第七十六式：老熊推山。以三体左式而立，左脚进步，左掌为先，双掌心向上交腕前出至齐肩；右脚上步，成三体右式，双掌翻转，右掌直臂押力前出至中宫位前。左式体用与右式要领一致。

图 2-27-56 老熊靠树　　图 2-27-57 老熊靠山　　图 2-27-58 虚空托鼎

第七十七式：虚空托鼎。以三体左式而立，双脚右退左撤，左足虚立成高虚步，右掌化叼手，反向押至身后；左掌起至口前，上托前穿至咽前。右式体用与左式要领一致。

第七十八式：推窗望月。以三体左式而立，双脚以根为轴右转180度，转体向后；左掌环臂缠头而出；右脚上步，成三体右式，右掌横臂在上，左掌立掌在下，掌心向前，同时前押推出。左式要领与右式体用一致。

图 2-27-59 老熊抱树　　图 2-27-60 老熊推山　　图 2-27-61 鹞子捕雀

第七十九式：双鹰合击。以三体左式而立，左脚进步，双掌化"鹘鹰升天"而出至下宫位前；右脚进步，双拳化"鹘鹰翻身"而出。左式要领与右式体用一致。

第八十式：鹞子捕雀。以三体左式而立，上体右转，头部瞬转向后，右掌心向左自上下劈至肩高；右掌化拳，头部瞬转向前，身形左转，左脚进步，化崩拳右势而出。左式体用与右式要领一致。

第八十一式：风摆荷叶。以三体左式而立，右脚过步前出成鸡步右势站立，双掌前托抡臂向身后，同时目视身后；右足进步，左足提膝前蹬腿，双掌同时前托向后抒带。右式体用与左式要领一致。

第八十二式：灵蛇出洞。以三体左式而立，左足向右上角垫步而上，左掌白蛇吐信束至右肩内侧，右掌束于胯后；右足上步，左掌下顾，有掌化崩拳自左臂下击出。右式体用与左式要领一致。

第八十三式至一百九十二式：传嫡传弟子，本处略。

图 2-27-62 灵蛇摆尾

图 2-27-63 风摆荷叶

图 2-27-64 灵蛇出洞

第二十八节　神打中篇 奇门正朔八字功卷

八字功，形意门大用之学；奇门八字功，乃杀伐遗技，通灵弄巧；正门八字功，乃古谱所遗，刚劲而古朴。正奇相生，妙用无方。奇门者，斩、截、裹、胯、挑、顶、云、领。正门者，展、截、裹、胯、挑、顶、云、领。

形意拳是技击性相当强的内家拳之一，以五行拳、八字功、十二真形等为其技击核心，七星十三拳为攻击武器。八字功是形意门中一套授徒极严的功夫，这套功夫分为奇、正两门，每门皆有八字诀，每字对应一套拳，合计16种打法。形意门中有"五行拳为体，八字功为用"的说法。

正门八字功共有八字诀如下：

展：展者，宽之意，即拓张手足也。

截：截者，裁也，以裁退敌手也，此节最见身法。

裹：裹者，围裹也，裹敌手使其失其效用也，身旋而力柔，有以柔克刚之妙。

跨：跨如跨马之势，是言其形也，实则托跨之势。

挑：挑之力在肩与腿，与蛇形相类而手稍高。

顶：顶之力在头，故此以挺头垂肩为好。

云：《说文》"云，从雨云，象云回转之形。"今所用者，即借其回转之意，其两掌皆如行云之飘忽焉。

领：领者，受也，顺势而领取也。

奇门八字功共有八字诀如下：

斩：左右劈挂斩加翻，上步虎扑加头钻。

截：擒拿肘中臂截肩，一阴一阳左右换。

裹：裹肘刮地加肘捶，肘打去意在腰间。

胯：肩胯打意紧相连，左挑右肘莫等闲。

挑：刮腿之中挑向前，再加膝顶是真传。

顶：白鹤亮翅左右反，裹挑之中肘相连。

云：上鹁下刮手脚连，两冲变马拳上添。

领：左右领手阴阳换，上钻下打具用拳。

斩字诀：以三体左式而立，双掌大指合至食指里侧，十指并拢；左脚进步，左掌守中；右脚以三体右式上步，左掌里裹回束向腰际，右掌心向左，送腕前斩至中宫前位；斩劈中暗蓄崩钻之劲；斩字诀，实为劈崩，钻三劲复合之大用。左式体用与右式要领一致。

展字诀：以三体左式而立，双脚右退左撤，左足虚立成高虚步；左掌起至口前，上托前穿至咽前；右掌化叼手，反向抽至身后；此式是为"虚空托鼎"。右掌心向上，自左掌下前穿而出；左掌压于右腕时，翻掌向下，左掌以掌外缘前斩而出，右掌翻肘横于头右侧位。右式体用与左式要领一致。

截字诀之奇门：以三体左式而立，左脚垫步，左掌左捋；右脚上步，以马步面左而立,右掌化拳，垂肘连拳摆连而出至面门前位。右式体用与左式要领一致。

截字诀之正门：以三体左式而立，双脚右退左撤，化"虚空托鼎"。左脚向右上角进步，右掌心向上，向右向左裹横至左小臂上；右脚上步，成三体右式，双掌翻转，起至两腮，十指相对虎撑掌而出。左式体用与右式要领一致。

裹字诀之奇门：以三体左式而立，双掌化拳；双脚左退右撤，面左以马步而立，左拳左顾束回腰际，右拳自左肘下里裹前出。拳势横劲中用崩法。右式体用与左式要领一致。

裹字诀之正门：以三体左式而立，双脚右退左撤，化"虚空托鼎"。左脚外摆，向右逆时针绕步而上；左掌曲肘柔腕，自左及右裹拦而下，回转至左胯前；右脚上步，双掌垂指前掖而出至下宫位前。左式体用与右式要领一致。

图 2-28-1 斩字诀

图 2-28-2 展字诀

图 2-28-3 截字诀之奇门

图 2-28-4 截字诀之正门

图 2-28-5 裹字诀之奇门

图 2-28-6 裹字诀之正门

胯字诀之奇门：以三体左式而立，双掌化罴形掌；左撑心向上，右向横顾；右掌心向上自左腕下横穿前出；左脚经右脚后横向交步而上，双掌同捋翻转回来，肘靠双肋，右脚以内侧向左踢出；右脚向右横向，以马步横靠而出，力贯侧胯。左式体用与右式要领一致。

胯字诀之正门：以三体左式而立，双脚右退左撤，化"虚空托鼎"。左脚垫步而上束蹲，双掌以蛇吐信势束于肩胯；右脚进步，双掌前撩后展；左脚上步，左掌心朝上，顺势贴左胯上前托起，右掌乃至臂展于头右侧外抻。左式体用与右式要领一致。

挑字诀之奇门：以三体左式而立，左脚上步纵跃腾空而起，双掌左右拦裹，右掌曲肘垂腕，上抖弹打至右肩上，肘尖上挑；左脚落地束蹲，右掌拧转下抻至

右腿内侧，左掌心合于右内肩；右脚上步，成三体右式，左掌下按至丹田，右掌挑领至顶。左式体用与右式要领一致。

挑字诀之正门：以三体左式化"虚空托鼎"而立。左脚垫步，双掌化拳，左掌上顾至右内肩，右拳上提过头，拧转下击至左腿内侧，双腿成龙形交步而立。右脚上步，成箭步右式，右拳贴右小腿曲肘上挑至顶高。左式体用与右式要领一致。

图 2-28-7 胯字诀之奇门　图 2-28-8 胯字诀之正门　图 2-28-9 挑字诀之奇门 1　图 2-28-10 挑字诀之奇门 2

图 2-28-11 挑字诀之正门　　图 2-28-12 顶字诀之奇门 1　　图 2-28-13 顶字诀之奇门 2

顶字诀之奇门：以三体左式而立，左脚进步束蹲；双拳心向上，以拳背沉击至下丹田之位；右脚上步，成三体右式，身形惊炸蹿起，双臂化抱拳势前抻而出。左式体用与右式要领一致。

顶字诀之正门：以三体左式而立，化"虚空托鼎"而出。左脚上步，双掌化拳十字交腕，上起至前额，左右分开束至下丹田；右脚上步，成三体右式，双拳心向上，平行前抻而出，双肘贴于肋下；右腿提膝，左脚进步独立，左拳翻肘上横至左上，右拳心向下捋至右胯侧位；右腿进步成麟步右式，右臂曲肘向前上挑肘而出，左掌贴于右小臂内侧。左式体用与右式要领一致。

云字诀之奇门：以三体左式而立，左脚向右上角进步，双掌心向上并拢左领至下宫偏左；右脚上步，成三体右式，双掌并拢上钻至咽前。左式体用与右式要领一致。

云字诀之正门：以三体左式化"虚空托鼎"而立。左脚逆时针倒步180度，转体向后挪移；左掌贴肋右抻；右掌心向外，自右向左平抻至左肩，势尽时逆时针摆腕转掌，自上宫左裹呈"之"字形下捋至下宫之位，与左掌皆掌心向外十字交腕；右脚上步，成三体右式，双掌分开并列前掖而出。左式体用与右式要领一致。

图 2-28-14 顶字诀之正门 1　图 2-28-14 顶字诀之正门 2　图 2-28-14 顶字诀之正门 3　图 2-28-15 云字诀之奇门

领字诀之奇门：以三体左式而立，右脚向右上角上步成麟步右式，双掌化拳虚握，阴阳把拳心相对，前后相距半臂下捋。左式体用与右式要领一致。

领字诀之正门：以三体左式化"虚空托鼎"而立；右掌心向下，贴左掌背前穿而出；至十字交腕时，双掌同时翻转，左脚进步，双拳左后右前相距半臂，向左侧后方捋带。右脚上步，以麟形右式而立，双拳翻转，右捋至腰际，左拳心向上在前，右拳心向下在后。此式主关节技擒拿摔打。左右式体用要领一致。

八字功散手连环：八字功散手连环，为八字功连环短打之精华，讲究正奇虚实变化，刚柔相济，为形意门高级功法之一。

正门八字功散手连环拳谱：起手三才半步崩，下势虎托反手钻，拦身斩腰肘底穿，劈头斩颈左右截，顺水推舟捋意出，裹拳中出双撞掌，上步跨打蛇摆尾，心肾相交蟒翻身，劈挑竖身左右换，十字下顶双栽拳，前顶平冲用膝顶，挑肘变崩鸡食米，左云右斩变马形，老熊出洞炮意真，推窗望月三三拳。

奇门八字功连环拳拳谱：起手鹰捉是真传，钩挂之中把敌斩。上步横肘是截意，退步裹肘原是三。肘胯双行侧意猛，金鸡上架挑意翻。白鹤亮翅换步顶，云领式中腿相连。

图 2-28-16 云字诀之正门　　图 2-28-17 领字诀之奇门　　图 2-28-18 领字诀之正门 1　　图 2-28-19 领字诀之正门 2

第二十九节　形意拳神打下篇·心意六合总法

心意六合总法，为心意拳、心意把、六合拳、四把捶等诸技之总览，合 365 路心法技术，实为形意门河南派传承体用心法经典之总述。

修行心意六合总法，需以形意六艺、六合法则为筑基。

起始：侵扑式和摇闪把。

练法：侵扑站，拳法之起势。轻灵之步站立之意，又含侵略扑捉之内意。

双足以太极桩左势站立，左足自然前出半步，足尖翘起略微内扣，左肩罩意向前，双臂自然含劲垂落，有开弓引箭之意含蓄其中。

右足上步，双掌左前右后，以鹰捉势塌掌，双掌过胯后捋；左足上步成鸡步左势，双掌贴身而上，左掌拧转直立过腮前出，右掌摩胯过胸腹前抻至左肘下。左式要领与右式体用一致。

第一式：龙形裹横（十字裹横）。以侵扑站左式而起，左脚右上成麟步，双臂运腕转掌，右劈左盖，分别合于左胯右肩；身形微束；右脚箭步而出，身形微展，右掌心向上随身形右向横臂而出，肘尖贴肋；左掌心向下束于右臂内侧。左式要领与右式体用一致。以龙形调步身法演练打四面或前后向演练皆可。

第二式：龙抬头。以侵扑站左式而起，左脚右上，右脚刮地风起至膝前，双掌心向里，自两翼上起过顶，十字交腕，双腾前后对抻而出；右脚箭步前出，双掌化拳，右拳回顾至下丹田（或附于左肘下），左拳曲肘贴右腕上击而出至面门。左式要领与右式体用一致。

图 2-29-1 摇闪把

图 2-29-2 龙形裹横

图 2-29-3 龙抬头

第三式：龙形过峰。以侵扑站左式而立，左脚右上前纵，右脚经左脚后前上，束蹲为龙形交步，双掌左顾右劈化十字臂互抱。左腿起身右旋360度面向右上，双掌顺十针右裹左拦；右腿箭步前出，右小臂裹横而出。左式要领与右式体用一致（龙裹身＋裹横）。

第四式：龙形豁挑。龙形裹横或龙过峰后，反手顺势箭步挑领前出。

第五式：龙身虎扑。龙形裹横或龙过峰后，反手顺势箭步虎扑前出。

第六式：龙形盘肘。龙形裹身后转体360度，反手化盘肘横向击出。

第七式：龙虎摆尾。龙形裹身后转体360度，反手化虎摆尾横向击出。

图 2-29-4 龙形过峰

图 2-29-5 龙形豁挑

图 2-29-6 龙身虎扑

图 2-29-7 龙形盘肘

图 2-29-8 龙虎摆尾

图 2-29-9 龙形调步

第八式：龙形调步。前向行进贴足摩胫；左右前后换位时，膝腿相连，位随身变，不拘一格，左步出则右臂前撩，右步出则左臂前撩，反掌用前顾。

第九式：龙形穿拳。以侵扑站左式站立，左脚进步，以丁字步束蹲，左掌心护于右内肩，右掌背合于胯后；右腿箭步前出，双掌前后对押，掌心向右；双掌化拳，左拳以立拳贴右腕前出至下宫前位。左式要领与右式体用一致。

第十式：小龙形。以侵扑站左式而立，左脚进步束身，双掌右先左后化"猫洗脸"而出；右脚箭步而上，左掌心翻转向外，右掌心翻转向右，左后右前曲肘起至左太阳穴。左式要领与右式体用一致。

第十一式：龙形大劈。以侵扑站左式而立，左脚右上鸡步而立，双掌左下右上化"青龙缩尾"；右脚鸡步前上，左臂起腕垂掌，外翻大劈而下至右腿小腿外侧。左式要领与右式体用一致。

图 2-29-10 龙形起势

图 2-29-11 龙形穿拳

图 2-29-12 小龙形

第十二式：猫洗脸。以侵扑站左式而立，左脚鸡步前上，右掌掩肘裹面左下；

右脚鸡步前上，左掌掩肘裹面右下；双脚前进或后退，左右猫洗脸相合。

第十三式：虎扑推把。以侵扑站左式而立，左脚鸡步前上，双掌后捋过胯；右脚鸡步前上，双掌抚腰前扑而出至中宫前位，掌缘外分，腕部贴合。左式要领与右式体用一致。

图 2-29-13 龙形大劈　　图 2-29-14 猫洗脸　　图 2-29-15 虎扑推把

第十四式：虎形穿拳。以侵扑站左式站立，左脚右上独立，右脚刮地风而出，右掌掩肘裹面左下右前而出合于右脚内侧；右脚箭步而上，左拳化穿拳前出。左式要领与右式体用一致。

第十五式：虎践穿拳。以侵扑站左式而立，右脚右上，左脚纵跃右上，右脚刮地风而出，双掌同时左右掩肘裹面，于面前十字交腕而下前出；右脚箭步而上，左拳化穿拳前出。左式要领与右式体用一致。

第十六式：虎坐坡。以侵扑站左式而立，双腿纵步180度转体面后，以熊形桩步姿而蹲，右掌化拳以肘贴肋后撞，左掌贴握，右拳面助力。左式要领与右式体用一致。

图 2-29-16 虎形穿拳　　　图 2-29-17 虎践穿拳　　　图 2-29-18 虎坐坡

第十七式：虎摆尾。以侵扑站左式而立，左脚右上，左掌心向右前顾；右腿箭步而上，右掌心向左，自左小臂下前穿右扫而出。左式要领与右式体用一致。

第十八式：虎践（马踏虎践）。以侵扑站左式而立，左脚用踩进步，右脚震步，双掌前下（或擎拳）虚按回捋；左脚进，右脚顺势换位而上，双掌虚按回捋。左式要领与右式体用一致。

图 2-29-19 虎摆尾　　　图 2-29-20 马踏虎践　　　图 2-29-21 三盘落地

第十九式：虎扑把。以侵扑站左式而立，左脚箭步前上，双掌左前右后扑击前出；双腿起身纵跃 180 度，面左马步而立，双掌十指相对成三盘落地，左足箭步前上，双掌左前右后扑击前出。左式要领与右式体用一致。

第二十式：五行横拳。以侵扑站左式而立，右脚上步束蹲为熊形桩步姿，右脚向左前上步，双掌右圈左拦；左脚箭步前上，右拳贴胯化上勾拳出至面门前，左掌心贴于右拳心。左式要领与右式体用一致。

第二十一式：野马过道。左脚向右上角上步，束蹲为熊形桩步姿，双掌里裹下插，右掌心合于右脚内侧，左掌附后；右脚上步成鸡步右式，双掌化拳，右前左后钻拳而出至齐肩。左式要领与右式体用一致。

图 2-29-22 虎扑把

图 2-29-23 五行横拳

图 2-29-24 野马过道

第二十二式：马形冲拳。以侵扑站左式而立，左脚以鸡步前出，双掌塌掌后将至贴胯；右脚以鸡步前出，双掌化拳，以平拳并拢前出至中宫位前。左式体用与右式要领一致。

第二十三式：勒马听风。以侵扑站左式而立，左脚上步以虎抱头而立；右腿以箭步而出，上体左向倾压至肩与足一线，双掌化拳下劈后前挺。左式体用与右式要领一致。

第二十四式：勒马挺峰。以侵扑站左式而立，左脚上步以虎抱头而立；右腿箭步而出，上体左向前倾压至肩与是一线，双掌化拳下劈后挺身上起。左式体用与右式要领一致。

第二十五式：马踏连城。以侵扑站左式而立，左脚以鸡步前出，双掌塌掌后将至贴胯；右脚以箭步或鸡步前出，双掌化拳，拳心向里，左右平行曲肘，以小臂前抻而出。左式体用与右式要领一致。

第二十六式：五行炮拳。以侵扑站左式而立，左脚右上束蹲，双掌心向里，左里右外十字交腕合于胸前；右脚丁字步而出，右掌垂肘顾至右腮，左拳以平拳势出中宫。左式体用与右式要领一致。

图 2-29-25 野马过道 2　　图 2-29-26 马形冲拳　　图 2-29-27 勒马听风

图 2-29-28 勒马挺峰　　图 2-29-29 马踏连城　　图 2-29-30 五行炮拳

第二十七式：猴形小裹。以侵扑站左式而立，双脚以鸡步左右换步行进或后退；双掌同步垂肘裹面；左掌回按时，右掌化叼手曲肘顶腕起至右胸；右掌回按时，左掌化叼手曲肘顶腕起至左胸。左式体用与右式体用要领一致，后手叼手附于前肘。

第二十八式：猴形大裹。以侵扑站左式而立，双脚以鸡步左右换步行进或后退；拗步同步垂肘外裹；左掌回按时，右掌化叼手裹至右脑侧；右掌回按时，左掌化叼手曲肘顶腕起至左脑侧。左右两式体用要领一致，后手叼手附于前肘。

第二十九式：五行·钻拳。以侵扑站左式而立，左脚以鸡步前出，双掌塌掌后捋至贴胯；右脚以鸡步前出，双拳右前左下，前钻至咽前；拇指贴于食指中节以助力指中节用劲。左式要领与右式体用一致。

第三十式：溜鸡腿。以侵扑站左式而立，右脚上步，双掌微侧，左前右后掌心相持后捋；左脚以鸡步前出，双掌顺回势轨迹前推至中宫前位。左式要领与右式体用一致。

第三十一式：丹凤朝阳。以侵扑站而起，左脚进步，右脚上步，左脚上步同时右臂由前直起朝天，胳膊紧站头部，掌心向后，左掌按于下丹田处；左脚进步，右脚上步，成束蹲右势，同时右掌与左掌交错沉劈，左掌束于右肩内侧，双掌皆为阴掌。至此，右势演练完成。

右脚进步，左脚上步，右脚上步虚立，同时左臂由前直起朝天；右脚进步，左脚上步成束蹲之势，同时左掌沉劈而下。至此，左势演练完成。

如此，左右交错，向前行进演练。此式修炼需注重，一竖之挑打，一竖之沉劈，辅以刮地风技巧，实为"一气之起落"的典范。

图 2-29-31 猴形大裹　　图 2-29-32 溜鸡腿　　图 2-29-33 鸡步大劈

第三十二式：鸡步大劈。以侵扑站左式而立，左脚以鸡步前出，双掌左前右后摇闪把而出；右脚复进鸡步，双掌翻转，左掌将至后胯，右掌下劈至右小腿内侧。左式体用与右式要领一致。

第三十三式：鸡形炮拳。以侵扑站左式而立，左脚以鸡步前出，双掌右前左后将下；右脚以鸡步前出，右臂化"摇闪把"前出，左掌化拳以平拳贴右小臂前出。左式体用与右式要领一致。

第三十四式：蛇吐信。以侵扑站左式而立，左脚绕步前上，双掌右圈左拦；右脚以箭步前出，双掌心向下，右顾左穿而出至咽前。左式体用与右式要领一致。

第三十五式：蛇形贯拳。以侵扑站左式而立，左脚上步，双掌心向下，左臂自右臂下左拔；右脚以箭步前出，右掌从拳，以上拳眼左贯击至左掌心。左式体用与右式要领一致。

第三十六式：蛇摆尾。以侵扑站左式而立，左脚右上，右掌上撩外将，左掌右顾；箭步前出，右掌化拳擒拿后捋，左掌握住右腕盘肘右出。左式体用与右式要领一致。

第三十七式：蛇抬头。以侵扑站左式而立，双脚以鸡步行进；左进则右掌化叼手提腕前出至咽前；右进则左掌化叼手提腕前出至咽前。

图 2-29-34 蛇吐信　　图 2-29-35 蛇形贯拳　　图 2-29-36 蛇抬头　　图 2-29-37 左右明拨

第三十八式：左右明拨。以侵扑站左式而立，左脚右上，双掌左圈右劈；右脚以箭步前出，右掌贴左臂外侧，自上而下，以横劲下拨至肋前。左式要领与右式体用一致。

第三十九式：蛇形穿拳。以侵扑站左式而立，左脚右上，右脚顺起卷地风，右掌侧斜，五指右向外拨，右脚以箭步前出，左拳化穿拳而出至肋前。左式要领与右式体用一致。

第四十式：蛇拨草（图2-29-38）。以侵扑站左式而立，左脚右上，双掌逆时针右圈左拦；右脚箭步而上，左掌顺中宫，逆时针蛇掌外拨。此处鸡用皆可，左式要领与右式体用一致。

第四十一式：蛇出洞（图2-29-39）。以侵扑站左式而立，左脚右上，双掌逆时针右圈左拦；右脚箭步而上，右掌后捋及腰，左掌心右向，自左胯弧形轨迹上蹚至口前。左式要领与右式体用一致。

图 2-29-38 蛇拨草　　　图 2-29-39 蛇出洞

第四十二式：龙蛇合击。以侵扑立站左式而立，左脚箭步起双臂左顾右劈，上体下倾；右脚震步，双掌左圈右顾回撩；左脚以鸡步前出，左掌回顾，右掌化"蛇出洞"而出。左式要领与右式体用一致。

第四十三式：天地把（蛇拨草）。以侵扑站左式而立，左脚右上，双臂大开，左圈右拦顺时针于头顶十字交腕；右脚箭步而出，掌心向里，双掌自上下捋至右胯侧。左式要领与右式体用一致。

第四十四式：鹞子侧翅。以侵扑站左式而立，左脚左上，左掌掩肘裹面而下；右脚以鸡步左上，右掌贴胯前上至咽前，左掌对称运动至体左后。左式要领与右式体用一致。

第四十五式：鹞子冲天。以侵扑站左式而立，左脚前上，双掌左圈右拦顺时针运动，右脚刮地风前出，右掌心向左贴胯上起至口前。左式要领与右式体用一致。

第四十六式：鹞子蹲天。以侵扑站左式而立；左脚前上，右脚鸡步前出，双掌心向下，左后右前自中宫下弧线轨迹前出。左式要领与右式体用一致。

第四十七式：鹞于穿林。以侵扑站左式站立，左脚束身矫步左上，双掌心相对抱球同步而上；右脚展身左上，双掌抱球过顶；左腿倒步转体，双掌抱球顺势而下，左式要领与右式体用一致。

第四十八式：开弓放箭。以侵扑站式而起，以龙形调步作四面八方任意转换身形方位，双掌心向下，自高位以张弦式而落，弧线轨迹上起如箭入云霄，换步复下势而落如箭雨而下，手脚同步方位。左式要领与右式体用一致。

第四十九式：鹞子捕雀。以侵扑站式而起，右脚左上，左拳心向左前起回顾至头左侧；左脚以鸡步前出，右拳心偏左摆拳而出。左式要领与右式体用一致。

图 2-29-40 鹞子侧翅　　图 2-29-41 鹞于穿林　　图 2-29-42 鹞子捕雀　　图 2-29-43 燕子汲水

第五十式：五行·崩拳。以侵扑站式而起，右脚上步，右掌化"燕子穿云"穿出；左脚以"燕子汲水"上仆步而出，双掌过顶而下，弧形运动至左小腿内侧；右腿用劲起身直立，左腿立拢，双掌化拳，合拢外翻，化崩前出。左式要领与右式体用一致。

第五十一式：燕子穿帘。以侵扑站式而起，右脚上步，左脚以鸡步而上，双掌心向下，左前右后，自下宫而穿至手指背贴至发际。左式要领与右式体用一致。

第五十二式：鹞子翻身。以侵扑站式而起，双掌化拳屈肘；左脚逆时针360度运动，转体中左肘下劈；右腿提膝，左腿独立，右肘顺势下劈。左式要领与右式体用一致。

第五十三式：鹰探爪·顺手牵羊。以侵扑站式而起，左脚上步，双掌左下右上竖直前探；右腿提膝，自右左顶向前；双掌化拳，抓向体侧右后。左式要领与右式体用一致。

图 2-29-44 五行·崩拳　　图 2-29-45 鹞子翻身　　图 2-29-46 顺手牵羊

第五十四式：鹰抖翅。以侵扑站式而起，左脚上步束身；双掌心向里十字交腕。右脚上步，双掌上步起至面前而出，先分后合，开于肩宽，合于脸宽。左式要领与右式体用一致。

第五十五式：中门头。以侵扑站左式而起，左脚进步，双掌心向下，自宫位前左右分拨；右脚以鸡步右式前出，头打点击同步而下。左式要领与右式体用一致。

第五十六式：神鹰巡空。以侵扑站左式而起，左脚进步，双掌心向上，左前右后穿掌前出至肩高；右脚以鸡步右式前出，上体下屈头打而下。左式要领与右式体用一致。

第五十七式：一头碎碑。以侵扑站左式而起，左脚进步，左掌垂肘上起，右掌贴于左小臂内侧（或以虎口托肘）；右脚以鸡步而出，双掌化拳，上体下屈点头至极致，左拳后抒至腰，右拳立拳劈砸至小腿内侧。左式要领与右式体用一致。

图 2-29-47 中门头　　　图 2-29-48 神鹰巡空　　　图 2-29-49 一头碎碑

第五十八式：鹰捉把。以侵扑站左式而起，左脚进步，双掌心向前，左掌指尖朝天起至头顶极限，右掌以虎口托于左肘下；左脚箭步前出，双掌下按至左膝内侧，上体下屈，身体向右。右式要领与左式体用一致。

第五十九式：熊塌把。以侵扑站左式而起，左脚进步，双掌提腕垂指，起至中宫；右脚鸡步而出，右掌回至右胯侧，左掌心向上，塌掌至右膝右侧位。左式要领与右式体用一致。

第六十式：塌意。以侵扑站式而起，双脚以鸡步进退移动，双掌提腕垂指而起至中宫，左脚进则右掌塌至左膝内侧，右脚进则左掌塌至右膝内侧；起腕则展，塌拳则束。左式体用与右式要领一致。

图 2-29-50 熊塌把　　　图 2-29-51 塌意

第六十一式：熊形单把。以侵扑站式而起，右脚进步，右掌提腕垂肘垂指，束至右内肩近锁骨；右脚上步，右掌立掌前击而出，左掌附于右腕内侧。左式体用与右式要领一致。

第六十二式：熊形双把。以侵扑站式而起，左脚进步，双掌提腕垂肘垂指，虎口相对束至两腮；右脚上步，双掌立掌前下扑击而出至中宫前，拇指交叠。左式体用与右式要领一致。

第六十三式：五行·劈拳。以侵扑站式而起，右脚进步，左掌心向右，直臂上撩至面门前位；右脚箭步而出，右掌心向左顺左掌下按势上撩，至面门前位时上体侧屈，右掌化拳劈砸至小腿内侧，左掌化拳束至右肩内侧。左式体用与右式要领一致。

第六十四式：神剑出鞘。以侵扑站式而起，左脚右上，右掌心向里合于左胯后，左掌心合于右内肩；右脚箭步前出，左掌化拳撑至胯侧，右掌化拳，屈肘展身前顶而出。左式体用与右式要领一致。

第六十五式：鹰熊合形。以侵扑站式而起，左脚提膝，上体左旋180度转体向后，双臂束腕曲肘，左先右后翻腕下塌；左脚落地，右脚箭步前出，上体侧屈，双掌右前左后鹰捉而下。左式体用与右式要领一致。

图 2-29-52 熊形单把　　　图 2-29-53 熊形双把 1　　　图 2-29-54 熊形双把 2

第六十六式：犀牛望月。以侵扑站式而起，左脚进步，右脚箭步前出；上体右转，右掌展肘翻至脑门右上，左掌立掌抻推，自右腕下而出。左式体用与右式要领一致。

第六十七式：卧牛炮。以侵扑站式而起，左脚箭步前出，双掌化拳，上体侧倾向前，拳心向右，双拳左下右上并列前击而出。右式体用与左式要领一致。

第六十八式：双牛入海。以侵扑站式而起，左脚箭步左上，左小臂掩面折身斜下，化"乌牛摆头"而下；上体左转，右掌展肘翻至脑门左上，右掌自左腕下立掌抻推而出。左式体用与右要领一致。

第六十九式：飞燕展翼。以侵扑站左式而起，右足卷地风而起，左足同时借力纵身而起，以"燕子抄水"而下；右足箭步前上，左掌会捋，右臂曲肘贴肋前挑而出。右式体用与左式要领一致。

第七十式：熊形塌掌。以侵扑站左式而起，左脚进步，左掌立掌同步前撩上顾；右脚上步，右掌前撩后盖掌下劈。右式体用与左式要领一致。

第七十一式：雄鹰擒羊。以侵扑站左式而起，左脚进步，双掌心向上，左前右后穿掌前出至肩高；双掌里翻，化拳或爪向右侧身后擒拿，同时右腿提膝击敌胸腹。右式体用与左式要领一致。

第七十二式：劈砸拳。以侵扑站左式而起，左脚进步，双掌左先右后向前撩领；右脚上步自然站立，右掌化拳劈砸而下。右式体用与左式要领一致。

第七十三式：蛇行龙翻。以侵扑站左式而起，左脚箭步而上，双掌左顾右劈至极限，左肩顺势而下；右足震步，双掌回旋为左顾右迎；左足进麒麟步，右掌如刀斜抻向左颊前。右式体用与左式要领一致。

第七十四式：老熊抱山。以侵扑站左式而起，双掌左圈右拦，双腿左先右后提膝二段短打；右足进步，右小臂曲肘垂直栽肘而下。右式体用与左式要领一致。

第七十五式：神牛摆角。以侵扑站左式而起，左脚进步，双掌左上右下前穿；右脚箭步或鸡步前出，双掌回翻自左后缠头裹脑，右肘顺势上击右打。右式体用与左式要领一致。

第七十六式：龙形大劈二。以侵扑站左式而起，左脚进步，双掌作侧位"青龙倒吸水"而起；右脚复进龙形歇步或鸡步，双掌斜劈至右腿外侧。右式体用与左式要领一致。

第77式至第365路 传嫡传弟子，本处略。

图 2-29-55 五行·劈拳　　图 2-29-56 神剑出鞘　　图 2-29-57 卧牛炮

图 2-29-58 双牛入海　　图 2-29-59 飞燕展翼　　图 2-29-60 雄鹰擒羊

图 2-29-61 蛇行龙翻

图 2-29-62 蛇行龙翻

图 2-29-63 老熊抱山 1

图 2-29-64 老熊抱山 2

图 2-29-65 神牛摆角

图 2-29-66 青龙倒吸水

图 2-29-67 龙形大劈二

第三十节　太玄归一法

正所谓不成规矩难以成方圆。在修行中，求得并非数的稳定，而是法度。在法度中求取时间、空间对力量的干涉感悟。

凡例，形意五行拳的修炼，通常由规定的步数、距离开始练习。或三步一回，或五步一回、十步一回。这个过程是对修行者自身的约束，在约束规则中逐渐掌控自身，渐至收发由心。如定数起始，再回到始发点时，定数发生误差，这是因每一步的平均间距误差过大造成，反馈在技击实践中则表现为，差之毫厘则谬以

千里。力量如果不能在正确的距离得到释放,则必定连累己身为敌所趁。

一招一式,在起势的带领下始发,一去一回,在收势中结束,无不法度严谨。做到有始有终,有收有放,有去有回,这与大道之理以及处世哲学呼应一理。

起势与收势所依循的法度是什么?

诸派武学,凡内家拳术之属,起势与收势都是形而上的另一面体现。在动静开合的运动中,有精微真气运行于周身,成就大小周天,人体之微小天地与大道宇宙互为参衍。起势是周天的初始之动,收势是周天的归元之静,动静之间,参合阴阳。

起势之间,神意达至四极之远,有统摄之功。远之极限,远在沧溟之外;却又极近,近在目光所能查察的极致。这是有形与无形的参合,可以称之为太玄之初始。在形的引导下,神意随真炁收至神庭。在桩体中和行拳中周流不息、聚散有度。

收势之间,神意精气,在形的引导下,皆有归依。神藏上丹,气主中丹,精归下丹,至此,太玄而归一,道与理,一而二,二而一。精气或布散于周身,然而始终有源所出,有根所归,不为那无根之木,无源之水。

历代祖师传学,皆注重起势与收势所依托的十二真形精义。

此形繁多,各行其道,形意拳术起势守阳,收势守阴。然而,无论形式有何变化,起收皆由涌泉入命门,过夹脊,玉枕入神庭,下百会,这是纳气的过程。百会下印堂、过鹊桥、降重楼、归明堂,藏于下丹天,这是呼吸的过程。内外呼应,内纳外呼,内吐外纳。自气祖之门而起时,双手掐印法,随纳气起至头顶上方;自百会沉降时,印法随同呼吸收束至丹田方位。

外形、神意、吐纳,三位一体,是为玄关起收归一之门窍。

第三十一节 内五行真炁运行法诀

劈拳歌诀:

劈拳高举出云门,肺叶舒张气畅仲,少商指引意中气,修残补缺效如神。

劈拳肺经行气引：

手太阴肺十一穴，中府云门天府列，次则侠白下尺泽，又次孔最与列缺。

经渠太渊下鱼际，抵指少商如韭叶。

崩拳歌诀：

崩拳起意在大敦，拧目竖项肝气伸，左右连珠轮番进，消息一动定乾坤。

崩拳厥阴经行气引：

足厥阴经一十四，大敦行间太冲是。中封蠡沟伴中都，膝关曲泉阴包次。

五里阴廉上急脉，章门才过期门至。

钻拳歌诀：

钻拳本是地反天，上下相随得真传。气行少阴与少阳，填精益肾精补脑。

钻拳足少阴肾经行气引：

足少阴肾二十七，涌泉然谷出太溪。大钟水泉连照海，复溜交信筑宾立。

阴谷横骨趋大赫，气穴四满中渚得。肓俞商曲石关蹲，阴都通谷幽门直。

步廊神封出灵墟，神藏彧中俞府毕。

炮拳歌诀：

炮拳先走虎跳涧，两臂下裹如搜山，钻崩之中加膝打，提肛实腑劲爆炸。

炮拳手少阴经行气引：

九穴心经手少阴，极泉青灵少海深；灵道通里阴郄穴，神门少府少冲寻。

横拳歌诀：

横拳出手似铁梁，横中有直横中藏。左右穿裹应合意，收势退横劲宜刚。

横拳足太阴脾经行气引：

足太阴穴脾中州，隐白在足大趾头；大都太白公孙盛，商丘三阴交可求；

漏谷地机阴陵泉，血海箕门冲门开；府舍腹结大横排，腹哀食窦天溪连。

此为快练与慢练之心诀，快练是劲力的功夫，慢练是大周天内功的功夫。快练与慢练，行迹同，而心却绝异，得到的东西也是不同的。快练是打法，打法仰赖速度和筋骨肌肉力量。慢练，是内养气血的养生之道，乃道德之修。快练，是要重出重收。慢练，可以重出轻收，或者轻出轻收，轻出重收。把人体如同神兵折叠锻打，愈练越发饱满。这是为了练虚实转还，同样的快拳，连续两拳可以打出虚实结合，相同招式用不同的用劲方式，就是练换劲，换劲像换衣服。这既是换劲。

第三章 八卦拳经

（简谱）

第一节　有无之间

程廷华　　　　　　祖师　董海川　　　　　　张占魁

能用我们熟识的语言来阐述的大道，就不是永恒的大道；能够叫得出名称的事物，就不是永恒的事物。

无，是万物的元始；有，是万物的根本。武术之道是大道之威现象的彰显，我们要经常从"无"中去体察领悟道的奥妙，以大道的玄奥进一步参悟道武，要经常从"有"中去观察体会道的发生端倪，以大道的发生来参悟国术大道的精微变化。

无名者无形，有名者有形，这"有"与"无"两者都同出于大道，只是拥有各自不同的名称，幽昧深远，秘不可测，所以可以叫做"玄策"，这是洞悉万事万物奥秘变化的门径。

万事万物都有自己的对立面，对立面是没法呈现的，习武者都应当明白这一层道理。没有对立面就没有修行者的本身，对立面是一个自我，但是在现实中却找不到自我存在的迹象，如果明悟这一层道理，就已经窥视到了道武衍化的本质。

对立面没有形体，却是真实存在的，不论我们自己能否寻找到自我的真实存在，对于自我来说都是守恒的，无增无减。自从我们每个人感乾坤之德而成

形体，即使不参与大道的变化，形体也终会消亡转化，与外界的事物纠缠交际，追逐向往的东西而不停歇，这是至大的悲苦；随着形体的衰老，精神也因困于形体中而逐法衰老，这是至大的悲哀。

很多人在接触国术道武修行时会有一个疑问，学习道武的意义是什么？

学习道武是认知自身的过程。从自己的肉体认知到精神的认知；人在诞生之初，由爬到站立，由行走到奔跑，只是人初步通过自我来认知运用肉体；道武的修行，是彻底的认知，习练者得以通过传承之学的领悟而彻底学会利用自己的身体，去修养自身，去参与竞技，在危险时刻保护自己，保护身边重要的人或事物。

修行道武的过程中，我们得以参与大道的变化，虽说生老病死不可逆，但是我们已经在修行过程中得到了大道至善的馈赠，还有什么不知足的呢？随着修行的深入，精神层次的凝实逐渐与身体的强健同步。而这一进程不是任何其他健身方式和格斗术所拥有的，也是从"无"到"有"的进程。

人体五脏在修行中以及应用中是如何参与的呢？曾经庄子有过一问，百骸、九窍、六脏完整存在于我的身体中，我和哪一个更近呢？是都喜欢，还是有所偏爱？如果换位思考，你和哪一个更亲近喜欢呢？

身体发肤都属于自身的一部分，当然没有偏爱，也就不会有君臣之别。从本身存在的角度来说，的确没有君臣之别，但是对于道武一途，在延伸的武医和中医领域来说，却是有君臣之说的。在武道的体用中，心生意、意主气、气御力。明确地说，就是"意""气"是君，而其他的是臣子，即"意气君来骨肉臣"。武医是武道与中医的体用结合，在药理的运用中，君臣之理尤为玄妙，阴阳辨证，不可不慎。而"意气君来骨肉臣"也包含了五脏六腑在修行及应用中的彰显，这一切不可见，却都明确存在。

不可见的东西，也并非永恒的，它会转化为可见的东西；国术道武的修行带来体魄之健硕，神意之旺铄，这都是可见的，也就是"有"。"有"和"无"相互生成，相互转化，相互依靠。不以外物而妒，不以善功而据有，有成就而不自傲，正是这种不据"有"的态度，才不会有"无"的痛苦与迷惘，修行的过程，生活的过程才不会有太多的坎坷。

怎样才能知道自己所处的修行境界呢？道武有明劲、暗劲、化劲3层功夫境界，对应炼精化气、炼气化神、炼神还虚3层道理；又对应易骨、易筋、洗髓三步功夫。武学之道，是究毕生之力作道法文章，也是人生三大境界"立、守、得"的展现。做文章的三重境界悬思、苦索、顿悟。对于道武的感悟与道法术修行过程，实属异曲同工。

一重境界"昨夜西风凋碧树，独上高楼，望断天涯路"；二重境界"衣带渐宽终不悔，为伊消得人憔悴"；三重境界"众里寻他千百度，蓦然回首，那人却在灯火阑珊处"。修行国术道武的过程，是从未知到有知，即从"无"到"有"的过程，一种体用兼和的过程，最终无所不知，无所不用，千变万化。

文道、武道、大道，与人生之"情"的三重境界如此契合，由神圣的"无"，产生了奇妙的"有"，最终又回归至大的"无"。修行离不开修心，至心灵通透处，人不知我，我独知人。

善学者尽其理，善行者究其难，愿后学之辈，能够透彻明理，于道武国术体用之道善加实践，不畏其难。

八卦掌六十四掌变化之象，一切玄奥，皆在道中。六十四掌每修一掌，皆应体悟相应的道韵礼乐与易理法则，以合性命交修之德。八卦掌，乃道武领域"道、理、义、象、术"集大成之全道全德之学。（作者序）

第二节　董祖海川列传

董祖师，原名董明魁，后称海川。海川者，其学、其胸襟有海纳百川之大量。

董祖生于1797年（清嘉庆年间），卒于1882年，清朝河北省文安县朱家务村人，相传于安徽九华山得遇"云盘老祖"（或作盘山道长）传授武学，后为八卦门拳、掌、腿、兵械的创始人。

董祖身材魁梧，臂长手大，臂力过人，擅长技击，幼年喜学各家拳术，年轻时求功名未成，立志博学众家之长。于清道光五年（约1824年），时年26岁远游吴越巴蜀，以武访友，历险搜奇，一去十三载。访师江南时，在盘山道长的传授下，得传八易寒暑掌法、步法、单练及徒手器械。每日行功后，祖师体无边落木之潇潇，感天体运行之道法，参悟易道经学，以阳爻和阴爻相配合而成的乾、坤、坎、离、震、艮、巽、兑八大易符，呼应天、地、水、火、雷、山、风、泽，成就八卦掌法，互相搭配体用又得到六十四卦掌法，用来象征各种自然现象和人事现象，以八大易符，作为8个方位用于武术技击。

道光十八年，祖师年近四十回归故乡，已改青年时之刚烈。朝夕习练揣摩，传授族人。时常外出数日，家人不知何为，问言访友。

祖师艺成下山，临别时师父叮嘱：技艺已有成就，切忌气盛惹是生非。祖师唯唯应诺。然而回家之后偶与人争，以致出手伤人，官府缉拿甚紧，遂隐姓埋名。

咸丰年间，祖师流落京师，有传为隐姓埋名净身为阉至肃王府当差，做了一名司菜太监，实系太平天国所派卧底探子，与慈禧太后身边近身侍卫交厚，宫内消息由该侍卫传递于祖师。该侍卫功力极深，后被追杀潜逃。

时值太极门祖师杨露蝉奉召于肃王府与府中拳师比武竞技，连战连胜，最后竟将一拳师掷于园网之上。是时董祖手托菜盘由此经过，立即飞身上网救起拳师。董海川遂与杨露蝉相斗，双雄对峙，胜负难分，肃王恐两虎相争必有一伤，遂令罢战。两位祖师战后，互相引为知己，多有切磋。

祖师以及门下传人与形意门往来甚密，两派门下弟子互以师兄弟相称。有形意门李存义先生从董祖师学艺，八卦门二代传人程廷华先生代师授艺于张占魁先生等事迹。

清朝时代，八卦掌与形意拳、太极拳各立门户，桃李盈门，流传后世。祖师董海川与形意门李洛能祖师、杨家太极祖师杨露禅为武林共尊之内家拳三大宗师。

祖师寿享高龄，监殁昏惘，仰卧床上，两手仍作换掌式，直至气绝。八卦门绝技流传国内外，经久不衰，传承者层出不穷，其墓已迁至北京西郊，重修一新。

第三节　太元两仪生四象

太者，大也；元者，始也；太元者，混沌无极也。

太元者，又称之为混元，浑元。混元，天地初开，鸿蒙不纪年，没有四维上下，亦没有古往今来。混沌开，而宇宙生，人体为小宇宙，学习道武者可内视自身，外练筋骨，是人体契合宇宙自然的大道通途，是为混元无极，道化为拳，则为无极桩。

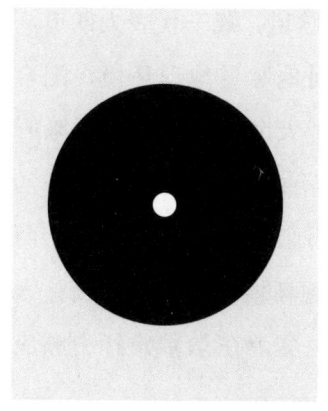
图 3-3-1 先天混极奥义图

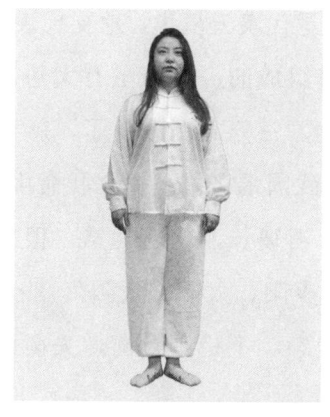
图 3-3-2 无极桩

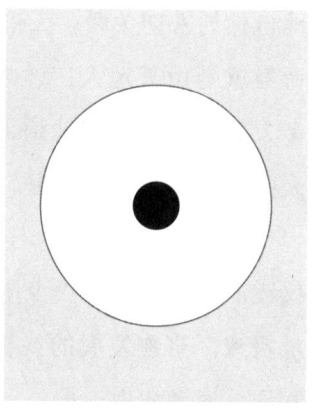
图 3-3-3 先天元极奥义图

易有太极，是生两仪。宇宙从无极而太极，以至万物化，太极者，宇宙初生之态，无极而生，动静之机，阴阳之母也，道化为拳，则为太极桩。

阴阳者，互为对立矛盾；无阴不阳，无阳不阴，互为依存；阳消阴长，阴消阳长；阴中有阳，阳中有阴，互为包涵；阴极生阳，阳极生阴，互为相先；化阴为阳、化阳为阴，互为生克制化。

太极是大道运行不息的彰显，动之则生阳，运动到一定程度则达到相对静止的状态；静之则产生阴，静极则思动，如此动静参合，阴阳之气互为表里，互为根基，乃至运转产生无穷妙有、无限武学体用之道。是故，人体内宇宙与外部大宇宙虽异体，却同存共振，人在动静阴阳中，是为三才俱焉。

图 3-3-4 太极图奥义

图 3-3-5 太极桩

图 3-3-6 三才奥义图

易云："有天道焉，有人道焉，有地道焉。兼三才而两之，故六。六者非它也，三才之道也。三光者，日月星；三才者，天地人。周天之内，道法总理阴阳，统御天经地纬、人者，合称三才。"道化为拳，则为三才桩，阐述了人与天地自然的密切关联。天干就是代表天机道，地支代表地脉道，藏干代表人间道，命数就是由天地人三才之道组成的，天命虽有大势，而地脉道地理环境，配合个人的努力，人道地道即改，三分之二改变了，就大了天命三分之一，撤除听天由命这一消极的思想，道武国术之修是树立我命由我不由天的修行方向。

阴阳两仪对立统一，此消彼长，化之为拳，根据阴阳之分与虚实之度，两仪遂产生四象，即"少阴、少阳、太阴、太阳"。少是逐渐增加，而至平衡；太是极致，事物发展的终极状态。不稳则失衡，失衡则生变，在拳术修行中顺应其理，使之体用一贯。

图 3-3-7 两仪之太阴奥义图　　图 3-3-8 八卦三才桩　　图 3-3-9 两仪之太阳奥义图

象者，现象、状态，拟象也。在乾之理为天象，在坤之理为地象。春夏秋冬四时、人体四肢、天地四极都是四象的彰显。

太极生两仪，两仪生四象，三才乃在其中。少阳、太阳、少阴、太阴为易理之四象。青龙（东）、白虎（西）、朱雀（南）、玄武（北）为天象之四象。乾、坤、坎、离为易道之四象，可成两仪与四象拳掌之法。

阴阳两仪，在形意拳术中最具代表性的体现是鹰熊斗志，又称为阴阳互摩。在八卦掌中，则以阴阳掌、两仪掌极具形象。

图 3-3-10 两仪四象桩　　图 3-3-11 两仪生四象奥义图　　图 3-3-12 两仪乾坤桩

两仪掌的修炼方法。在三才桩的基础上，以左势为例，保持下身不动，整体如同站在圆周边缘，掌随上身向圆心转动，直至指向圆心为止，是为"青龙探掌"。右脚上步，与左脚呈内扣步，至此整体面向圆心。左脚顺圆周摆步而出，双掌顺势左前右后前探抻出，掌心背向圆心，称谓"青龙返首"；右脚上步与左脚相扣，双掌绞尾而成"青龙缩尾"之势，至此整体背向圆心；右掌在下，左掌在上，右掌顺左臂上钻为"青龙倒取水"之势，身形顺势右转，右脚踩于圆周，整体拧转指向圆心变为右势。左势化为右势，右势再演变为左势，循环往复，这就是八卦掌之两仪掌。

图 3-3-13 青龙探掌　　图 3-3-14 青龙返首　　图 3-3-15 青龙缩尾

八卦掌四象之理，乾、坤、离、坎，呼应天人，水火相济，是为四象掌。

在两仪掌的基础上，立于乾位，以摆步绕圆周行进至坤位，左脚上步与右脚成扣步，面向圆心。右脚上步踩坎位，双掌顺势呈探掌之势伸出，掌心背向圆心成"青龙返首"式，左脚上步与右脚相扣，双掌绞尾成"青龙缩尾"式，右掌在上贴于锁骨，左掌在下侧贴于肋，背向圆心。

左掌顺右臂上钻，呈"青龙倒取水式"，右掌顺左臂下拽指地，两掌一指天，一画地，名曰"指天画地"或"划分天地"。同时右腿提膝抬脚，以左脚尖为轴心旋转180度后面向圆心，右脚落地时下盘呈大马步，双掌呈十字掌顺势分掌下按，此式称谓"三盘落地"，招名"白蛇伏草"。

右脚向乾位顺圆周踩出，双掌顺势探掌而出，掌心背向圆心，成"青龙返首"式，左脚上扣步，双掌顺势绞尾成"青龙缩尾"式，背向圆心。

左脚顺圆心走出，行进至离位，左掌顺势贴右臂上钻，成"青龙倒取水"式，随身形拧转面向圆心，左掌由上反劈而下，成"青龙探爪"式。恢复为两仪掌之式。如此左右交错演练，直至神形合一，以展腾挪中，体会四极之变。

图 3-3-16 指天画地　　　图 3-3-17 白蛇伏草　　　图 3-3-18 青龙倒取水

第四节　四象六合生八卦

四象者，有内外之学。四时、四肢、四极为外四象；四梢之学为内四象。

八卦掌四梢者，血、肉、筋、骨。气存丹田自培元；运达四梢始称奇；多出败元堪折寿；多入龙虎两分离。

图 3-4-1 文王八卦次序图

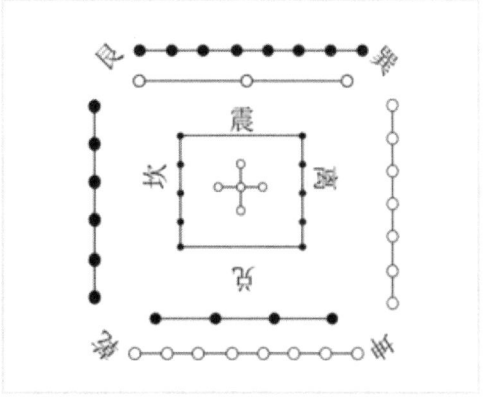

图 3-4-2 河图八卦图

图 3-4-3 伏羲八卦次序图

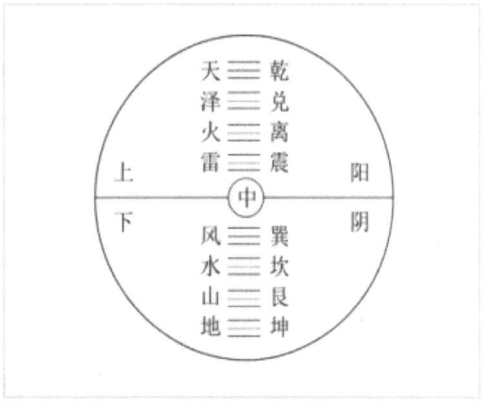

图 3-4-4 太极中分八卦图

六合者，乃为上下四方之统合，是道武修行中掌握空间、速度、心灵、以及力量的核心奥义。

六合之理，是认知肉体功能的重要理论与实践基础，体用之道的核心中枢之一。内家拳术修行体系中，是外形与内意高度统一的修炼纲领。

六合，分为外三合与内三合。外三合，是指"肩与胯合，肘与膝合，手与足合"。内三合，是指"心与意合，意与气合，气与力合"。

内外参合，互为体用，六合之术体现的是内家拳术内外兼修的高深奥妙，所谓："有外无内难为术，有内无外不成拳"，内外合一是内家拳术修行的一大独有特性，是大道形而上与形而下矛盾又统一的高度彰显。

七星在星象中为北斗之数，呼应天地四象。在道武修行体系理论与实践中，头为六阳之首，呼应人体四象，统御人体六合，专指人体的头、手、肩、肘、胯、膝、足 7 个部位为七星。是故，七星之理，又被称之为"七拳"之体用。

八卦九宫之学,乃吞天地之气,接天地人之力,成就身法劲相合而入微之奥义。

八卦者,起源于上古先民对宇宙生成、日月阴阳与众星之理、社会与人生的认知,代表着构成周天万物化生的8种元素,化而为武学大道,是为八卦掌以及形意拳术四象生八卦之理,是八卦掌身法体用的具体彰显。

八卦之体用,无外乎先天、后天两道。先天为体,后天为用。先天乃形而上,伏羲氏所遗,包含宇宙生成之理,阐述的是天地变化之规律,此大道不以人之意志而转移,以此道遂生皇极,乃道武即成未成之象,未成即有变化之理。后天乃形而下,文王所遗,先天乃道武之规则,后天乃三才等道武之现象,阐明万物生灭之变化,描述的是日、月、地三者之关联,以天、人、地三才为一体来体察道法。先天未成,后天则为已成;未成可变,已成之实不可变。

九,乃是极数,至尊之数。九宫,是后天八卦之理,与其内里中心的中土之数相合而生。一为元始,九为元末,最终九九复又归一,以示大道循环往复之奥妙。二四为肩,六八为足,左三右七,戴九履一,五居中央,是为九宫。太一取其数,以行九宫,四正四维,皆合于十五之数。易一阴一阳,合而为十五,之谓道。

阳变七之九,阴变八之六,亦合于十五。则象变之数若一,阳动而进,变七之九,象其气之息也;阴动而退,变八之六,象其气之消也。

北辰太一行于八卦日辰之间,出入所游,息于紫宫之内外,主气之神,行犹待也。四正四维,以八卦神所居,故名之曰宫。太一下行八卦之宫,每四乃还于中宫。中央者北辰之所居,故因谓之九宫。

 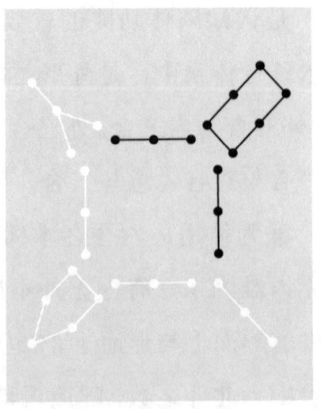

图 3-4-5 四象生八卦浑天奥义图　图 3-4-6 四象生八卦河洛奥义图

天数大分,以阳出,以阴入。阳起于子,阴起于午,是以太一下九宫,从坎宫始。坎中男,入坤宫。坤。母也。入震宫。震,长男也。入巽宫。巽,长女也。所行者有半数,乃还息于中央之宫。尔后又入乾宫。乾,父也。入兑宫。兑,少女也。入艮宫。艮,少男也。入离宫。离,中女也。如此,功行一周。一周之后还于中央,再行又从坎宫而起。是为道法"禹步",如此易术之数奇门遁甲之"八门",即与九宫合一。此谓道武"飞九宫"之术。

道武诸术,在化体为用的修炼中,一招一式皆不拘一格。依此九宫之道,先以固定轨迹演化招式之体用,熟能生巧后,即可以任意位置而起,任意位置而收。各路招式,不同变化,不同方位,上下思维之内随手拈来。闪转挪移之中,或进或退,或顾或盼,由全章法而至不守成规。不同步法、各异身法、各路拳技手法,皆自由匹配变化。所谓心之所至,形之所向,即为此理。

用形者无形,用意者不着意。起手无形,即可无迹可寻,使对方难以接防。用意而不重意,意识所至,劲力收放吞吐之间一触即变,触之即走。是故,八卦九宫之道修形、修意,以达无形无意之道武真意境界,是其存在之终极意义。

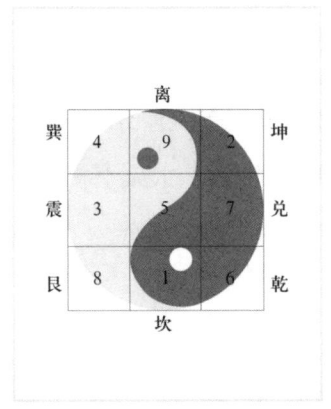 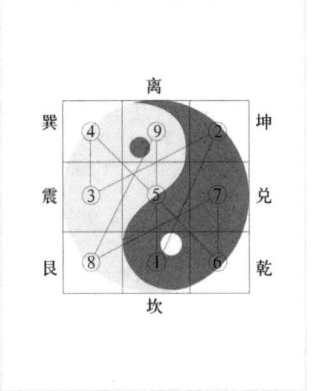

图 3-4-7 奇门遁甲 九宫八卦图　　图 3-4-8 八卦飞九宫图

禹皇于上古之时,穿岭开山,脚踏实地丈量天下,疏浚江河,定鼎天下,万民归心,创万世不移之九州伟业。以此八卦九宫之道修行,当心怀感动,上感禹皇德行之功,下体禹步方寸之神妙。

有艺乃成,一举一动,莫不与道合,万般手段皆道韵。国术万法,俱能万化归一,信手拈来,不复有独门小户之愚见,概因万法由一而生,修此八卦九宫之术,复又万法归一。

八卦之圆,九宫之方,是为寰宇之彰。以身与之相合,即是时空相合,两者互为表里，互为统属，又各具独立气象。以此八卦九宫互参之变化，与道武体用结合，生生无穷造化玄机。

时间影响速度，空间影响距离，速度影响力量，距离影响力量投放。无限时间与无限空间是为宇宙，此宇宙为达到行而下的实存之体；速度与距离的掌控，称之为力量，此力量为人体微宇宙所能发掘并掌控的虚存之体，却又真实可感可用，此为道武修行的意义与价值之所在。

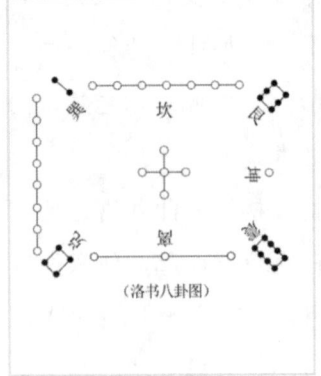

图 3-4-9 洛书八卦图

乾为天，坤为地，离为太阳，坎为太阴，四者循环往复，象征着时间与空间。时空轮转，遂生四卦象，即"震，巽，艮，兑"。震为雷，雷动发生，则生气，即为风也；巽为风，风动则生电，即为风雷相薄；艮为陆地山川；兑为江河湖海。

三才之属：初爻与二爻为地，乃阐述刚柔之道。三爻与四爻为人，乃阐述仁义之道。五爻与六爻为天，乃阐述阴阳之道。

先祖师，体察周天变迁，精研易理，遂创八卦掌之学。八卦掌又称为八卦拳，依易理变化，蕴含阴阳两仪（两仪掌），四象（四象掌）无极（无极桩），太极（太极桩）、三才（三才桩），八卦（先无八卦掌与后天八卦掌），六十四游身掌（后天八卦之变化）。天地定位，山泽通气，雷风相薄，水火不相射，八卦相错，数往者，知来者逆。本节以先天八卦掌一篇，阐明八卦掌先天之体的奥妙。

八卦母掌，对应八卦方位，乃万掌之母。

第一掌，乾位，双托掌（狮形）

以无极而起，化太极，成三才，站住于八卦圆周，以右手向圆心为例。

以顺时针方位，按八卦内摆外扣或外扣里面之步法以八卦方位行走；运动中右手收回中宫与左手并排，十指相对，虎口有劲；双掌掌心向上撑至头顶上方，身形目光始终向圆心。至此，右势完成。步法起于乾位，收于乾位。

以逆时针方位，按八卦之步法方位行走；运动中左右手于中宫之位并排，双掌掌心向上撑至头顶上方。至此，左势完成。如此，左右交错，以圆周运动练习。

要领：虚领顶劲，涵胸拔背，松肩沉肘，塌腰提肛；三才之势，后掌可置于腹际与前肘下之间的任意点，手臂自然弯曲。此要领始终贯御八卦掌诸路掌法演练体用之始终，不可背逆或忘。各掌演练，起于何位，则收于何位。

第二掌兑位，双按掌（麟形）

以八卦三才之位站立而起，以圆周为演练轨迹，以八卦为演练方位。

以顺时针方位，行步运动中，将右手收回至腹股沟上方并排，十指相对，呈按掌势。至此，右势演完成。自兑位而起，兑位而收。

以逆时针方位，行步运动中，将左手收回至腹股沟上方并排，十指相对，呈按掌势。至此，左势演练完成。如此，左右交错，以八卦圆周进行交替演练。

第三掌，离位，升天掌（凤形）

以八卦三才之位站立而起，以圆周为演练轨迹，以八卦方位为演练方位。以顺时针方位，行步运动中，将双手同时舒展，掌心向上，升至与肩齐高，双臂自然弯曲，如抱圆周。至此，右势演练完成。自离位而起，离位而败。

以逆时针方位，行步运动中，双手舒展平抻，升至与肩齐高，双臂自然弯曲，如抱圆周，至此，左势演集完成。如此，左右交错交替演练。

第四掌，震位，捧心掌（猴形）

以八卦三才之位站立，以圆周为演练轨迹，以八卦方位为演练方位。以顺时针方位，行步运动中，将双掌同时舒展，掌心向上，十指皆对称朝外，腕部极力靠拢，双肘亦极力靠拢，使双掌托于下巴方位。至此，右势演练完成自震位而起，震位而收。

以逆时针方位，行步运动中，将双掌同时舒展，掌心向上，使双掌托于下巴方位。至此，左势演练完成。如此，左右交错，交替演练。

第五掌，巽位，吞天掌（鹞形）

以八卦、三才之位站立，以圆周为演练轨迹，以八卦方位为演练方位。以顺时针方位，行步运动中，将左掌向上向外翻转至头部左上角，右手同时变化为掌心向上，仍指向圆心，其势有如雄狮张口欲吞之意。至此，右势演练完成。自巽位而起，巽位而收。

以逆时针方位，行步运动中，将右掌向上向外翻转至头部右上角，将左掌变为掌心向上仍指向圆心。至此，左势演练完成。如此，左右交错，交替演练。

图 3-4-10 先天八卦图

第六掌，坎位，单立掌（龙形）

以八卦三才之位站立，以圆周为演练轨迹，以八卦方位为演练方位。

以顺时针方位，行步运动中，右掌起钻至中宫之位前抻转掌而出，犹如青龙探爪之势，左掌置于右肘至右腰际之间。至此，右势演练完成。自坎位而起，坎位而终。

以逆时针方位，行步运动中，左掌起钻至中宫之位前抻转掌而出，犹如青龙探爪之势，右掌置于左肘至左腰际之间。至此，左势演练完成。如此，左右交错，交替演练。

第七掌，艮位，天地掌（蛇形）

以八卦三才之位站立，以圆周为演练轨迹，以八卦方位为演练方位。

以顺时针方位，行步运动中，左掌自中线沿面门而上，指尖朝天，掌心向里，小臂至指尖完全于中线垂直向上抻至极致；右掌收回，小臂至指尖完全置于中线垂直向下抻至极致，指尖朝地，掌心向外。至此，右势演练完成。自艮位而起，艮位而收。

以逆时针方位，行步运动中，右掌自中线沿面门而上，指尖朝天，掌心向里，小臂至指尖于中线向上抻至极致；左掌顺势收回，小臂至指尖完全置于中线垂直向下抻至极致，指尖朝地，掌心向外，至此，左势演练完成。如此左右交错，交替演练。

第八掌，坤位，双推掌（熊形）

以八卦三才之位站立，以圆周为演练轨迹，以八卦方位为演练方位。

以顺时针方位，行步运动中，双掌皆拽至中宫，掌心向外，十指相对，小臂水平。至此，右势演练完成，自坤位而起，坤位而收。

以逆时针方位，行步运动中，双掌皆拽至中宫，掌心向外，十指相对，至此左势演练完成。如此，左右交错，交替演练。

综上所述，先天八卦母掌（简称八母掌）习练有成，便可深得武道之易理及技击之术的核心之妙诣，进而更进一步体悟八卦后天变化之妙；先天为体，后天为用，合而为一，体用兼备。八母掌化先天八大掌，八大掌化六十四掌暗含后天生克制化之奥妙。六十四变化之数，在易则断尽天机；在武，则生复无穷妙有之变化。

六十四象以天圆地地方列，与先天八卦相契。乾坤上下，坎离左右，乾一兑二离三震四逆数，巽五坎六艮七坤八顺行，六十四象数归于八宫。左半复位至乾位，阳升阴消，共三十二路之变化；右半从姤封坤，阴升阳消，共三十二路之变化，左右参合共六十四路掌法之变，乃后天八卦大用之道。五行依次，与四时气候契合，配合十二地支与二十四节气，即为宏观宇宙之象，与人体微宇宙互为表里，实为以武入道的至上圣学。

八宫之数与六十四位之变：

乾宫八卦：乾为天，天风姤，天山遁，天地否，风地观，山地剥，火地晋，火天大有。

坎宫八卦：坎为水，水泽节，水雷屯，水火既济，泽火革，雷火丰，地火明夷，地水师。

艮宫八卦：艮为山，山火贲，山天大畜，山泽损，火泽睽，天泽履，风泽中孚，风山渐。

震宫八卦：震为雷，雷地豫，雷水解，雷风恒，地风升，水风井，泽风大过，泽雷随。

巽宫八卦：巽为风，风天小畜，风火家人，风雷益，天雷无妄，火雷噬嗑，山雷颐，山风蛊。

离宫八卦：离为火，火山旅，火风鼎，火水未济，山水蒙，风水涣，天水讼，天火同人。

坤宫八卦：坤为地，地雷复，地泽临，地天泰，雷天大壮，泽天夬，水天需，水地比。

兑宫儿卦：兑为泽，泽水困，泽地萃，泽山咸，水山蹇，地山谦，雷山小过，雷泽归妹。

八卦掌法用掌之要领：

八卦掌常用掌型有三，一为枪势掌，二为绵掌，三为兰花掌。

枪势掌至阳至刚，摧筋断骨无往不利，常用于攻坚之招式，或穿或插，或砍或撩，变化多端。掌型为平直五指并拢；或大指扣余四指平直。

绵掌至阴至柔，鞭打弹抖，无所不能，常用于攻敌之脆弱要害；至柔如水者则无往而不利，故绵掌又多见于擒拿摔跌之招式。或弹或抽，或叼或啄，变化无方。掌型为大指根紧贴食指根，手掌自然舒张，其余四指指根微开，劲力微蓄，含而不漏。

兰花掌刚柔互参，为八卦掌体用中最为常用之形态，内中暗藏诸般兵刃变化杀伐之机巧，可化拳掌指之利害，刚柔互转少见棱角，有转还之利。掌型为手掌自然舒张，指根微开；虎口要圆，大指要扣，以全擒拿之功；食指要顶，中指要撑，以全剑指点穴杀伐之利；无名指要跟，小指要随，以全变化之功。

八卦掌技击大用之要领：

八卦掌体用之道可概括为8法，即"搬、拦、截、扣、推、托、带、领"。

搬法，即移动敌之位置，通常指挥打技术，如"狮形掌"等招式。

拦法，即阻断敌之前端项击威胁，如"青龙缩尾"等招式。

截法，即阻断敌之中段攻击威胁，如"天马行空"等招式。

扣法，即锁拿敌之关节之技术，如"扣掌"等招式。

推法，即顺劲，向前送劲至敌身之技术，如"双推掌"等招式。

托法，即使用向上之劲至敌身之技术，如"猴形掌"等招式。

带法，即使用牵引敌之劲向后方失势的技巧，如"顺水推舟"等招式。

领法，即使用向侧位借敌之劲反制敌手的技巧，如"飞龙升天"等招式。

图 3-4-11 后天八卦图

八卦掌体用之序列：

国术修习者，初学八卦掌，应知晓八卦掌由体至用的学习及实用章程，不致有好高骛远之虞，使学习知道身处的境界并予以适当的修行细节调整。

八卦掌体用，学者需经历三大阶段，定架势，变架势，活架势。

定架势的修行，与形意拳术之定式，行步先天五行等修法如出一辙，主张一招一式皆需中规中矩，四平八稳，以求得八卦掌法之根本心法融入自身，定架势修行的过程，是"守规矩"的过程。

变架势的修行，是在定架势修炼中掌握基本原理，基本结构，基本练法的基础上进行初步变化融合的修法，由一生二，由二生三，由三返一，依照此理，掌握内家拳术体用之变的关窍，一窍通，则百窍明。变架势修行的过程，是"活规矩"的过程。

活架势的修行，是掌握体用之变化玄机之上所需掌握的"终极"。活架势，是放弃遗忘一切框架，以意用劲，以势制敌的至高武学境界，无有招式之拘泥，无有教条之来缚。活架势修行的过程，是"不守规矩"的过程。

综上所述，体用之序列的3大阶段，是与内家拳术的3层道理，3步功夫，3种练法互为补益的重要理论与实践基础。

八卦掌法用步之要领：

八卦掌常用步法有7用，一为摆步，二为扣步，三为箭步，四为金鸡独立步，五为仆步，六为寸踢，七为马步。有三体，一为线，二为圆，三为曲。

摆步，出前脚时脚尖外摆为摆步，常用于锁扣定位敌之脚与小腿。

扣步，出前脚时脚尖内扣，常用于锁扣定位敌之脚步小腿。

箭步，前腿弓，后脚蹬，常用于大范围攻击之招式。

金鸡独立步，单腿为支撑，常用于膝打或防御之招式。

仆步，常用于下势攻击之体用。

寸踢，常用于暗腿与高位腿打之招式。

马步，常用于中节攻击之体用。

线之体，以直线范围为演练规范，主修纵横之意。

圆之体，以圆周范围为演练规范，主修转还之意。

曲之体，以无规则范围为演练规范，主修曲折如意之意。而依九宫之数位进行演练是曲之体的一种表现形式。

八卦掌用劲之法则：

八卦掌体用过程中，通过圆周运动而产生的玄奥技巧，使习练者势滑如油，其劲势如推动磨盘，随着身形之疾的带动，使敌难判有无与来去，所以八卦掌的功夫，尽在身步法门之中，一切手中变化皆以身步为根，其穿插纵横之灵，往往在攻取敌之要害软肋之处无往而不利，打法刁钻毒辣是八卦掌技击格斗的重要特性。

第五节　用劲法则

学会用劲，去除拙力，灵而用巧，大巧而不工是一个循序渐进的过程，需要遵循合理的法则规律，逐步解开身体密码，开启人体之潜在能量，而用劲法则是开启潜能的钥匙。

对于劲力训练，开发，使用，本章从七拳的角度作出详细阐述，不使国术修炼者误入歧途，事半功倍。七拳者，乃手、肘、肩、脚、膝、胯、头这七大人体部位，也可称之为7种武器，而外在武器兵刃是拳脚的延伸，七拳的开发训练是根本。将兵刃之威在拳术中运用是国术的特性之一。

第一节：手。手部的用劲训练又包括拳、掌、指的运用训练。拳之势，在兵刃中是匕，是锤，是流星坠，是斧。掌之势，在兵刃中是枪刀、是刀、是钩、是爪。指之势，是剑、是针、是笔刃。用劲多为寸劲，中短劲。

（1）平直拳势一。拳成立式，拳眼朝上，拳心向内；食指、中指、无名指、小指平行卷紧，拳面平直，气贯筋梢。大指收于食指、中指第二节。拳由中线以三角结构向前方进行用劲训练。模拟攻击范围为小腹至面门之间。

（2）平直拳势二。拳成平式，拳眼朝外，拳心向上，其他要领一致。训练攻击范围为胸腹至下阴之间。

（3）平直拳势三。拳成平式，拳眼朝内，拳心向下，其他要领一致。训练攻击范围为面门至胸腹之间。

（4）平直拳势四。拳成平式，拳眼向下，拳心向外，其他要领一致。训练攻击范围为面门至膻中之间。

（5）摆拳势。拳心向下，训练攻击范围为侧脑至眉眼范围。

（6）贯拳势。拳心向下，训练攻击范围为脑部两侧。贯拳势分为单手攻击与双手攻击两种方式。

（7）勾拳势一。拳心向上，训练攻击范围为下腭至小腹之间。

（8）勾拳势二。拳心向内，拳眼向上，训练攻击范围为下腭至小腹之间。

（9）崩拳势一。拳心向上击出，末端发劲时变为拳心向内，势如飞箭与子弹飞行的轨迹。也称之为螺旋劲。

（10）崩拳势二。拳心向内击出，末端加速度用劲时拳心变为向下，势如飞箭。

（11）崩拳势三。拳心向内击出，末端加速时使用碾石劲，如金鸡食米势。

（12）栽拳势一。栽拳势又称之为载捶，拳眼向上，拳面由面门直击至地，最为刚烈。

（13）栽拳势二。拳眼向上，拳面由面门直上而下，运动时变为拳背向前，势如炮弹坠地炸开，用螺旋劲。

（14）砸拳势。拳眼向上，拳心向内，攻击范围由头顶、面门直上而下呈斧劈之势。

（15）鞭拳势。拳背向上或拳背向外，拳呈鞭子之势抽击而出。

（16）剑指势一。拳面向内，食指与中指并拢平直而出，无名指与小指并拢屈紧。攻击范围覆盖敌周身软肋。如眼、喉、腰眼穴位。大拇指屈紧收至无名指部。常用寸劲。

（17）剑指势二。基本要领与剑指势一相同，唯大拇指随虎口有劲撑开，这种剑指势有利于点穴法转变为擒拿手。一般常用寸劲，短劲。

（18）枪掌势。五指平行并拢，气贯筋梢，大拇指也可以内扣收紧或贴至食指阴面，向前方用劲穿刺而出，一般用于软肋和打穴。攻击范围覆盖人体周身。一般常用寸劲。

（19）刀掌势一。基本要领与枪掌势相同。掌势如刀自敌上方或斜上方位劈砍而下，可使用拉锯劲或寸劲，因势而异。

（20）刀掌势二。基本要领与刀掌势相同。掌势如自敌下方或斜位，侧位向逆方向挥砍而出，常使中长劲或中短劲。

（21）腕刀势。腕刀势是杀伤力巨大的近距攻击方式，当慎用。以小臂近腕的部位，上下两骨节如刀，加以锻炼，或砍或撩，常使轻力，短劲，长劲。

第二节：肘。肘之势，在兵器中是棍，是枪。用劲多为短劲，寸劲，少部分用长劲。

（1）挑肘势一。以肘贴肋，向前上方击发用劲。以手护头是要领。攻击范围为胸腹至面门下腭之间。

（2）挑肘势二。以肘贴肋，拧身作斜角挑肘。攻击范围覆盖上身侧面及正面。

（3）横肘势。以肘从外门向内门横向运动，如棍棒横扫千军之招式。攻击范围覆盖上身侧面及正面。拳收至己胸膛中方位以求整劲。

（4）劈肘势。以肘从顶门劈砸而下，肘从外门作弧形运动至敌面门上方而劈落。攻击范围覆盖敌上盘所有方位。

（5）顶肘势一。以肘向敌中门平击而出，拳收至己胸平行方向，如剑出鞘。如中平枪直扎敌心窝之势。

（6）顶肘势二。以肘由下方向敌上盘提顶而出，如拔利刃出鞘。

（7）栽肘势。以肘由敌面门上方以栽捶势击落而下，攻击轨迹为直线。

（8）鞭肘势。以肘从中门向外门曲线运动击出，一般用于反击侧面或后方之敌，攻击范围以敌头部为多。

（9）拐靠势。以肘从外门向内门侧撞而出，一般用于拦截正面攻击手段。

第三节：肩。肩之势，在兵器中是重锤。

（1）栽肩势一。以肩自面门劈势而下，攻击范围覆盖上盘。常使劲，碾劲。

（2）栽肩势二。以肩自己侧方碾砸而下。常使寸劲，碾劲。

（3）靠肩势一。以肩自己外门向内门旋身而出。攻击范围覆盖敌中盘。用劲为寸。

（4）靠肩势二。以肩呈束展势向前上方顶撞而出。攻击范围由胸腹为主。用劲短促。

第四节：头。头之势在兵器中是槌。

使用头槌，应避免自身面门破绽，一般以额头近发际线区域，颅骨侧面作为攻击方式。常使中长劲或短劲。攻击范围一般以敌方头部或胸部等硬档部位，以坚克坚的破敌之术。

第五节：脚。脚之势在兵器中是刀、是铲、是匕、是锤。

（1）戳脚式。以脚尖平直呈匕尖踢击而出，攻击范围覆盖敌下盘全范围，攻击敌膝关节慎用，用之则残。常使寸劲或短劲。

（2）蹭脚式。以前脚掌作铲状攻击，攻击范围覆盖敌正面整体，尤以攻击敌下盘威力而见大。常使寸劲或短劲。此法以提胯少拧转为能。

（3）蹬脚式。以脚跟前蹬而出，攻击范围覆盖敌胸腹及大腿范围。常使短劲或中长劲。

（4）挂腿式。以脚的内缘与外缘攻击敌方内侧及整体范围，用劲如用刀，常使短劲或中长劲。以后脚跟使出挂腿一般用于破解锁喉技与摔技，常用于攻击敌裆部或膝部。

（5）擂摇势。以脚跟与后脚掌部位，由上而落踩下，常用于反击地面技或反击敌方脚掌。常使寸劲，短劲，碾劲。

第六节：膝。膝之势在兵器中是棍，是拐。

使用膝打，常有腾顶、膝撞2种式，膝顶常用于近身搏斗；膝撞常用于中远距打击，例如通背拳的鹤行步，区别在于膝撞的步法和弹跳纵跃能力需侧重训练。膝打技配合手法，可覆盖敌周身范围，除常规搏杀，同样在地面技也有不俗表现,杀伤力巨大。

第七节:胯。胯之势在兵器中是战车。

使用胯打,常见于贴身靠,摔技。中节曲断之劲由速展变化而出。胯打训练需要固定式把桩来实现,而后以人配合演练而熟悉。胯打是七拳中最难得劲的打法玄奥,但是一旦掌握,则在近身格斗中起决定性功效。

除七拳之外,我们将丹田(下丹田)称为第三拳,缘因在于科学的训练中都是遵循吐气(呼气)发力的原则,内家拳主张一动一静皆气沉丹田,发劲之时,丹田随之鼓动犹如出拳之意。在实战格斗术中,则放下"练时有人"的原则,以"打似无人"的心理状态一往无前。这种状态下,呼吸纯随意走,劲力吞吐也跟随意走,万法如意。

日常的训练有个体独立修行与实战演练2种形式,这里不包括表演性的训练。独立修行训练,应主张出自身独有的节奏,在实际竞技中才不会被对手的节奏主导,要让对手陷入自身的节奏。

第六节　道武劲法则

国术修行是一种单调而至有趣的过程,这种过程的进展的,我们要以肉体去施展极限之内与极限之上的力量。

力量的运用,需要遵循道之规律与法则,穷究天人而不达是为什么呢?那是不曾正确去参悟它,运用它。

制胜之道,在于力量、速度、天时、地利、人和这五纲。本节我们详细阐述力量的精微运用之理。在第五节"用劲法则"中,已对人体7大部位的攻击手段作了阐述,本节所述是对用劲法则的进一步阐述,以使传习国术的人进一步掌握控制自我、克敌制胜的关窍。

所谓三丈之内,人尽敌国;方寸之间,血溅五步。不动则凝重如山岳,动则如同彗星袭月,白虹贯日。动与不动,涉及的是方寸的把握,力量的精微运用称之为"劲",用劲时应控制好空间感、距离感。训练时便须有意识地将劲力的重点爆发时机放在临场近敌身体的瞬间。克敌制胜，皆在动静方寸之间。

劲是力量精微运用的彰显。劲分短劲与长劲 2 种表现应用形式。短劲有寸劲、中短 2 种应用；长劲有中长，凌空 2 种应用方式。区别只在于用劲之时对于空间与渗透性的变化。明劲、暗劲、化劲，精微奥妙只存乎于一心。

短劲的运用，以形意拳术的五行崩拳运用比较有代表性，拳束于腰，出势如箭，临敌之身时旋转拳面，劲如山石崩裂，这就是短劲的表现形式。长劲的运用，是一种复合劲，在短劲之中运用了"弹"的技巧，以不伤敌为胜，君子之用。

对劲力的运用，应该掌握格斗临战中的距离感，做到有的放矢。对于劲力的渗透，是达到对手的体表，还是渗透至肌理，抑或渗透至五脏六腑，一切皆由意来牵引。意至劲到，劲随意至，也就是六合论中的内三合。

践字诀，是格斗中的去意。临敌之机，应当以意识锁定对手周身，敌周身有纤毫动作，即可作出应对。出手制敌的时候，势如虎扑，招未至而敌手的精气神已为之所摄。虎之意境，一扑二掀三剪，都离不开踩踏的意，如此周身用劲才得完整，也可以称之为整劲，也就是六合论中的六合俱到。踩，不在于强制用力，而是碾压与钉透的双重劲意。

动法时，身形要有向前向上蹿之意，方有近迫之功。起为钻，起手要有蹿入敌怀中的感觉。起钻的要领在于一个"顺"字。在竞技临敌之时，不可顾虑重重，顺应自己的节奏，而不能顺应对手的节奏。硬打硬进无遮拦，是钻意的一种体现。

起为钻，落为翻。阴符论说，天发杀机，移星换斗；地发杀机，龙蛇起陆；人发杀机，天翻地覆。这阐述了"翻"字诀的奥妙，与敌手竞技，胜负往往在瞬息间产生，灵劲上身天地翻，以此灵巧之劲天地尚可翻覆，合况人乎。同时，"翻"也是"裹"的相对技术，劲力向外变化称为"翻"。

"裹"是"翻"的相对技术。劲力向内变化称为"裹"。所谓里裹外翻即指这层道理。体用之道中，需含着劲练功，兜着劲打人，一收一放，一裹一翻，亦道出了裹字诀的玄奥之一。

摩胫是体用之道中重要拳理。在练法中，可以体验劲力的变化轨迹，使技术应用烙印于意识之中，养成肌体记忆。临敌接战之际"摩"字诀的无形运用可大幅度减少攻击距离，提升力量爆发限界。挪移闪避的速度亦有较大提升。同时摩弄五脏（内五行）也是内家拳的重要实践。

打，不打，不打打，这是打法技术的虚实应用之道。"打"即是通俗的击倒对手。上打下打，左打右打，左虚右打，上虚下打，方能千变万化而得化劲。

第七节　八易内功经

八易内功经为八卦核心弟子传承之学，口传心授，本处略。

第八节　六十四掌法

一　乾天掌

乾位掌，乾宫八卦之属；乾为天，乃有六龙行天，包容万物之象。乾为天之极，喻义国术修行者应当像天一样刚健，永远自强不息，故而有"天行健，君子以自强不息"之象说。

乾元是阳气初始而亨通，阳气以真美与大利使众生受益，利贞是人的性情，这是"乾"的伟大之处。元乃仁善之首，亨乃美好的相会，利乃正义和谐，贞乃行为的准则，君子体仁则成众之首；美好的相聚合乎礼教；利与众生合乎道义；坚贞守正则可成事，此为乾道四德，故而易云：乾、元亨、利贞。

```
        上天下天
上九 ━━━━━━━
九五 ━━━━━━━
九四 ━━━━━━━
九三 ━━━━━━━
九二 ━━━━━━━
初九 ━━━━━━━

        乾为天
       五行属金
```

图 3-8-1 乾位掌乾宫八卦图

六十四掌之乾位掌修法（天王托天）：

以八卦三才式站立，以八卦方圆为演练轨迹与方位。

按顺时针方位，以摆扣步行走运动；目视右掌，双掌平托顶天，怀抱圆周；至换位时，面向圆周撤右步，以"风摆荷叶"势换为逆时针运动，左掌自右小臂下而出，双掌同时平托朝天而出。如此左右交错，循环换位演练。

此式为中分开门之体用典范，出则天翻地覆。六龙行天，其性锐金，势出纵横无敌。

此式为拦法与搬法运用结合之典范。

二坤地掌

坤位掌、坤宫八卦之属：坤为地，乃有生载万物，博厚无疆之象。坤乃地之极，喻示国术修行者应该效仿大地的宽厚和包容之德。故而有"地势坤，君子以厚德载物"之象说。

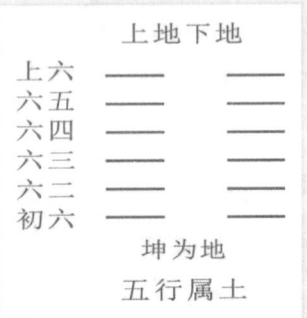

坤之势，懂收敛，慎言行，甘寂寞，以待时机，势成则具载舟倾覆之力。顺天而行是坤德的品格，坤元的始生至大无际，包容无限，顺应四季的运行。极柔顺，却可化极刚强；极其静，却方正不邪。龙战于野，则坤势穷也。立身中正，蕴含美德，必不为咎。

图 3-8-2 坤位掌坤宫八卦图

六十四掌之坤位掌修法（风摆荷叶）：

以八卦三才式站立，以八卦方圆为演练轨迹与方位。

按顺时针方位，以任意掌绕圆周运动；面向圆周撤右步，以切换为逆时针运动，同时双掌顺势下按，右掌下按顺势游走向左肩方位，以肘为轴心，掌背于面前盘旋而过，至复归于左肩内侧时，则演化任意掌而出。至此，右式演练完成。

逆时针运动中，同时双掌顺左步撤后时下按，左掌顺势游走向右肩方位，以肘为轴心，掌背于面前盘旋而过，至复归于右肩内侧时，则演化任意掌而出。至此，左式演练完成。

此式可演化万法，以顾代打的核心八卦招式之一，上砍咽喉下撩阴是其体用之法，来去无影亦无踪是其顾法的表象。龙行于野，火中金莲气自生，土生金风自无咎。此式为截拦之法典范。

三 屯位掌

屯位掌，坎宫八卦之属；屯为水雷，乃有龙居浅水，万物始生之象。上坎险难，下震于行，动则有险，喻示国术修行者在逢遇险困之时，应步步为营，处处小心，以在险难中寻求生存之机。

屯之意，万物之初生，生机难抑，其势极强，然初生必极弱，必有艰难险阻，如能守其根本，不轻动，必如草木之芽破地而出。屯为四难（屯、坎、蹇、困）之一，人生不如意事十居八九，为人者少私利，逐执妄，识时务，方能保全，逝而得机得势。

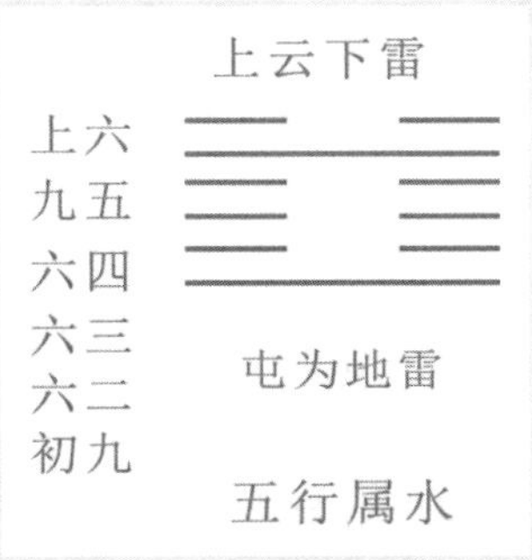

上云下雷
上六 九五 六四 六三 六二 初九
屯为地雷
五行属水

图 3-8-3 屯位掌坎宫八卦图

六十四掌之屯位掌修法（白蛇伏草）：

以入卦三才式站立，以八卦方圆为演练轨迹与方位。

按顺时针方位，以任意掌绕圆周运动；面向圆周撤右步，成马步大架右式，同时双掌向两膝方向横击而出，目视右掌，力点聚于掌缘，顺势以风摆荷叶连击而出，或以"青龙缩尾"换转方位而出为逆时针方位。

逆时针运动中，面向圆周撤左步，成马步大架左式，同时双掌向两膝方向横击而出，目视左掌，以风摆荷叶或青龙缩尾转换为顺时针方位。

此式，连搂带打，以侧位及下盘为主用方位。龙腾入云，雷电相生，乃其水德。此式为截法与带法运用结合之典范。

四蒙位掌

蒙位掌，离宫八卦之属；蒙为山水，乃有人藏禄宝，万物始生之象。人生多坎苛，常不能诸事皆顺，遇到逆境的时候常驻足裹步，停止不前，所以灵台不清，蒙昧不明。

国术之修行，必心志坚定，以果敢的行为来培养自己的道德。启发他人，教化门生，应多以启发式的方法，不可一味强解，并因时、因地、因人而采用不同的方式。为人少猜少疑，多具自信；赏善罚恶，皆为安定。

图 3-8-4 蒙位掌离宫八卦图

六十四掌之蒙位掌修法（青龙缩尾）：

以八卦三才式站立，以八卦方圆为演练轨迹与方位。

按顺时针方位，以任意掌绕圆周运动；左脚上步，与右脚互为内扣，双臂贴身，右掌在外束于左肩内侧，左掌在内束于右胯。至此，右式演练完成，可演化任意掌而出。并同时完成方位转换。

逆时针运动中，右脚上步，与左脚互为内扣，双臂贴身，左掌在外束于右肩内侧，右掌在内束于左胯。至此，左式演练完成，可演化任意掌而出，并同时完成方位转换。

此式为顾法中的高等技术，尤擅破防高位腿打技术，同时在演法及实际体用中可化万法而出。

此式为拦法运用之典范。

五需位掌

需位掌，坤宫八卦之属；需为水天，乃有云霭中天，密云不雨之象。人生之途常遇险阻，所以应当在这些时期平心静气，以待时机。

需，是等待之意。寓示国术修行者在一切险难面前，应保持性格刚健，诚信品格，以及光明守正之心，必不使致穷途末路。等待的哲学在于不焦不燥，冷静慎言，以静制动，得势而动。学会等待，亦需积极蓄积力量，以免时机到来的时候准备不足。

图 3-8-5 需位掌坤宫八卦图

六十四掌之需位掌修法（双龙出水）（双换掌）：

以八卦三才式站立，以八卦方圆为演练轨迹与方位。

按顺时针方位，以任意掌绕圆周运动；撤右脚，左脚与右脚互为内扣；身体顺势右拧，右掌心向下，左掌心向上扣抱，分别合于左肩内侧与右胯；出左脚转换为逆时针运动，同时双掌阴掌向上分开，自脸颊两侧横掌相对而出。

逆时针运动中，撤左脚，左右脚互为内扣；左掌心向下，右掌心向上扣抱，分别合于右肩内侧与左胯；出右脚转换为顺时针运动，同时双掌阴掌向上分开，自脸颊两侧横掌相对而出。

双换掌为先天八大掌之一，游身如龙，势出如虎。此式为拦法与推法运用结合之典范。

六 讼位掌

讼位掌，离宫八卦之属；讼为天水，乃有雄鹰逐急，天水相违之象。

讼者，上刚下险，阴险又刚健所以发生争斗，这都是人心所致，喻示国术传承者应少具私心，多怀公义，不为争名夺利之事。若事事执刚无韧，则会陷于深渊。故，万事不可一意孤行，宜深思熟虑而后行。如遇险情，应以静制动，避免杀敌一千，自损八百，尽量借天时、地利、人和之势化解。不恃势欺凌他人是吾辈应有之德操。

图 3-8-6 讼位掌离宫八卦图

六十四掌之讼位掌修法（青龙升天）：

以八卦三才式站立，以八卦方圆为演练轨迹和方位。

按顺时针方位，绕圆周运动；双掌阴掌向上，面向圆心，怀抱圆周，双臂抻开至与肩齐高，臂展自然弯曲，目视右掌；以"青龙缩尾"或"风摆荷叶"转换身形及方位至逆时针走向。

以逆时针方位运动，绕圆周运动，双掌阴掌向上，双臂平抻至与肩齐高，目视左掌；以"青龙缩尾"等式转换身形方位至顺时针走向。

此式为"八法"中领法运用之典范。

七 师位掌

师位掌，坎宫八卦之属；师为地水，乃有天马出群，以寡伏众之象。师者，众也；武者，兵之道也；用兵如果是出于正道与公理，将不会有灾难性的后果。喻示国术传承者用武的几大准则：一、出之有名，名正则言顺，是为正义；二、善用其能，以长年累月所积累的经验与威严去面对；三、用武有度，不滥用杀代，以仁为先；四、处事公正，不偏不倚。

图 3-8-7 师位掌坎宫八卦图

武以战，然仁义之道不可失却，非正义之事不可轻用；用之则为不得不用的必要时刻，虽有代价，如使毒治病，终会得到美好的结果。

六十四掌之师位掌修法（白龙探掌）：

以八卦三才式站立，以入卦方圆为演练轨迹和方位。

按顺时针方位，以任意掌绕圆周运动；左脚上步，与右脚互为内扣，右脚贴圆周切步而出，重心前移；以右掌为首，双掌顺势前抻，右掌向右侧立掌展出阴掌，手臂三节皆曲，左掌向前推抻于右肘下方；左脚上步内扣，以"青龙缩尾"等式转换身形及方位至逆时针方向。

以逆时针方位运动，右脚上步与左脚互扣，左脚切步而出；以左掌为首，双掌前抻，左掌立掌向左展出阴掌，右掌抻于左肘下方；右脚上步内扣，以"青龙缩尾"等式转换身形及方位至顺时针方向。

此式为"八法"中拦法、截法、推法运用之典范。

八比位掌

比位掌，坤宫八卦之属；此为水地，乃有众星拱北，水行地上之象。地上有水，此为两者亲密无间，象征人心所向的德行闪现。

我辈武道国术传承者，皆应与人为善；见人有善，如己有善，见人有过，如己有过。与友朋至亲互睦相爱，和谐共处，是一件块乐的事，不可因他人团结才去结伙，前者为朋比，后者为党附，前者生狎昵，后者酿党争，终不免口舌致生后患。与人相处，当以诚信广交友明，以亲善对待身边的人，不结交匪类，行为光明正大，一切善行必将有其善果。

图 3-8-8 比位掌坤宫八卦图

六十四掌之比位掌修法（横扫千军）：

以八卦三才式站立，以八卦方圆为演练轨迹和方位。按顺时针方位，绕圆周运动；上右脚虚点地而立，同时右掌心向上逆时针卷至面前；右脚向圆心方向箭步而出，同时右掌带动右臂横扫而出；左脚上步与右脚互为内扣，同时右臂略曲收；右脚换向箭步而出，同时右掌带动右臂横扫而出；以"青龙缩尾"等招式转换身形及方位至逆时针走向。

以逆时针方位运动，上左脚虚立，同时左掌心向上卷至面前；左脚向圆心方向箭步而出，同时左臂横扫而出；右脚上步与左脚互为内扣，同时左臂略曲收；左脚换向箭步而出，同时左臂横扫而出；以"青龙缩尾"等招式转换身形及方位至顺时针走向。

此式裹身拦扫，是"八法"中搬法、推法运用之典范。

九 小畜位掌

小畜位掌，巽宫八卦之属；小畜为风天，乃有匣藏宝剑不泄其锋，密云不雨不现真龙之象。风行天上，这是喻令通明普达的象征。

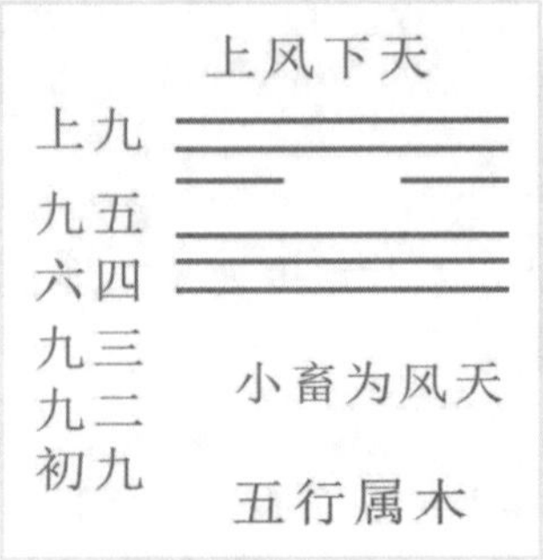

如为上位统御者，有志向抱负，自当行止得当，如果不能速达，应沉着冷静，提高自己的德行，不可燥动冲动，男不自弃，女不自堕沦落风月。所谋划的事，如果时机未成熟，应自我克制，积蓄力量，以待天时人和，尤如久旱之地，必将得逢甘霖。

图 3-8-9 小畜位掌巽宫八卦图

六十四掌之小畜位掌修法（白猿献果）：

以八卦三才式站立，以八卦方圆为演练轨迹和方位。

按顺时针方位，绕圆周运动；双掌心向上以十字手展开，小臂竭力靠身，肘尖相靠，掌根相对，目视右掌；以"青龙缩尾"等招式转换身形及方位至逆时针走向。

以逆时针方位运动，绕圆周运动，双掌心向上以十字手展开，束于两肩内侧，肘尖相靠近身，目视左掌；以"青龙缩尾"等招式转换身形及方位到顺时针走向。

此式是"八法"中托法、领法运用之典范。

十 履位掌

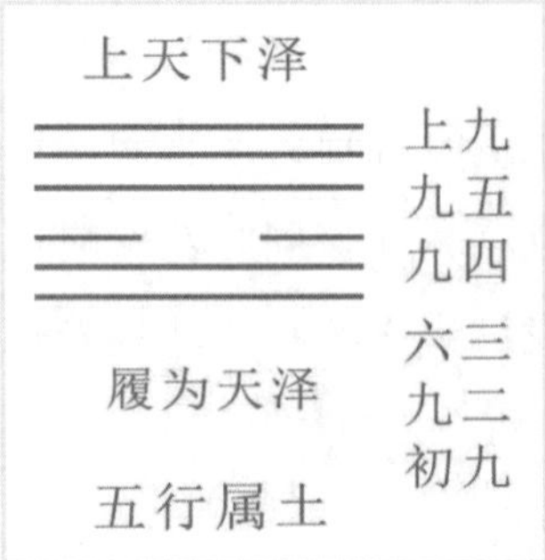

履位掌，艮宫八卦之属；履为天泽，乃有如踩虎尾，安中防危之象。

天降恩泽，是为大道所赐；人如能对他人言而有信，言出必行，广施恩惠，同情弱小，那么这样的人与大道是一样至高至伟的，这也应当是我辈国术传承者应当具有的品德。虽万物皆平等，但不可

图 3-8-10 履位掌艮宫八卦图

第三章 八卦拳经（简谱）

失序，这也是安定的基础。遵循礼仪道德、规则，是君子应该做到必身体力行的。

六十四掌之履位掌修法（猛虎摆尾）：

以八卦三才式站立，以八卦方圆为演练轨迹和方位。

按顺时针方位，绕圆周运动；左脚上步与右脚互为内扣，双手抱臂面向圆心；右脚走出，右掌带动小臂顺势阳掌向外横出；以"青龙缩尾"等式转换身形及方位至逆时针走向。

以逆时针方位运动，左脚走出，左掌带动小臂，顺势以阳掌向左横出；以"青龙缩尾"等式转换身形及方位到顺时针走向。

此式为"八法"中拦法：搬法，领法之运用典范。

十一 泰位掌

泰位掌，坤宫八卦之属；泰为地天，乃有无地交泰，小往大来之象。天下地上，天气下降，地气上升，这是阴阳交合，万物得生的气象，也是平安稳定的基石。

即使一个人运气佳，做什么都无往而不利，都应当保有危机意识忧患意识，防危杜渐，防范于未然，修持德性，保持进取之心，才能让泰极持久盈满不亏，保持长久。国术修行之辈，亦懂得水满则溢，月盈则亏，阴阳消长的至理，在不恰当的时候不可多生事端，以做好当前自己的事为胜。

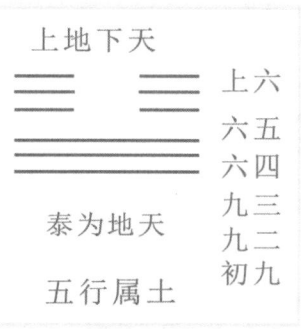

图 3-8-11 泰位掌坤宫八卦图

六十四掌之泰位掌修法（黑熊探掌）：

以八卦三才式站立，以八卦方圆为演练轨迹和方位。

按顺时针方位，绕圆周运动；左脚上步，左掌以"白蛇吐信"而出；身形右拧，以左脚跟为轴转体向正后方，同时右掌阴掌向上拧转探出于口前高度，大臂贴身，掌出时用横劲；左掌于身形拧转时顺势翻转为掌跟向上势，竭力抻直左臂上提，同时提右膝，脚尖向下；以"风摆荷叶"等式转换身形及方位至逆时针走向。

以逆时针方位运动，右脚上步，右掌以"白蛇吐信"而出；身形左拧，以右脚跟为轴转体向后，同时左掌阴掌向上拧转探出；右掌于身形拧转时翻转为掌跟上提，同时提左膝，脚尖向下；以"风摆荷叶"等式转换身形及方位到顺时针走向。

此式为"八法"中拦法、截法、带法运用之典范。

十二否位掌

否位掌，乾宫八卦之属；否为天地，乃有天地不交，人有悲欢离合，月有阴晴圆缺之象。天升地沉，阴阳不交，万物不通，就像我们常遇见小人得志而遭遇排斥的境遇。对待小人，我们应当收起一七切的美德去回避他们。

图3-8-12 否位掌乾宫八卦图

国术修行之辈，应当见贤思齐，不可为一时的荣耀与富贵去苟全，与小人之流合污；与人交往，多在沟通，才可同心同德，上下一心。

六十四掌之否位掌（青龙探爪）（单换掌）：

以八卦三才式站立，以八卦方圆为演练轨迹和方位。

按顺时针方位，绕圆周运动；右脚上步，与左脚互为内扣，同时双臂左内右外环扣相抱；右脚走出，右掌顺势立掌抻出至面前高度，指尖朝上，左掌束于右胯与右肘间；以"风摆荷叶"等式转换身形及方位至逆时针走向。

以逆时针方位，左脚上步，与右脚互为内扣，同时双臂右外左内环抱胸前；左脚走出，左掌顺势自右肘下以单立掌势抻出至面前高度，手臂略曲，右掌束于左胯与左肘间；以"风摆荷叶"等式转换身形及方位至顺时针走向。

此式为"八法"中拦法、推法运用之典范。

十三 同人掌

同人位掌，离宫八卦之属；同为天火，乃有浮鱼从水，二人分金之象。火升于天，天火亲合，有如上位者天下为公之心，这是友睦和平，齐心聚力的象征。

国术修行之辈，应与人团结，才能在危机到来的时候获得帮助。所谓一个篱笆三根桩，一个好汉三个帮就是这个道理。巨碑如果没有沙石的奠基也就不得稳固。能化敌为友才是成大事者应有的气度。或许人与人之间三观有异，理念各左，但是能够求同存异，找出相同的志向目标，必然可以殊途同归，与人和同只可用于君子所持的正道，如左右逢源，八面玲珑，则落入末流下剩的蝇蝇苟苟之道。

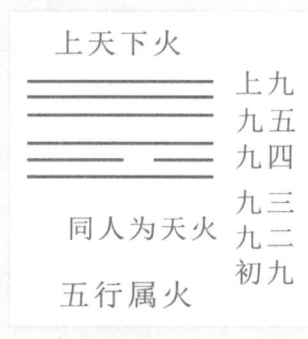

图 3-8-13 同人位掌离宫八卦图

六十四掌之同人位掌修法（大鹏展翼）：

以八卦三才式站立，以八卦方圆为演练轨迹和方位。

按顺时针方位，绕圆周运动；自然步直线行进至左前右后，右小臂上翻，左掌阳掌向上剑指而出；提右膝，脚尖向下，以左脚跟为轴右转体向后，以右肘为轴逆时针带动缠头而过，继而右掌回旋向左，对脖颈方位横斩而出；以"风摆荷叶"等式换位至逆时针走向。

以逆时针方位，自然步直线至右前左后，左小臂上翻，右掌剑指而出；提左膝，脚尖向下，以右脚跟为轴左转体向后，以左肘为轴顺时针缠头而过，继而左掌回旋向右，对脖颈方位横斩而出；以"风摆荷叶"等式换位至顺时针走向。（横物时，后手皆化叼手反向上提）

此式为"八法"中拦法、托法、带法运用之典范。

十四 大有位掌

大有位掌，乾宫儿卦之属；大有为火天，火悬在天，喻示人之有所获得，皆因其勤垦之付出，乃有金玉满堂，日丽中天之象。

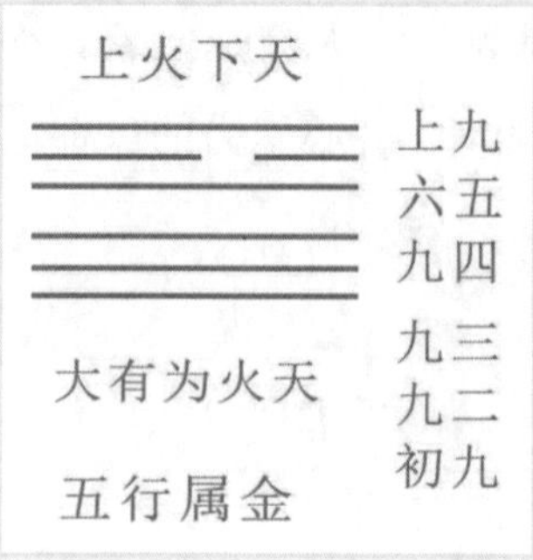

上火下天　　上九 　　　　　　六五 　　　　　　九四 大有为火天　　九三 　　　　　　九二 五行属金　　　初九	身为上位者，即使地位高高在上，也应当虚怀若谷，不可持骄伤人；须知人多见利，利现则聚，利尽则作鸟兽散；不通有无之辩证，终将一无所有；虽说应当与他人分享利益，也应当远恶亲善，所谓"我与人同，则物归我有"，这即是众人拾柴火焰高的道理。

图 3-8-14 大有位掌乾宫儿卦图

六十四掌之大有位掌（撩衣掌）（玄女撩衣）：

以八卦三才式站立，以八卦方圆为演练轨迹和方位。

按顺时针方位，绕圆周运动；以自然步直线行进至左前右后，行进过程中，右掌为阴向上顺时针缠头裹身，由自右而后及左，身随掌走，风摆杨柳，掌自海底而出成右臂上翻，左掌自右肘旁抻推而出；以左脚跟为轴，拧转身形向后，提膝点足，左掌化叼手反向朝上，右掌逆时针盘头向左，对脖颈方位横斩而出，以"风摆荷叶"等式换位至逆时针方位。

以逆时针方位，以自然步直线行进至右前左后，行进过程中，左掌为阴向上逆时针缠头裹身，由自左而后及右，掌自海底而出成左臂上翻，右掌自左肘旁抻推而出；以右脚跟为轴，拧转身形向后，提膝点足，右掌化叼手反向朝上，左掌顺时针盘头向右，对脖颈方位横斩而出，以"风摆荷叶"等式换位至顺时针方位。

此式为"八法"中拦、托、带、搬法集中运用的体现。

十五谦位掌

谦位掌，总宫八卦之属；谦为地山，乃有地上有山，仰高就下之象。地中有山，山体高大，但甘于深埋于大地之中。

国术之修行者，应谦虚谨慎，屈躬下物，先人后己，这与太极拳术的舍己从人之理是一致的，互为表里。谦虚者，可以通达，即使偶遇困难，最终也会受到赏识与拥护；谦之精义在于"教"，敬人要戒势利，敬业事戒懈怠，敬物要戒奢侈。谦而不媚不傲，万事皆可成。天之道，提有余而补不足；地之道，以有余以平不足；人之道，厌自满而尊谦虚，谦虚使人荣耀，这是善始善终之道。

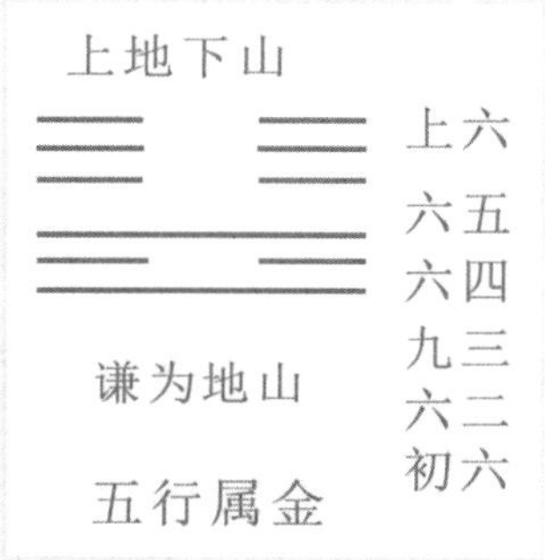

图 3-8-15 谦位掌总宫八卦图

六十四掌之谦位掌修法（麒麟伏虎）：

以八卦三才式站立，以八卦方圆为演练轨迹和方位。

按顺时针方位，绕圆周运动；双掌下接下丹田位置，十指相对，臂略弯曲，以保回旋；以"青龙缩尾"等式转换身形方位至逆时针走向。

以逆时针方位运动，绕圆周运动，双掌下押，按于下丹田位置，十指相对，目视圆心；以"青龙缩尾"等式转换身形及方位至顺时针走向。

此式为"八法"中拦法、扣法、领法运用之典范。

十六 豫位掌

豫位掌，震宫八卦之属；豫为雷地，乃有凤凰涅盘，万分昌荣之象。

豫，是喜乐，愉悦的象征，这一切喜乐来源于正义合法的建功主业。正义的人行事顺应时势，就像天地顺理而动时明运行就不会出现偏差。欢乐的原则在于适中，不过分，不忘形，不沉溺，就不会行为失当，不使奸邪趁入，以致乐极生悲。

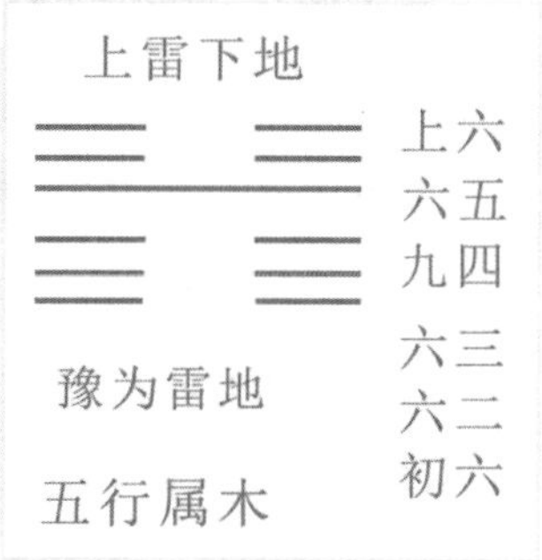

图 3-8-16 豫位掌震宫八卦图

六十四掌之豫位掌修法（白猿摘桃）：

以八卦三才式站立，以八卦方圆图为演练轨迹和方位。

按顺时针方位，绕圆周运动；左脚上步，与右脚互为内扣，同时右掌阴掌势过面而下，与左小臂交错而过束于下丹田位置，掌根相靠，掌背贴身右脚走出，同时双掌以"下托掌"势而出；以"青龙缩尾"等式转换身形及方位至逆时针方位。

以逆时针方位运动，右脚上步，与左脚互为内扣，同时左掌过面而下，与右小臂交错而过束于下丹田位置；左脚走出，同时双掌以"下托掌"势而出；以"青龙缩尾"等式转换身形及方位至顺时针方位。

此式上裹连带下撩阴，是"八法"中截法，托法运用之典范。

十七 随位掌

随位掌，震宫八卦之属；随为泽雷，乃有良工琢玉，如水推车之象。

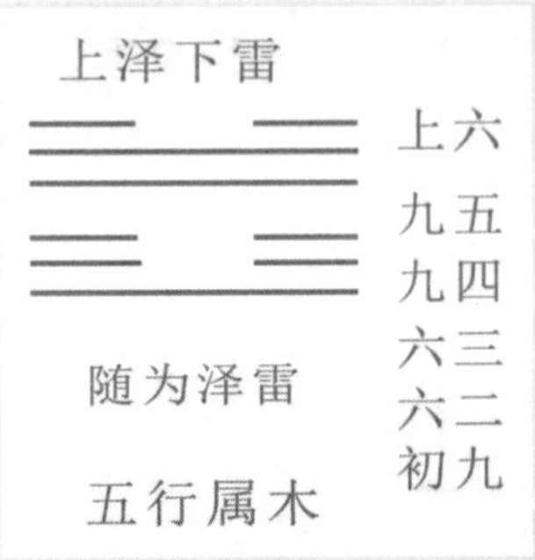

内动之以德，外悦之以言，是为随之精义。有实力时，不妨后退一步，不必追求所谓"勇猛精进"，更多一点时间与空间来思考过往之错疏得失，如果众人都喜欢你的言行，必然都会欣然效仿你并追随你。虚心随和，身心安乐，才能得到信赖。身为上位者，应当带给追随者喜乐，使追随自己的人远离伤害与罪恶。

图 3-8-17 随位掌震宫八卦图

六十四掌之随位掌修法（回风落叶）（回身掌）：

以八卦三才式站立，以八卦方圆为演练轨迹和方位。

按顺时针方位，绕圆周运动，右脚向圆心方向进步，同时右掌以"白蛇吐信"穿掌而出；向左拧转，以右脚为轴转体向后，同时右掌带动小臂过面而下，以"白猿摘桃"式击出；以"青龙缩尾"等式转换身形及方位至逆时针方位。

以逆时间方位运动，左脚向圆心方向进步，同时左掌以"白蛇吐信"穿掌而出；向右拧转，以左脚为轴转体向后，同时左掌带动小臂过面而下，以"白猿摘桃"式而出；以"青龙缩尾"等式转换身形及方位至顺时针方位。

练至纯熟，即可无视方位，任意转换身形以作声东击西之作用。

此式是"八法"中推法、截法、托法运用之典范。

十八 蛊位掌

蛊位掌，巽宫八卦之属；蛊为山风，风遇山而回，使万物受其惑乱，乃有三蛊食血，恶尽义生之象。

天理循环，大道昭昭，万物皆有兴衰定数，衰败时必然诞生新的力量，以使乱象平复。如有祸起萧墙之难，内部生乱，应大刀阔斧，迎难而上，推翻重来，以辟新天气象。难者，往往是因循苟且，姑息养奸，积弊已久，如要拨乱反正，需周密谋划，有大胸怀，大气魄，搜残补缺，以成就大事。

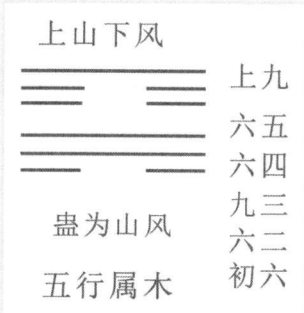

图 3-8-18 蛊位掌巽宫八卦图

六十四掌之蛊位掌（狮子抱球）：

以八卦三才式站立，以八卦方圆为演练轨迹和方位。

按顺时针方位，绕圆周运动；左脚上步，与右脚互为内扣，同时右掌左掩，双掌心向内十字交腕；右脚走出，双掌心相对自下宫之位抻开，以阳掌发力，目视左手；以"青龙缩尾"等式转换身形至逆时针方位走向。

以逆时针方位，绕圆周运动；右脚上步，与左脚互为内扣，同时左掌右掩，双掌心向内十字交腕；左脚走出，双掌心相对自下宫之位抻开，以阳掌发力，目视左手；以"青龙缩尾"等式转换身形方位至顺时针走向。

此式是"八法"中截法的运用之典范。

十九 临位掌

震位掌，坤宫八卦之属；临为地泽，泽卑地高，居高临下，乃有凤入鸡群，以上临下之象。

为人者，如果有心愿，应当努力奋斗去加以实现，不在思想上给自己设置枷锁囚笼，弃守成，勇开拓，当得机得势，以占据主动。为上位者与为下位者，皆应以高尚之人格来感召别人，以威与信义维持纪律纲常。灵感驱动，不犯疑，动静结合，静动有度，是武道与人道应当共遵的道理。

图3-8-19 震位掌坤宫八卦图

六十四掌之临位掌（青龙盘肘）：

以八卦三才式站立，以八卦方圆为演练轨迹和方位。

按顺时针方位，绕圆周运动；右脚上步，与左脚互为内扣，同时右掌化拳向左勾打；双脚向右横移成马步，同时右臂曲肘贴身，向右顶肘撞出，左掌心贴于右拳面以后劲催之；以"青龙缩尾"等式转换身形级方位至逆时针走向。

以逆时针方位，绕圆周运动；左脚上步，与右脚互为内扣，同时左掌化拳向右勾打；双脚向左横移成马步，横移中用靠打，同时左臂曲肘贴身，向左顶肘撞出，右掌心贴于左拳面以后劲催之；以"青龙缩尾"等式换位至顺时针走向。

此式是"八法"中截法、扣法运用之典范。

二十 观位掌

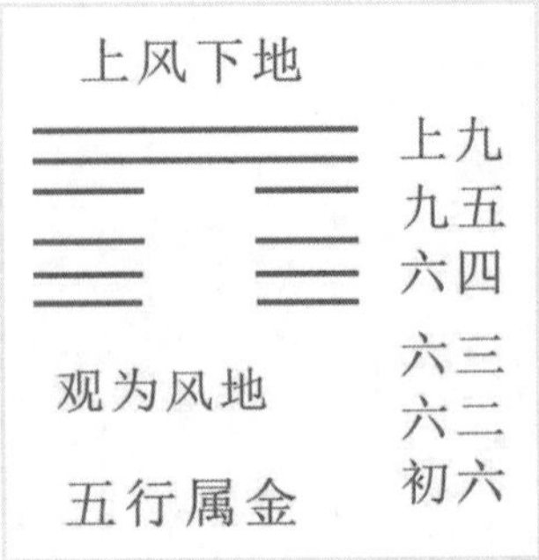

观位掌，乾宫八卦之属；观为风地，风行地上，万物广受感化，乃有云卷晴空，万花竟开之象。

修行者，行事皆应有所伴留，不浮不燥，停于云雾之中，示人以朦胧，不使人一览无余，行事却又从不失光明坦荡之道。我们在观察别人时，别人也在同时观察我们；上择下，下亦择上。眼界开阔，

图3-8-20 观位掌乾宫八卦图

不门缝看人，纵览全局，不计一时得失，方可成就大事。威服往往是在不知不觉中发生的。

六十四掌之观位掌修法（天马行空）：

以八卦三才式站立，以八卦方圆为演练轨迹和方位。

按顺时针方位，绕圆周运动；以右掌为首，双掌以"青龙倒取水"势起钻，至极位后以腕御劲，掌心向上顺时针平圆运动至掌根朝右侧；以"风摆荷叶"等式换位至逆时针走向。

以逆时针方位，绕圆周运动；以左掌为首，双掌以"青龙倒取水"势起钻，至极位后以腕御劲，掌心向上以逆时针平圆运动至掌根朝左侧；以"风摆荷叶"等式换位至顺时针走向。

此式是"八法"中托法、领法运用之典范。

二十一噬嗑位掌

噬嗑位掌，巽宫八宫之属；噬嗑为火雷，雷动而威，电生而明，雷电互噬是为噬嗑，乃有日中为市，颐中有物之象。

事物与人皆会遇阻碍而致相隔，除去障碍是理所应当的。然而万事万物皆应过刚易折之理，处事模糊是一种修养境界，模棱两可之间可让许多事顺利解决，反之则易失去人心，不利成事情。保有主动积极，内含致柔之道，然一旦施以雷霆则须除恶务尽，不可半途而费，妥协姑息。

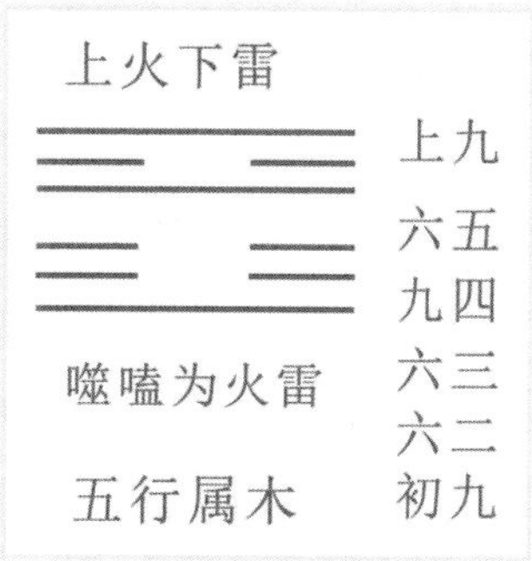

图 3-8-21 噬嗑位掌巽宫八宫图

六十四掌之噬嗑位掌之修法（鹞子穿云）：

以八卦三才式站立，以八卦方圆为演练轨迹和方位。

按顺时针方位，绕圆周运动；以莲花步化"S"轨迹向圆心方向行进；行进中，左掌带动左小臂向上斜卷，同时右掌阴掌向上前押而出至前方位；步不停，右掌带动右小臂向上斜卷，同时左掌阴掌回旋至中宫前抻而出至口前方位；如此，左右交错，反复变化；以"风摆荷叶"等式换位至逆时针走向。

以逆时针方位，绕圆周运动；以莲花步向圆心方向行进；行进中，右掌带动小臂上卷，同时左掌阴掌向上前抻而出；步不停，左掌带动小臂向上斜卷，同时右掌阴掌回旋至中宫前抻而出至口前方位；如此，左右交错，反复变化；以"风摆荷叶"等式换位至顺时针走向。

此式是"八法"中搬法、截法、托法运用之典范。

二十二 贲位掌

贲位掌，艮宫八卦之属；贲为山火，乃有猛虎负隅，光明通泰之象。

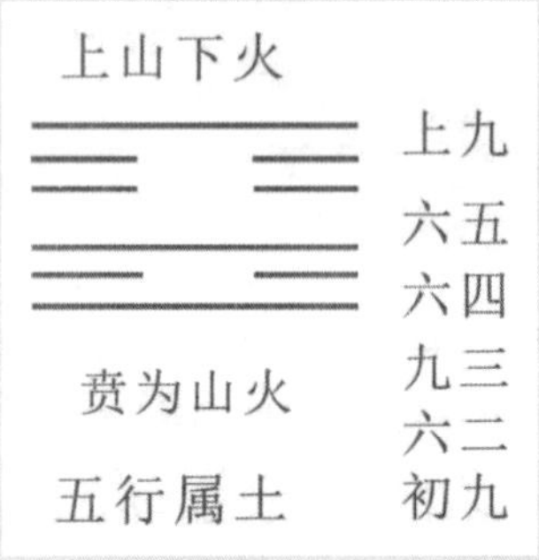

上山下火	上九
贲为山火	六五
	六四
	九三
	六二
五行属土	初九

武道修行之人，要通文质。所谓"文质彬彬，然后君子"，外在的文饰与内在的品质是文与质的关系。以刚为本，文质双兼，刚柔相合是理想的人格。如作文章，则应少浮华，不文过饰非；如在物欲，则应匹配无过，不奢靡。通晓文质，是一种修养，反之则是自我贬低。

图 3-8-22 贲位掌艮宫八卦图

六十四掌之贲位掌修法（白蛇吐信）：

以八卦三才式站立，以八卦方圆为演练轨迹和方位。

按顺时针方位，绕圆周运动；以自然步向圆心行进，右掌阴掌向上自左肘下而出，至口前高度，手臂略曲；步不停，左掌自右肘旁化阳返阴自右肘下而出；以"青龙缩尾"等式转换身形及方位至逆时针走向。

以逆时针方位，绕圆周运动，以自然步向圆心行进，左掌阴掌向上自右肘下而出；步不停，右掌化阳返阴自左肘下而出；以"青龙缩尾"等式转换身形及方位至逆时针走向。

练至纯熟，即可任意方位施用连环穿掌。劲力曲中用直，直中用曲，似横似穿，不可固用。

此式为"八法"中截法、托法运用之典范。

二十三 剥位掌

剥位掌，乾宫八卦之属；剥为山地，剥落表面，现其根本，随去旧生新，群阳剥尽之象。

在社交与事业发展中，小人得势，君子失势是一种正常现象。有时候，衰势已成不可逆转时，放弃不失为一种更具智慧的选择。一时的山穷水尽，不会掩盖柳暗花明的气象，要懂得积蓄力量以待天时。

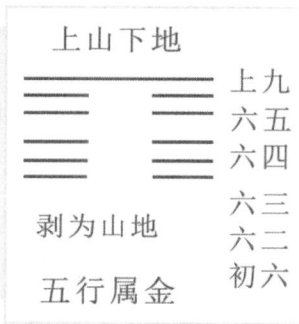

图 3-8-23 剥位掌乾宫八卦图

六十四掌之剥位掌修法（白龙穿云）：

以八卦三才式站立，以八卦方圆为演练轨迹和方位。

按顺时针方位，绕圆周运动；右脚上步高位弹踢，同时双掌鞭捶分开，右捶击于右脚面；起左脚，以"三盘落地"着地，同时双掌并肘向两侧以鞭捶击出，目视左手；以"青龙缩尾"等式转换身形及方位至逆时针走向。

以逆时针方位，绕圆周运动；左脚上步高位弹踢，同时双掌鞭捶分开，左捶击于左脚面；起右脚，以"三盘落地"着地，同时双拳并肘向两侧以鞭捶击出，目视右手；以"青龙缩尾"等式转换身形及方位至顺时针走向。

此式为"八法"中搬法、截法运用之典范。

二十四 复位掌

复位掌，坤宫八卦之属；复为地雷，地中孕雷，临具生机，乃有淘沙见金，返复往来之象。

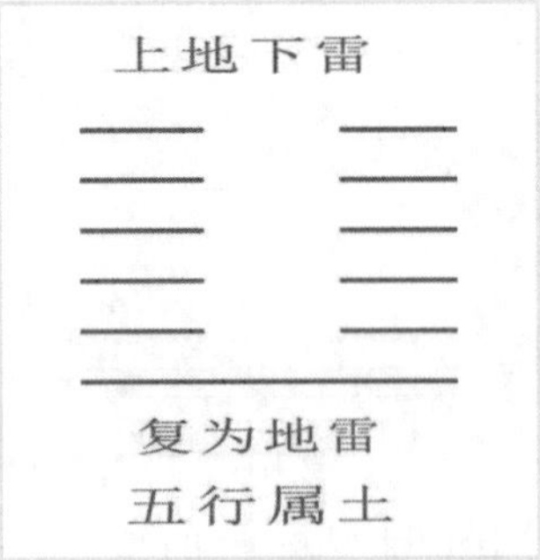

天地万物皆永远遵循不断轮回反复的大道。在力量积弱时仍不失生机，这时得机得势可一展抱负，但欲速则不达，当徐徐图之，有如病弱之时不可用猛药。

图 3-8-24 复位掌坤宫八卦图

六十四掌之复位掌（黑熊推山）（双推掌）：

以八卦三才式站立，以八卦方圆为演练轨迹和方位。

按顺时针方位，绕圆周运动；双掌阴掌立列向外抻出于中宫前位，十指相对，以“风摆荷叶”等式换至逆时针走向。

以逆时针方位，绕圆周运动；双掌阴掌并列向外，抻出于中宫前位，十指相对；以“风摆荷叶”等式换位至顺时针走向。

双掌起时，可由下宫之位向上而起，是“八法”中拦法、截法、托法运用之典范，亦可由中宫之位直取，是“八法”中拦法、搬法运用之典范。

二十五无妄位掌

无妄位掌，巽宫八宫之属；无妄为天雷，雷行天下，诸邪辟易，天有妄为，乃有石藏金玉，守旧安常之象。

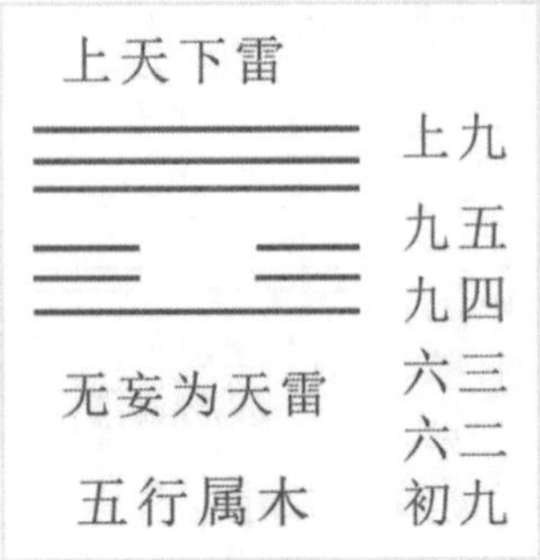

习武之人，应戒除妄念，坚持仁义，则永居不败；妄念；妄动，带来的往往是灾祸。审时夺势，非礼勿视，非礼勿听，非礼勿言，非礼勿动。与人相处，应推己及人，不可有“事不关己，高高挂起”的态度。

图 3-8-25 无妄位掌巽宫八宫图

六十四掌之无妄位掌（狮子抬头）：

以八卦三才式站立，以八卦方圆为演练轨迹和方位。

按顺时针方位，绕圆周运动；右脚上步，右掌以腕为力点，阳掌向上，自中线而出至口前方位，左掌反向于下宫之位掩之；以"青龙缩尾"等式换位至逆时针走向。

以逆时针方位，绕圆周运动；左脚上步，左掌以腕为力点，阳掌向上，自中线而出至口前方位，右掌反向于下宫之位掩之；以"青龙缩尾"等式换位到顺时针走向。

此式，是"八法"中托法、截法、搬法运用之典范。

二十六 大畜位掌

大畜位掌，艮宫八卦之属；大畜为山天，乃有积小成高，龙潜大壑之象。

为人行事，皆应留三分香火之情，凡事适可而止。运作有为的事，要保守机密，君不密则失臣，臣不密则失身，成大事者，虽行正道，但应有基本的城府。刚健能有自制，多学习前人的言行，积蓄自身的道德，以为立身、立业、立言之基。

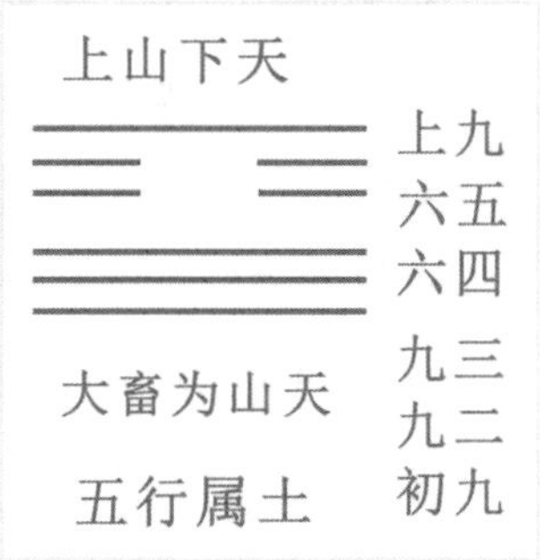

图 3-8-26 大畜位掌艮宫八卦图

六十四掌之大畜位掌（大蟒翻身）（顺势掌）：

以八卦三才式站立，以八卦方圆为演练轨迹和方位。

按顺时针方位，绕圆周运动；右脚上步，与左脚互为内扣，背向圆心，同时右掌顺时针右旋，经脑后自左侧而下；出左脚，双掌化"白蛇伏草"而出；以"青龙缩尾"等式换位至逆时针方位。

以逆时针方位，绕圆周运动；左脚上步，与右脚互为内扣，背向圆心，同时左掌逆时针左旋，经脑后自右侧而下；出右脚，双掌化"白蛇伏草"而出；以"青龙缩尾"等式换位至顺时针方位。

此式为"八法"中搬法、领法运用之典范。

二十七 颐位掌

颐位掌，巽宫八卦之属；颐为山雷，下动上止，天地之颐养，乃有龙隐深潭，近善远恶之象。

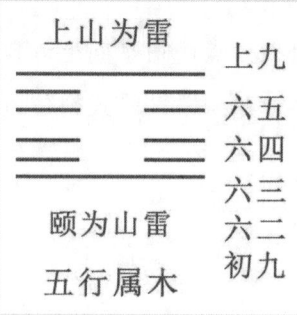

图 3-8-27 颐位掌巽宫八卦图

君子不立危地，惜身方能长存，这是习武者应俱备的素养。懂得保养身心，才能健康壮美，这是维持家业正常发展的根本。学得国术中的养生之道，这包括饮食、服气、炼体、德言等多个方面，一切皆有节制，言行皆应三思而生，三思而行。

六十四掌之颐位掌（狮子抛球）：

以八卦三才式站立，以八卦方圆为演练轨迹和方位。

按顺时针方位，绕圆周运动；左脚上步，双掌心左上右下，左托右举，整体用劲；以腰为轴顺时针螺旋拧转向圆心；以"风摆荷叶"等式换位至逆时针方位。

以逆时针方位，绕圆周运动；右脚上步，双掌心右上左下，右托左举，整体用劲；以腰为轴逆时针螺旋拧转向圆心；以"风摆荷叶"等式换位至顺时针走向。

比式为"八法"中搬法运用之典范。

二十八 大过位掌

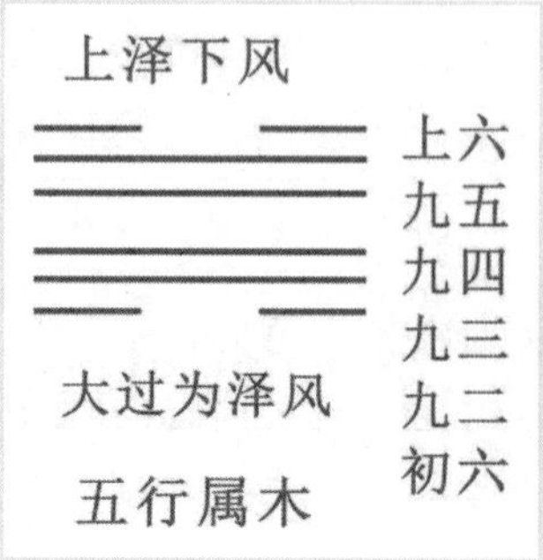

大过位掌，震宫八卦之属；大过为泽风，乃有寒木生花，本末俱弱之象。

图 3-8-28 大过位掌震宫八卦图

人孰无过，知而能改，亦可为圣贤；习武之人，尤其应具有大魄力，以及过人的胆识，即使矫枉过正，也是可行的。不过正则不足以矫枉。危情加身的时候，必须具有壮士断腕的气魄。凡事又不太过，过刚则易折，需保有弹性，以确保回旋余地。

六十四掌之大过位掌修法（老猿回首）：

以八卦三才式站立，以八卦方圆为演练轨迹和方位。

按顺时针方位，绕圆周运动；上右脚，重心在左，虚步站立，背向圆心，同时右掌阴掌向上由右弧形轨迹运动至中宫位前；右脚180度顺时针转向，带动身体同步转体为左虚步站立，同时双掌随身体转向化"白猿献果"而出；以"青龙缩尾"等式换位至逆时针走向。

以逆时针方位，绕圆周运动；上左脚，重心在右，虚步站立，背向圆心，同时左掌阴掌向上，由左弧形轨迹运动至中宫位前；左脚180度逆时针转向，带动身体同步转体为右虚步站立，同时双掌随身体转向化"白猿献果"而出；以"青龙缩尾"等式换位至顺时针走向。

此式为"八法"中托法、领法运用之典范。

二十九坎位掌

坎位掌，坎宫八卦之属；坎为水，水上加水，陷而再陷，虽有内忧外患加身，但天无绝人之路，乃有船涉金滩，外虚中实之象。

在险难仍需保有诚信及诚心，失落之中仍不失信念；不伤害别人，也不为他人所害，尽管阴谋暗箭防不胜防，只要身正，终会为大道所护佑。

图 3-8-29 坎位掌坎宫八卦图

六十四掌之坎位掌修法（叶底藏花）（合身掌）：

以八卦三才式站立，以八卦三才式为演练轨迹和方位。

按顺时针方位，绕圆周运动；以自然步向圆心行进，双腕相依，双掌阴阳相对，逆时针圈拦时，左掌以反立掌自右腕下而出；顺时针圈拦时，右掌以反立掌自左腕下而出；以"青龙缩尾"等式换位至逆时针走向。

以逆时针方位,绕圆周运动;以自然步向圆心行进,双腕阴阳交错,双掌逆时针圈拦时,左掌自右腕下而出;顺时针圈拦时,右掌自左腕下出;以"青龙缩尾"等式换位至顺时针左向。

圈拦时臂展为束,与身形相和;推掌时为展,以为近身之用。

此式为"八法"中截法、扣法、带法、推法综合运用之典范。

三十 离位掌

离位掌,离宫八卦之属;离为火,日月行天,光明接连,阴阳相合,普化众生,乃有飞盒遇网,光明当天之象。

人心皆向往光明,但一光明必须具有正确的依附,依附得当,则可持久不衰。为人上位,心须静,神须定,性勿急,少冲动,否则必伤己伤人,为他人作嫁衣。

图 3-8-30 离位掌离宫八卦图

六十四掌之离位掌(地龙穿山)(返身掌):

以八卦三才式站立,以八卦方圆为演练轨迹和方位。

按顺时针方位,绕圆周运动;上右脚,向圆心方向仆步而下,右掌向内拧裹,左掌心向内曲臂护于脑侧;身形向右游走,右掌顺势外翻,化"白蛇吐信"而出;左脚上步为箭步左式,右掌化按,左掌阴掌向上,自右掌上穿掌而出;转向身后,上右脚仆步,以"地龙穿山"返回原位;以"风摆荷叶"等式换位至逆时针方位。

以逆时针方位,绕圆周运动;上左脚,向圆心方向仆步而下,左掌向内拧裹,右掌心向内曲臂护于脑侧;身形向左游走,左掌顺势外翻,化"白蛇吐信"而出;右脚上步为箭步左式,左掌化按,右掌穿掌而出;转身向后,上左脚仆步,以"地龙穿山"返回原位;以"风摆荷叶"等式换位至顺时针走向。

此式注重摔法,是"八法"中搬法、拦法运用之典范。

三十一 咸位掌

咸位掌，总宫八卦之属；咸为泽山，山上有泽，泽性下流，虽是无心交感，却为至真之情，乃具山泽通气，至诚感神之象。

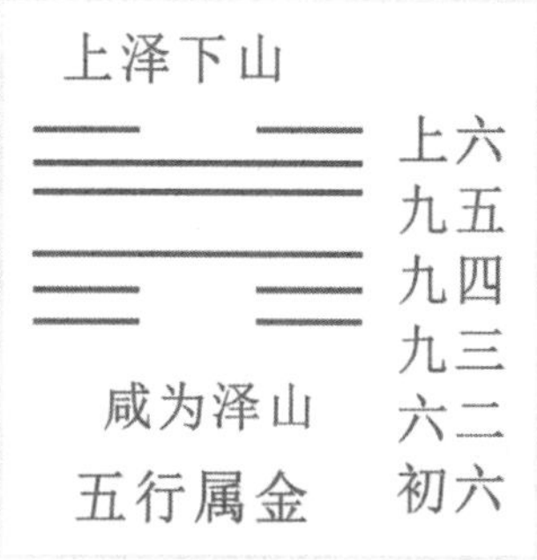

国术修行，切忌三心二意；动机纯正才可以授之以真。如遇所爱，必求两情相悦，互为交心，不可强求，否则必为所伤。孔圣有云：唯女子与小人难养也，近之不逊，远则怨。此言虽不全中，亦不远矣。

六十四掌之咸位掌（麒麟吐书）：

以八卦三才式站立，以八卦方圆为演练轨迹和方位。

按顺时针方位，绕圆周运动；左掌以腕为轴心，顺时针拧转为反向叨手，同时身体以左脚跟为轴拧转向后；提右膝，脚尖向下，右掌阴掌向上，自口前向前下方探出；以"青龙缩尾"等式换位至逆时针走向。

以逆时针方位，绕圆周运动；右掌以腕为轴心，逆时针拧转为反向叨手，同时身体以右脚跟为轴拧转向后；提左膝，脚尖向下，左掌阴掌向上，自口前向前下方探出；以"青龙缩尾"等式换位至顺时针走向。

此式为"八法"中截法、带法运用典范。

图 3-8-31 咸位掌总宫八卦图

恒位掌三十二

恒位掌，震宫八卦之属；恒为雷风，雷动风随，相依相助，恒常不变，乃有日月常明，四时不没之象。

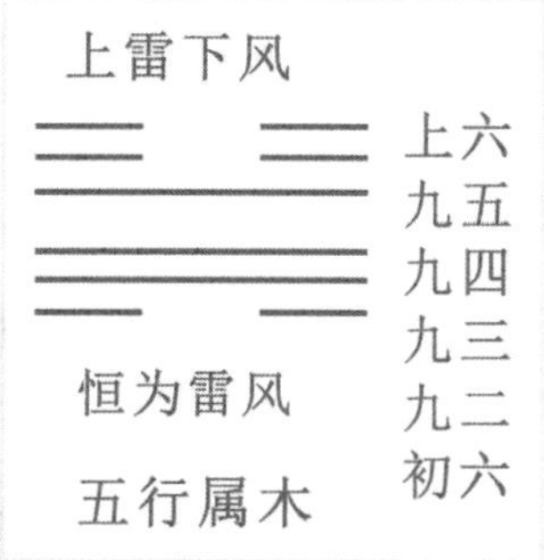

受到恒久象征的启发，为人师表，须具圣心，只须长久保持自己所坚持的圣人之道，从者终将受到教化之功，万物的性情将掌握在手，以此生具慧眼，洞悉浊清。

图 3-8-32 恒位掌震宫八卦图

六十四掌之恒位掌修法（移花接木）：

以八卦三才式站立，以八卦方圆为演练轨迹和方位。

按顺时针方位，绕圆周运动；左脚上步，与右脚互为内扣；出右脚，成大马步站立，左掌带动小臂外翻上卷，右掌同时向右脚方向"白蛇伏草"而出；左掌向右下按，右掌阴掌向上自左掌上穿掌而出至喉部高度；以"风摆荷叶"等式换位至逆时针走向。

以逆时针方位，绕圆运动；右脚上步，与左脚互为内扣；出左脚，成大马步站立，右掌带动小臂外翻上卷，左掌同时向左脚方向"白蛇伏草"而出；右掌向左下按，左掌阴掌向上，自右掌上穿掌而出至喉部高度；以"风摆荷叶"等式换位至顺时针走向。

上打咽喉下打阴，来去无相神难知。

此式为"八法"中截法、拦法、推法运用之典范。

三十三 遁位掌

遁位掌，乾宫八卦之属；遁为天山，乃有豹隐南山，守道远恶之象。

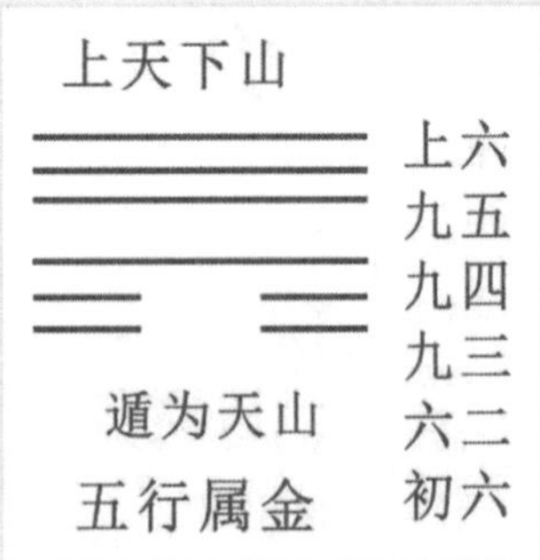

文武之道，一张一弛。有一种虫子，往前行进时会先把身体缩起来，再伸直。人也应该这样，在险恶之前适当的退让是正确的，只是要正确理解"身退"与"心退"，身退不如心退，如果心有不甘，身退则没有意义；大隐隐于朝，中隐隐于市，小隐隐于野，英雄处于末路时，学会保护自己很重要。

图 3-8-33 遁位掌乾宫八卦图

六十四掌之遁位掌修法（飞马踏燕）：

以八卦三才式站立，以八卦方圆为演练轨迹和方位。

按顺时针方位，绕圆周运动；上左脚，与右脚互为内扣；右脚上步，成箭步右式，双掌阴掌向下，成上下十字重叠前抻而出至中宫位前；以"青龙缩尾"

等式换位至逆时针走向。

以逆时针方位，绕圆周运动；上右脚，与左脚互为内扣；左脚上步，成箭步左式，双掌肘掌向下，成上下十字重叠前抻而出至中宫位前；以"青龙缩尾"等式换位至顺时针走向。

此式为"八法"中推法运用之典范。

三十四 大壮位掌

大壮位掌，坤宫八卦之属；大壮为雷天，惊雷动天，阳气盈盛，乃有羝羊触藩，先顺后逆之象。

武人的强大，不仅在身，更在于内心，内心纯压，才能具有强大正直的德行。一切的发展，终究要凭借这样的实力来取得，即使大器晚成，也能大展拳脚。

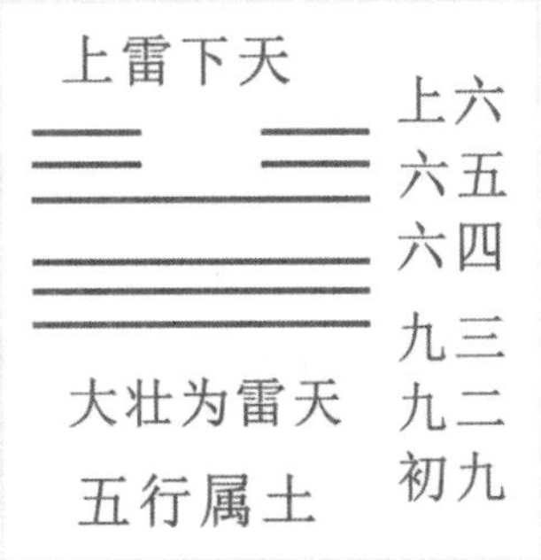

图 3-8-34 大壮位掌坤宫八卦图

六十四掌之大壮位掌修法（龙跃在渊）：

以八卦三才式站立，以八卦方圆为演练轨迹和方位。

按顺时针方位，绕圆周运动；右脚上步，左掌同时以"白蛇吐信"穿掌而出；右脚回撤，绕左脚后退为转体向后，左掌同时回卷，自左脑侧前抻而出，至中宫位前，右掌顺势抽回至右胯侧。以"风摆荷叶"等式换位至逆时针走向。

以逆时针方位，绕圆周运动；左脚上步，右掌同时以"白蛇吐信"穿掌而出；左脚回撤，绕右脚后退为转体向后，右掌同时回卷，自右脑侧前抻而出，至中宫位前，左掌顺势抽回至左胯侧。以"风摆荷叶"等式换位至顺时针走向。

此式为"八法"中截法，搬法运用之典范。

三十五 晋位掌

晋位掌，乾宫八卦之属；晋为火地，乃有龙剑出匣，以下遇上之象。太阳行于大地之上，君子应效法这种发扬光明的美德。

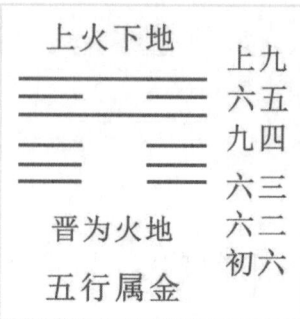

只有忠贞者，才可提拔之。不论从事何种职业，都应将最大的乐趣趋向进取，以得到他人的赏识为至大的欣慰，赢得上上下下的普遍尊重是从业者最大的成就。

图 3-8-35 晋位掌乾宫八卦图

六十四掌之晋位掌修法（燕子穿云）：

以八卦三才式站立，以八卦方圆为演练轨迹和方位。

按顺时针方位，绕圆周运动；右脚上步，双掌阴掌向天，右掌自左掌下前穿而出至眼前高度；左脚上步，成大开马步，双掌同时返阴，左掌自右掌下横斩而出；以"风摆荷叶"等式换位至逆时针走向。

以逆时针方位，绕圆周运动；左脚上步，双掌阴掌向天，左掌自右掌下前穿而出至眼前高度；右脚上步，成大开马步，双掌同时返阴，右掌自左掌下横斩而出；以"风摆荷叶"等式换位至顺时针走向。

此式主宰眼喉，为"八法"中截法、拦法、推法运用之典范。

明夷位掌 三十六

明夷位掌，坎宫八卦之属；明夷为地火，日沉大地，光明落幕，乃有凤凰垂翼，出明入暗之象。

人之一生不可能永远一帆风顺，遇到困难时，也应当心怀希望，光明终不被掩藏，只需坚持守正。在逆境中，低调行事，高调做人，不显山露水，保护好自己，如果为了做的事而伤及自身，得不偿失，帮助他人不应当以舍身为代价。以正确的方式将仁善发挥到极致并保全自身，方为正道，而这与做大事而奋不顾身并不冲突。

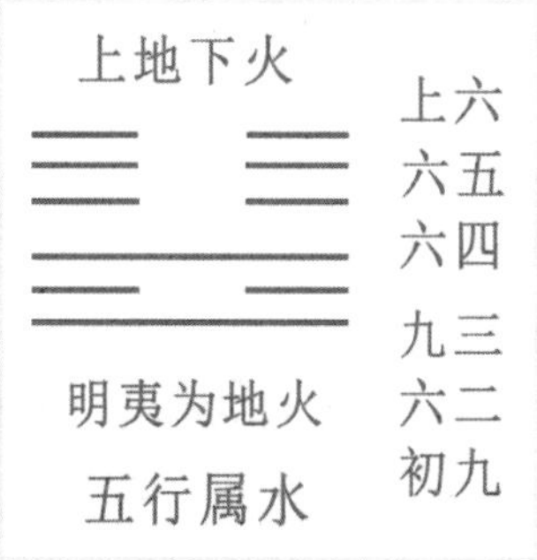

图 3-8-36 明夷位掌坎宫八卦图

六十四掌之明夷位掌（双鱼戏水）（双鱼掌）：

以八卦三才式站立，以八卦方圆为演练轨迹和方位。

按顺时针方位，绕圆周运动；步不停，上身右转，左掌阴掌横向由左及右，以弧形轨迹动作；右掌捋带，以顺时针方向自身后由右及左；双掌对称，皆以阴掌向外，以示八卦阴阳双鱼游动；以"青龙缩尾"等式换位至逆时针走向。

以逆时针方位，绕圆周运动；步不停，上身左转，右掌阴掌横向由右及左；左掌捋带，以逆时针方向自身后由左及右；双掌对称，皆以阴掌外抻；以"青龙缩尾"等式换位到顺时针走向。

此式为"八法"中搬法、截法、推法、带法运用之典范。

三十七家人位掌

家人位掌，巽宫八卦之属；家人为风火，外风内火，风自火出，家室自内，影响至外，乃有入海求珠，花开胎结之象。

君子说话行事要求实务实，做事要持之以恒。四海皆兄弟，五湖内外皆姐妹，与人相亲相爱，则和于一家，万事则兴，不受外辱。齐家，治国，平天下，皆应各守所序，做好份内之事，明晓大义。

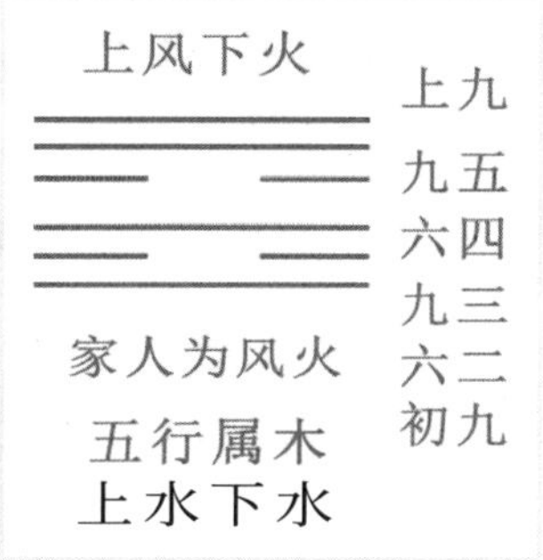

图 3-8-37 家人位掌巽宫八卦图

六十四掌之家人位掌（狮子开口）：

以八卦三才式站立，以八卦方圆为演练轨迹和方位。

按顺时针方位，绕圆周运动；右脚上步，双掌阴阳相对以顺时针运动至左上右下，腕部贴近；左脚上步，双掌同时前推而出；以"风摆荷叶"等式换位至逆时针走向。

以逆时针方位，绕圆周运动；左脚上步，双掌阴阳相对，以逆时针方向运动至右上左下，腕部贴近；右脚上步，双掌同时前推而出；以"风摆荷叶"等式换位到顺时针走向。

此式为"八法"中推法、拦法、截法运用之典范。

三十八睽位掌

睽位掌，艮宫八卦之属；睽为火泽，乃有猛虎陷井，二女同居家室之象。

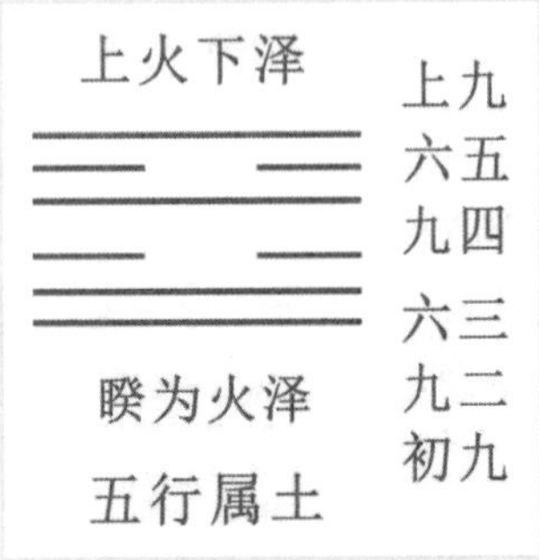

不同志向的人相处，极其容易互不相让，乃至反目成仇，习武人，应当明白万物形态多样，其性各有异同的道理。在不同的时势之下，应当求同存异，求大存小；个性及观点不同没关系，只要沟通交流就可以和合。如果做大事不成时，可以从小处做起，逐步积累，以待时势。

图 3-8-38 睽位掌艮宫八卦图

六十四掌之睽位掌（指天画地）：

以八卦三才式站立，以八卦方圆为演练轨迹和方位。

按顺时针方位，绕圆周运动；左脚上步，与右脚互为内扣，面向圆心；左掌阴掌向里，右掌阴掌向外，左掌指天，右掌指地，上下于中宫位对抻至极致，同时提右膝，脚尖向下或上抬；以"风摆荷叶"等式换位至逆时针走向。

以逆时针方位，绕圆周运动；右脚上步，与左脚互为内扣，面向圆心；右掌阴掌向里指天，左掌阴掌向外指地，上下对抻至极致，同时提左膝，脚尖向下或上抬；以"风摆荷叶"等式换位至顺时针走向。

此式为"八法"中拦法，推法运用之典范。

三十九 蹇位掌

蹇位掌，兑宫八卦之属；蹇为水山，山重水复，有如跛足之人为险阻所困，进退两难，乃有飞雁衔芦背明向暗之象。

习武之人，如果处于上位时还能坚守正道，自然得天护佑。如果安身立命之基处于衰落境地，应反省自身，提高修养道德，对自己错误的行为与选择进行纠正，发奋图强，以东山再起。之所以会留下诸多遗憾，多由于行为的不协调。

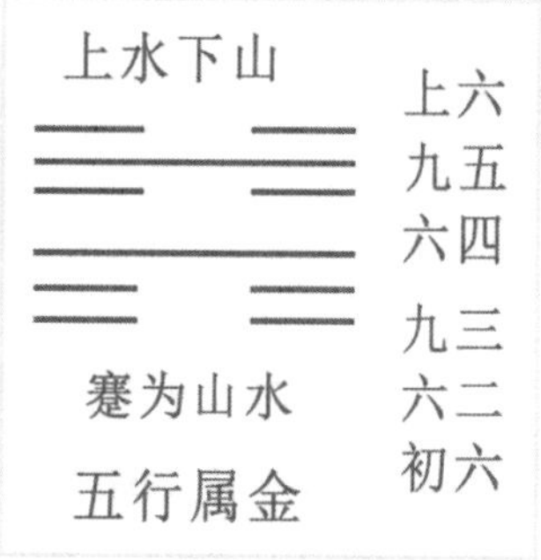

图 3-8-39 蹇位掌兑宫八卦图

六十四掌之蹇位掌修法（扇舞乾坤）：

以八卦三才式站立，以八卦方圆为演练轨迹和方位。

按顺时针方位，绕圆周运动；左脚向圆心上步，成箭步左式，双掌右卷左抻而出；左脚内扣，与右脚互为内扣，左掌随身法而动至头顶左上方，与右掌对称；右脚略撤，随即上步成箭步右式，双掌顺势向右捋下，于中宫位前以右掌为先平穿而出，左掌附于右腕上；以"青龙缩尾"等式换位至逆时针走向。

以逆时针方位，绕圆周运动；右脚向圆心上步，成箭步右式，双掌左卷右抻；右脚内扣，与左脚互为内扣，右掌也随身法而动至头顶右上方，与左掌对称；左脚略撤，随即上步成箭步左式，双掌顺势向左捋下，于中宫位前以左掌为先穿掌而出，右掌附于左腕上；以"青龙缩尾"等式换位至顺时针走向。

此式为"八法"中搬法、截法、拦法运用之典范。

四十 解位掌

解位掌，震宫八卦之属；解为雷水，雷行雨下，施甘霖于久旱，使生机焕发，乃有春雨行雨，忧散喜生之象。

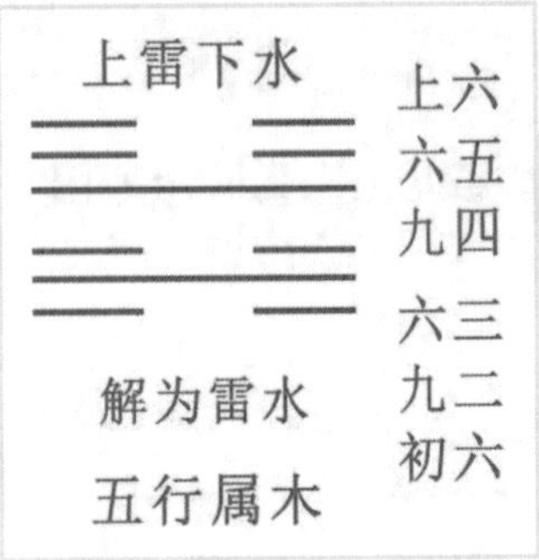

```
上雷下水    上六
            六五
            九四
解为雷水    六三
            九二
五行属木    初六
```

一时的不得志，不可意志消沉，终有拨云见日，烦愁瞬消的时势到来。没有解不开的死结，不使斗气折磨身心，有时候相逢一笑泯恩仇，化被动为主动，会功到自然成。

图 3-8-40 解位掌震宫八卦图

六十四掌之解位掌修法（老猿归山）：

以八卦三才式站立，以八卦方圆为演练轨迹和方位。

按顺时针方位，绕圆周运动；左脚向圆心倒退，右脚撤至左脚旁虚立，背向圆心；同时左掌阴掌向上前摆以弧形轨迹而出，右掌阴掌向下顺左臂切掌前抻而出，左臂顺势抽于腰际；以"风摆荷叶"等式换位至逆时针走向。

以逆时针方位，绕圆周运动；右脚向圆心倒退，左脚撤至右脚旁虚立，背向圆心；同时右掌阴掌向上前摆以弧形轨迹而出，左掌阴掌向下顺右臂切掌前抻而出，右臂顺势抽于腰际；以"风摆荷叶"等式换位至顺时针走向。

此式为"八法"中搬法运用之典范。

四十一 损位掌

损位掌，艮宫八卦之属；损为山泽，泽卑山高，互为减损，又互为卑益，乃有凿砚玉，握土为山之象。

世间之事，都符合水满则溢，月盈则亏，盛极必己利人，更益于利己；损己可以获得诚信，自黑也不失为一种自保之道，善吃小亏则将占大实惠，这和园丁修剪花木是同样的道理。

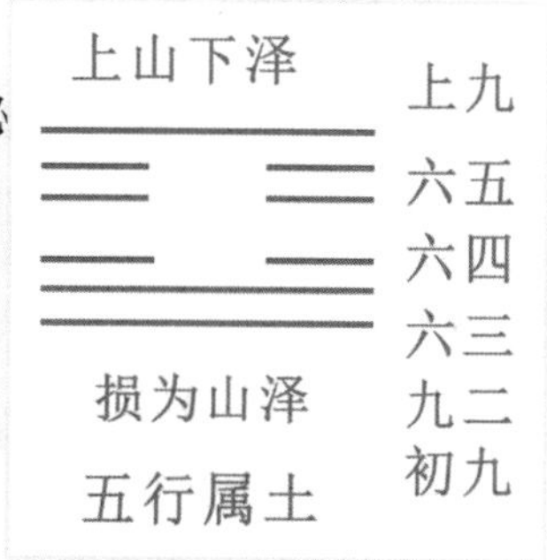

六十四掌之损位掌修法（青龙绞尾）：

以八卦三才式站立，以八卦方圆为演练轨迹和方位。

按顺时针方位，绕圆周运动；左脚上步，与右脚互为内扣；双掌化拳左右齐动，左拳依身法自左及右以弧形轨迹运动至右内肩前方，右拳自右及左以相对力运动至左肋下前方，双拳皆拳心向下；以"风摆荷叶"等式换位至逆时针走向。

以逆时针方位，绕圆周运动；右脚上步，与左脚互为内扣；双掌化拳左右齐动，右拳依身法自右及左以弧形轨迹运动至左内肩前方，左拳自左及右以相对力运动至右肋下前方，双拳皆拳心向下；以"风摆荷叶"等式换位至顺时针走向。

此式为"八法"中截法运用之典范。

图 3-8-41 损位掌艮宫八卦图

四十二 益位掌

益位掌，巽宫八卦之属；益为风雷，风雷动天，风烈雷迅，雷激风怒，乃有鸿鹄遇风，滴水天河之象。

天下熙熙，皆为利来；天下攘攘，皆为利往。但是人处于自身之境，不可能永远得利，只有诚信与善良不失才能不失根基，得以长久。与他人合作共赢，追求共同利益，才符合经营之道。

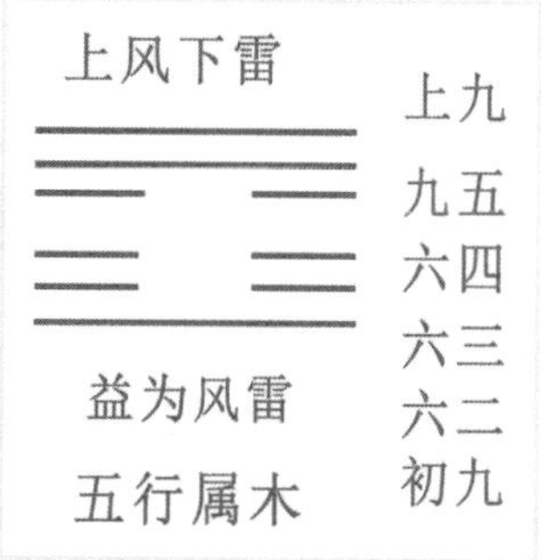

图 3-8-42 益位掌巽宫八卦图

六十四掌之益位掌（金蛇缠丝）：

以八卦三才式站立，以八卦方圆为演练轨迹和方位。

按顺时针方位，绕圆周运动；右脚向圆心上步，双掌阴阳相合，以逆时针方向圈手运动至右上左下；左脚上步，右掌自左腕上前抻而出；以"风摆荷叶"等式换位至逆时针走向。

以逆时针方位，绕圆周运动；左脚向圆心上步，双掌阴阳相合，以顺时针方向圈手运动至左上右下；右脚上步，左掌自右腕上前抻而出；以"风摆荷叶"等式换位到顺时针走向。

此式为"八法"中推法、拦法、截法运用之典范。

四十三 夬位掌

夬位掌，坤宫八卦之属；夬为泽天，水气盈天，欲成雨而降，乃有神剑斩蛟，先损后益之象。

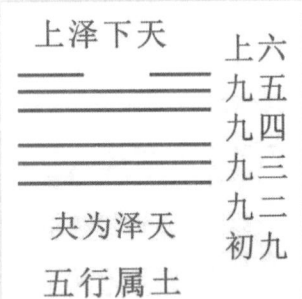

习武修行者，如果处事居于左右两难之境时，当断则断反受其乱，遇无法抗衡的存在时应改变思路，转移战略。但不可莽撞，须柔中带刚，谋定而后运动，以果决清除邪恶，并避免使用暴力，制裁小人也要尚德而不可渎武。

图 3-8-43 夬位掌坤宫八卦图

六十四掌之夬位掌（推窗望月）：

以八卦三才式站立，以八卦方圆为演练轨迹和方位。

按顺时针方位，绕圆周运动；左脚上步起脚，脚面绷直，双掌右前左后同步上掀；右脚落地，成三体右式，双掌翻转为阴掌向外，右掌横臂上抻于面前，左掌立掌于右掌下推出。以"青龙缩尾"等式换位至逆时针走向。

以逆时针方位，绕圆周运动；左脚上步起脚，脚面绷直，双掌左前右后同步上掀；左脚落地，成三体左式，双掌翻掌为阴掌向外，左掌横臂上抻于面前，右掌立掌于左掌下推出。以"青龙缩尾"等式换位至顺时针走向。

此式为"八法"中拦法、推法运用之典范。

四十四 姤位掌

姤位掌，乾宫八卦之属；姤为天风，风行天下，无物不遇，乃有风云相济，或聚或散之象。

> 一个人再有纵天之才，也要得时势才能有所为，个人价值的实现与机遇有直接关系，适时的毛遂自荐亦不失为求得时势的良好机缘，就像天不能与万物直接相遇，但可通过风与万物相遇。

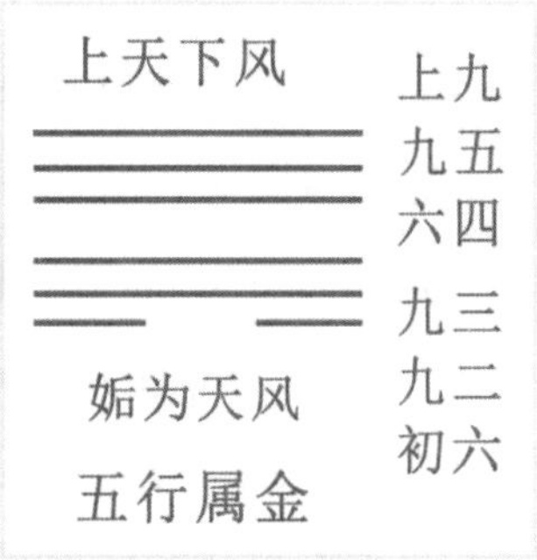

图 3-8-44 姤位掌乾宫八卦图

六十四掌之姤位掌修法（浮光掠影）：

以八卦三才式站立，以八卦方圆为演练轨迹和方位。

按顺时针方位，绕圆周运动；以顺时针倒步交叉向圆心运动，倒步的同时，掌自同侧腋下向后穿出，掌身合一，移形换位；以"风摆荷叶"等式换位至逆时针走向。

以逆针方位，绕圆周运动；以逆时针倒步交叉向圆心运动，倒步的同时，掌自同侧夜下向后穿出，掌身合一，移形换位；以"风摆荷叶"等式换位至顺时针走向。

此式为"八法"中无用之用。

四十五 萃位掌

萃位掌，兑宫八卦之属；萃为泽地，水行地上，聚而成泽，滋养万物，乃有鱼龙会聚，如水就下之象。

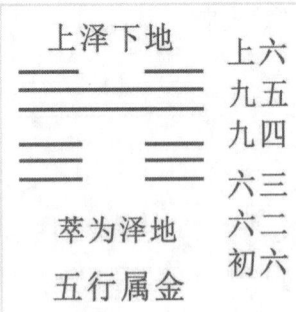

图 3-8-45 萃位掌兑宫八卦图

物产聚集使资源丰富，与人团结，才可以成势进取。不同的概念汇集一堂，不代表三观不合，这是一种狭碍的意识偏执，可以竞争同存，但不可相残。虽说物以类聚，人以群分，但不同的人扎根于一方，乃是天赐之缘。

六十四掌之萃位掌修法（猛虎搜山）：

以八卦三才式站立，以八卦方圆为演练轨迹和方位。

按顺时针方位，绕圆周运动；以自然步向圆心行进，左脚上步时右掌裹肘掩面自左而下成十字交腕；右脚上步，双掌阴掌向上自锁骨前方分开，翻掌为阴掌向前，自腮旁扑击而出；以"青龙缩尾"等式换位至逆时针走向。

以逆时针方位，绕圆周运动；以自然步向圆心行进，右脚上步时左掌裹肘掩面自右而下成十字交腕；左脚上步，双掌阴掌向上自锁骨前方分开，翻掌为阴掌向前，自腮旁扑击而出；以"青龙缩尾"等式换位到顺时针走向。

此式为"八法"中截法、推法运用之典范。

四十六 升位掌

升位掌，震宫八卦所属；升为地风，根生于下，干生于上，乃有高山植木，积小成大之象。

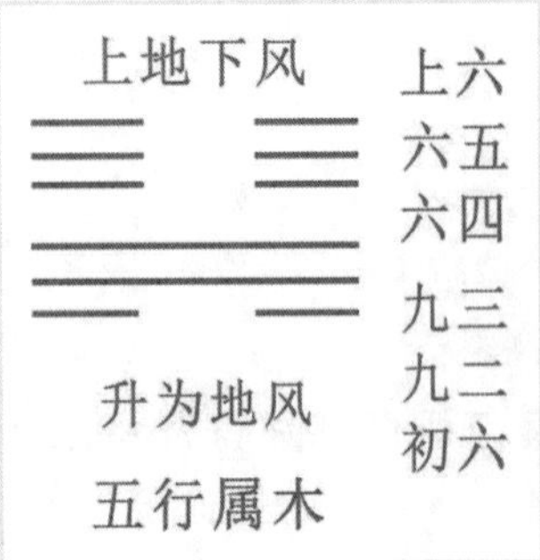

图 3-8-46 升位掌震宫八卦图

得时势的时候可以乘势而上，图谋发展，利用良机实践志向于天下；但人不可忘宗忘本，成为天鹅的时候不要忘记自己曾属鸭类；在功成名就的时候，不要以曾经的苟且为耻辱，即便是耻辱，也是知耻而后勇，迈小步，不停步，回头看，一大步。成功往往始于失败。

六十四掌之升位掌修法（白猿蹬枝）：

以八卦三才式站立，以八卦方圆为演练轨迹和方位。

按顺时针方位，绕圆周运动；右脚向圆心上步，成半箭步，同时右掌阴掌向前押出；左脚箭步而上，同时左掌顺势前押，左脚同时提膝起跳；以"青龙缩尾"等式换位至逆时针走向。

以逆时针方位，绕圆周运动；左脚向圆心上步，成半箭步，同时左掌阴掌向前押出；右脚箭步而上，同时右掌顺势前押，右脚提膝同时起跳；以"青龙缩尾"等式换位至顺时针走向。

此式为"八法"中拦法、推法运用之典范。

四十七 困位掌

困位掌，兑宫八卦之属；困为泽水，泽中无水，人生偶有回困，也不可迷失志向与自我，乃有河中无水，守己待时之象。

处于困境时，要不急不燥，从容不迫，待图光明，并且要付诸行动，不能云辄以嘴炮。安贫而能乐道，是武者皆应具有的高尚气度。外面的世界很精彩，不坐井观天，走出囚禁自己的心牢，才能得解脱，得大自在。

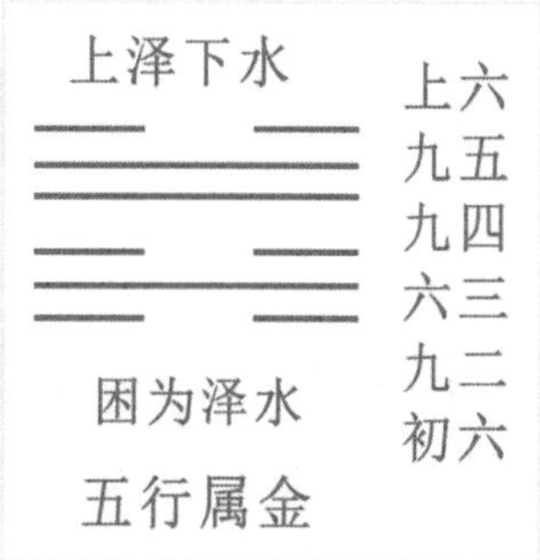

图 3-8-47 困位掌兑宫八卦图

六十四掌之困位掌修法（青龙入海）：

以八卦三才式站立，以八卦方圆为演练轨迹和方位。

按顺时针方位，绕圆周运动；左脚上步，右掌裹面掩肘，自左而下，束至右胯；左掌顺势束至左胯前；右脚上步，成箭步右式，双掌阴掌向上并拢前穿而出至咽前高度；以"风摆荷叶"等式换位至逆时针走向。

以逆时针方位，绕圆周运动；右脚上步，左掌裹面掩肘，自右而下，束至左胯；右掌顺势束至右胯前；左脚上步，成箭步左式，双掌阴掌向上并拢前穿而出至咽前高度；以"风摆荷叶"等式换位至顺时针走向。

此式为"八法"中截法运用之典范。

四十八井位掌

井位掌，震宫八卦之属；井为水风，修德惠人应善始善终，乃有珠藏幽阙，守静安常之象。

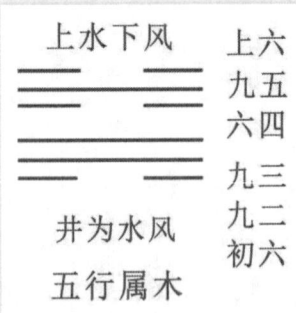

国术修行者，应当识天时，知时务，平静中往往暗藏暗流。如果地质不发生变动，井水往往不枯不竭，不满不溢，虽不通江河，却是活水。如果所求不多，不欲求不满，与世无争，则不会有太多风波，虽一生平淡，但不失"采菊东篱下，幽然见南山"的风骨。

图3-8-48 井位掌震宫八卦图

六十四掌之井位掌修法（老猿挂印）：

以八卦三才式站立，以八卦方圆为演练轨迹和方位。

按顺时针方位，绕圆周运动；左脚外摆左转135度角，转体向后的同时左掌阴掌向上左旋至左肩内侧，右掌附于中宫之位；右腿直立，左掌拦盖而下，右掌阴掌向前自左掌上方抨出，同时右腿提膝，脚尖上勾；以"风摆荷叶"等式换位至逆时针走向。

以逆时针方位，绕圆周运动；右脚外摆右转135度角，转体向后，同时右掌阴掌向上右旋至右肩内侧，左掌附于中宫之位；左腿直立，右掌拦盖而下，左掌阴掌向前自右掌上方抨出，同时左膝上提，脚尖上勾；以"风摆荷叶"等式换位至顺时针走向。

此式为"八法"中截法、推法运用之典范。

革位掌四十九

革位掌，坎宫八卦之属；革为泽火，燥湿不相得，乃有豹变为虎，弃旧从新之象。

顺应天时和人心，是上士之道；天时为外在，人心为内在，两者合和，是破而重立的重要条件，破字当头，立在其中；改革是去除积弊的必经之路，既得利益者会从中作梗，需坚强胆识气魄，坚决彻底，不可半途而度，须知开弓没有回头箭，一时犹豫则可能反噬自身，功亏一溃。

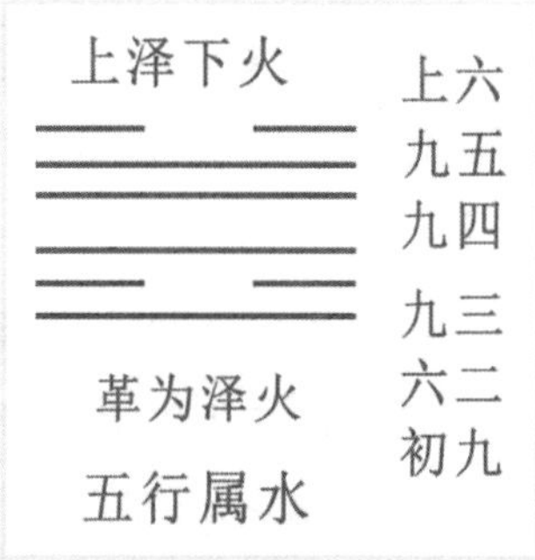

图 3-8-49 革位掌坎宫八卦图

六十四掌之革位掌修法（紫燕抄水）：

以八卦三才式站立，以八卦方圆为演练轨迹和方位。

按顺时针方位，绕圆周运动；左脚向圆心上步，右掌贴右胯向前上撩领而出；右脚上步，左掌抢臂自左而前击出，使阴掌向右至面前高度，右掌扶掌向右运动回胯侧，以掌根贴于右胯；左脚上步，右掌阴掌向前，上掀而出至脐前高度，左掌顺势用捋带回至右小臂上或左胯位；以"青龙缩尾"等式换位至逆时针走向。

以逆时针方位，绕圆周运动；右脚向圆心上步，左掌贴左胯向前上撩而出；左脚上步，右掌抢臂自右而前击出，左掌换掌向左运动回胯侧；右脚上步，左掌上掀而出，右掌顺势捋带回至左小臂上或右胯位；以"青龙缩尾"等式换位至顺时针走向。

此式为"八法"中拦法、截法、带法运用之典范。

鼎位掌五十

鼎位掌，离宫八卦之属；鼎为火风，木上起火，乃有调和鼎器，去旧取新之象。

图 3-8-50 鼎位掌离宫八卦图

习武之传承者，当善用德威之道，以体天心。有威严才可成事，但威严过重，刻薄寡恩则适得其反。为人要内含谦逊，吐故纳新，日新方能月异；无咎之处在立不在破，在化不在变，变与破是化与立的基础。

六十四掌之鼎位掌修法（走马回头）：

以八卦三才式站立，以八卦方圆为演练轨迹和方位。

按顺时针方位，绕圆周运动；左脚向圆心上仆步，双掌化"地龙穿山"而出；身形右转向后重心右移，成箭步右式，同时左掌自脑后右侧而出，右掌阴掌向前同步于左掌下方而出；以"风摆荷叶"等式换位至逆时针走向。

以逆时针方位，绕圆周运动；右脚向圆心上仆步，双掌化"地龙穿山"而出；身形左转向后重心左移，成箭步左式，同时右掌自脑后左侧而出，左掌向前同步于右掌下方而出；以"风摆荷叶"等式换位至顺时针走向。

此式为"八法"中搬法、拦法、推法运用之典范。

五十一 震位掌

震位掌，震宫八卦之属；震为雷，雷动声远，万物皆惧，乃有震惊百里，有声无形之象。

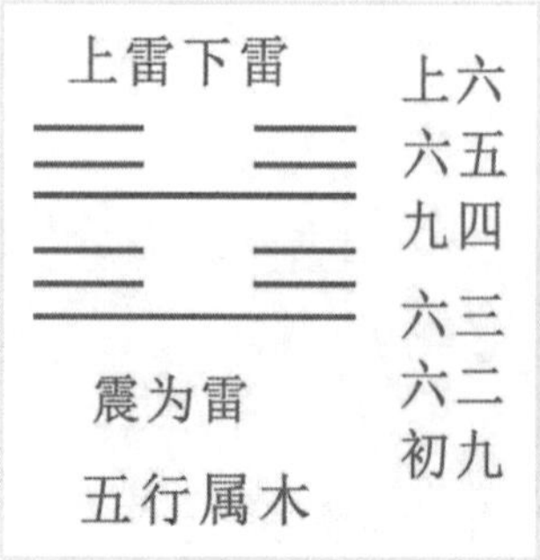

当处境受到外部压力而动荡时，虽心怀恐惧，但要竭力从容镇定，不可张惶失措。当做出了功勋时，也不可张扬过甚，功成身退才会予人以好念想。很多时候，决定成败的不是事理与事态，而是心理与心态。

图 3-8-51 震位掌震宫八卦图

六十四掌之震位掌修法（迎风摆柳）：

以八卦三才式站立，以八卦方圆为演练轨迹和方位。

按顺时针方位，绕圆周运动；左脚上步，成箭步左式，同时右掌前掩，左掌阴掌向上，自右掌上穿而出至眼前高度；回身180度，右脚上步独立，左腿提膝点足向下，同时右掌自左肘下向右挥臂横斩而出，至脖颈高度；以"青龙缩尾"等式换位至逆时针走向。

以逆时针方位，绕圆周运动；右脚上步，成箭步右式，同时左掌前掩，右掌阴掌向上，自左掌上穿而出至眼前高度；回身180度，左脚上步独立，右腿提膝点足向下，同时左掌自右肘下向左挥臂横斩而出，至脖颈高度；以"青龙缩尾"等式换位至顺时针走向。

此式为"八法"中拦法运用之典范。

五十二 艮位掌

艮位掌，艮宫八卦之属；艮为山，重峦叠障，人困其中，乃有游鱼避网，积小成高之象。

> 在逆境时势中，最重的是"稳"，稳则如山，凝而不动，恒久可安。当止则止，所思所虑不超本位，不妄动冒进；所谓屁股决定脑袋，在其位则谋其事，并忠于事，是行事从业立具的德行。

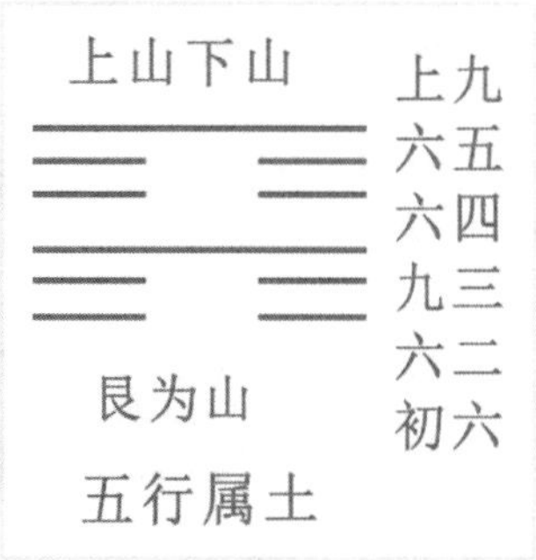

图 3-8-52 艮位掌艮宫八卦图

六十四掌之艮位掌修法（勒马听风）：

以八卦三才式站立，以八卦方圆为演练轨迹和方位。

按顺时针方位，绕圆周运动；左脚上步独立，左掌化"白蛇吐信"而出；回身180度，右脚上步成箭步右式，同时双掌阴掌向上，左右合击至脖颈高度；重心后移，以左腿独立，右脚提膝点地，双掌化"白猿献果"合于咽前；以"青龙缩尾"等式，换位至逆时针走向。

以逆时针方位，绕圆周运动；右脚上步独立，右掌化"白蛇吐信"而出；

回身180度，左脚上步成箭步左式，同时双掌阴掌向上，左右合击至脖颈高度；重心后移，以右腿独立，左脚提膝点地，双掌化"白猿献果"合于咽前；以"青龙缩尾"等式换位到顺时针走向．

此式为"八法"中截法、领法运用之典范。

五十三 渐位掌

渐位掌，艮宫八卦之属；渐为风山，山中有木，逐而成长，乃有高山植木，积小成大之象。

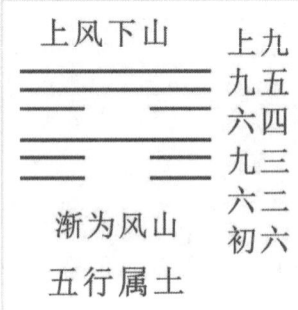

山中之林成势不是一日之功，水滴于石日久可致石穿，国术修行与行事，都须持有信心、恒心、决心，循而有序。育人教化之道，品德的修养，都是一个渐进的过程，很多事非一夕之功可达到，坚持累积渐进是一个正确的选择。

图 3-8-53 渐位掌艮宫八卦图

六十四掌之渐位掌修法（虎踞龙盘）：

以八卦三才式站立，以八卦方圆为演练轨迹和方位。

按顺时针方位，绕圆周运动；上左脚向前跳步行进，落地时右脚贴左脚胫后探而出，大腿互绞成龙形步而坐；双掌与步法同步而动，以逆时针走向左拦右裹成十字手合于中宫位前；身形上起同时360度右旋，双掌左圈右拦后，右肘自右向左横肘而出，双足龙形而坐；以"青龙缩尾"等式换位至逆时针走向。

以逆时针方位，绕圆周运动；上右脚向前跳步行进，落地时左脚贴右脚胫后探而出，成龙形步而坐；双掌以顺时针走向右拦左裹成"十字"手合于中宫位前；身形上起同时360度左旋，双掌右圈左拦后，左肘自左向右横肘而出，双足龙形而坐；以"青龙缩尾"等式换位至顺时针走向。

此式为"八法"中截法，搬法运用之典范。

五十四归妹位掌

归妹位掌，兑宫八卦之属；归女妹为雷泽，泽上有雷，野外群交，乃有浮云蔽日，阴阳有分之象。

阴阳之气不互相交合，不符合万物繁殖的规则。处置恰当，才会避免有终无始的弊端。男女之合，要两厢情愿；怀柔、和亲都反映了虚伪与无能；事关人格自尊，不可自取其辱。舜帝占得此象，娶娥皇女英，最终成就帝业。君子当效仿三代之德，行为举止有其法度。

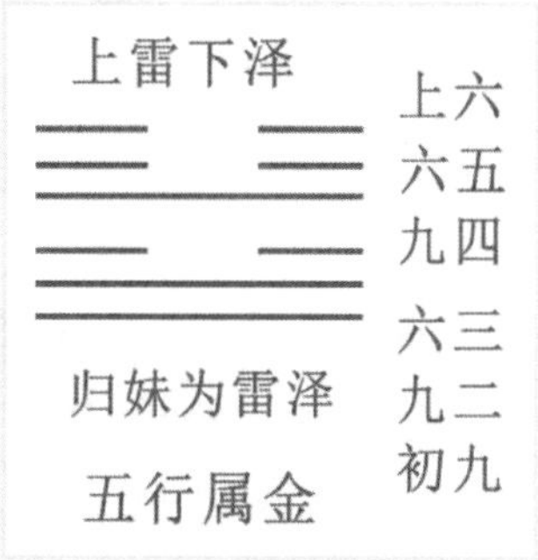

```
上雷下泽        上六
                六五
                九四
归妹为雷泽      六三
                九二
五行属金        初九
```

图 3-8-54 归妹位掌兑宫八卦图

六十四掌之归妹位掌修法（猛虎山行）：

以八卦三才式站立，以八卦方圆为演练轨迹和方位。

按顺时针方位，绕圆周运动；右脚上步，左掌掩肘里面；左脚向左上角上步，左掌展臂上卷，右掌顺左箭步穿掌而下；以"青龙缩尾"等式换位至逆时针走向。

以逆时针方位，绕圆周运动；左脚上步，右掌掩肘里面；右脚向右上角上步，右掌展臂上卷，左掌顺右箭步穿掌（阴掌向下）而下；以"青龙缩尾"等式换位至顺时针走向。

此式为"八法"中截法、带法运用之典范，其劲暗藏搬法。

丰位掌五十五

丰位掌，坎宫八卦之属；韦为雷火，雷电俱至，威明俱足，乃有日丽中天，背暗向明之象。

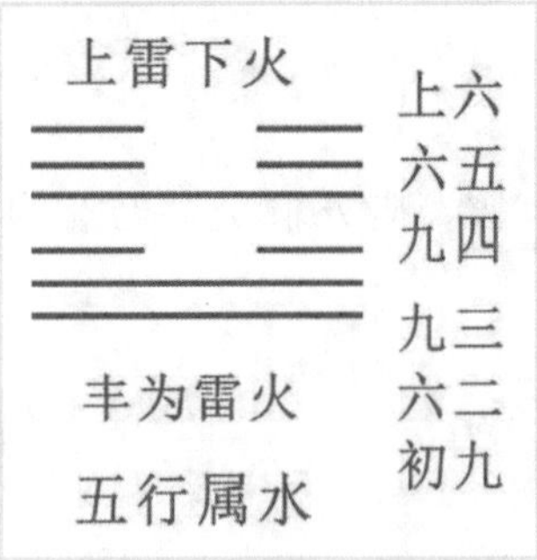

上雷下火	上六
☳	六五
☲	九四
	九三
丰为雷火	六二
五行属水	初九

一份耕耘，必有一份收获，这是上天对勤勉者的嘉赐；收益极丰时，容易极盛而衰，这符合天道的规则，所以君子要居安思危。所谓兔死狗烹，鸟尽弓藏，当为上位者所忌时，不可强出头，应以退为进，这是居下位时的长久之道。

图 3-8-55 丰位掌坎宫八卦图

六十四掌之丰位掌修法（夜叉探海）：

以八卦三才式站立，以八卦方圆为演练轨迹和方位。

按顺时针方位，绕圆周运动；以"浮光掠影"向圆心自然步行进；步不停，右掌掩肘裏面，继而左掌掩肘裏面，右腿独立，左脚提膝点地，右掌顺左掌右下时向右下方穿掌而出。以"风摆荷叶"等式换位至逆时针走向。

以逆时针方位，绕圆周运动；以"浮光掠影"按逆时针向圆心行进；左掌掩肘裏面，继而右掌掩肘裏面，左腿独立，右脚提膝点地，左掌顺右掌左下时向左下方穿掌而出。以"风摆荷叶"等式换位至顺时针走向。

此式为"八法"中截法运用之典范，用穿掌时亦可以斩掌使之。

五十六 旅位掌

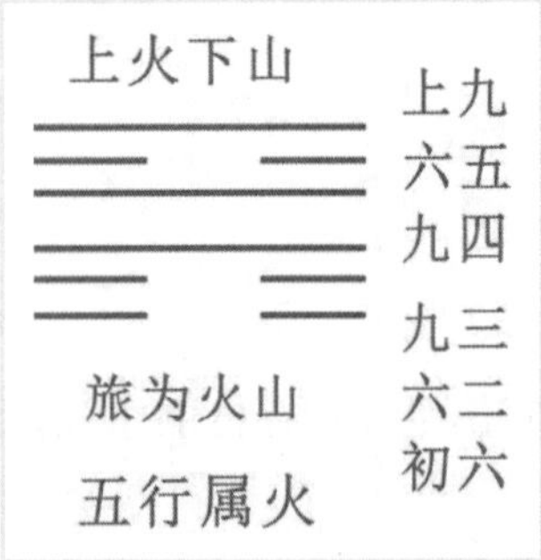

上火下山	上九
☲	六五
☶	九四
	九三
旅为火山	六二
五行属火	初六

旅位掌，离宫八卦之属；旅为火山，乃有如鸟焚巢，乐极生悲之象。

世界很大，可以到处看看。当举目无亲，孤立无援时，要心怀希望，不自暴，不自弃；经历风霜才能见到希望。

图 3-8-56 旅位掌离宫八卦图

六十四掌之旅位掌修法（凤凰展翼）：

以八卦三才式站立，以八卦方圆为演练轨迹和方位。

按顺时针方位，绕圆周运动；左脚上步，右脚提膝前纵，双掌阴掌向外十字交错，自下而上由中线而起至额前；右脚落地成箭步右式，双掌自外肩侧垂落至丹田两侧，成阴掌向上，双掌并拢顺箭步穿掌而出；以"青龙缩尾"等式换位至逆时针走向。

以逆时针方位，绕圆周运动；右脚上步，左脚提膝前纵，双掌十字交错，自下而上由中线而起至额前；左脚落地，成箭步左式，双掌自外肩侧垂落至丹田两侧，并拢顺箭步穿掌而出；以"青龙缩尾"等式换位至顺时针走向。

此式为"八法"中拦法运用之典范。

五十七 巽位掌

巽位掌，巽宫八卦之属；巽为风，连绵不断，无孔不入，乃有风行草偃，上行下效之象。

顺从，不代表盲从，心怀善良，心怀感恩，要发自内心的效仿行善积德的正直君子。风，无孔不入，能聚能散，习武之人要像风一样，通过调整自己来顺应环境的变化。当不能改变他人或环境时，可以先改变自己来积蓄力量。

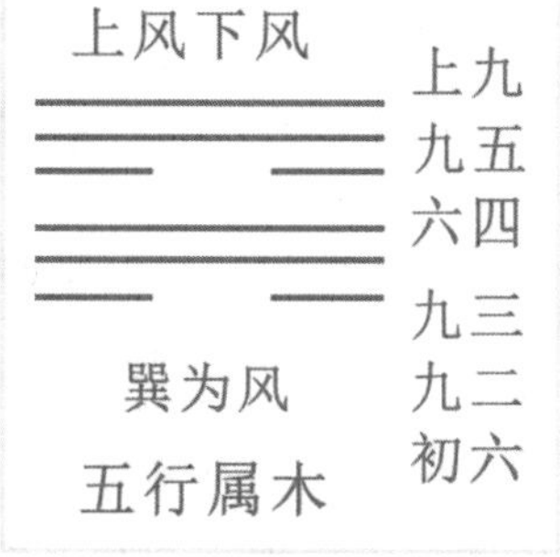

图 3-8-57 巽位掌巽宫八卦图

六十四掌之巽位掌（狮子托球）（抱元掌）：

以八卦三才式站立，以八卦方圆为演练轨迹和方位。

按顺时针方位，绕圆周运动；以自然步向圆心行进，左脚上步，同时右朝阴掌向上，贴身自后向前上方弧线轨迹运动；左掌同步带动手臂向前上方翻卷，自左脑侧而下。右脚上步，同时左掌阴掌向上，贴身自后向前弧线轨迹运动；右掌带动手臂同步向前上方翻卷上托，自右脑侧而下。以"风摆荷叶"等式换位至逆时针走向。

以逆时针方位，绕圆周运动；以自然步向圆心行进，右脚上步，同时左掌贴身自后向前弧线轨迹运动，右掌同步向前上方翻卷上托，自右脑侧而下。左脚上步，同时右掌贴身自前上方弧线轨迹运动，左掌同步向前上方翻卷上托，自左脑侧而下。以"风摆荷叶"等式换位到顺时针走向。

此式为"八法"中搬法、拦法、截法、托法、带法运用之典范。

五十八兑位掌

兑位掌，五行属金，兑宫八卦之属；兑为泽，上下水泽，互相润养，刚柔兼济，乃有江湖养物，天降甘霖之象。

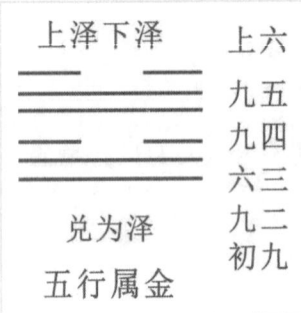

交流是化解矛盾与不合谐的重要方式。交流使人愉悦，使彼此互相受益，所以说内悦之以气，外悦之以言。左右逢源讨好卖乖，使人丧失人格和灵魂。以言悦人与以貌悦人需取得相对平衡。习武之人，贵在自重、自强、自立。

图 3-8-58 兑位掌兑宫八卦图

六十四掌之兑位掌修法（青龙卷尾）（扣掌）：

以八卦三才式站立，以八卦方圆为演练轨迹和方位。

按顺时针方位绕圆周运动；左脚上步，与右脚互为内扣，身形右拧，左掌在下为托为护，右掌自右至左于身前平圆以掌缘横扫而过；未及左肩时以腕带动食、无、中、小四时屈勾抒带，以平圆曲线运动向右；以"风摆荷叶"等式转换身形及方位至逆时针走向。

以逆时针方位，绕圆周运动，右脚上步，与左脚互为内扣，身形左拧，右掌在下为托为护，左掌自左向右于身前以掌缘作平圆轨迹横扫而过；未及右肩时以腕带动手指搂勾抒带，以平圆曲线运动向左；以"风摆荷叶"等式转换身形及方位至顺时针走向。

此式为"八法"中拦法、截法、领法运用之典范。

五十九 涣位掌

涣位掌，离宫八卦之属；涣为风水，残冰消融，风吹水散，涣发离合，形散而神聚，乃有顺水行舟，大风化物之象。

人的一生会有诸多坎坷磨难，危难不等同于凶险，危情往往与机缘同在，这时候要修持德行，体察时势，徐图而后动。聚散皆有缘法，不可强求；天下大势合久必分，分久必合，无不散的筵席，当嫌隙已生时，尽人事即可，没必要不欢而散，淡然也是一种人生哲学。

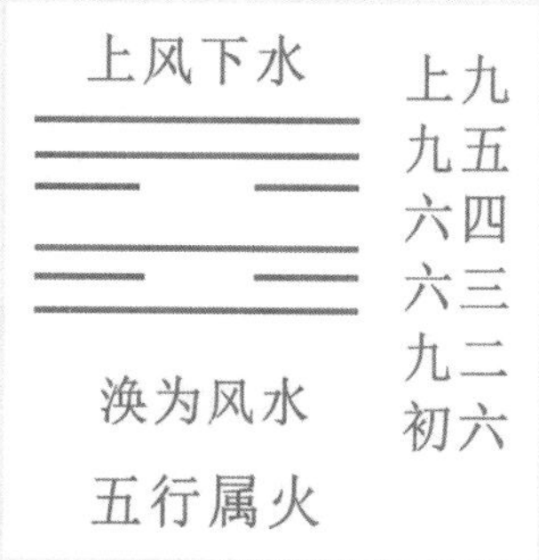

上风下水
涣为风水
五行属火

上九
九五
九六 六四
六三
六九 九二
初六

图 3-8-59 涣位掌离宫八卦图

六十四掌之涣位掌修法（神龙观天）：

以八卦三才式站立，以八卦方圆为演练轨迹和方位。

按顺时针方位，绕圆周运动；左脚上步，成箭步左式，双掌右掩左穿掌而出；重心移至右腿，成仆步左式，双掌同时翻转运动，右掌里裹合肘向后，左掌顺势里裹贴身前出，上体后倾使目视前上方；以"青龙缩尾"等式换位至逆时针走向。

以逆时针方位，绕圆周运动；右脚上步，成箭步右式，双掌左掩右穿掌而出；重心移至左腿，成仆步右式，双掌同时翻转运动，左掌里裹合肘向后，右掌顺势里裹贴身前出，上体后倾使目视前上方；以"青龙缩尾"等式换位至顺时针走向。

此式为"八法"中拦法、截法运用之典范，其中暗藏搬法之用。

六十 节位掌

节位掌，坎宫八卦之属；节为水泽，乃有舟行风横，寒暑有节之象。

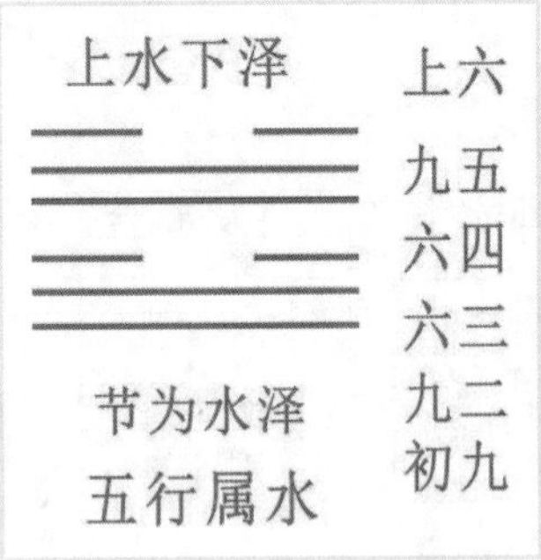

阴阳分工，刚柔互济，才能各得其所；凡事恰到好处，人生才不致穷途末路。天圆成规，地方为矩，没有规矩则难以成方圆；有法度使一切井序有然，然而时势多变，需懂变通之道，才不致呆板迂腐，作茧作缚。

图 3-8-60 节位掌坎宫八卦图

六十四掌之节位掌修法（灵蛇拨草）：

以八卦三才式站立，以八卦方圆为演练轨迹和方位。

按顺时针方位，绕圆周运动；左脚上步，右脚跟步虚立，左掌合肘上掩至右肩内侧，右掌化拳自上而下运动至左腿小腿内侧；右脚上步，成箭步右式，右掌为先，双掌自左而前横出，右掌阴掌向上，左掌阳掌向上合于小臂；以"风摆荷叶"等式换位至逆时针走向。

以逆时针方位，绕圆周运动；右脚上步，左脚跟步虚立，右掌合肘上掩至左肩内侧，左掌化拳自上而下运动至右腿小腿内侧；左脚上步，成箭步左式，左掌为先，双掌自右而前横出，左掌阴掌向上，右掌阳掌向上合于小臂；以"风摆荷叶"等式换位至顺时针走向。

此式为"八法"中拦法、搬法运用之典范。

六十一 中孚位掌

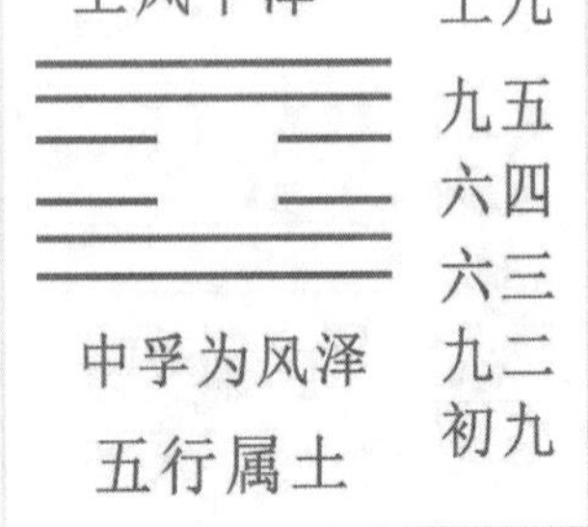

中孚位掌，艮宫八卦之属；中孚为风泽，风行泽上，不期同至，感化万物，乃有鹤鸣子和，事有定期之象。

教化他人守诚信，自身亦须守诚信，信乃立德之本，为人之底线，持中守信则身和，家和万事皆合。"仁、义、礼、智、信"此五德，信在最后不

图 3-8-61 中孚位掌艮宫八卦图

是不重要，而是象征底线，不可突破。犯了错的人，有了悔改之意，为什么不可以相信他们呢，君子的诚信之德，如能无所不施，不亚于圣人之道与道天之道。

六十四掌之中孚位掌修法（天地反覆）：

以八卦三才式站立，以八卦方圆为演练轨迹和方位。

按顺时针方位，绕圆周运动；右脚上步，双掌以右掌为先，右阴在上，左阳附之，自左而右横出；左脚切步上步，双掌自右而左回旋，右掌逆时针转腕翻转向下，右肘顺势上挑而出；右脚上步，起踢至膝前高度，左掌合于右内肩，右掌合于右脚内侧；右脚进步，成箭步右式，右掌同时化立掌上挑而出，左掌合于中宫之位；以"青龙缩尾"等式换位至逆时针走向。

以逆时针走向，绕圆周运动；左脚上步，左掌阴掌向上自右而左横出，右掌附之；右脚上步，双掌自左而右回旋，左掌顺时针转腕翻转向下，左肘顺势上挑而出；左脚上步，起踢至膝前高度，右掌合于左内肩，左掌合于左脚内侧；左脚进步，成箭步左式，左掌化立掌上挑而出，右掌合于中宫之位；以"青龙缩尾"等式换位到顺时针走向。

此式为"八法"中截法、带法运用之典范。

六十二小过位掌

小过位掌，兑宫八卦之属；小过为雷山，山顶震雷，警示过错，乃有飞鸟遗音，上逆下顺之象。

身为一系一脉之主宰，具有相立的德行与才华至关重要；中兴之才，可以逆中向上，是为雄才大略之主；守成之才，虽不失勤勉，但难成大气候。得大过者善治，得小过者善持，然圣人亦说过：治大国如烹小鲜。孰优孰劣，唯上位者自醒自励。

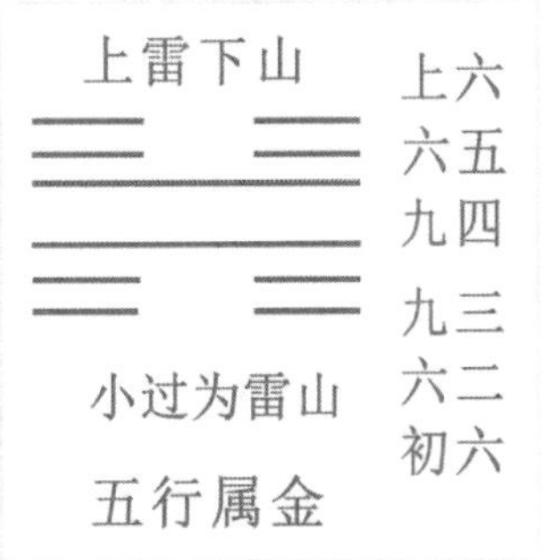

图 3-8-62 小过位掌兑宫八卦图

六十四掌之小过位掌修法（龙凤和鸣）：

以八卦三才式站立，以八卦方圆为演练轨迹和方位。

按顺时针方位，绕圆周运动；以"浮光掠影"作逆时针行进；右掌掩肘裹面，顺势下按以"风摆荷叶"运动至左肩内侧，掌势下落由左胯顺时针运动至右胯；左掌顺势合于左胯，与右掌对称掌心皆朝前；右脚上步，双掌前抻而出至下宫之位；以"青龙缩尾"等式换位至逆时针走向。

以逆时针方位，绕圆周运动；以"浮光掠影"作顺时针行进；左掌掩肘裹面，顺势下按以"风摆荷叶"运动至右肩内侧，掌势下落由右胯逆时针运动至左胯；右掌顺势合于右胯，与左掌对称掌心皆朝前；左脚上步，双掌前抻至下宫之位；以"青龙缩尾"等式换位到顺时针走向。

此式为"八法"中截法、推法运用之典范。

六十三既济位掌

既济位掌，坎宫八卦之属；既济为水火，水火相交，至善至美，乃有舟楫济川，阴阳相合之象。

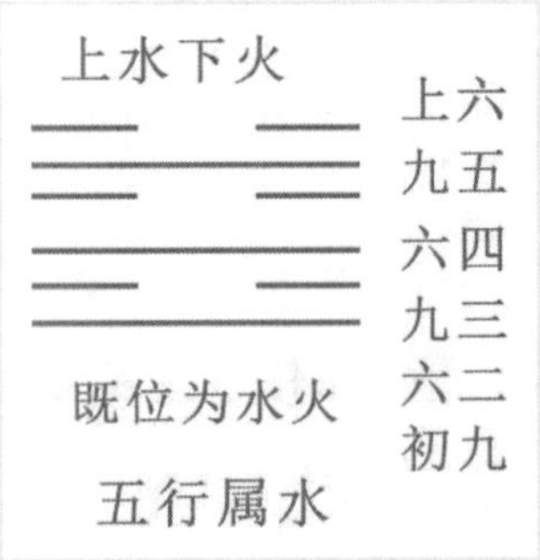

世人多以完美为追求，这只可作为理想之信念，不可作为执念旦夕不忘，皆因完美也是终结的象征，花开之时即是花谢之始，壮年之时即是衰老之始，所谓物极必反，盛极必衰即为此理。完美的状态时容易懈怠混乱，守成往往比创业更难。

图 3-8-63 既济位掌坎宫八卦图

六十四掌之既济位掌修法（行云布雨）：

以八卦三才式站立，以八卦方圆为演练轨迹和方位。

按顺时针方位，绕圆周运动；右脚向圆心上步，左脚跟步虚立；双掌阴掌向上合拢自下而起，由左上以弧形轨迹运动至右下而回至下宫之位；左脚进步，成箭步左式，双掌平穿前出；以"风摆荷叶"等式换位至逆时针走向。

以逆时针方位，绕圆周运动；左脚向圆心上步，右脚跟步虚立，双掌阴掌向上合拢自下而起，由右上以弧形轨迹运动至左下而回至下宫之位；右脚进步，成箭步右式，双掌平穿而出；以"风摆荷叶"等式换位至顺时针走向。

此式为"八法"中截法、推法运用之典范。

六十四　济位掌

未济位掌，离宫八卦之属；未济为火水，火在水上，不交不补，秩序有失，乃有竭海求珠，忧中望喜之象。

经历失败，混乱，也许是时势上的"时运不济"，但更大的可能是黎明前的黑暗。要始终怀有希望，才不会在逆境中迷失；要学会等待，因为一切皆有可能。要始终心怀善良，才会仁义伴身；要始终心怀感恩，每个人心里总会有念念不忘需要感恩的人，夜深人静时，多一点时间拷问自己的内心，以悟真我。

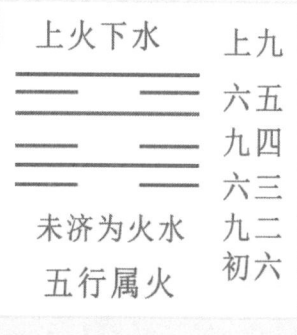

图 3-8-64 未济位掌离宫八卦图

六十四掌之未济位掌修法（飞凤擒龙）：

按八卦三才式站立，以八卦方圆为演练轨迹和方位。

按顺时针方位，绕圆周运动；左脚上步，双掌右掩左穿；步不停，右脚顺圆周逆时针而动，双掌翻转为阴掌向下，右掌里翻为阴掌向外带至右脑侧位，左掌自右掌下顺势左斩而出；以"青龙缩尾"等式换位至逆时针走向。

以逆时针方位，绕圆周运动；右脚上步，双掌左掩右穿；步不停，左脚顺圆周顺时针而动，双掌翻转为阴掌向下，左掌里翻为阴掌向外带至左脑侧位，右掌自左掌下顺势右斩而出；以"青龙缩尾"等式换位至顺时针走向。

此成为"八法"中拦法、领法运用之典范。

第九节　八卦门传承谱系

董海川 传：程廷华 李存义 张占魁

程廷华 传：何雨波

张占魁 传：姜容樵 韩慕侠

何雨波 传：李云龙 王锦泉

姜容樵 传：沙国政 杨邦泰 沈仲初 邹淑娴

王锦泉 传：王连恒

杨邦泰 传：杨增兴 顾鹤云 李连利

王连恒 传：胡旭辉 孙　乾 贾炳忠 祁振强 王　临 王　毅 刘翼治
　　　　　　张伟鹏 赵　飞 史涛涛 闫虎平 安　磊 卢增圆 高　栋
　　　　　　王　鑫 郑云香 邹　华 杨航海 孙官民 郭玉文（徒侄）

顾鹤云 传：赵　飞 潘雄心

附录一 形意门（心意六合拳）传承谱系

本谱系收录了作者赵飞以外的各代主要传承人，篇幅有限仅收录部分，仅供武学爱好者参考。

创始之祖：岳　飞

中兴之祖：姬龙峰

姬龙峰 传：曹继武　马学礼（创立河南派心意）

曹继武 传：戴龙邦（创立山西派戴家心意）

马学礼 传：马三元　马　兴　张志诚

戴龙邦 传：李洛能（创立河北派形意）

马三元 传：孙　河（漯河一脉）

张志诚 传：李　政

李洛能 传：李太和（子）　车毅斋　刘奇兰　郭云深　宋世荣　宋世德　白西园

孙　河 传：丁　四

李　政 传：张　聚

李太和 传：李振邦（长子）　李振兴（次子）　王天祥　王专祥　王有祥　刘玉山
　　　　　　侯剑锋　范　彬　李　淮　刘大生　王孝恭　张腾飞　吕国志
　　　　　　薛振刚　牛福禄　吴玉山

车毅斋 传：布学宽　刘　俭

刘奇兰 传：张占魁　李存义

宋世荣 传：宋铁麟

丁　四 传：吕金梁

张　聚 传：买壮图

李振邦 传：薛　颠　李云龙　王锦泉

王有详 传：王师禹

张占魁 传：姜容樵　韩慕侠

李存义 传：尚云祥 姜玉和

宋铁麟 传：宋光华

布学宽 传：布秉全 苏登瀛

刘 俭 传：吴治泰

吕金梁 传：吕青魁

买壮图 传：丁兆祥 袁凤仪 李海森（表弟）

吕青魁 传：吕瑞芳

丁兆祥 传：吕瑞芳

李海森 传：袁长清

李云龙 传：陈家乐 张振国 王怀宇 崔凤龙 吴子俊 温存发 贺小平
　　　　　董乃勇 张永良 何栓成 吴亦民 项有巧 李国禄 底占明
　　　　　刘文辉 马　军 解志忠 赵英林 叶文平 李玉栓 张志华
　　　　　张栓华 张春生 赵树林 王华龙 曹永胜 杨造堂

王锦泉 传：刘笃义 张三货 刘成林 郭如新 李振玉 马德祥 邓天昌
　　　　　薛文江 王连恒 梁保才 杨　军 温锦明 张景龙 程建华
　　　　　武新耀 史聚德 曹晓波 冯　才 冯天德 白建国 程拉成
　　　　　智金柱 陈宝元 翁廷华 王富荣 孙福堂 贾义平 左向东
　　　　　张　毅 陈小强 郝俊平 张瑞兰 刘素贞 刘瑞青 范改英
　　　　　武海霞 孙丽丽 胡岚平 白福瑞 雒　安 刘晓青 刘素琴
　　　　　高秋景 许合林 刘德玉 武秀峰 薛彩萍 赵国太 白慧斌
　　　　　李建明 杨宝旺 米荣花 张占英 袁钟丽

王师禹 传：王树德

姜容樵 传：沙国政 杨邦泰 沈仲初 邹淑娴

姜玉和 传：褚桂亭

尚云祥 传：韩伯言

苏登瀛 传：吴利民

吴治泰 传：高宝东、安启邦

袁凤仪 传：卢嵩高

吕瑞芳 传：李洳波

袁长青 传：袁洪亮

薛文江 传：武惠玲　王俊生　朱志英　丁　茹　魏　征　康贤达
王连恒 传：胡旭辉　孙　乾　贾炳忠　祁振强　王　临　王　毅　刘翼治
　　　　　　张伟鹏　赵　飞(顾文甄)　　史涛涛　闫虎平　安　磊　卢增圆
　　　　　　高　栋　王　鑫　郑云香　邹　华　杨航海　孙官民　郭玉文(徒侄)
梁保才 传：王锦宝　朱德智　郝鹏飞　陈劲松　杨儒哲
杨　军 传：翟兴旺　陈建萍　永史峰　刘　毅　吴瑞敏　王宏斐　李建华
　　　　　　林毅鸿　冯国强　胡美玉　刘成启　乔　庆　戴　杰　冀建宝
　　　　　　王　红　郝燕青　毛怀远　王　石　邹立宏　方　睿　邱修良
　　　　　　林进华　梁君莉　郑晓乔　吴志秦　刘育标　刘红平　杜忠明
　　　　　　王文彦　马利民　孙志君　陈乐宜　谢文妹　司徒志强　薛学标
　　　　　　陈旭升　张　鑫　杜洁莉　孔　鑫　刘成友　张博尧　梁森森
　　　　　　杨　超　李明焕　谭素青　尹亨文　伍彬冰　刘彩凤　曾凡国
　　　　　　余　洪　陈艺文　徐秋源　杨志涛
左向东 传：任成华　佟博然　冯瑞平　赵晓飞　刘刚强　白　易　池宇璇
　　　　　　任宏珊　范家旭　吴伟基　涂臻珍　谷绍勋　马旭凯　闫随刚
　　　　　　张颖颖
武秀峰 传：王二虎　王临忠　程晓洁　武丽芳　王玺仲
王树德 传：王建国(长子)　王建筑(次子)　王建军(三子)　王建民(四子)
杨邦泰 传：杨增兴　顾鹤云　李连利
沈仲初 传：蔡海康
韩伯言 传：梅殿修
卢嵩高 传：解兴邦　张万福
李洳波 传：李建鹏
袁洪亮 传：于化龙
胡旭辉 传：岳同勋　谢宗佑
王　临 传：孟怡彤　何武剑　张王雪
解兴邦 传：杭宏庆
张万福 传：张守仁(张信)　从蔚林
于化龙 传：刘德强　徐永和
王建筑 传：王东骥(子)　张胜利　赵志杰　程国栋　牛田林　李　昊　常中杰

武　琛	白　帆	宋　宁	孙　翔	徐志勇	陈忠仁	程　鹏
要粮安	贺民忠	张　欣	李进平	张小军	牛志云	阎玉生
孙石轩	李晓升	王建平	王中骥	王立卿	王攀峰	范自强
索亚飞	杨　通	王旭飞	赵振宇	岳　川	赵一鸣	常兆鑫
王俊祺	邢根荣	成涛涛	吴　刚	韩晋武	刘盛宏	龚世豪
张御焜	魏永轩	陈　楠	赵森辉	王天旸	赵尉祥	梁前锋
谭　政	解均凯	冯根全	赵英杰	许志强	朱瑞刚	任　德

附录二 赵门武学传承弟子与传承规范

望本门传人精研师门所学的时候，同时不忘继承师父修道武之诚，不妄自尊大，礼敬师父，礼敬同门，礼敬同道，并在力所能及能力范围内传承弘扬本脉武学经典。

赵飞传：（入室弟子）

1：杨晓萍 2：王泽锦 3：吴　芳 4：柴云天 5：杨　鲲 6：姜殷俊
7：倪茂华 8：王红雷 9：仝　鹏 10：陈秋丰 11：江叶枫 13：唐　力
14：薛　峰 15：温亚非 16：朱红亮 17：何建赟 18：张云超 19：宋亚朋
20：付弘如 21：何启文 22：何启明 23：张艳丽 24：郑馨悦 25：王达光
26：邱成昌 27：程　胜 28：虞　山 29：李　想 30：李　俊 31：阮　鹰
32：杨志承 33：施　玮 34：蒙　立 35：宋　威 36：郝自昌 37：苏　恒
38：李树华 39：陈　亭 40：高宜挺 41：张跃峰 42：李　姜 43：熊　伟
44：王依菲 45：顾正盈 46：沈　炜 47：王　凯 48：汤忠卿 49：钱　康
50：韩民富 51：范兴龙 52：范赛华 12：胡灿辉 53：周吴俊 54：陈玥赟
55：徐嘉琪 56：陶　杰 57：高　波 58：胡浩楠 59：周志军 60：张紫皓
61：张　宁 62：冯　莲 63：林佳妮 64：杨源磊 65：刘　宁 66：陈婷婷
67：韩天承 68：郭子涵 69：左海峰 70：袁晓煊 71：寇高源 72：薛　飞
73：邵　涵 74：田　玮 75：张墨涵 76：徐　敏 77：蒋建宝 78：吴正刚
79：张文浩 80：罗星汉 81：孙曲欣杰 82：任泊涵 83：李　强
84：吉祥文乐 85：赵振甲 86：王　硕 87：李菲 88：方家斌 89：吴兴田
90：岳　凯 91：张　宝 92：叶　波 93：陆威丞 94：沈心慰 95：王思宇
96：王海博 97：张　钊 98：孙秀丽 99：徐振彭 100：刘蕊瑗
101：刘家鸣 102：张贵贵 103：蔡　巍 104：冯金宇 105：冯申阳
106：张轩睿 107：燕天宇 108：李雅涵 109：乔成武 110：周　杨
111：冷雅菲 112：张佳程 113：刘　续

赵飞传：（门下记名弟子与特授弟子）

（1）钱璟（2）张明月（3）张兰冈（4）李峰（5）殷伟

本门武学门人规范总则：

（1）尊师重道，有始有终

（2）友爱同门，克己复礼

（3）秉持忠孝，心怀仁义

（4）谦虚儒雅，始终如一

附录三　先天八卦六十四游龙掌势图

地有八极，天有八卦。游龙掌，是八卦掌法的六十四势体用变化的演练之法。六十四势之体用，在于随机应变，使对方不知所起，故而不知所终，故而名为游龙掌。演练之法，同样没有固定序列，可随心所欲，随身形方位而变换招式练习。下列图形为六十四游龙掌势图例。

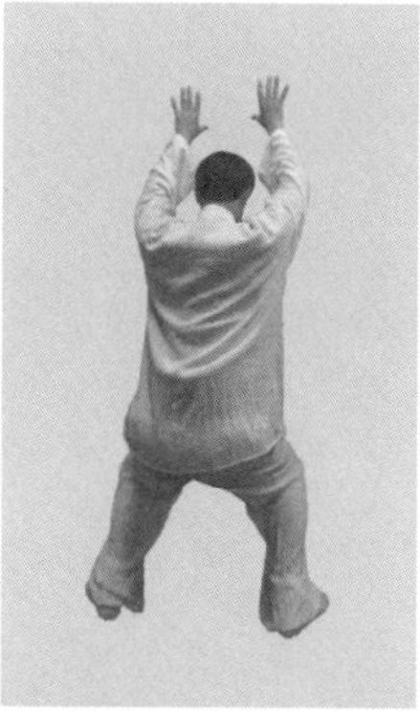

形意心意
通背拳术

384

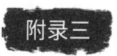

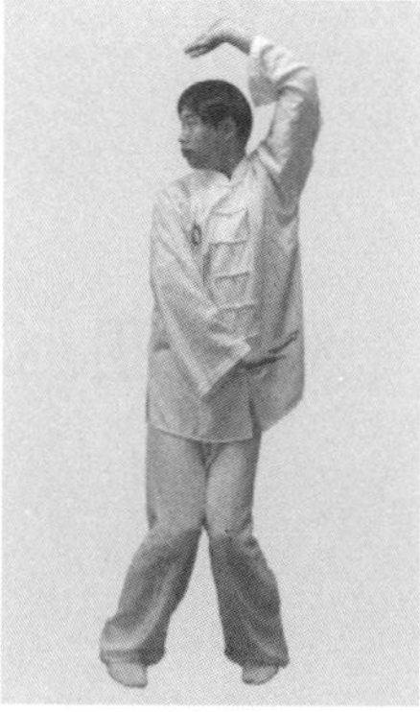

附录四　李洛能、李太和、李振邦祖师一脉传李氏一门十六字诀精义

寸：

1. 体现短、快、脆、冷、爆的发力特点。

2. 动作宜小不宜大，大动不如小动、小动不如不动；在防守和进攻中顾的越远击打时也够不着对方；拳谱：拳打一寸、化人一线。

3. 对敌击打时意识冷静，不能乱了方寸。

坚：

1. 功力深厚，击敌时有如巨炮轰薄壁。

2. 一种顽强的技击意识。

3. 坚定的信念、持之以恒的努力。

钻：

1. 整体无处不螺旋，易守易攻敌胆寒；缠绕拧裹力刁钻。

2. 勇往直前、一动无有不动的冲劲。

就：

1. 贴身靠、沾衣发力，如羊羔哺乳。

2. 束身而进束身而退。

夹：

1. 有如包袱包物，包裹而没有空隙。

2. 如卷炮之卷得越紧炸得越响的矛盾力。

3. 如夹子捕猎物，张口以待之。

合：

1. 形体是撞之不散、破之不开。

2. 精神集中、不能分散。

3. 意之想、形之动、力之发乖巧、协调。

齐：

1. 浑身一动俱动、一随俱随齐起齐落。

2. 疾毒之意快而不乱。

正：

1. 守中用中、中正安舒。

2. 技击的动作要领，手、眼、身法、步、火候等都有标准、有说法，不可胡挥乱打。

3. 有以正打斜之用。

惊：

1. 技击时有深夜行路，突然窜出一物的惊恐之意。（讲意）

2. 如骡马受惊后之狂奔。（讲形）

3. 有如狗熊受惊之怒。（讲劲、讲气）

劲：

1. 有打人如走路、看人如蒿草之意。

2. 有审时度势之灵。

3. 有智勇兼备之巧。

起落：

1. 有横竖相挤之用

2. 有起落身法、手法之变化。

3. 有欲起先落、欲落先起之引诱。

进退：

1. 用于手法、身法、步法的吞吐。

2. 用于腰胯的左旋右转。

3. 开合、束展的打法。

阴阳：

1. 阳手顾、阴手打。

2. 手是阳、是化劲；脚是阴、是发；手打三分脚打七分。（不是踢）

五行：

1. 踩、扑、裹、束、决五劲相佐。

2. 内外五行合一。

动静：

1. 用引诱让敌动起来、打动不打静。
2. 动是化、静是打，动分静合。

虚实：

1. 出手是虚利于变、回手是实利于打。
2. 阴阳虚实互为根。

附录五　历史剪影

图1　国术会精英教练与裁判员

图2　杨邦泰先生100周年诞辰

图3 赵门武学嫡传弟子跨年年会纪念

图4 赵门武学嫡传弟子跨年年会纪念

图5 赵门武学嫡传弟子跨年年会纪念

图 7 赵门武学嫡传弟子跨年年会纪念

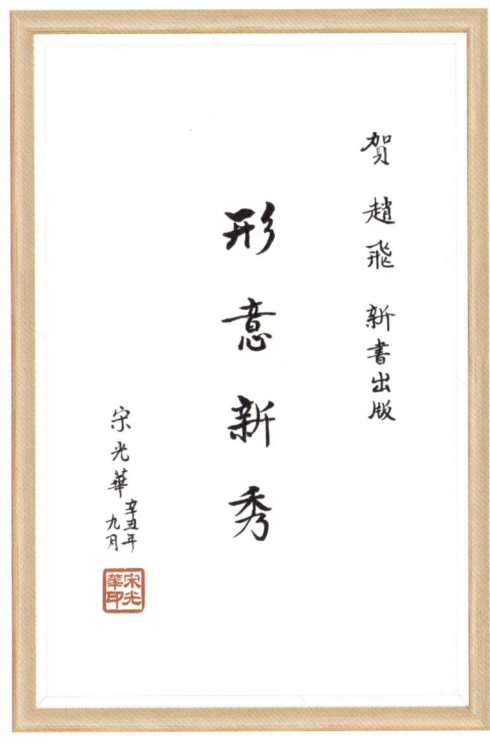

图 8 宋光华老师题词

图 9 高宝东老师题词

图 10 蔡海康老师题词

图 11 宋光华老师赠作者内功四经手书

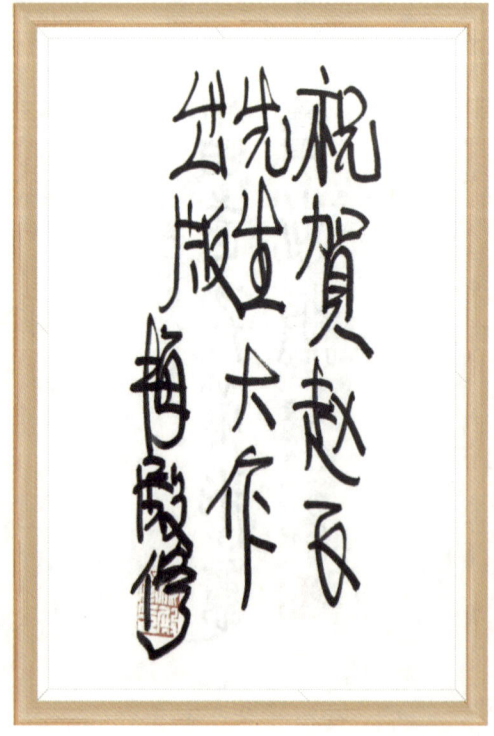

图 12 梅殿修老师题词

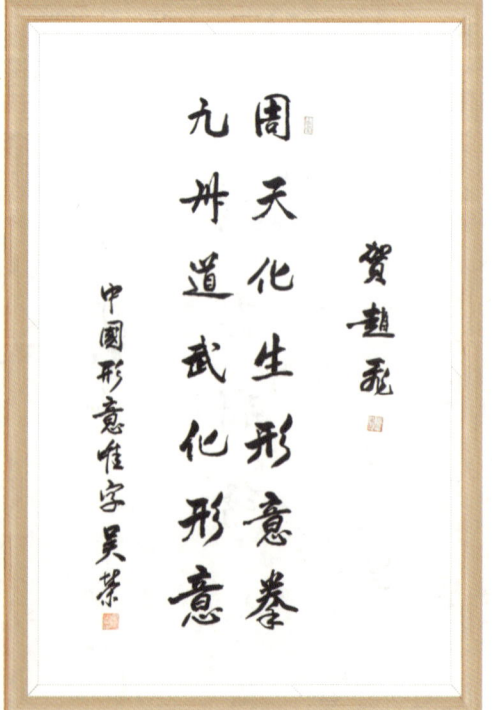

图 13 吴荣老师题词

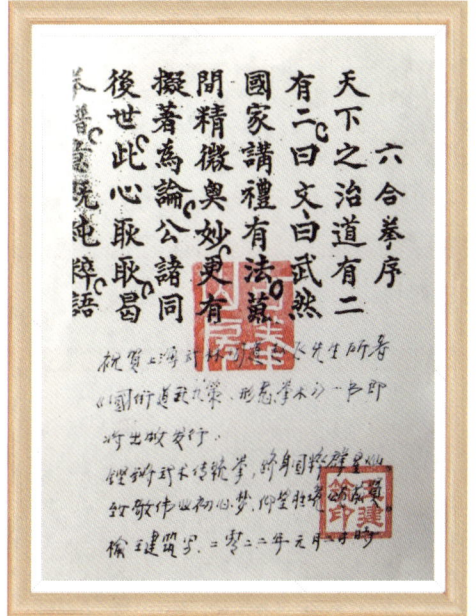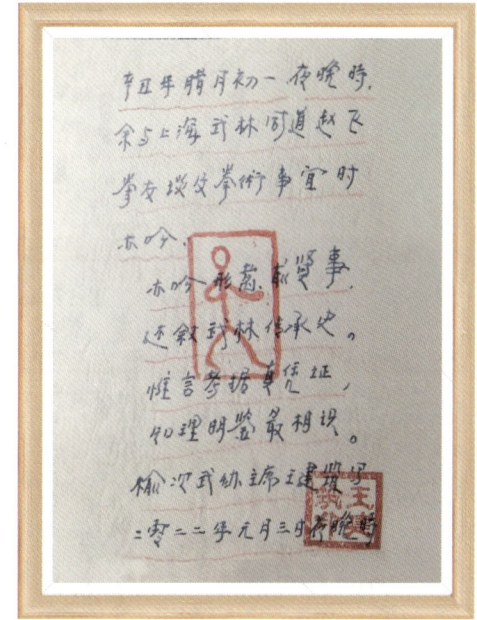

图 14 王建筑老师题词

图 15 吴连枝老师题词

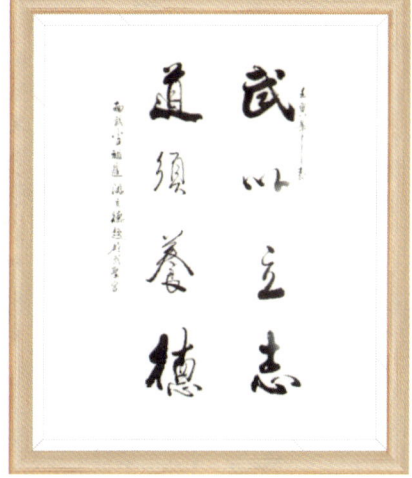

图 16 游玄德老师题词

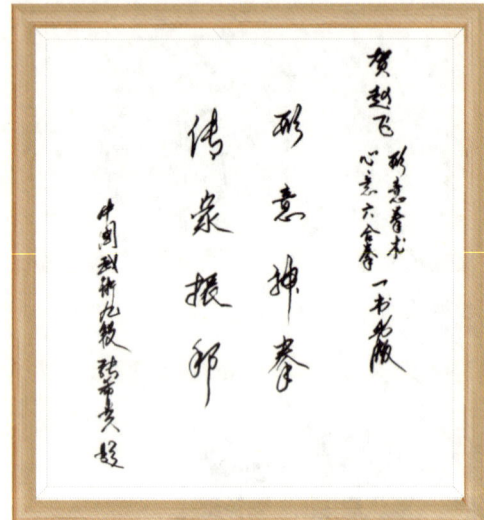

图 17 杜振远老师题词

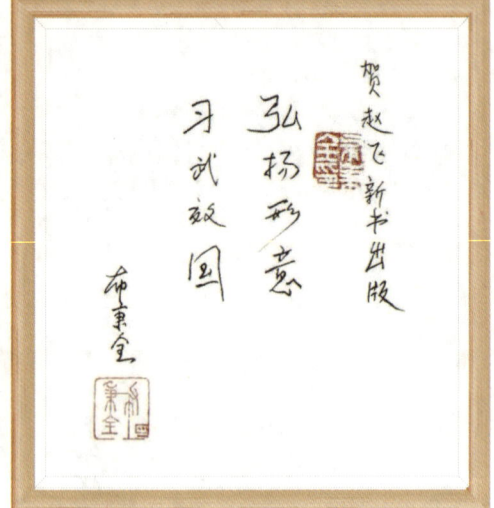

张希贵老师题词　　　　　　　　布秉全老师题词

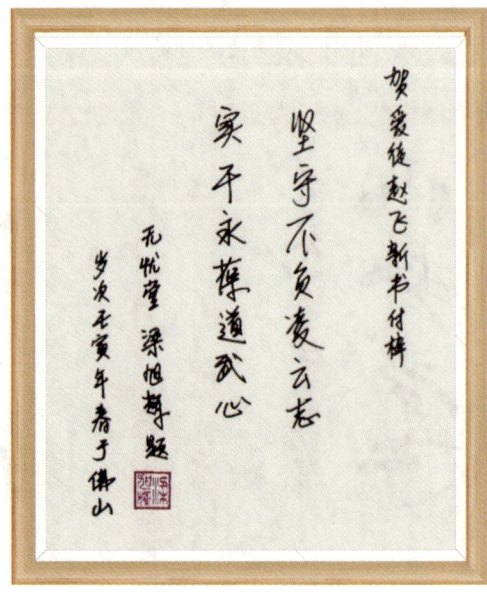

图 18 梁师题词

吾师小传

恩师顾鹤云，1959年11月29日生于中国上海。恩师受父亲影响自幼习武，先后研习少林拳、八极拳、硬气功等中华武术。1975年至1992年恩师跟随河北派形意八卦大宗师姜容樵八大弟子之一的杨邦泰先生（沙国政师弟）精修形意、八卦、通背拳、赵堡太极等武学。恩师武艺精湛，博采众长，尤擅通背拳等各大内家拳术，行拳时身形如猿猴拿日月缩千山而得其灵。

顾师素描自画像

顾式武学谱系尊姜容樵武学传人杨邦泰（沙国政）、杨起顺、孙金生、魏生为第一代，顾鹤云恩师为第二代，传承至今已有五代。

顾式武学门人规范总则：

(1) 尊师重道，有始有终；

(2) 友爱同门，克己复礼；

(3) 秉持忠孝，心怀仁义；

(4) 谦虚儒雅，始终如一。

恩师门下弟子按入门顺序先后有赵飞、秦北京、陈文栋、郑保春、张克俊、姚黎军、潘雄心、许德明、殷培松。望诸位同门在精研师门所学的同时，不忘继承师父懿德武风，不妄自尊大，礼敬师父，礼敬同门，礼敬同道，并在力所能及的范围内传承弘扬以姜容樵、杨邦泰体系武学为核心的顾式武学经典。

顾鹤云武学传承的掌门大弟子赵飞

2021年7月24日

后记

  天地本无心,而人有心,人之心,是为我等生而为人者,具备怜悯众生,博爱众生的仁者之心,以及天人至公大道至公的圣人之心。

  性命有长短,而性命全修,可以称得上是一个生命个体的安身立命的状态。四海之内皆吾同胞,九州之内皆同衣冠,修道之谓教,生民以"教"而立命。

  圣人为凡俗修行而来,生身不为圣,生生不为圣。圣人之所以为圣,是后世之辈为前辈之学,行断续传承之功,以毕生之力弘扬前辈道学。所以说,圣人不死,非性命不死,道学不灭者,则为往圣。

  以往圣之学,为生民立"道",去除浮躁无途之迷惘,回归率真本性,使人人至诚,是万世开太平的真义。

  张载先生云:为天地立心,为生民立命,为往圣继绝学,为万世开太平。后学之辈,当牢记往圣之言,传习往圣所遗文武之学问,延续君子六艺传习之传统。道武九策系列丛书的面世,是对立心、立命的诠释,是对往圣继学的真正实践。

  得恩师传承,当仁不让,理应为恩师毕生所学著书立说,不使恩师之学蒙尘。恩师所传形意拳术,内功经,皆为易骨、易筋、洗髓之真传,然本书仅能体现形意拳术玄妙之万一。

  本次将《形意心意通背拳术》一书面世,以此向形意(心意)与通背门往圣致敬,向恩师致敬。

  后续,太极拳术、八极拳法、八卦掌法、古兵道十八般武器之精妙将会陆续成书面世,敬请关注!

  同时,在此感谢为本作面世付出时间与心力的弟子们!

赵飞

2021年11月1日